第五项修炼
知行学校 （全2册）上

［美］彼得·圣吉（Peter Senge）等_著 李晨晔_译
张成林_审阅

Schools That Learn:
A Fifth Discipline Fieldbook for Educators, Parents,
and Everyone Who Cares About Education

第 五 项 修 炼 系 列 典 藏 版

中信出版集团·北京

图书在版编目（CIP）数据

第五项修炼.知行学校：全2册/（美）彼得·圣吉
等著；李晨晔译.--北京：中信出版社，2018.7
书名原文：Schools That Learn
ISBN 978-7-5086-7527-5

I.①第… II.①彼… ②李… III.①企业管理-组
织管理学 IV.① F272.9

中国版本图书馆CIP数据核字（2017）第093117号

Schools That Learn: A Fifth Discipline Fieldbook for Educators, Parents, and Everyone Who Cares About Education By Peter Senge, Nelda Cambron-McCabe, Timothy Lucas, Bryan Smith, Janis Dutton, Art Kleiner
Copyright©2012 By Peter Senge, Nelda Cambron-McCabe, Timothy Lucas, Bryan Smith, Janis Dutton, Art Kleiner
This edition arranged with THE MARSH AGENCY LTD
through BIG APPLE AGENCY, INC., LABUAN, MALAYSIA.
Simplified Chinese edition copyright: 2018 CITIC Press Corporation
All rights reserved.
本书仅限中国大陆地区发行销售

第五项修炼：知行学校（全2册）

著　　者：[美]彼得·圣吉　等
译　　者：李晨晔
出版发行：中信出版集团股份有限公司
　　　　　（北京市朝阳区惠新东街甲4号富盛大厦2座　邮编　100029）
承　印　者：三河市西华印务有限公司

开　　本：880mm×1230mm　1/32　　印　　张：27.5　　字　　数：700千字
版　　次：2018年7月第1版　　　　　印　　次：2018年7月第1次印刷
京权图字：01-2012-9127　　　　　　广告经营许可证：京朝工商广字第8087号
书　　号：ISBN 978-7-5086-7527-5
定　　价：138.00元（上下册）

版权所有·侵权必究
凡购本社图书，如有缺页、倒页、脱页，由销售部门负责退换。
服务热线：400-600-8099
投稿邮箱：author@citicpub.com

本书是第五项修炼在系统教育领域的实践记录，
写给教育工作者、父母以及每一位关心教育的人

目 录

2017年第五项修炼系列中文版序 // V

第一部分 出发

| 第1章 | 开学指南 // 003
1. 难忘的一刻 // 003
2. 何谓知行学校 // 006
3. 教育愿景驱动学习行动 // 034
4. 如何阅读本书 // 039
5. 工业时代的教育系统 // 043

| 第2章 | 新时代教育者的五项修炼入门 // 101
1. 创造组织学习和优质教育的环境 // 101
2. 自我超越 // 109
3. 共同愿景 // 124
4. 心智模式 // 141
5. 团队学习 // 166
6. 系统思考 // 178
7. 你是否比温度控制器更聪明？ // 216

第二部分　课堂

|第3章| 打开优质课堂的大门 // 227
1. 设计学习环境 // 227
2. 创建一个知行课堂 // 234
3. "合法、安全，还是你想要学的东西" // 243

|第4章| 看见学习的人 // 253
1. 孩子的尊严 // 254
2. 让学习者显现出来 // 265
3. 超越荒诞——帮助学生克服残疾和日常生活障碍的"完整系统"方法 // 273
4. 从缺陷到天赋，我们一起跳舞 // 282
5. 你们正在发出什么信号？——我们对孩子使用的语言蕴含哪些信息？ // 296

|第5章| 实践 // 303
1. 创造过程关键点：结构性张力 // 303
2. 在课堂上共享愿景 // 313
3. 作业这个魔兽 // 315
4. 把评估作为学习的手段 // 321
5. 教育质量评估与问责 // 338
6. 智能行为 // 349
7. 知识与权力：为了社会公平的教育 // 365

|第6章| 富有成效的谈话 // 378
1. 破冰发言 // 378
2. 开课第一天 // 380
3. 重建家长会的框架 // 383

4. "别吃那块比萨……" // 387

第 7 章 | 课堂上的系统思考 // 393

1. 为了长远目标的系统思考 // 394
2. 教学者的系统思考指南 // 403
3. 环境与参与 // 428
4. 陷阱与技能 // 436
5. 学会把"不同的点"连起来　441

2017 年第五项修炼系列中文版序

自《第五项修炼》中文版出版至今 10 年间,中国内部发生了很大变化,它在世界上的地位亦然。中国不再以追赶西方作为驱动力——在许多方面,中国已经与西方国家并驾齐驱了。尽管中国是一个巨大而复杂的社会,但目前已有约 4 亿人属于"中产阶层"了,物质生活水平以如此惊人的速度提升,这在人类历史上前所未有。

不过,中国的崛起也带来了自身文化的困惑。拥有如此深厚、绵长,历经 5000 多年文化滋养的国家为数甚少。然而,消费主义的理念已经逐步影响了这个社会。鉴于西方的生活方式在中国迅速发展,设想再经过一两代人,中国的传统文化或将仅仅是一个局限于书籍、电视剧等大众媒体的浪漫主题。这很像当今的美国人还可以观看一些有关"老西部"的电影,但他们自己心里清楚,那已经是一个永远逝去的时代。

此类深层文化动荡也可以生成新的机缘。以"中国文化是这个世界上至高无上的文化,并将永远如此"这种简单假设为基础的文化自满言论已经日渐失去影响,取而代之的是超越迷信,超越过去由殖民占领和后来的消费主义塑造而成的种种扭曲观念,进而更深入、真诚地关注中国文化的种种根本。

我自己对于这种觉醒有切身体会。我有幸成为南怀瑾大师的学生长达十年，近年来，我遇到的许多中国人最希望探讨的，就是中国传统文化及其与学习型组织的关系。尽管《第五项修炼》系列和其他相关书籍显然在西方有其历史成因，但令我感到神奇的是，这些书籍对于许多中国人来说，已经成为某种门径，开启了他们对于管理和领导力的人本认知，开启了他们对于不同组织针对培育超越效率和利润的福祉做出真正承诺时，存在何种可能的人本认知。

随着中国以领导者的身份逐步登上全球舞台，对于中国文化自身的认知进行这样的深层探寻尤为重要。中国如何以一个全球政治领导者的角色呈现自己呢？所有现代工业国家的种种政策都存在同样的局限：以牺牲社会与文化方面的各种进步为代价，执迷于GDP（国内生产总值）增长，沉迷于那些在政治上将我们相互隔离的"民族—国家"的人为边界——即便对那些与我们分享共同利益的人们来说也是如此。

多年来，中国一直在采取行动，加速能源结构调整，尽管外界对此几乎一无所知。自2009年启动的历史性碳减排承诺起，中国就已将自身投入到一条转型的道路：终止并最终逆转温室气体排放的灾难性增长。不过，这些承诺最初在西方几乎无人知晓。我对此有所了解，是因为在我做过的一些公开演讲中，我会就此向那些在这个领域中博学多闻的听众们提问，但几乎没有人知道中国在2009年已经做出的这些承诺。

随着历史性的《联合国气候变化框架公约》于2015年在巴黎签订，情况开始变化了。此时，那些与联合国这项议程有密切关系的人们意识到，地缘政治之风已经变换了方向。他们认识到，无论其他国家做了什么，如果不是中国已经做出了承诺并持续前行，巴黎协定的签订根本不会发生。实际上，当时多数在巴黎参会的人都认为，奥巴马总统做出的承诺不大可能获得国会批准，而特朗普总统在2017年便戏剧性地宣布退出这项协定。虽然还远不够理想，但两个最大温室气体排放国家之一做出的深层变革承诺对于许多国家来说就是足够的保证：我们在减缓并最终逆转全球气候方面正在进入一个全球合作的新时代。

围绕气候变化的全球领导力量转变既具象征意义，又有实际影响。实际上，各个国家都被要求优先考虑长期的未来，而非各种短期的经济措施，各个国家也被要求以评价经济健康同等重要的程度来评价自然环境的健康，同时要认识到这两者是密切相关的。它们还被要求以全球社群的形态合作努力，因为任何单一国家的行动——包括中国的行动在内，都是远远不够的。它们被要求真诚地对待科学，即便这样做会挑战以往那些被奉为神圣的、"一切照常"的信念，比如，只关注 GDP 增长，而忽视社会和环境健康的指标。

这些都是领导力文化的改变，并非仅是其策略或手段的改变。而且我相信，恰恰就是在这个领域，而非其他领域，中国的觉醒可以产生更大的影响。几百年来，西方模式奉行的道德与伦理的完美理想，与"一切照常"的实际做法近乎背道而驰。然而，我相信，中国传统智慧的觉醒与对一种新型全球领导力的前所未有的需求相结合，可以创造出一种新的良性循环。

南怀瑾大师过去几十年的努力，着重于帮助中国人领悟儒学传统的精神基础，以及如何将其与其他学问融会贯通。他以为，在过去 500 年里，这种领悟大都遗失了，但在今天却迫切需要。比如，他在《原本大学微言》中的诠释中指出，《大学》是一部以"领导力形成发展的七证反思空间"（知、止、静、定、安、虑、得）为根基的领导力培育手册。真正的领导力并非来自企图心或是源自地位的威权，而是来自于一个人一生专注培育自己的深入倾听能力：既倾听当下，又倾听若隐若现的未来，以及将自己的注意力从无论是金钱、权力，还是奉承等自我关注或他人的不良影响中释放出来。领导人必须培育孟子所说的"不动心"，继而形成明晰的愿景。他们必须有诚信，才能因此而建构服务于更为远大目标的真诚协作。他们必须成为罗伯特·格林里夫所说的"仆人领导",为一个更大的整体的福祉服务。

超越"一切如常"的领导力需要智慧,并非只需要情感。我相信,如前述例子所示,我们所需要的智慧必须来自于重振全球各地的智慧传统,来自于展示这些智慧与我们今天所处困局的相关和相适。虽然这一行动超出了中国自身的范围,但如果不是中国引领这个进程,我看不出谁还会有力量引领。

南怀瑾大师在他生前最后一批著述中指出,自黄帝起,教化——教以成化,就是中国文化的根基。能够在今天全球化商业中有效竞争并成长的企业,必须拥抱一种对于学习的真正承诺——通过培育人去培育一家企业。工作场所的人本价值观不应只是口号,还必须植根于培育个人、培育包容性团队文化的不息进程之中。相比之下,基于家长控制的碎片式工作文化的衰败,在政府和社会领域及商业中比比皆是,因为这些组织没有能力持续学习,没有能力适应今天变幻无常的世界。组织中各个层级对于学习的这种深层次、全身心的承诺,一直以来就是各种学习型组织的标志特征,恰如持续评估我们共同为更大整体做出贡献的状态是系统思考的核心。

因此,在中国这个转折的时刻,《第五项修炼》系列再版,我最大的希望是通过汲取往昔的智慧,为应对今天种种罕见难题尽微薄之力。张载(1020—1077)在著名的《西铭》中的文字就描述了一个全球领导力世界:

"乾称父,坤称母;予兹藐焉,乃混然中处。故天地之塞,吾其体;天地之帅,吾其性。民,吾同胞;物,吾与也"。

彼得·圣吉

2017 年 7 月 28 日

第一部分 出发

Schools That Learn:
A Fifth Discipline Fieldbook for Educators, Parents, and Everyone Who Cares About Education

第 1 章
开学指南

1. 难忘的一刻

　　从前有一个小男孩，聪明又充满求知欲，思考事情有他自己的方式，处理问题也有他自己的步调风格。对于他来说，学校没有多大意义，因为他自己有些别的打算，他也总是在忙着学习新东西。比如说，他每去一个地方，都会收集那里的纪念章。每天上学的时候，他都要在脖子上挂一个不一样的纪念章。

　　有一天，他的老师说："马修，明天我们大家要一起做一个科学实验，是有关金属的。我想，我们一定可以从你收集的某一个纪念章上，了解到一些有意思的事情。"小男孩迫不及待地把这件事告诉了他父母。于是，全家人在那天就花了大半个晚上反复讨论，第二天究竟应该带哪个纪念章去学校。最后，他挑选了一个镶银边的纪念章，那是他第一次与祖父一起旅行时得到的。第二天一早，他就急急忙忙地赶到学校。晚上回到家之后，他给父母讲了他刚刚学到的科学知识：金属都可以导电，但导电性能不同；因为他的纪念章上有银，导电性能特别强。

现在，这个孩子已经长大成人了，但他仍然记得那一天，记得那天学到的电学知识。他还能回想起自己在那一刻的感受——自己的爱好引起别人真正兴趣时的感受、帮助别人学习的感受，以及被大家看到自己时的感受。他的老师或许已经记不起那堂课的具体情况了，但还记得其他一些类似的情形——有时是和一个学生，有时是和一位导师，有时是和一位家长，有时则是和另外一位老师或者其他什么人，每当他与这些人建立了某种联系，奇妙的变化就发生了。

正在阅读这本书的每一位读者肯定也有过类似的体验——在那一刻，要么是新知识激发了我们的想象力，要么是我们内心深处的心弦被轻轻拨动，一扇扇我们此前从未意识到的心门就此开启。为什么这样的体验会给人带来如此强大的力量呢？或许是因为，这就是人类与生俱来的一种权利：作为生命体，我们来到人间，成为这样一个充满渴望、自然的学习者。"人类对学习的欲望与对性的欲望一样强烈。但是，它出现得更早、更持久。"人类学家爱德华·T. 霍尔（Edward T. Hall）这样说。[1]

从我们出生伊始，学习行动既是深层的个人活动，也是天然的社会活动。它不仅使我们与抽象的知识建立起联系，更让我们相互之间彼此相连。如果不是这样，当老师发现了学生的一些特殊之处时又有什么用呢？在我们的一生当中，随着人生场景的变化，会碰到大大小小的新鲜事物，遇到各种各样的挑战。如果我们为此做好了准备，生

---

[1] 见《学习的驱动力：爱德华·T. 霍尔访谈录》（*Drive to Learn: An Interview with Edward T. Hall*，Santa Fe Lifestyle 出版，1988 年春），第 12~14 页。

命与学习行动就成为密不可分的了。

如果所有人类社区都以培养这种生命与学习行动之间的联系为己任，使它成为重中之重，那会是怎样的情形呢？生活在那样的世界中的体验，与我们当下的感受可能会有很大的不同。在那里，"学校"、"工作"和"生活"之间，不再有明确的界限。具备一技之长的人——无论是园丁、会计师、科学家还是艺术家，都会有源源不断的成人或者孩子前来拜师学习。每个年龄段的人们都不断地进行新的尝试，从事新的事业；他们坦然面对失败，也欣然接受他人的帮助。青少年会把大部分学习时间用到学校的高墙之外，参与对自己真正有意义的项目（正如霍尔所指出的，"青少年精力充沛，本来就不应该待在学校里"）。孩子们出现在各种场所，他们参加市政会议、企业会议，就像在许多原始部落中那样，重大会议孩子们也都到场。形成内在的社区知行文化，大大减少了那些初期似乎有效、最终却事与愿违的权宜之计。周围的孩子、社区的文化以及人们每日每时的实践都在时刻提醒大家，我们今天付出的所有努力，是为了长远的发展。

或许我们可以这样说：无论今天我们是否已经做好准备，随着社会、经济和技术变革的加速，我们正在进入这样的一个世界。一些持批评意见的人认为，这样一来，学校就变得可有可无了。我们反倒觉得情况恰恰相反。不管我们的世界在技术上变得多么先进，孩子们总得有一些安全空间，开展他们的学习——不管他们有多少平板电脑，也无论他们的智能手机具有多么眼花缭乱的功能。孩子们总需要各种各样的平台作为跳板，带着好奇心去探索大千世界。他们总需要一些场所，来完成从孩提的家庭生活到同事与成年人的大社会的转变。

这就是一个注重学习行动的社会，为什么要将其资源集中投入到对学习者的发展成长过程起主要塑造作用的各种组织之中。这样的组织或许与我们今天的学校相似，但也有可能不同。在这些组织里的所有人，无论男女老少，都会在相互陪伴之下持续发展、成长。这里是持续变革、成长的孵化器。如果我们想要让这个世界进步，那我们就需要知行学校。

2. 何谓知行学校

知行学校随处可见，至少在人们的想象中是这样的。本书的写作灵感源于这个简单的核心理念：各种各样以学习为目标的机构，都可以按照知行组织的思路来设计和运营——包括2000年本书的第一版和2012年的第二版，都是如此。也就是说，让学校持续充满生机、富有创造力是可以实现的，但是，这并不能凭借法规和命令，也不能依靠规章制度或者强制排名，而是要形成知行导向（learning orientation）。这就意味着要鼓励系统中每一个人都参与其中，表达他们的热望，构建他们的认知，并共同发展他们的能力。过去，人们相互之间或多或少有些不信任、存在戒备心——父母与老师之间，教育工作者与本地企业家之间，学校管理人员与工会成员之间，校园内部和外部之间，学生与成年人之间，大都如此，而在一所知行学校里，所有人都认识到，在每个人的未来与社区的未来之中，大家都有着共同的利益。

时至今日，成百上千所学校中有成千上万人，已经在知行学校的实践方面积累了三十多年的宝贵经验。这些经验中有相当大的一部分，是在其他一些名目下形成的，比如"教学改革""高效学校""教育体制更新""系统思考的课堂教学"等,甚至在"不让一个孩子掉队"的运动中也有所体现。知行学校的实验一直在持续地进行着,对于教育工作者、学校、学习者和社区之间的关系的理解也由此产生,并且在不断地深化。

以往大部分的实践行动,都是以第五项修炼系列丛书中探讨的学习型组织建设的明确的工作任务为基础的。第五项修炼系列丛书的七本书[①](包括第一版和第二版以及本书)都基于一个简明的核心理念:持续不断地实践五项"知行修炼",改变人们共同思考和共同行动的方式,就可以创建学习型组织。包括系统思考、自我超越、应对心智模式、建立共同愿景和团队学习的这五项修炼,为那些希望建设更为优秀的组织和社区的人们,提供了巨大的杠杆支撑作用。

杠杆作用[②]

相对投入不大但力量集中的小行动,如果选对支点,有时候会带来可观的、可持续的改善效果。系统思考学者把这个原则叫作"杠杆作用"(leverage)。应对和解决有困难的问题,往往是一个发现"高杠杆作用"(high leverage)的过程。杠杆作用往往来自新的思考方法。对于大多数人来说一些微小的并非显而易见的变化,却很容易对

---

① 《第五项修炼》系列丛书的其他六本著作《必要的革命:深层学习与可持续创新》、《第五项修炼:学习型组织的艺术与实践》、《第五项修炼:终身学习者》、《第五项修炼·教育篇》、《第五项修炼·实践篇(上)》、《第五项修炼·实践篇(下)》。以上图书中文版均由中信出版集团出版。

② 有关杠杆作用和巴克敏斯特·富勒(Buckminster Fuller)的"小舵板"案例的更多探讨,详见《第五项修炼:学习型组织的艺术与实践》。

人类的系统（比如学校）产生不小的影响，带来很大的变化——这是因为，大多数人都没能完全了解，这个系统为什么会以这样的方式运作。

本书第一版源自我们的一个发现：知行学校的做法引起了教育工作者的共鸣。这是因为，这种做法把两个看似矛盾的目标结合在一起：一个目标是要实现人们内心深处最深切的渴望，另一个目标则是要帮助教育机构，使其获得更优秀的长期教育成绩。其成果自然包括测验分数和其他外部衡量指标方面的显著改善，但更为重要的成果，则是人们在心智上实现了突破。

无论你是一名教师，还是学校管理人员，或者是家长，乃至学生，这本书对你都会有所助益，让你在自己的学校里也能取得同样的成就。这本书包含了67位作者写的170篇文章，其中包括各种工具与方法、角度各异的故事与反思，以及一系列指导思想、为数不少的练习和其他参考资料的介绍——都是大家在把学习机构演化成为知行组织的过程中应用到的。其中许多文章相当务实，着重帮助教师、学校管理人员或者家长去解决许多具体问题，也有许多文章是深层的反思，目的是帮助大家以前所未有的视角，去观察学校这个世界，并由此以更有效的方式管理、变革学校。我们的本意是，书中的文章既不是"处方"，在应用上也没有限定条件——可以相当方便地应用在各种不同的情境，包括高等教育机构和终身学习领域。在这本书里，我们并没有列出"十大知行学校"，也没有提供典型案例的详细描述——比如一些明星教育家对于如何解决他们面对的所有问题，已全然了解，而我们其他人只要简单效仿就可以了。说到底，没有哪一所学校的经验,可以让其他学校完全照搬。学校各不相同,需要结合自身情况,在学习的理论、工具和方法上形成各具特色的组合。

我们将本书命名为《第五项修炼:知行学校》。然而,将学校或学院作为独立的个体加以改善,并非我们的全部愿景。这是因为学校并非孤立存在的,它们拥有成为其周边社区展开学习的支点的潜力。可持续的社区需要能够持续成长的学校,既是为了社区中的所有孩子,也是为了向社区中所有成年人提供开展学习的机会。在我们看来,与其把知行学校看作一个界限分明、自成一体的场所(因为学校也许并非一定处在一个固定的建筑物或场所之中),不如把知行学校看作一个以学习为宗旨的生命系统——它致力于这样一个理想:所有参与其中的人,无论是个人还是团队,都会不断增强、扩展他们的认知水平和容量能力。

五项修炼内容提要

如果学校一味教导学生服从权威、循规蹈矩,当学生走出校门的时候,就难以应对今天愈加复杂、日渐相互依赖的世界。当前,各行各业的组织都要求人们在行动上更加独立自主,要求人们善于领导和跟随,要求人们在探讨困难问题的时候无须顾忌,要求人们对于支配自己行为并影响自己未来的思维习惯,有更加清晰的认识。

学习型组织的五项修炼是正在进行的研究与实践形成的一系列成果集合,有助于开发上述视角和技能。许多教师和学校管理人员注意到，这些学习型修炼也为应对当今教育机构中的各种困境和压力，提供了各种有效的方法。

五项修炼中的两项修炼，描述如何表达个人与集体的热望（individual and collective aspirations），以及如何运用个人和集体的热望明确方向。

• **自我超越**（Personal Mastery）：自我超越的修炼实践，是要逐步生成一个清晰的图景，其中有你自己的个人愿景——你一生中最想创造出来的成果，同时也有你对自己现实生活状况的客观评价。这会在内心形成一种张力，如果加以修习，这种张力可以扩展你的才能，使你做出更好的选择，还会让你在既定的目标上取得更为丰硕的成果。

• **共同愿景**（Shared Vision）：这项集体修炼建立一种对共同目标的关注。通过逐步勾画描述力图创造的未来的共享图景，逐步形成实现这个未来图景所需要的种种策略、原则和指导性实践规范，拥有共同目标的人们（比如，老师、学校管理人员和员工）就可以在小组或组织中学习培养一种担当的意识。一所学校或一个社区如果希望终身学习，就需要这样一个共享愿景的过程。

五项修炼中的另外两项修炼，涉及反思性思考（reflective thinking）和生成性对话（generative conversation）。

• **心智模式**（Mental Model）：这项与反思和探询技能有关的修炼，着重于形成对人的态度和视角的认知——既有对自己的认知，也有对周围的人的认知。运用心智模式的修炼还可以帮助你更加清晰、坦诚地评价现实环境。教育领域中的大部分心智模式往往是"不可以讨论"，并深藏在表象之下的，因此，知行学校的关键行动之一就是形成一种能力：让人们能够安全、富有成效地谈论那些令人生畏、让人为难的话题。

• **团队学习**（Team Learning）：这是一项涉及团队互动的修炼。通过运用深度会谈和技巧型商讨等技能，小组的人们在共同思考方面发生了转变，大家共同学习如何调动各自的能量和行动去实现共同的目标，如何形成一种大于个人智力与能力简单叠加之和的集体智力和能力。团队学习能力的培养，在课堂上、在老师与家长之间、在社区成员之间，以及在成功开展学校改革的"先导小组"（pilot groups）中，都可以进行。

最后一项修炼（也就是第一本著作中的"第五项"修炼）是与认知和管理这个世界的复杂现象有关的多方面知识和实践的集合。

• **系统思考**（System Thinking）：在这项修炼中，大家学习如何更好地理解相互依存关系与系统变革，由此能够更有效地应对导致我们行为后果的种种深层影响因素。系统思考修炼的基础是一个持续成长的理论体系，涉及反馈行为与复杂性——导致系统增长或者趋于稳定的各种内在驱动力。诸如因果图、系统基本模式、各类学习实验室和各种系统模拟等工具和技术，都有助于学生对所学的课程形成更为广泛、更加深入的理解。在帮助人们找到撬动最具建设性的变革杠杆作用点方面，系统思考是一种强有力的实践方法。①

一些教育界人士曾对我们说过，这些学习型修炼听上去的确很不错，"但我们如何开始呢？周一早上我们该做什么呢？我们如何才能够

---

① 本书的第二部分，是"五项修炼"的入门指导。

让员工产生系统认知或者自我超越的意识呢？让学生去尝试这些修炼有价值吗？我们如何才能把这些技能和实践方法结合到现有的课程设置之中，如何才能结合到那些必须应对的变革工作中去呢？我们怎样才能知道我们究竟要创造哪种类型的知行课堂和知行学校呢？我们该如何应对外部的压力呢？"

熟悉学习型修炼的家长也有类似的问题："对于家庭作业、孩子们之间的冲突这些问题，我们该如何运用这些修炼来处理呢？如何将这些修炼运用到与孩子、与老师们的配合工作中去呢？我们可以在学校与职场之间、在学校与社区其他场所之间，建立什么样的关系呢？"

没有哪一本书可以解答所有这些问题。但是像这样的一本书，可以在你着手解决这些问题的时候，将你引向有效的解决之道。它所提供的种种策略来自各种各样的公立和私立学校、学院和大学，来自人们获得的集体经验。成千上万的人——家长、教师、管理者、专家、政治家，以及学生，正在共同演变成一个世界性的教育界知行组织。那些实践了组织学习的方法和工具、尝试去理解其基础理论的人们通常会发现，他们在变革和影响力上获得了以前未曾意识到的强大杠杆作用，对于推动变革也有了更清晰的认识。幸运的是，我们正在共同面对一项异常困难但又至关重要、极为关键的任务：重塑学校以便满足那些在愈加紧密联系的后工业时代中长大成人的学生的需要。

学校教育的现状

着手写这本书的 15 年间，我们常常听到人们表达这样的看法：美国的学校一天天在落后——工业时代的学校正在无可救药地一步步衰落。这种观点的起源至少可以追溯到 1983 年。当时，美国政府发表了题为"国家危机"的报告。报告称，美国人的受教育水平相当糟糕，这导致他们在全球市场上缺乏竞争力。这份报告中的许多缺乏依据的责难，尽管后来被证明是错误的，但美国学校处于危机之中的这个观点依然非常盛行。近年来，美国人的考试成绩落后于芬兰、新加坡等其他国家学生的各种报告，使这种观点又进一步升温。在其他国家，学校问题也不时引起集体焦虑——大家无力改变现状，同样备感受挫。除了教育工作者们身上的重压之外，许多学生也感到了参与竞争的超常压力，因为大家普遍担心，如果在学校里表现不够优秀，就会被挡在成功生活的大门之外。[1]

学校如今面临这些压力的缘由，远比许多人意识到的要复杂得多。在19世纪工业社会中，整齐划一的教育体制实际上是一种福音：减少了滥用童工现象，也给这个世界带来了机会。到1950年，在工业国家中，年满18岁的青少年中有一半可以从初中毕业。虽然他们当中许多人的数学能力和阅读技巧仅仅达到了六年级水平，却都找到了相对不错的工作。

考虑到在校人数的总体规模，无论用怎样的客观方法去衡量，现在美国的教育工作者在教授基本技能方面的水平，与三四十年前相比要高很多（世界上其他国家，应该也是如此）。毕竟这些年以来，在学习与教学方面，已经有了更多的了解，由此形成的大部分知识，目前在工业国家已经是教师常规培训内容了。

与此同时，对于教育的要求也在急剧提升。就在本书第一版出版

---

[1] 《国家危机：国家卓越教育委员会报告》（Nation at Risk, National Commission on Excellence Report，美国教育部发布，1983年）。戴维·C. 伯利纳（David C. Berliner）与布鲁斯·J. 比德尔（Bruce J. Biddle）所著《制造危机：神话、欺诈与对美国公立学校的抨击》（The Manufactured Crisis: Myths, Fraud, and the Attack on America's Public Schools，Basic Books出版，1996年）质疑了报告中有关教育危机的假设。

至今的 12 年间，美国和全球其他国家的教育环境，在几个重要方面已经发生了微妙且不可逆转的变化。

• **知识更新速度加快**。在美国和其他许多工业化国家里，可供受教育程度不高的人们选择的工作，在质量和相对数量上都在不断下降。工厂里还是有相当多工作可以做，但只提供给满足了一定要求的人们——掌握计算机基本操作，具备 12 年级阅读水平（为了读懂复杂的、不断更新的设备操作说明），懂得统计学原理（为了进行质量控制），具备基本物理知识，了解一点编程知识，或许还需要会一门外语（以便与巴西、中国等地的业务伙伴进行电子通信）。新兴国家要取得教育方面的成就，也各自面临着前所未有的挑战，特别是这些国家正处于向中产阶层经济转型、向更加民主和更为分权的政府转型的阶段。正因如此，全球各国和各个社区都意识到学校的质量是一个重要因素——在保障社会繁荣、人民富足方面，这或许就是唯一最重要的因素。[1]

• **全球相互依存**。成功企业和自决意识在全球各地的出现，通常被称作"全球化"，是由电信、社会化媒体以及贸易等波及全球的驱动因素促成的。然而，其最大的影响却是本地化的。世界各地几乎所有本地社区中的人们都感到，他们的命运以一种前所未有的方式与其他人联系起来。这种状况已经影响了所有国家对于学校的看法。

比如，中国政府在 1986 年就推行了九年制义务教育。到 2000 年，

---

[1] 有关生产制造业对教育的需求，请参照阿尔温德·考沙尔（Arvind Kaushal）、汤姆·梅厄（Tom Mayor）和帕特丽夏·里德尔（Patricia Riedl）所著《生产制造业该醒醒了》(*Manufacturing's Wake-Up Call*, strategy+business, 2011 年秋)，以及密歇根大学陶伯全球生产研究所的华莱士·霍普（Wallace Hopp）和罗曼·卡普钦斯基（Roman Kapuscinski）所著《为生产重塑教育》(*Revitalizing Education for Manufacturing*)，见网址：www.strategy-business.com/article。

免费小学教育在这个国家已经普及。在许多亚洲国家里，科学和数学的教育受到高度重视，旨在培养出具有专业技术能力的毕业生。然而，在这些国家里，人们却认为创造力正在消亡。我们认识的一位来自中国的博士后，对处在二十岁左右的中国学校毕业生的综合能力进行了研究。总体上看，他们知道如何为正规考试做精心准备，但相对而言，其中没有多少人知道如何完成创造性的跨越，去实现技术创新和突破。

与此同时，在美国，学校系统培养出了相当多的具有创造力的创新者，但人们依然认为，学校无法培养出大量具备基本科学与数学技能的毕业生。当这两种不同文化的学生在工作中发生冲突时，他们就要做出选择：要么共同工作，并将彼此的技能相互融合；要么毁灭性地相互竞争。这些学生生活在一个相互依存的世界之中，他们各自的学校是否帮助他们为此做好了准备，在某种程度上就决定了他们是否能有效做出选择。

• **经济压力和社会不安定因素增加。** 在"富人与穷人"构成的经济体中，富人与穷人在生活质量与发展机会方面的鸿沟正在持续扩大，这对于教育机构产生了巨大的影响。当今多样文化的社会和家庭所面临的形形色色、难以预料的前景，同样对教育产生了巨大影响。公众期望学校能够弥补众多社会和经济因素对孩子造成的影响：家庭结构的变化、电视节目与大众文化趋势的迅速变化、无休止的商业化、贫穷（以及随之而来的营养不良和健康状况下降）、暴力、虐待儿童、少女怀孕、毒品泛滥，以及此起彼伏的社会动荡。现今的学校通常要承担的责任包括教育单亲家庭的孩子、心智和身体发育不健全的孩子、极度贫穷与无家可归的孩子以及不会讲主流语言的孩子。

在疲于应付这类要求的同时，学校领导人还不断地把自己的组织推到变革的前沿（像旋风般出现的各种时髦教育方法，也是这种努力的一种体现）。学校还面临着另一种强大的压力：要放缓变革速度，不要太激进；要强化传统教学，保证学生中没有人掉队。最后，在许多国家里，学校在面对这些压力的同时，还要承受由持续的全球金融危机所带来的严重财务压力。

• **技术变化**。当今时代，技术变化直接增加了学校的压力。一些专家轻率地（短视地）预测，公立学校教育将迅速消亡，原因是公立学校无法跟上技术变革的步调，最终将会"力所不及"。然而，这不会发生；恰恰相反，学校正在发生转变。许多二年级以上的学生对于用自己的智能手机和平板电脑登录网站，已经习以为常。对许多学生来说，很多最为关键的学习行动的讨论并不是在课堂上或课间休息时进行的——这样的讨论现在是在网上进行的，时间是晚上 8 点或者 10 点，那些与他们一起讨论的人远在千里之外。

技术也在大幅度改变学生获得知识的途径。1999 年，当我们写作本书的第一版时，苹果公司还没有生产出 iPhone（苹果手机）、iPod（苹果公司音乐播放器）或者 iPad（苹果平板电脑），全球互联网也不过刚刚兴起几年，eChalk 公司[①] 刚刚成立（现在它的技术平台已经在许多学校获得应用），谷歌的搜索引擎基本上不存在，维基和脸书还完全没有踪影。当今，所有年龄段、所有年级的学生，对所有这些以及其他更多的技术已经习以为常，并且将其用作自己的教育工具——尽管有时候效果适得其反。与此同时，教师也相应改变了教学习惯——比如：在网上布置作业、交作业，要求学生相互批改学校的功课，也用搜索引擎去检查是否存在抄袭作弊行为。

所有这些都在为更多的参与式学习创造巨大机会。比如，传统的

---

① eChalk 成立于 1999 年，是一个 k-12 软件平台，用于管理通信和教学。

印刷版教科书正在被电子版教科书取代，有些电子版的教科书在扉页上标明，这是针对某个具体学校甚至是某个班级的版本，其中还常常包括多媒体内容。如果学生对书上或者教师的讲解不满意，他们可以找到互动练习和教学短片等其他形式的替代内容——通过可汗学院等自我教学服务平台传递给学生。① 推特网、脸书等新平台允许独立创作人分享工作，使人们很容易看到信息与各个不同学科之间是如何联系起来的——在这些平台上，数学、科学、社会科学、音乐和人文学科之间的联系一目了然。当今时代，这些学科之间的联系对于理解其中任何一门学科都至关重要。而传统的教学科目分类组织方法（以及相应的考试组织方法）对这些联系往往缺乏恰当的描述。

然而，技术在学校中无处不在的局面引发了各种新的挑战，也强化了那些已经存在的挑战。比如，这会扩大"贫富"差距（有的学生带着自己的电脑上学，而另一些学生则要使用学校的或者共享的电脑），这会令学生和教育工作者陷入信息海洋的混乱和误导之中，现实世界的暴力行为会由于网上暴力而增加，这也会把学习的复杂程度提高到前所未有的程度。

此外，没人清楚，面对技术变革带来的机会和挑战，有多少教育工作者已经做好了准备。正像不断进化的互联网、社会化媒体和移动通信削弱了独裁主义政府维持控制的能力一样，这些技术也使得教育工作者很难控制学生所获得的信息。学生自己正在逐渐明白，所有信息来源，无论是来自学校、老师还是媒体、政府或者他们之间的，都可以质询。学生正在把自己放到脸书或者 YouTube② 等网站上，让自己

---

① 在我们编辑本书的第二版过程中，一家提供 12 年制教育的录像和互动练习的非营利机构"可汗学院"（the Khan Academy，见网址 www.khanademy.org）正在获得越来越多的关注。

② 一个可供网民下载观看及分享短文的网站。

更加容易被人关注、联系更为广泛，但也会使自己更容易受到伤害。

• **对教育质量感到失望**。虽然学校被迫承担了并非由学校引发的种种社会问题的责任，但是认为学校仍然没有完成其首要使命的看法，还在持续升温，这种状况本身又促生了一系列新问题。

首先要说的一个基本事实是，对于孩子接受的教育，家长们往往不满意。这本书的 6 位主要作者都是家长，也都是教育工作者，我们全都有过这样的经历——我们认识的许多人也是如此：由于我们对可供孩子选择的那些公立学校实在灰心丧气，于是只好把孩子送到私立学校去了——至少也相当认真地考虑过这个想法。然而，私立学校也没有好到哪里去。我们的体会是，学校这个系统本身的不足和学习障碍，是为人父母要日复一日面对的挑战。

此外，企业对于招聘来的人员的能力水准相当不满。有关学校没有帮助学生为全球经济做好准备的喋喋不休的说教如此根深蒂固，以至于这成了 40 多年来学校与企业的恶劣关系的基调。

学生们也觉得心灰意冷，他们在学校花费那么多时间，包括用在社交上的大量时间，大都枯燥无味，纯粹是浪费。要想证明这一点，只需要回想一下你自己上学那些年的感受，或者去看一部有关学校生活的流行电影就可以了。

对于学校系统的管理模式，一些社区也备感沮丧——为数不多的一小群人，往往只因为获得了社区中部分人的支持而当选，组成了学区委员会，这些人几乎可以在顷刻之间、随心所欲地改变学校的方向。

要想有效应对所有这些方面的影响，就需要花费力气改变视角、深入思考，并持续实验。没有谁真的知道，当现在幼儿园中的孩子从大学毕业的时候，世界究竟是怎样的，全球的文明与文化会变成什么样。我们所知道的是那时候的现实状况会完全不同于多数教育工作者和家长在成长过程中所了解的那个世界。正如《第五项修炼·实践篇》的作者查罗特·罗伯茨所说:"难道我们真的想让我们记忆中的青少年时代的学校重现吗?难道我们想让变革的潮流停下来,让学校教育成为一潭死水,就因为现在的教育工作者是为了适应现有的学校教育而被塑造成这样的吗?"

由此可见,教育工作者面临着前所未有的种种挑战,但同时他们也面临着不容忽视的巨大机遇:拓展学生的视野、促进创新、将系统思考融入课程,并向外部世界开放自我。令人遗憾的是,在已经付诸实施的各种解决方案中,有许多只不过是权宜之计——并非针对深层的原因,而只是头痛医头、脚痛医脚,设法应对问题的症状,并因此导致许多始料不及的后果。你如果由于一只老鼠钻到了地毯下面而不胜其烦,只不过是用脚去把地毯上鼓起的那个大包踩下去,那老鼠就会跑到地毯下面的另一个地方。

最为流行的一种"权宜之计",是运用标准测试,跟踪评估结果,并强化教育绩效。这种做法引出了一大批众所周知的"地毯下面跑老鼠"的对策手段,也就是为了提高学校的分数而展开的各种尝试,即使这样做既没有提高学习质量,也没有提高学生能力。为了提高学校的测试分数,一些学校推销帮助学生集中注意力的处方药;有些学校则鼓励成绩不好的学生退学,如此一来这些孩子的成绩就不会被统计到学校的测试分数里了;另一些学校掩盖真实的测验成绩,或者编造测验成绩;还有一些学校则把一部分学生归类为"残疾学生"(并因此获得某些测验的免试);最为常见的是学校按照"为考试而教学"的原则进行分班,并分别编制课程,为考试进行集中训练和演练。相形之下,以评估考试结果的常用方法衡量——比如,比较不同背景学生的分数,似乎考试有助于缩小"成绩鸿沟",但事实上,不同背景学生群体之间的差别依然如故（只是各自在总成绩上都有所提高，但他们之间的差距依然悬殊）。这些手段带来的结果，至多是适得其反，有时候甚至是饮鸩止渴。[①]

更加糟糕的是，这类机械式的解决方案常常取代了课堂的创造力，并且破坏了师生关系。学生把大部分课堂时间用来学习如何考试，就会失去获得其他许多技能的机会——他们可能会发现，要想成为一个完整、能干、慷慨，对周围的更大社区做出贡献的人，这些技能非常宝贵。换句话说，正如教育家兼员工发展专家爱德华·乔伊纳所说："他们通过了考试，但在生活上却不及格。"

另一种"权宜之计"，是"择校"的设想：让家长和学生在不增加成本的情况下，有多个不同类型的学校可供选择。这种方案有许多种模式——诸如"磁力"学校、家庭教学、特许学校、学费报销券[②]等，以及允许家长可以在一个城市里申请任何一所学校的各种政策。然而，无论是在哪种模式下，学校之间都会出现争抢生源现象。这其中的每种模式都受到过批评，而对这些方案进行系统性观察，就会发现每种都会引发相当复杂的各类意外情况，以及种种始料不及的后果。比如，学费报销券这种做法的本质，就是把管理学校的责任从公共管理的领

[①] 有关测试和择校的副作用，请见戴安·拉维奇所著《伟大的美国教育系统的生死存亡：测试与选择如何削弱教育的根基》（*The Death and Life of the Great American School System: How Testing and Choice are Undermining Education*，Basic Books 出版，2010 年）。

[②] 磁力学校（magnet school）：允许设立数学、科学、技术、金融等特殊课程，并可以跨学区招生的公立小学、中学和高中。家庭教学（home schooling）：多个国家法律允许孩子在家接受父母或家庭教师的教育。特许学校（charter school）：公立小学或初中，特许可在一定程度及一定条件下，不按照政府制定的要求进行管理。学费报销券（voucher）：也称 school voucher，政府核发的报销凭证，供上私立学校的孩子报销部分学费。——译者注

域中分离出去——民主社会中的大多数人都对此心存疑虑。在特许学校的模式下，资金往往转移给了一些在管理方面令人质疑的学校。此外，这种模式往往会把一个社区中最好的学生和超出合理比例的教育预算，投入一两个学校里，其他学校则被搁置到一边，自生自灭。

学校管理应该接受更为严格的问责，家长和孩子应该有择校的权利，对于许多人来说，这些原则的重要性，似乎毋庸置疑。然而，以往的经验却表明，一旦投入实际应用，这些原则并不会让原有状况自动得到改善。只有以谨慎、专注的态度开展实施，并注意具体情况的差别，这些解决方案的潜力才能得以发挥。解决我们这个国家的学校面临的各种问题，与应对其他任何复杂问题的情况类似，唯一行得通的可持续的方案，就是逐步形成一种知行导向。这就意味着要认识到，一个以学习为目标的机构，也是可以成为一个学习型组织的，也就是说，不是把学校看作一个孤立的单元，而是看作一系列相互联系的过程和实践，与其周边的社区、其中的课堂和个人的学习体验，天然地联系在一起。这就意味着要培养开放对话和公众参与能力，让各个群体中的各种深层假设和不同视角，都清晰地呈现出来。

恰恰正是在这方面，组织学习的修炼反过来可以帮助我们克服面临的种种挑战——无论是全球化，还是技术变革，乃至经济动荡，并将新的生命活力带给我们的教育系统，帮助我们的孩子做好准备，在一个后工业化时代中枝繁叶茂、茁壮成长。

学 习

在中文里，"学习"（LEARNING）是由两个字表示的。第一个字

"学學"是指研究（study），由两部分组成：上面的部分表示的是"知识的积累"，下面的部分则表示一个孩子站在门口。

第二个字"习習"，是指不断地练习（practice constantly），表示一只鸟正在努力展翅飞离巢穴。这个字的上半部分代表飞翔；下半部分则代表"年纪尚幼"。在古代亚洲人眼里，学习是个持续不断的行动过程，"研究"和"不断地实践"放在一起，表示学习就应该意味着"掌握自我完善的方法"。

——彼得·圣吉

三个层层交错的行为系统

建立良好关系始于认知。贯穿本书内容的主题之一，是要清楚地表达"我看见你了"的含义；也就是认知彼此身份、认识彼此价值的能力，尤其是如果在此之前我们中的一方或双方，是在另一人的视线之外的。"我看见你了"这句话，来自《第五项修炼·实践篇》的开篇语。

在南非纳塔尔（NATAL）北部的部落中，人们见面最常说的问候语是"Sawu bona"，就像英语里的"hello"一样。这个问候语的字面意思是"我看见你了"。如果你是这个部落的成员，就应该回答"SiKhona"，意思是"我在这里"。这段对话的次序至关重要，因为它传达出一条信息：除非你看见我，否则我是不存在的。就好像是在说，当你看见了我的时候，你也使我得以存在了。

这段对话暗含了乌班图（ubuntu）精神的一部分，它代表了生活在非洲撒哈拉以南地区的土著居民普遍具有的一种思维框架。"ubuntu"

这个词来源于祖鲁族（Zulu）的民谣 Umumtu ngumtmtu nagabumtu。这句话字面上的意思是："一个人之所以是人，是因为其他人的存在。"如果你在这种意识环境的熏陶下长大，那么你之所以具有身份，是因为你被其他人看见——周围的人尊重你，并承认你这个人的存在。[1]

那么，在创建知行学校的努力过程中，要有谁来参与呢？无论学校是公立还是私立，无论是在农村还是在城市，无论其规模大小，都有三个层层交叉的系统在发生作用，彼此之间相互依存、相互交织、相互影响。这三个系统，就是课堂、学校和社区以各种方式相互作用，有时难以察觉，但却塑造了各个不同层次的人们的选择和需求。在任何培育知行学校的努力之中，只有在这三种层次上都做出变化，变革才能最终产生效果。

知行课堂

课堂是这三个系统的核心——学生和教师都以学习为目的，日复一日集合在这里。父母并非课堂的一部分，因为他们不是这里的成员，不需要每天都出现。然而，他们却似乎是无时无刻不在的。他们的参与对于课堂的正常运行至关重要（对学校也是如此）。因此，课堂的三个首要组成部分构成一个相互影响的循环链条。

- **教师**：教学中的美好时刻，是其他的经历所无法比拟的。这也正是许多老师选择这个职业的原因。查罗特·罗伯茨（Charlotte Roberts）回忆她当年做小学一年级老师的时候，教学生们开始识字读书的奇妙经历："如果你不知道如何识字读书，那么书上的文字就只不过是一页

---

[1] 摘自《第五项修炼·实践篇》。我们对于"Sawu bona"和乌班图精神的含义的理解来自与路易斯·范德梅韦（Louis van der Merwe）以及他的同事詹姆士·恩科西（James Nkosi）和安德鲁·马里蒂（Andrew Mariti）的谈话。

页乱七八糟的线条。老师要做的事就是帮助学生揭开这些乱七八糟的线条的秘密。不久，这一天就到来了：一个孩子骄傲地走出教室，腋下夹着一本儿童读物——仿佛那就是一份《华尔街日报》。你可以看到她的肢体语言在表达：'看看我吧！我就要回家去读书了……'读给爸爸妈妈，读给哥哥，读给奶奶，或者读给家里随便哪个亲人。这种感觉太奇妙了。老师们都知道其中的奥妙，也从不会错过这种时刻。"

有三个有关教师的观念，贯穿本书中各个章节。第一，每一所学校都必须重视教师的提升和发展，重视给教师以关爱和保障，并将其作为学校的核心目的之一——这体现了对教师的重要性的认识。第二，教师必须担当起管理全体学生的责任——培养学生之间形成良好关系，培养学生与知识基础之间形成良好关系。教师的受托责任意味着要遵守自己对学校这个知行社区整体的承诺，而不仅仅是对"我的课堂"和"我的学生"的承诺。第三，优秀教师自身就是持续的终身学习者，他们的学科知识和教课技能，在一生之中都在持续演化、进步。

尤其是在过去十年中，许多教师在反思自己的工作方式，在寻求更有创造性的教课思路。如果不这样做的话，他们就会在依照工业化工厂模式设计的课堂上，听任死记硬背的操练摆布，听任命令–控制的种种手段的摆布，而学生学习的收效则每况愈下。我们期望这本书对于那些因此而承担了学习专家角色的教师，有所助益。

• **学生**：学生是唯一能够纵览整体的参与者，他们能够看到层层交错的教育系统的各个方面，然而，他们往往也是对这个系统的设计影响力最弱的人群。从这一点上看，他们（尤其是升入初中和高中的学生）往往就像是处于交通堵塞的车流中的司机。他们感觉到前方发生了拥堵，又看不太清楚；他们挤成一团、竞相试图超越其他车辆；实际上却对问题本身束手无策。

在本书中，我们没有仅仅把学生当成知识的被动接受者，而是将他们看作知识的共同创造者、学校进化的参与者。我们承认，对于应付自我超越、系统思考这类复杂修炼，大多数在校学生的认知和情感能力还处于发展阶段。但是我们也相信，学生能够形成自己的终身学习的愿景，而要做到这一点，他们就必须要成为培养他们自己所有能力及意识的系统的一部分。如果你是一个学生，我们期望你可以更好地理解，如何成为你学习生活的三个系统的正式成员，从课堂到学校，再到社区。

- **家长**：教育体系中有一种苗头不太好的心智模式，那就是认为家长对于参与学校事务不再感兴趣。另一种心智模式是把家长看作各种各样的障碍：他们提出各种各样的要求，把教育工作者的工作弄得愈加麻烦。与此同时，家长也有各自对于教育的负面心智模式。有些家长把学校同自己过去不开心的学习经历联系在一起。另一些家长则可能不愿抽出时间，也没有勇气参与到组织学习行动中去。这样的态度

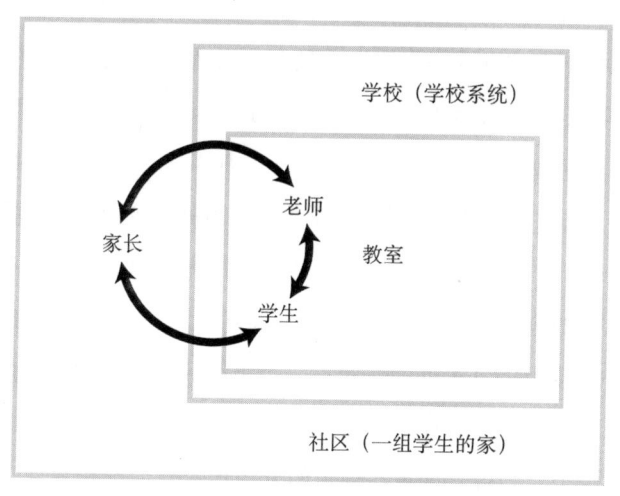

随处可见，结果不必要地影响了孩子的学习生活。

在这本书的写作中，我们强调把父母和教育工作者都作为读者对象，因为我们知道，在建立知行课堂和知行学校的时候，父母和教育工作者这两个因素相互依赖，缺一不可。如果你们是正在阅读本书的父母，我们假定你们是对孩子的学习过程高度关注的合作伙伴。我们希望向你展示，孩子的成长究竟是如何依赖于系统中所有成年人的成长的，这其中也包括你们自己。

本书第三部分（在"开学指南"和"五项学习修炼入门指南"这两章之后）是有关知行课堂的内容。通过学习的理论、教学实践以及教室里的系统思考等五个方面，我们探讨了把课堂重新塑造成为更持续、更成功、目的也更加明确的协作环境所需要的最新知识。

知行学校

保障课堂的持续存在，需要建设组织的基础设施。在本书中，我们把学校、学校系统以及高等教育系统都看作正式组织。这些组织都有一套等级制度、有一个与之相关的核心群体，也都有一个由学校所在社区选举出来的（或指定的）委员会。当然，不同的社区在组织学校或大学的方式上各有不同，有的学校系统只有一所学校，而有的则拥有数百所学校。然而，这些学校系统的基本使命却完全相同：确保课堂存在下去，并向其服务的所有学生提供最高质量的学习体验。

学校也是一个社会系统（对大多数在此就读的学生来说，是友谊和社会地位的来源之一），是学校员工持续发展成长和培训的资源之一，（在大多数情况下）也是一个有工会组织的工作场所。所有这些都增加了这个系统的复杂程度。最后，一些学校的领导人也明白，学校可以成为一个有效催化变革与创新的发源地——无论是在课堂上，在学校自己的实践方面，还是在周边的社区之中。

因此，我们期望这本书的读者也包括那些主要活跃在学校层面，而不是在课堂上的人们。

• **学监**：从组织机构上来讲，学监这个职位比学校系统中的其他任何人都拥有更多、更大的职权。然而，在美国，一个学区的学监的任职期限一般还不到 3 年。如果你是一位学监，你发起一个学习行动的第一步，就是弄清哪些权力是自己所拥有的，哪些是自己没有的。作为学校系统的一个执行领导人，学监有能力树立榜样，展示高效的职业行为，也有能力推进知行学校系统的创立。但是学监不能仅凭自己一个人强行下令改革，也不可以自己去直接指挥一项改革措施的推进。我们期望这本书可以为你们提供看问题的视角和工具，从而能够以恰当的步调，在学校系统上上下下点燃变革的火种，并激励大家参与到变革之中。

• **校长、学校领导人及高等教育管理者**：以我们的经验，学校的转变和变革的动力往往首先来自学校的校长、院长和其他管理人员。他们是为教师们提供指导的领导者，是给学校的学习风格定基调的人。作为校长或者学校管理者，你可能会感到左右为难——身处家长、老师、上级管理部门以及政府部门之间，也亲身感受到学生的需要。当你在自己的学校参与到组织学习行动的过程之中时，就变得更是身处"力量交汇"的关键点——不只是教师们的监督者，更是"一个带头的老师和带头的学习者"，是整个学习过程的受托责任人。

• **学区委员会成员、理事会成员以及大学董事会董事**：通常，学区委员会成员和理事会成员被当作监督者、监察官以及政策制定者，而不是对学校系统里的孩子和学生有直接影响的学习者。一个委员会如果自己身体力行，成为实践学习型组织的榜样，其巨大影响就可以让学校系统及其中的成员面貌一新。如果你所在的学区委员会与此类似，我们期望这本书能帮助你们清楚地看到，你们的表现和作为如何限定了学校的发展，而成为这个系统的受托责任人，你们又能为学校的发展带来怎样的前景。

本书的第四部分探讨的是有关知行学校的内容。在这部分，我们关注的是学校变革过程的演进以及学校变革的实践，包括建立一个共同的愿景、形成对现实状况的认知、生成有效的领导力，以及如何展开先导项目，让一个学校系统或大学系统全面参与其中。

知行社区

第三层次，也是迄今为止最复杂的层次，就是社区了。如果更为宽泛地看，社区就是学校及学院运行的学习环境。每一个家长都明白，幼儿、青少年和大学生在学校课堂中的学习，仅仅是他们一周之内所学到的一小部分。其余部分则得益于各式各样的活动与兴趣爱好：其中一些来自媒体（电视、杂志、流行歌曲及网络），还有一些则是从朋友和其他同龄人那里获得的。而所有这些影响反过来又来源于社区所具备的特质——包括本地社区的特点、地区社区的特质以及国际社区的特征。

在本书的第一版中，我们提到了学校-社区关系的重要性，也尝试着提供了一些工具与方法，力图使这个关系更为强健、更加有益。从那时起至今，我们看到了学校-社区关系重要性的更有力的证明。在我们这个相互依存的世界，如果不吸引周边社区的参与、不改变周边的社区特质，谁也不可能创造出一个"知行学校"。同时，只要周边社区不能全面参与，学校的改革也会功亏一篑。

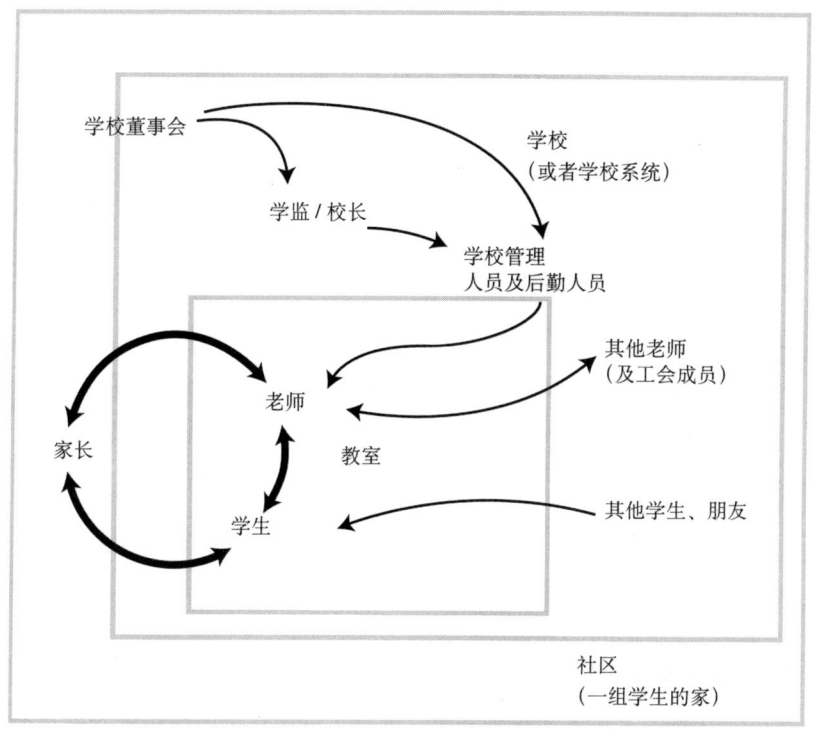

```
学校董事会ーー→
                    学校
                  （或者学校系统）
      ↓
   学监/校长ーー→学校管理
                  人员及后勤人员
                        ↓
                        ↓→其他老师
                  老师     （及工会成员）
  家长      ↑↓     ←
              教室
                  学生←ーー其他学生、朋友

                        社区
                   （一组学生的家）
                              社区以外的世界
```

我们也看到，如果没有全体社区的支持，致力于创新的学校领导人会是多么的孤立无援、备感无助。实际上，为《知行学校》第一版提供了文章的那九位学监（包括本书作者之一蒂莫西·卢卡斯），目前没有任何一位还在原来的学区工作了。其中一些人转到了其他学区工作，另一些人则离开学监的岗位，或去高校教书，或去其他教育机构工作。这个统计数字虽说让人灰心和气馁，但并非意味着他们的理念是错误的，也不意味着他们的努力徒劳无功。他们的努力确实取得了引人瞩目的成果。但是，这个统计数字也的确提出了一个观点，学校里的一项组织学习的措施不能只靠领导一个人，无论这位领导多么干练、如何富有魅力，组织学习行动的需求，要与来自各方的领导人组成的社区"接地"。[1]

今天[2]，许多社区正在采取行动，重新参与到当地的学校中去——一部分是由于人们感受到经济环境紧张和人口结构变化所带来的压力，从而做出反应，还有部分则是为了应对许多地区孩子数量的逐渐增加。一些从前的做法现在已经变得更为完善和成熟，比如："服务学习"的概念——由社区成员承担孩子导师的责任。而"社区参与"的理念——建立学校领导人、学生和社区成员之间的共同反思和共同学习的行动，也在引起越来越多的重视。对于一个学校的领导人来说，在转变学校与其高墙之外的社区的关系上，社区人员参与或许是最有效的方法。

在我们写作这本书的时候，处于社区系统中的三个主要人群，往往是我们的主要关注对象。

- **社区成员**：如果你是一个社区成员，那么你就不大会习惯把自己当成一个教育工作者或是学习者。你过去可能从未与学校有过密切的工作联系，然而，社区领导者、企业家、在社区组织中的工作者以及教育工作者都越来越意识到，各自相互独立、孤立运作的模式现在已经行不通了。正因如此，本书中反复出现一个主题，就是学校与社区的相互依存关系，即便是在课堂的层面也不例外。我们期望你们能够从中发现，有各种各样的理念、方法和参考资料，可以用来理解、变革和改善这样的相互依存关系——为了造福社区里的孩子们，也为了社区本身的可持续发展。

---

[1] 参见由彼得·内格罗尼所著《从"独行侠"到学习带头人》（第571页）及莱斯·面谷所著《创建核心学习团队》（第594页）。

[2] 本书英文版写于2012年。

• **终身学习者**：长久以来，人们一直在说：学校是学习的场所，而成年后的生活则是认识世界的场所。在本书里，我们考虑以多个方面、从实践角度，去挑战这个说法——一方面是如何使学校本身的环境更有利于促进教师、学校管理人员以及学生的学习活动，另一方面则是社区如何发展成长，以支持各年龄段的人们的学习成长。

• **从事教育工作的专业人员**：各个大学中与师范教育和教育领导力有关院系的学生和教员，是本书的第一版最忠实持久的读者群之一。然而，当人们开始更为严肃、认真地讨论学校的目的的时候，从事教育工作的其他专业人士也逐渐参与了这场对话，其中有教科书的作者和编辑（随着教科书被用来应对标准考试委员会设定的短期要求，随着内容更新速度更快、价格更为低廉的网络资源对教科书的替代，教

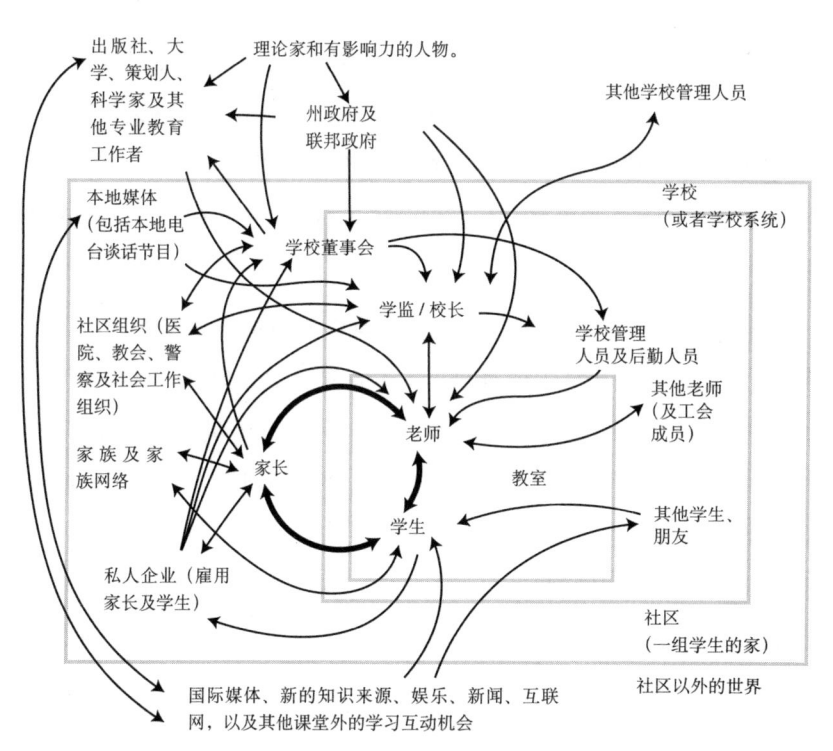

科书的质量和吸引力正在迅速下降），也有类似美国教育考试服务中心这样组织的领导人（对于教学，这些组织有着前所未有的巨大影响力），还有从事学习过程研究的研究人员、作家和理论工作者（受到认知神经学和大脑研究的最新成果的启发，他们正在改变自己的观点和看法）。

社区层面最为显著的特点是它的复杂性。当你去描绘你所在的社区的元素及其周围环境的时候，你会发现结果也许与上面的插图略有不同，但是不管采用什么方式，只要反映实际情况，其复杂程度大致如此。各种影响模式（上图中用细箭头表示）几乎在所有元素之间发生，一些影响直接作用于学校，另一些虽然不那么直接，但总会产生相互作用。如果你的介入仅仅是以改变正式结构（灰色框）的方式来尝试着"修理"这个系统，那么结果肯定是"引起反弹"。实际上，一个有效运行的社区（课堂以及学校也是如此）的内在特征就是这样：社区中的人们已然认识到了那些看不见的影响所构成的网络的存在，在想方设法去强化这些影响，并且对于每一个有联系的人都感到负有责任。当这样的网络一旦破裂，孩子们就会失去呵护，从而迷失方向。

这个典型社区关系图很像一个存在已久的系统思考练习，这个练习叫作"墙"。在这个练习中，组织者要求一个小组的人，指出一个长期的大范围问题中所涉及的所有要素——比如全球饥荒问题、雨林破坏问题、侵犯人权问题或者是经济波动问题。大家逐渐地说出各种要素以及要素之间的相互影响（"人口增长"是一个因素，人口增长加剧了贫困问题）。组织者一一记录下来，最后在墙面那么大的白纸上，画满了各种书写潦草的记号和表示影响的线条。面对这样的复杂场面，很多人感到绝望无助，想要放弃。要"修理"这样一个系统是永远不可能的,尤其因为显然还没有人出来承担这个责任。如果创立知行学校取决于在社区层面培养学习能力,那么只要看一眼这张图所描述的关系,就会感到这简直就是一个不可能解决的问题。

然而,撬动这个系统的杠杆作用还是存在的。识别出那些反复出现的系统行为模式,识别出那些造成这些模式存在的较为简单的相互关系,就可以发现这样的杠杆作用。鼓励开展定期的、有成效的对话会谈,邀请社区里的人们共同设想自己的未来——大家想从彼此之间得到什么,大家想从自己的学校中得到什么,也会产生撬动这个系统的杠杆作用。

在本书的第五部分中,我们会探讨一些已经被证明有效的、能够帮助社区和学校互相学习的技巧和概念性方法,包括激发社区的归属意识,在不同社区领导者之间建立联系,以及为可持续的、社区范围的学习活动提供基础设施。

把各部分拼到一起

由于有了这些不同的组成部分和不同层面,创建知行学校的运动本身就像是一个交叉路口。虽然汇集到一起的人们来自各种不同背景,彼此之间却有一些共同之处。大家对自己所在社区的孩子们都有承诺,也都知道每一个社区的未来就在孩子们身上。大家都明白,学校需要变革——而变革的发生有时是缓慢而渐进的,有时却会是跳跃而突变的。但是,如果没有参与其中的人们的承诺,变革就永远不会发生。学习者只学会那些他们发自内心想要学习的东西。

除非你愿意公开、真诚地同别人探讨,除非你甘冒风险,去触及那些你所在的课堂、学校系统以及社区的"禁忌",否则你其实根本无法实现学习性组织的目标。然而，如果你已经打开了这本书，你就已经迈出了第一步。我们不能停滞不前，因为事关重大——对于学生也是如此，对于我们所有其他人更是如此。

3. 教育愿景驱动学习行动

组织学习的系统实践比较新颖，况且参与组织学习的人背景各异，所从事的学科不同，目的和方向也有差异；因此我们认为在起步之初就明确阐述学习型组织的核心指导性理念很有必要。也就是说，我们认为，以下这些原则都是不证自明的。

每一个组织都是其组成成员如何思考和互相影响的产物

组织按照其自有的方式运行，其缘由是组织中的人的思维方式不同。各种政策和规定并没有导致今天在课堂上及学校中存在的问题，也无法根除这些问题。这些问题的真正源头是在这个系统各个层面上的成员的心智模式和相互关系，从课堂上的老师和学生，到监管所有学校的国家层面的政治治理机构成员，都包括在其中。如果你想要改善一个学校系统，在着手改变规则之前，应该先去看看这些成员是如何思考和相互影响的。否则，新的政策和规章制度必定会渐渐失效，一段时间以后，组织就会重返原来的状态。[1]

西摩·萨拉森（Seymour Sarason）在写以下这段文字时或许就是想表达类似的思想。他说："事物改变得越多，就会越来越趋于维持原状。"萨拉森认为，除非人们的认知能够超越教育系统中那些表面化

---

[1] 阐明这个观点的贡献应归于卡尔·韦克（Karl Weick）所著《组织过程的社会心理学》（*The Social Psychology of Organizing*，艾迪生-韦斯利出版公司出版，1969年）。

的概念，除非人们认识到那些由现有结构、规章制度及权威关系维持的权力、特权和知识背后的深层价值和态度，否则有效的学校改革就无法发生。如果人们思考和相互影响的方式不做出根本改变，如果人们探索新观念的方式不做出根本改变，那么即便把全世界所有的组织重构、时尚做法和策略思路都加起来，也不会产生多少可持续的影响。[1]

改变我们的思考方式意味着不断地调整我们的思想倾向。我们一定要拿出时间，去面对自己的内心世界：逐步认知并且剖析那些所谓不证自明的"真理"，逐步认识并且剖析我们创造知识的方式和我们为自己的生活赋予意义的方式，逐步认识并且剖析那些引导我们在生活中做出选择的热望和期待。但是，我们也必须向外部世界展望，要去探索新的观念及不同以往的思想和互动方式，要与自身之外的不同进程和各种关系建立联系，要明确我们对于组织和周围更大社区的共同愿景。改变我们的互动方式不仅意味着重新设计组织的正式结构，还意味着重新设计人与人之间的关系中难以察觉的互动模式以及系统的其他方面，包括各种知识系统。

在你所在的学校系统里，人们如何思考、如何互相影响呢？大家能够进行有效的交流吗？还是大家宣扬自己观点的方式过于激烈，以至于根本就听不到其他人的声音？对于存在的问题，大家是互相指责，还是能够从系统整体的角度来看待？——大家是否都认识到，所有行动都是互相影响的，因此没有谁应该受到责备？大家都假设自己的视角才是唯一合理的视角，还是能够去探究思考问题的不同角度？对于各自的（和别人的）希求和热望，大家都能够敞开心扉，探讨其中的

---

[1] 参见西摩·萨拉森所著《教育改革：可预见的失败》(*The Predictable Failure of Educational Reform*, Jossey-Bass 出版，1990 年)。

不同之处和类似之处吗？大家都是抱着一种真诚的意愿，要为自己的未来和社区中孩子们的未来，开展创新和创造活动吗？

学习就是一种联系

"我最困难的工作之一，就是让教师们明白，与他们一起在教室的还有其他人"，一位教育工作者如是说。他的工作是与学前班、中小学及大学教师一起提高他们的教学能力。"太多的老师已经忘记了，他们除了在讲一门课的内容之外，还在教学生。"在许多学校里，知识被当成一个事物来对待——知识是客体，与其他形态的知识和了解知识的人，没有什么联系。教育家保罗·弗莱雷（Paulo Freire）所说的"银行化教育"是这些学校主要的教学与学习模式——教师的工作是把经过编码的知识和支离破碎的信息片段，像硬币及纸币一样"存入"学生的头脑中。[①]

然而，如作家菲杰弗·卡普拉（Fritjof Capra）所说：信息不是一个物体，是不可以被"存入"的。相反，知识无论"是一种数量、一个名称，或者是一个简短的叙述，都是我们从包含各种关系的一个整体网络中抽取出来的。这个网络也就是信息的环境，信息嵌入其中，也由此获得其意义。然而，我们对于各种抽象认识过程已经习以为常了，以至于我们往往相信，意义存在于信息片段自身之中，而不是存在于被抽取的信息的环境之中"。

知识的各个领域并非独立存在，也并非独立于研究知识的人而存在。知识的各个领域形成了一个生命系统，由往往难以察觉的网络和

[①] 参见保罗·弗莱雷所著《被压迫者的教育学》（*Pedagogy of the Oppressed*, Continuum 出版，1975 年，1995 年）第 52 页。菲杰弗·卡普拉所著《生命之网》（*The Web of Life*, Doubleday 出版，1996 年）第 272 页。

相互依存关系组成。实际上，知识或许是最复杂的生命系统之一。有关知识和认知的本质的思想方法、教师与学习者对于教学的本质的深层信念和价值观以及各种学习环境中相互影响的各种社会作用，全都是这个生命系统的组成部分——也都会对个人和组织的学习产生影响。

此外，所有学习者的个人及社会经验、情感、意愿、倾向、信念、价值观、个人意识、个人目标等，构成了他们各自内心的"脚手架"，学习者以此为基础构建知识。也就是说，如果你在一间教室中学习，你理解了什么由以下多个因素决定，不仅包括内容是什么、如何讲授和由谁来讲授，还包括你如何理解问题、你是谁以及你已经了解了什么。提升对这些因素的认知，就要强化学习的进程。

无论是在教室里，还是在学校及其他组织的专业能力发展项目中，或是在家长教育的课堂以及教师或学校的领导力培训项目里，人们总是只注意学习中的两个因素：讲授的内容是什么？采用什么方式讲授？尤其可悲的是，教育工作者这样做，不仅使自己的工作进行起来愈发困难，也可能使自己的工作愈发低效。帕克·帕尔默（Parker Palmer）说："一名优秀的教师会让自己要教授的学科内容与学生形成一种息息相通的状态。他们把学生带入了由自己与学生、学生与学生组成的社区。"[1]

学习由愿景所驱动

有太多的组织，包括各种各样的学校，忽视了这个先决条件，然而，如果它们要想获得成功，这或许正是关键所在。愿景为人们的学

---

[1] 参见帕克·帕尔默所著《认知与自我认知：教育的精神旅程》(*To Know as We Are Known: Education as a Spiritual Journey*，哈珀出版，1993年)

习和成长提供动力,即便当他们身处逆境时,也是如此。

大多数年幼的孩子学习速度都很快,他们的学习方式是与目的和愿景紧密联系在一起的。他们学习在地上爬,然后再学习走路,是因为他们想要按自己的意愿行动。孩子学习骑自行车,是因为想要和有自行车的朋友一起玩。再过几年,他们学习驾驶汽车,是因为他们想要独立,也想要更大的活动范围。孩子们学会这些技能,还学会了其他更多的技能,他们也学会了投橄榄球、玩视频游戏,都是因为他们想要学习。成年人也是如此。一位91岁的非洲裔美国妇女将四个孩子抚养成人,又帮助这些孩子抚养了他们的孩子,她学会了识字阅读,因为这是她坚守一生的愿景。一位大学教师退休后到佛罗里达安家,学着给自己造了一条船,因为他热爱航海。祖父母辈曾被新技术挡在门外,但现在他们买了计算机,学会了上网,因为他们想要和孙子、孙女互发电子邮件。因此,终身学习是人们参与生活、创造自己渴望的未来的基本方式。

然而,当孩子们入学的时候,学校系统展示给他们的新目标——取悦老师、作业得到高分、获得奖励和嘉奖、取得好的名次等等,往往与他们自己的渴求和热望没有什么关系。随着一年年过去,这种情况愈加恶化,因为分数、考试成绩和其他外在激励因素变得越重要,学生与自己愿景的联系也就越渺茫。听听孩子们在告诉我们什么(也包括他们对研究人员说了什么)。学龄前儿童可以明确地说出他们的愿景,"长大了我要做什么"。但是,年龄大一点的孩子却在抱怨,学校的功课与他们的生活现实和未来,都没有什么关系。他们说在学校外面学到的东西要比在学校里学得多,还说实在无法理解,为什么在学校课堂上获得的大多数知识,既没有意思,也不重要。学生们不愿或不能用语言沟通的感受,就常常以捣乱破坏、自暴自弃的行为来表达。①

有人恐怕会担心，在学校里让学生甚至老师实践自己的愿景，就意味着大家可以想做什么就做什么了，就意味着放弃严格管理和降低教育标准。但这实在是大错特错。当管理人员和教师只关注狭隘的、实际的问题——诸如课堂管理、提高出勤率和学生毕业比例、提高考试成绩等，学生们或许就只好在内心中化解那些渐渐熄灭的愿景，生活在过低的期望之中。提高分数、提供安全的学习空间都是合理的目标，但是这些目标都不能替代更大愿景的力量。无论个人愿景还是共同愿景，都是持续改善学校的驱动因素。

4. 如何阅读本书

可以从任何一页开始

本书的设计便于读者随意浏览、翻阅。比如，书中采用前后文相互参照的方式，让你可以从一个标题跳到另一个标题，并指出其中有意义的、值得关注的关联。

让这本书成为你自己的书

在书上做标记，在页边空白处写下书中个人练习的答案。画画、涂鸦、自由想象都可以。记下你尝试过的努力的结果，也记下你准备尝试的想法。久而久之，随着你的实践笔记一点一滴累积起来，它们

---

① 有关学生抱怨学习没有意义的内容，参见雪莉·M. 霍德（Shirley M. Hord）和哈维塔·M. 罗伯逊（Harvetta M. Robertson）所著《倾听学生》（*Listening to Students*, Journal of Staff Development 出版，1999 年夏）第 38~39 页。他们提出，学生特别是高中学生，具有学习和挑战的渴望。这种渴望如果没有通过语言表达出来，就会通过行为来表达。

就会变成有效实践的记录，并在你设计下一步变革行动计划的过程中，成为反思的一种工具。

使用书中的练习和方法

书中的练习和方法创造出来的学习感受，与仅从阅读书中内容产生的感受截然不同。如果你的感觉是"我已经读懂了"，那么就老老实实地问自己，对于这些技能和方法的认识是否已经付诸实践了。如果不是，那么这些看似有用的思路、方法和练习，就要拿去尝试。使用这些练习的教育工作者常常告诉我们，有些内容虽然看上去简单，但在实践中威力却很大。

吸引他人思考变革

各种各样的组织与所有人类团体一样，都是通过谈话交流运转起来的。对于本书所关注的课堂、学校和社区这些组织而言，尤其如此。把书中的各种观点用作和其他人谈话的切入点，这些观点就会产生很大价值。

关注能力，而非答案

我们认为提供具体的工具、方法和实际经验很有价值，但并非是把它们当作可以照搬的药方和菜谱。实际上，如果你要找的仅仅是答案，就可能会感到困惑，因为每位主要作者和文章的撰稿人都有自己的观点，他们之间也常常会有分歧。与此相反，如果你将这本书中（以及其他书中）的实践付诸自己的行动，并且探究其结果的来龙去脉，你和你的学校以及社区就能创造出你们的未来和学习行动之路。

本书涉及的内容板块

本书的内容分为以下几大板块：

- **学习修炼**：是指本书中五种主要方法和实践中的一个或几个。包括自我超越（PM）和共同愿景（SV），是与表达个人与集体的热望有关的修炼；心智模式（MM）和团队学习（TL），是与反思性思考和生成性对话相关的修炼；系统思考（ST），是与认知和管理复杂事物有关的修炼。

- **个人练习**：你个人独自进行的一种练习——用来加深理解、提高能力，明确自己的方向，或者让你恍然大悟。这些练习中也包括那些供学生在课堂上独自进行的练习。

- **团队练习**：共同工作的人进行的团队练习，有时在课堂上进行（由老师或一名同学作组织者），有时在学校或社区的团队中进行（由组织者或团队负责人引导）。记住，课堂练习可以很方便地改为供学校和社区使用的练习（反之亦然）。

- **词汇部分**：帮助我们了解使用的词汇的来源，以及我们现在使用这些词汇的方式。由于在教育等领域中有太多的术语行话被随意使用，明确表达词汇的准确意思非常重要。

- **参考资料**：我们及许多实践者都认为有价值的书、文章、录影带和网站。

- **工具箱**：可以应用到学习修炼中的实用方式和技巧，比如模板和图表。

- **指导思想**：可以作为哲学依据，引发领悟、指明方向的一个（或者多个）原则。

在本书完成的过程中，我们反复阅读本书第一版，教育工作者、父母及其他人认为现在就很有用的理念、练习和工具，是我们关注的重点。许多文章本身是永不过时的，因此我们就全文保留，其他一些文章则做了更新。本书中还有一些文章是全新的，其中包括彼得·圣吉的一篇评论，题为"系统公民"。

我们更新了参考材料和参考书，标注了所有的新版本，其中《第五项修炼》的修订版于2006年出版。我们也加入了对许多新书和新资料的评论。

此外，在新版中我们增添了新工具和新练习，其中有许多是在收到了本书第一版使用者的反馈后，开发和测试的工具和练习。"课堂上的系统思考"的几节做了更新，五项修炼的入门指南做了整体的修订和增补。你们会发现新的故事和文章，体现的是学习型组织建设方面持续进行的最新工作和研究。

然而，我们也要克服过于应景的倾向。本书的第一版沿用了12年，我们希望新版可以在相当长一段时间里都保持其意义和效用。因此，虽然我们提到了脸书等新现象，但我们尽量避免去强化那些可能是昙花一现的现象——比如，2011年由《虎妈战歌》[①]一书触发的有关严格的成功导向的父母教育风格大辩论。虽然许多有关教育的理念都有吸引力，也有价值，我们还是把本书的范围限定在我们认为与本书的核心有直接联系的工作，也就是在学校和教育领域建立学习型组织的实践。

国际组织学习学会

许多教育工作者、社区领袖以及个人在持续进行新的探索，试图把角度不同的研究和实践所产生的思想综合到一起，包括系统思

[①] 蔡美儿（Amy Chua）著《虎妈战歌》（*Battle Hymn of the Tiger Mother*，Penguin 出版，2011 年）。

考、知行学校、大规模变革（应用由奥托·夏莫提出的"呈现当下模型"）以及社区成长与学习。"国际组织学习学会"（the Society for Organizational Learning，简写为SoL）是读者可以跟进这方面工作的一个组织。"国际组织学习学会"成立于1997年，是一个由组织和个人组成的国际性社区。SoL的网站（http://www.solonline.org）上列出了与"SoL教育伙伴项目"的链接。SoL同时还与"当下学院"（Presencing Institute）共同支持了一个名为"系统变革学院"的网站（http://keli-yen.ning.com.）。其中包括彼得·圣吉和其他人的博客，并与正在深入实践"系统公民"概念的团队和学校链接。[1]

——阿特·克莱纳

5. 工业时代的教育系统

彼得·圣吉

我们都是这个时代的产物，反过来，我们做事的方式又再次创造着这个时代。就像一个古老笑话所说：要想知道鱼在说什么很不容易，但你可以肯定，鱼说的绝不是水。对于我们这些生活在"进步"社会的人来说，工业时代在方方面面的影响，在多大程度上塑造了我们看待这个世界的方式，无论怎样高估都不会太过分。在这里，"水"就是源于我们文化的种种假设和习惯运作方式，每当我们试图从根本上重

---

[1] 另请参见"系统公民"，第750页，"罗卡公司"，第698页以及"可持续发展教育"，第715页。

新思考、彻底改造我们称为"学校"的这个工业时代的组织机构，"水"就会反过来困住我们。

但是，我们怎样才能"看到"那些已经习以为常的假设呢？让我们先从教育文化的"典型文物"着眼——就像考古学家从典型文物着眼去看一个时代那样。比如，我们可以站到学校的大门外，看着孩子们、青少年们一一迈进校门。注意一下他们走路的方式：弯着腰，背上的书包里装满了书本和作业。小学生的书包一般有9~18千克，从这些书包中拎一个出来，感觉一下有多重。当然，这种状况确实正在改变，因为很多学生开始用平板电脑装他们的教科书了。然而，虽然书包的分量轻了一些，但其寓意仍旧沉重——恐怕反而还会加重一些，因为减少了一个学业负担的明显标志，可能随之减少的是对于增加学业负担的限制。沉重的书包是工业时代教育系统的典型文物。

孩子们上中学的入学年龄一般在10~12岁之间。在大多数中学里，老师们局限在各自的学科组里，既没有共同工作，也不相互协调各自的日常工作，因而他们对于安排给学生的作业总量往往并不了解。要一个体重60磅的孩子背25磅的书包，他们会支持吗？大概不会。但是这个问题本身并没有多少意义，因为教师们也无从了解，学校系统作为一个整体，在层层加码之中究竟给学生们增添了多少压力。

加在孩子们身上的沉重负担，父母们也不一定有充分的认识。他们自己还在忙不迭地应对当代西方社会带来的工作重压。我曾听到一些父母们谈到，对于孩子们的课业负担，他们表示赞同："那是帮助他们做好以后应对现实世界压力的准备。"这个说法也是个比喻——父母们自己背着同样沉重的背包。他们手头上要做的事堆积如山，总是做不完,从早到晚都要回复邮件和短信,许多人感到十分紧张。面对自己无穷无尽的工作压力,父母们自然就会认为,孩子们学习忍受同样的压力是再合理不过的事情。

生活失衡带来了各种后果,才华出众的孩子似乎常常会表现出强烈感受。认知科学家霍华德·加德纳(Howard Gardner)谈到他在20世纪90年代主持的一项针对高才生的研究时说:"我们非常吃惊地发现,许多孩子到了十一二岁的时候就开始谈论'平衡'在他们生活中的重要意义了。这些高才生中有的从事冰上运动,有的从事演艺或者音乐活动,还有一些人热心参与社区服务。他们热爱自己做的事,也喜欢自己参加的活动。但是在他们观察了自己父母的状况之后,就对自己说,'这不是我想要的那种生活'。"[1]

12年前本书第一版出版的时候,这些压力是显而易见的。那时候,学校和老师们都不由自主地不断增加作业负担,课堂时间也越来越多地用来为学生准备考试——考试的结果对于预算甚至职位的升迁都可能会产生影响。《纽约时报》教育记者迈克尔·瓦恩里普(Michael Winerip)在1999年这样写道:"一家学校成功与否,可以有很多方式衡量。"但对于媒体评论人和政治家来说,唯一要紧的方式"就是标准测试方面的表现。如果情况不改变,学生的背包每天晚上大概总要被

---

[1] 这段话引自加德纳和彼得·圣吉在1999年的一次谈话。这次谈话的其他部分见本书第一版。这里提到的研究(及其他的研究)以"出色工作"为题于1995年启动,由霍华德·加德纳(Howard Gardner)、威廉·达蒙(William Damon)和米哈里·契克森米哈赖(Mihaly Csikszentmihalyi)在哈佛大学教育学院研究生院进行。参见他们在线出版的15年纪念版——霍华德·加德纳(编辑):《出色工作,理论与实践》("出色工作"项目,2010)。www.goodworkproject.org。

塞满——从一年级就开始了，也许还会更早"。①

12年之后，压力反而进一步加剧了——无论是对学生还是对老师和学校都是如此。导致情况恶化的原因，当然是这些年来美国上下要求强制提高标准考试成绩的风气，此外，一些联邦政府项目（包括但不限于"不让一个孩子掉队"项目）只注重学校考试成绩差的种种症状，而不去设法解决（甚至不去考虑一下）各种深层问题也是原因之一。实际上，学校领导人似乎都还没有认识到，他们究竟可以做些什么，才能从深层起因上着手解决自己学校里的各种问题。

这种局面留给备受压力的学生的是两个基本选择：要么应付，要么放弃。他们中越来越多的人选择放弃，随后就被这个系统送进落后生班级——也不必再接受什么人的挑战了。另外一些人则试着去应付，陷入同龄人之间的相互竞争（让家长和老师满意）和真实面对自己的幸福的两难之中，无法自拔。最终的结果是自我动力和参与意识的缺乏，是孩子们潜力的无谓浪费，以及孩子们可能为社会做出的贡献不断减少。

工业时代学校的传承

这种状况究竟从何而来呢？对历史稍做回顾，可以帮我们看清楚来龙去脉。

从许多方面来看，开普勒、笛卡儿、牛顿以及其他17世纪科学家痴迷于以钟表作为宇宙模型，是工业时代的起源。约翰尼斯·开普勒（Johannes Kepler）在1605年写道，"我的目标是让人们看到，天体这架机器好比是一组钟表的机器，而不是一个神的组织"。历史学家丹尼尔·布尔斯廷（Daniel Boorstin）的研究表明，"笛卡儿（Descartes）以钟表作为

---

① 迈克尔·瓦恩里普（Michael Winerip）的文章：《作业的束缚》。《纽约时报》1999年1月3日。

他的原型机器"。阿瑟·凯斯特勒（Arthur Koestler）说，牛顿为上帝赋予了双重身份，"宇宙钟表机器的创始者、负责维护与修理的管理者"。[1][2]

如此一来，这些科学家也就自然而然把世界看作由相互分立的元件组成，像一台机器里的不同部件那样，嵌合组装在了一起。这提供了一种令人陶醉的前景：我们最终可以完全理解这个宇宙。原子被看作台球桌上相互碰撞的小球，如果我们可以预测原子的行为，也就可以预测由原子拼装成的更为复杂的物体的行为。一种世界观由此产生，并且成为 350 年来科学进步的基础：我们一旦分析清楚了其中的各个部分，就可以预测这个世界，也可以控制这个世界——就像控制一台机器一样。就像拉塞尔·阿科夫（Russell Ackoff）所说："人们相信，宇宙是一台机器，由上帝创造出来去完成其工作。人作为这台机器的一部分，应按上帝的旨意行事……显然，接下来就是人类应该制造机器，去完成人类应该做的工作。"机器这个比喻如此强大，以至于阿科夫要借用历史学家路易斯·芒福德（Lewis Mumford）的说法，把工业时代戏称为"机器时代"。[3]

---

[1] 工业化的学校学习模式是毁灭性的，而且我们已经迷失了方向——全球越来越多的家长和教育工作者对此表示认可和担心。近来有多部流行影片出现，成为其标志。参见维姬·艾贝里斯（Vicky Abeles）拍摄的《迷失方向的竞赛》(*The Race to Nowhere,* Reel Link 制片公司，2010，www.racetonowhere.com），以及戴维斯·古根海姆（Davis Guggenheim）拍摄的《等待超人》(*Waiting for Superman,* Paramount Vintage 公司，2010，www.waitingforsuperman.com）。

[2] 参见丹尼尔·布尔斯廷所著《发现》(*Discovery,* Harry N. Abrams 出版，1983 年，1991 年），第 108~109 页，以及阿瑟·凯斯特勒所著《梦游者》(*Sleepwalkers,* Hutchinson/Penguin 出版，1959 年），第 536 页。

[3] 参见拉塞尔·阿科夫所著《创造企业的未来》(*Creating the Corporate Future,* John Wiley and Sons 出版，1981 年），第 6 页，以及路易斯·芒福德所著《技能与人的发展》(*Technics and Human Development,* Harcout Brace Jovanovich 出版，1967 年）。

随着 18 世纪普鲁士的统治者弗里德里希大帝（Frederick the Great）通过推行标准化、统一规范和操练培训，取得了军事上的胜利，机器时代的思想就变成了组织与管理的基石。管理作家加雷思·摩根（Gareth Morgan）写道，在此之前，军队是由"罪犯、乞丐、外国商人和不情愿的应征士兵"聚拢起来的无法无天的暴徒。现在，他们变成了伟大的机器——部件可更换（经过强化训练的士兵很容易相互替代）、装备标准，而且军规严格。弗里德里希在发明他的各式各样的做法的时候，仔细研究了机器——这并不让人惊奇。摩根写道，他"对于机械人这类自动化玩具相当痴迷，在探索把军队塑造成一个可靠并有效运转的设备的过程中，他引入了许多改革措施，实际上是把士兵转化成了自动机器"。[①]

在牛顿时代科学进步的启发下，19 世纪的工业家们完全效仿弗里德里希大帝的军队，在组织中采用了各种机械结构，比如"指挥链"、"管理线"和"职能"组织，以及"训练与发展"的学习方法。最终，机器型组织在装配流水线上找到了自己原型的完美化身。装配流水线以前所未有的数量生产出统一规格的工业产品，更为可靠、效率也更高。随着科学进步越来越强大的各种新技术逐步展现出来，这些技术又被运用到装配流水线上，引发出以往难以想象的劳动生产率的提高。从 1770 年到 1812 年，英国纺织业的劳动生产率增长了 120 倍。根据商业历史学家小阿尔弗莱德·钱德勒（Alfred Chandler.Jr）的研究，到

---

① 如需进一步了解弗里德里希大帝及其对于现代组织的影响，参见加雷思·摩根所著《组织的形象》（*Images of Organization*，Sage 出版，1969 年），第 22~25 页。弗里德里希的军队与学校之间的联系，在《学习的驱动力：访谈爱德华·T. 霍尔》（*The Drive to Learn: An Interview with Edward T. Hall*，Santa Fe Lifestyle 出版，1988 年春）第 12~14 页中也有提及。

1880年,"生产产品的工人中有五分之四在机械化工厂里工作"。装配流水线也改变了工作的状况:高高在上的老板们精心组织、统一指挥,经过训练、可以互相替换的工人完成精确设计的重复性任务。

19世纪中期的教育家们新设计的学校,是从他们崇拜的工厂建造者那里照搬过来的,这也就不足为奇了。装配流水线作为蒸蒸日上的工业时代的象征,最终成为塑造工业时代学校系统的原型。事实上,以装配流水线作为模型复制一个完整的组织机构,学校恐怕是现代社会中最严格、最僵化的样板。学校系统就像一条装配流水线,由相互独立的不同阶段组成,孩子们按年龄划分,称为年级(正如流水线将产品按不同的完成阶段分组)。所有人都应当一起从一个阶段转换到另一阶段。每个阶段都有相应的管理者——负责这个阶段的教师。各个班级的20~40名学生,每天按既定日程在规定时间内集合到一起,为参加考试进行训练。按照设计,学校上下以完全一样的速度运行——由墙上的挂钟和刻板的日程安排完成控制。每一位老师都明白,为保持这条生产线运转他们必须要完成什么工作,尽管他们基本上影响不到这条生产线的预设速度——那是由各式各样的"老板"们决定的:州政府的要求、学区委员会、管理层以及标准教程。[1]

虽然今天很少会有人察觉到,装配流水线的概念在现代学校中是

---

[1] 劳动生产率的数字来自保罗·霍肯(Paul Hawken)、艾默里·洛文斯(Amory Lovins)和亨特尔·洛文斯(Hunter Lovins)所著《自然资本主义:创造下一次工业革命》(*Natural Capitalism Creating the Next Industry Revolution*, Little, Brown and Company出版,1990年),第170页。他们又引自纳塔莉·麦克弗森(Natalie McPherson)所著《机器与经济增长》(*Machines and Economic Growth*, Greenwood Press出版,1994年)。引述钱德勒的内容源自小阿尔弗莱德·钱德勒所著《有形的手:美国企业的管理革命》(*The Visible Hand: The Managerial Revolution in American Business*, Harvard University Press出版,1977年),第245~246页。

如何的根深蒂固，但是 19 世纪的作家们却曾经充满敬意地夸赞，学校简直就是机器和工厂的同类。正如历史学家戴维·特亚克（David Tyack）所说："就像 18 世纪的神学家认为上帝是一个钟表匠，而并无丝毫不敬，寻找新的组织形式的社会工程师在用到'机器''工厂'这类字眼的时候，并没有包含今天才引发出来的那些负面含义。"比如类似标准化这样的机器概念，在统一学校系统的创建过程中就起了相当大的作用。1844 年，塞缪尔·格里德利·豪（Samuel Gridley Howe）刚刚当选美国马萨诸塞州教育委员会成员，就推行了一项标准化考试，随后，他利用糟糕的考试成绩，激起了公众对这个地区过于分散的学校的愤怒，最终波士顿市内的各个学校合并为一个全市统一的系统。这种整合方式对整个北美地区乃至全球各地的学校管理，都产生了深远的影响。[①]

机器时代思考方式带来的是这样一种学校模式：学校与日常生活完全割裂开来、采用专制方式进行管理，而其最高目标就是尽可能地高效生产一件件标准化产品。这种模式与迅速成长的工业时代工厂一样，需要承担重复工作的劳动力，也像弗里德里希大帝的军队一样，需要维持僵化、刻板的控制。

虽然流水线式的学校系统大幅提高了教育的生产率，但同时也制造了很多更为棘手的问题——时至今日，学生、老师和家长依然在其中挣扎。学校在运行中把孩子分成"聪明孩子"和"笨孩子"两类。那些跟不上流水线既定速度的孩子，要么掉队，要么被迫挣扎着努力赶上流水线的步调。他们被贴上了"迟钝"的标签，或者用今天更时髦的术语，归到"学习障碍"一类。学校建立统一的产品规格与流程

[①] 戴维·特亚克所著《最好的系统：美国城市教育史》（*The One Best System: A History of American Urban Education*，Harvard University Press 出版，1974 年），第 42 页。

作为日常规范,并因此而天真地假定,所有的孩子都会以完全一样的方式学习。学校把教育工作者变成了控制人员和监察人员,由此改变了传统的导师-学生关系,并建立了以老师为中心,而不是以学习者为中心的学习方式。激发学生的学习动力成为老师的责任,而不是学习者自己的责任,纪律成了遵守学校老师设立的规定,而不是学生的自我约束机制。考试评估以获得老师的首肯为核心,而不是客观地衡量自己的能力。久而久之,流水线模型悄然将学生默认为产品,而不是学习的创造者——学生是被动接受教育程序塑造的对象,对这个过程本身又全无影响。

然而,流水线式教育系统在今天备受质疑的压力。社会不再认同它生产的产品,其生产力也受到质疑。而这个系统的回应方式,也就是它的唯一回应方式是,一如既往,但加倍努力。作业负担不断加重,标准化测试进一步密集强化。教师的创新空间、教师满足学习者个性需求的空间,都被压缩。最终,学生背的书包越来越重。

神经生理学家们有一个常见说法:"处于压力之下,大脑会'降挡减速'。"当我们感到恐惧的时候,就会回归到我们更为习惯的行为方式上去。规模更大的人类系统也不例外。无论是否为其自发行为,教育系统正在以加快流水线运转速度的方式,应对成绩提升的压力。虽然这样做也许会让更多的学生满足毕业条件,但是,我们这些人——学生、老师和家长们,都应该问一问,这样做是否更有效呢?我们是否正在加大力气、加快速度奔向一个越来越失去意义的地方:一个没有人想去的地方呢?

受困的系统

许多人争辩说,随着烟囱高耸的大规模生产世界被数字化世界替代，工业时代早在几十年前就结束了。然而，这种说法是把主导技术的转变与决定工业时代存在的深层价值观和流程的改变，混为一谈了。今天，全球的钢产量达到史无前例的水平，汽车产量、煤的消耗量，也都是如此。主导技术或许可以转变，但是工业时代的心智模式却一如既往，我们的各种组织也依然深陷其中。

以企业为例，它们依然还在试图用工业时代的方法解决 21 世纪的问题。企业在应对绩效和利润压力的同时，减少人员编制、将服务和产品标准化。企业采用自上而下的方式管理员工，而不是培养各个层级员工的参与意识和担当意识。企业对于财务结果尤为看重，但对其社会影响与环境影响却不大重视。这导致了各种各样、程度不同的问题，从有设计缺陷的产品到全球生态系统的恶化，以及全球经济衰退。

然而，作为一个花费相当多时间与教育工作者和企业管理人员打交道的人，我的看法是，与那些在企业工作的同行们相比，教育工作者深陷困境的感受更深，在创新能力上也更为不足。多年以前，我向一群教育工作者提出了一个我经常请企业人士回答的问题："你们是不是认为，只有危机才会让重大变革发生？"在企业人士中，一般会有四分之三的人对这个问题做出肯定的回答而其他一些人就会讲讲他们的不同经历：没有危机，重大变革也还是发生了——是来自激情和想象，是来自各种类型的领导人，他们甘愿承担风险，去做自己认定的事情。而教育工作者对这个问题的反应却截然不同。在我第一次提问的时候，几乎没有人举手回应我的问题。在迷惑之中我又接着问："你们是不是认为即便没有危机，重大创新也会发生？"依然没有人举手。这时候，我完全茫然了，只好继续问："好吧，如果变革不是由于应对危机而产生，没有危机也不会发生，那么还有什么其他的可能吗？"

参会者中一个柔弱的声音回答说："我想我们都认为，重大变革无论在什么情况下都不会发生。"没有在教育机构工作过的人，对于大多数教育工作者无力、无助的感受，通常很难有所体会。

大多数企业界人士认为，缺乏竞争是教育机构不去创新的原因。因为他们承受着不创新即死亡的压力，就认为教育领域中缺少这样的紧迫感。虽然我相信这有一定的道理，但也认为它过于简单化。这种看法似乎意味着，只要是在教育领域引入更多的竞争，就可以万事大吉了。虽然"特许学校"之类的运动的确创造出了更多的选择余地，但没有证据表明，这些运动正在引发任何有影响力的根本性创新。教育领域的作家和领袖迈克尔·富兰（Michael Fullan）指出，在"提高标准"和"缩小鸿沟"方面有许多不错的范例，"但在高阶技能方面，我们成效甚微。然而，要想让学生们能够应对一个日趋相互依存、愈加变化不定的世界，高阶技能方面的创新——比如，批判性思考（critical thinking）、自我管理式学习（self-directed learning）、沟通以及协作，恰恰是最需要的。"[①]

即便真正的创新在学校中发生了，也不大能够继续下去、传播开来。高度创新的公立学校不多，但总会存在——它们往往是从儿童发展方面的新观念中受到启发，或者是从学习的理论中得到激励，要么就是对于学校如何才能真正为孩子服务产生了大胆的设想。然而，当少数创新者的任期过后，这些创新一般就持续不下去了。一旦校长、学监，或者为数不多的骨干教师离任，一切又都恢复到以前的常态。

我认为出现这种情况，是因为学校中存在着某些与企业不同的工业时代特征，使持续创新更具挑战性。诸如增加竞争将问题简单化的

---

① 引述的迈克尔·富兰的话，来自他与彼得·圣吉2011年的谈话。

策略，大都会导致令人失望的长期后果，除非我们大家对于这些特征形成了清晰认识。

企业与学校的首要不同，是装配流水线等工业时代理念对于企业组织来说并非与生俱来，虽然企业组织逐步接受了这些理念。企业作为重要的社会组织已有几千年的历史。股份公司作为一种法律实体，其形态可以追溯到中世纪，甚至在其前的古罗马帝国时代。"公司"（company）一词与 companion（同伴）一词同源，至少存在了 1000 年，而 companion（compania 由 com 和 panis 组成）在拉丁文里的字义是分享面包。相形之下，现代学校系统则是新出现的。它源于 17 世纪和 18 世纪农业社区的"一间校舍"，只是随着 19 世纪的城市学校系统的发展，才扩张、延伸到覆盖所有孩子。因此，学校运作的绝大部分假设和实践，都与机器时代的世界观密不可分。[①]

其次，随着自身不断进化，学校系统与其他更大的社会系统紧密地联系在一起，其程度远远地超过了企业。每一个学校都处于本地的学区之内，而学区则受到制定政策和标准的州立教育部门管辖。因此，政治风向的种种变化，使学校饱受冲击，但对企业却基本没有影响（比如，我们今天看到的增加标准化测试的压力）。此外，学校在社区中承担的角色与企业不同，尤其是企业不需要家长作为其管理系统的一部分。企业有投资人和客户，但他们有权关注的事务范围有限。只要企业实现合理的财务回报，投资人基本上会放手让企业自行经营。客户关心产品质量，但一般并不在意企业如何运营（一些例外情况除外）。但父母则不然，他们不仅对孩子学习什么东西有自己的目标，对

---

① 参见费尔南德·布罗代尔（Fernand Braudel）所著《商业之轮》（*Wheels of Commerce*，University of California Press 出版，1992 年）第 572 页，以及特亚克所著《最好的那个系统》（*The One Best System*）第 37 页。

学习应该如何进行，也有非常明确的想法——这些想法是深深地锚定在他们自己作为学生的经验之中的。

从创新和适应变化的角度去看，这一点可能是教育系统中问题最严重的特征。我们大家曾经是一起去上学的！这就是说，我们全都是工业时代学校的产物。在所有组织中，学校处于人们心智的最"上游"位置。对于我们所有人来说，学校让我们第一次接触到了W. 爱德华·戴明（W. Edwards Deming）博士所说的"占统治地位的管理系统"，对我们影响也最为深远——这是一个由老师掌控的机器世界，学生的行为完全依赖老师的首肯，学习就是在考试中获得A的成绩。我们大多数人在一二年级时，就学会了在工业时代组织中生存的技能。我们学会如何取悦老师，日后会同样去试着取悦我们的老板。我们学会了如何避免答错，懂得在知道正确答案的情况下举手，这样的习惯日后塑造成形，就成为工作中的持续不断的避免过失和伸手邀功的行为。我们学会了在感到迷惑的时候如何保持缄默，这就是为什么没有人在正式会议上质疑老板——即便他们讲的话毫无意义。

逐渐认识到工业时代学校在我们每一个人的生命中占据着多么重要的地位，令人深思、发人深省。但这也是动力，尤其是当我们意识到，这个过去150年中在全世界传播、扩张的工业时代的教育系统，在未来几十年中注定要发生变革。变革将会发生，但其原因绝非是变革轻而易举。实际上，正像大多数教育工作者所熟知的，几乎没有什么其他组织，在抵制创新和变革上，可与中小学相比。变革将会发生，是因为人类如果想要在我们今天生活的世界中生存繁衍下去，就需要发生根本性的变革。工业持续扩张制造的社会与生态的过度不平衡，已经使其自身难以为继。如果不重塑企业和教育这两个传播工业时代世界观与技能的核心组织，变革就不可能到来。

正如学校一直是生成机器时代思想的组织机构一样，在创造更加面向学习、更具系统智慧的社会的过程中，它也能够成为一个支点。事实上，培养系统思考能力的最佳时机，是在我们年轻的时候，是在对相互依存关系的天生直觉尚未泯灭的时候，是在各种碎片化的学科将我们转变为拆解、分割的还原主义大师之前。发展探询与反思能力的最佳时机，同样是在我们年轻的时候，而不是等到我们被各种组织反复陶冶30年，学会了如何向人显示我们的聪明一面之后。令人可悲的是，对我们大多数人来说，学校不是深化我们的自我认知、找到我们人生担当所在的地方。如果学校是这样的一个地方，可以试想一下，它将会对我们产生怎样持久的影响。

除非我们对于工业时代学校背后的核心假设有了更为深入的了解，否则这样的变革就不会发生。这些假设是我们当下学校系统的基因——除非我们对其有所认知和理解，否则它们就会不断施展其"铁腕"手段，扼杀带来根本改变的任何努力。

工业时代有关学习的假设

大多数教育工作者在原则上并不赞同下面要谈到的这些假设——讨论之初就明确这一点很重要。所谓大多数教育工作者，我这里指的是参与学校工作的每个人——学区委员会成员、行政管理人员和教师。家长们往往也并不同意这些假设。然而，学校系统似乎恰恰就体现了这些假设，所有人的行为仿佛也在默认这些假设是正确的——即便大家实际上宁愿采取不同的做法。这正是未经检验而流行的共享心智模式的强大力量，也就是社会科学家克里斯·阿吉里斯（Chris Argyris）所说的"实行中的理论"——它与人们自己赞同的理论与信念往往背道而驰。①

① 孩子们都有缺陷，学校可以"修好"他们

多年前一位教育工作者说过的话，我至今难忘："我们完全不了解，这个孩子在学校遭受了多大伤害。"她说的伤害是什么呢？

我们中间究竟有多少人在学校里得知，自己不会画画？又有多少人记得，老师不许我们跟其他孩子一起唱歌，因为我们荒腔走板？要么就是有人说我们数学不行，或者英语不行？我相信，我们之中没有人逃过被贴上各种标签的经历。虽然我们可能早就不再去回想这些往事了，但在我们的内心之中，我们仍然背着这些评价的包袱——往往还会伴随着种种逃避策略，用来掩盖我们自己的不足。

这些伤害之所以出现，是因为整齐划一、符合规定乃是工业时代的核心价值观之一。如果一条流水线产出的产品种类繁多，又难以预测，就会被看作效率低下。但是，这恰恰是自然界的运行方式：生成无限的多样性。对于标准化产品高度重视是装配流水线思维方式的内在特质，孩子们自然就被看作尚未成形的"原材料"，学校则把"原材料"制作成受过教育的最终产品。在学校以外，人们的学习生活生机勃勃、顺其自然——我们日复一日的生命存在，就是持续参与到学习之中。但在学校里，看待学习的视角就大不相同了。耶鲁大学科默项目的前总监，员工发展专家爱德华·乔伊纳称之为学习的"问题视角"

---

① "实行中的理论"的更多内容，参见彼得·圣吉所著《第五项修炼》，以及阿特·克莱纳所著《异端年代：重建公司管理的激进思想家的历史》(*The Age of Heretics: A History of the Radical Thinkers Who Reinvented Corporate Management*，Jossey Bass 出版，2008 年) 第 215 页，以及克里斯·阿吉里斯和唐纳德·舍恩 (Donald Schön) 所著《组织学习：行动视角理论》(*Organizational Learning: A Theory of Action Perspective*，Addison-Wesley 出版，1978 年)。

或缺陷理论（deficit perspective）——这是教育工作者和家长共有的一种态度：认为学校的工作就是弥补学生们自身的天生缺陷。

教育工作者当然不会到处演讲，宣传"问题视角"，但是由此造成的刺痛，每一位小学生都有深切感受——这种感受自然而然地从对具体事件的判断，转变成对自己的总体评估。孩子在第一次数学测验中得了 C 或 D 的时候，很可能会得出这样的结论：不仅他们的答案是错的，而且他们自己也是"错的"。用不了多久，课堂的评估就变成了高于一切的自我评估："我不好。我有问题。在生活中取得成功所需要的能力，我都不具备。"孩子们的恐惧，被一个管理系统进一步强化——这个系统把单边的权力交给了教育"系统"，决定学生学习什么、如何学习，并且决定谁有权宣布孩子的成功与失败。难怪在大多数孩子的内心中形成了一个简单的结论："我在这里不受尊重。"

由于问题视角是无法公开讨论的，也就特别有害。孩子感到自己不被尊重，却很难跟成年人讲清楚，而成年人则觉得这很正常，因为他们还是孩子的时候，也体会过同样的不被尊重的感受。当孩子们看到自己的同伴也不被尊重的时候，就更难与他人讨论了。更有甚者，正如克里斯·阿吉里斯所说："不能讨论本身，也不能被讨论"。这是自闭型文化障碍（self-sealing cultural dysfunctions）的典型标志，当有孩子涉入其中，就最糟糕。孩子明白了一件事：他们不能讨论自己不受尊重这件事本身，也不能被讨论。[1]

父母也有自己的问题视角的体验。当孩子成绩不能达标，他们就

---

[1] 有关"不可讨论的话题"参见克里斯·阿吉里斯所著《错误的建议与管理陷阱》（*Flawed Advice and the Management Trap*，Oxford University Press 出版，2000 年），以及威廉·R. 努南（William R. Noonan）所著《如何克服工作中的防范行为》（*A Guild to Overcoming Defensive Routines in the Workplace*，Jossey-Bass 出版，2007 年）。

会认为自己为人父母相当差劲。不仅如此，当他们看着自己的孩子为考试成绩挣扎的时候，往往又忆起当年自己在学校里为考试成绩而焦虑的心情。他们对孩子本能的关注与他们自己很久以前就藏在内心之中的创伤交织在一起。每当孩子参加考试、每当他们拿着成绩单回家，许多父母就会重温一次自己在学校里的焦虑。①

问题视角在工业时代之前就有其前身，其中包括某些儿童生而邪恶的宗教观念。然而有趣的是，就在工业时代出现的那段时间里，自欧洲开始，育儿专家们也将问题视角作为育儿学习的核心。德国心理学家爱丽丝·米勒（Alice Miller）发现，许多 19 世纪的流行育儿书籍都谈到需要"挫败孩子的锐气和任性"，这样他们才会变得顺从。19 世纪 50 年代一位流行作家史瑞伯博士（Dr. Schreber）告诫家长，要将婴儿的尖叫和哭泣当作一场意志的考验，指导家长们使用"严厉的词语，威胁的姿态，或在床上敲击……如果这些都不起作用，则可以使用轻微的肉体惩罚措施"。史瑞伯对那些心存疑虑的父母强调说："这种方法只需要用几次，而后你永远就是孩子的主人了。"米勒引述了同时代的另一位作家有关在孩子的第一年内"消灭"孩子意愿的种种做法，其中象征机器的控制与秩序的含义表达得更为明了。他给父母的教导是，要"给孩子立规矩"，以植入一种"对秩序的热爱"。这只能通过"相当机械的方法得以实现。每一件事都必须遵守秩序和规则，孩子的吃喝、穿衣、睡觉，乃至其小世界中的所有一切，都要井然有序，绝

---

① 爱德华·乔伊纳说："要想要求孩子出类拔萃，我们必须要求自己出类拔萃。"见詹姆士·P. 科默（James P. Comer）、迈克尔·本艾维（Michael Ben-Avie）、诺里斯·M. 海恩斯（Norris M. Haynes）和爱德华·乔伊纳所著《一个一个地教孩子》(*Child by Child*, Columbia Teachers College Press 出版，1999 年) 第 278 页。

059

不能因为孩子的任性或者心血来潮，而做出丝毫改变"。[1]

然而适得其反的是，问题视角转移了发展自我控制能力的重点——从孩子自主地逐渐形成自己的能力，转移到似乎需要成年人的控制和干预——首先是父母，而后就是老师。不是通过让孩子意识到自主选择的后果的方式，去培育孩子的个人责任意识，这实际上就会培养出一种深层的受害感，并使孩子缺乏责任心（事实上，米勒注意到，史瑞伯的儿子就是因为患上了妄想症，而去接受西格蒙德·弗洛伊德的治疗）。

问题视角假定：哪些地方出了问题，就需要修理。在考虑机器的时候，这样的假设是合理的，因为机器本身不能自我修复。但是，这样的假设完全不适于孩子这样的生命系统，因为这些系统是自愿自主地成长和发展的。

② 学习在头脑中进行，而不是在整个身体中进行

哲学家乔治·拉考夫（George Lakoff）和马克·约翰逊（Mark Johnson）写道，"在西方传统中，自主的理性能力被视为人类独有的特征，是区别我们与所有其他动物的根本之处"。占据统治地位的西方理论认为理性是独立于知觉、运动、情感以及身体的其他方面的。但是，这两位作家的研究表明，认知科学（一门系统研究人类和计算机的智力运行的学科）的最新证据对这个前提提出了挑战。新证据显示"人类理性是动物理性的一种形式，与我们的身体以及大脑的特质密不

---

[1] 参见爱丽丝·米勒所著《育儿中的隐形虐待及暴力的根源》（*Hidden Cruelty in Child-Rearing and the Roots and Violence*，Noonday Press 出版，1990年）第5页及第11~12页。

可分"。①

换句话说，人类认知的发展既涉及"心智知识"（mind knowledge），更涉及"身体知识"（body knowledge）。学习与行动是不可分割的。如智利的生物学家和认知科学家亨伯托·马图拉纳（Humberto Maturana）和弗朗西斯科·瓦雷拉（Francisco Varela）所说："所有的行即是知，所有的知即是行。"在这样的情境之中，知识不仅是在记忆中积累事实和理论的心智仓库，还是利用这些信息采取行动的能力。实际上，那些事实和理论可能并非存储在我们的推理和记忆之中，而确实是存储在我们的身体之中。我们大多数人都知道怎样骑自行车，但没几个人能够理性地解读我们究竟是如何做到的——让骑自行车得以进行的陀螺运动规律。同样，我们都知道如何说话，但我们不可能有意识地了解有关语言的所有规则和结构。即便是像拨电话号码这样的简单动作，同样展示了认知是由整个身体完成的特征：我常常记不住电话号码的数字，但如果我的手指就放在键盘上，就知道该怎么拨号。（这种身体记忆，正在被现代电话上的号码自动存储功能逐步替代，但又产生了新的身体记忆——用手指轻推按键扫过通讯录上的名字，直到发现我需要的那一个。）②

然而，虽然学习发生在整个身体之中，传统课堂教学的确基于这样的假设：学习纯粹是智力活动——只要大脑工作就可以了，身体的其他部分可以放在课堂之外。这一点对于那些需要通过运动才能保持

---

① 参见乔治·拉考夫和马克·约翰逊所著《有血有肉的哲学：嵌入的心智及其对西方思想的挑战》（*Philosophy in the Flesh: The Embodied Mind and Its Challenge to Western Thought*，Basic Books 出版，1999 年）第 17 页。

② 参见亨伯托·马图拉纳和弗兰西斯科·瓦里拉所著《知识之树：人类智力的生物学起源》（*The Tree of Knowledge: The Biological Roots of Human Understanding*，Shambhala Publication 出版，1997 年）第 27 页。

注意力和积极参与的孩子，显然相当痛苦——对于这些孩子来说，坐在椅子上一个小时不动，恐怕是一种折磨。由此产生的是一种被动而非主动的学习环境。书本学习和老师讲课至高无上，学生是知识的接收器——所谓知识大多不过是事实数据以及学生必须解答的预先设定好答案的问题。

这种过于强调智力的学习观念，也可以用来说明为什么在传统学校教育中，相比其他科目，更强调数学和语言能力的发展。这是一个悲剧，因为正像霍华德·加德纳等人的研究所揭示的那样，学习包含的是一个智力"频谱"，包括音乐、动觉、空间感、人际关系和情感等诸多方面的能力以及思维的抽象符号推理能力。虽然每个人都会有不同的才能和禀赋倾向，但在我们的个人成长发展过程中，每个人又都具备拥抱智能的整个"频谱"的潜能。我们从事的学习的形态越多，我们的成长也就会越广泛、越深入。

在现代课堂上，整个身体都参与学习的观念一直得不到应有的重视。我永远不会忘记我曾经听过的一个美丽的故事，讲故事的维克托·魏斯科普夫（Victor Weisskopf），是麻省理工学院物理系的退休系主任，举世闻名的制造原子弹的曼哈顿计划的成员。他对自己三四岁的时候，坐在钢琴下面听祖母弹奏巴赫名曲的情景，仍记忆犹新并娓娓道来。他至今还可以感觉到音乐从他身上流淌过去的感受。他说，"我就是在那一刻成了物理学家"。当我们假设学习仅仅在头脑中进行，大部分造就我们成为人的东西，就都被我们否定了。

③ 每个人都是也应该以同样的方式学习

许多年前，在一次孩子们的对话讨论的场合中，我听到一个五年级的男孩问另一个孩子："最完美的学校是什么样的呢？"另一个孩子毫不犹豫地回答:"一个学生、一个老师。"

对于学校中的许多人来说,感受到每一个孩子都是一个独特的学习者,似乎是一个遥不可及的期待。工业时代的流水线学校把所有学生都当作毫无差别、尚未成形的黏土,需要放到社会需要和课程体系规定的模子里塑造成形。许多老师熟知多元化智能,也相当了解儿童发展的各个阶段,以及不同儿童学习的多样方法。但由于处在各种压力之下,他们很难将其付诸实践。一些教育工作者估计,大部分老师每个学年至少要用一个月的时间教授学生应试技能,期望这样学生就可以达到标准考试成绩的要求。

现在,是我们认真考虑那个五年级孩子愿景的时候了。正像智商类型繁多,人们的学习方式也非常多元化。过去60年间,有关儿童发展、学习风格以及学习过程特征的研究,都有了突破性进展。所有这些研究工作都指向同一个方向:要理解、欣赏学习的多样性。有些孩子只有在移动自己身体的时候,才能学习;另一些孩子则需要安静;还有一些孩子需要经常参与各种各样的活动,才会充满活力。有些孩子生性喜爱试验,总在自己鞭策自己;而另一些孩子,则需要外部挑战来帮助自己进步。

虽然不同学习风格的理论在持续发展,相关证据也在不断增多,但是将这些观念付诸实践,却在流水线式的课堂上遭遇了难以逾越的障碍。一名教师,即便再加上一名助教,也无法满足他们面对的学习者的各式各样的需求,到头来便落入没完没了地维持课堂秩序的挣扎之中,难以自拔。他们竭尽所能,力图使同一科目适于不同的学习者,他们抽出时间,与那些心存不满的家长谈话。然而,他们还是陷入了两难之中:一边是僵化的教学流程,另一边则是坐在他们面前的各种不同的人。最终是双方都深感挫败的悲剧:老师要么放弃,要么就在应付中筋疲力尽，为数众多的孩子要么被冷落在一边，要么就被迫用对自己学习潜力造成极大损害的方法去学习。

有一位老师曾经对我说，她的班上有 18 个孩子，其中 15 个孩子存在各种不同的"学习问题"。这个说法的真实含义究竟是什么呢？从老师这方面讲，我相信这是挫败感的表达，是悲哀地承认自己不能满足孩子们的全部需要。但是，一个班级里六分之五的孩子都"不正常"，这到底意味着什么？这岂不是也在问，究竟"正常"是如何定义的呢？

与此类似，对于近来为数众多的种种"学习障碍"迅速蔓延的现象，我们又该如何解读呢？在理解孩子们的种种问题上，这类标签真的是一种途径吗？或者它们是一种迹象，显示出流水线的压力持续增加，强迫自然界的多样化适应其自身的需要？在诊断不同种类的"学习障碍症"方面，教育工作者变得越来越老到——难道我们不正是在把老师变成手段日益丰富的"督察"，能够越来越多地检测出不符合这架机器需要的原材料吗？我理解许多教育工作者的初衷是要付出更多的努力，帮助不同类型的孩子采用不同的方式学习。但是，真正需要的帮助难道不是从根本上重新设计工业时代的课堂吗？难道我们不能怀着帮助所有学生的抱负，创造真正以学习者为中心的学校，让老师成为设计师、催化师，而不是注意力的中心和知识的提供源头吗？

问题视角或"缺陷理论"在这里也投下了一抹浓重的阴影，在难以察觉之中引导人们将学习上的差别当作一个需要解决的问题，而不是可喜可贺、需要包容的多样化能力。我们所说的"障碍"，实际上是描述教育过程与个人之间无法匹配的现象。为什么不将"缺陷"的标签贴给教育过程，反而贴到个人的身上呢？

不仅如此，一个人被贴上了"有学习障碍"的标签，对于这个人来说意味着什么呢？这样的标签对这个人一生的自我价值的认识会产生什么样的影响呢？难道我们正在丧失分辨能力，无法区分什么是欣赏我们之间的种种不同，什么又是以"有问题"的眼光看待自己和他人？

各类学习障碍的发现和确定，与治疗这些不尽相同的障碍症的处方药的使用存在着密切联系。比如，没有人知道目前正在服用盐酸哌甲酯（利他林）或类似药物的学生究竟有多少，但是多年以来，这恐怕一直是美国最严重的滥用药物问题。利他林与可卡因和苯丙胺在化学结构上类似，是通常用来治疗儿童"注意力缺陷多动障碍"（Attention Deficit Hyperactivity Disorder, ADHD）的处方药。2007年，在美国有540万6岁到17岁的孩子曾一度被诊断患有"注意力缺陷多动障碍"；自1997年起，这个数字大约每年上升5%。这些孩子中有相当大一部分正在定期服用利他林。我听许多老师估计，他们的课堂上正在服用这种药物的学生大约为10%~20%。由于使用利他林已经变得相当平常，许多大学生无论是否遵照医嘱，都在服用。日托幼儿园也往往不顾制药企业的警告，给学龄前儿童（最早从两岁开始）服用利他林，这种做法自90年代中期开始就相当普遍了。[1][2]

---

[1] 这里的统计数据源自 P.N. 帕斯特（P.N. Pastor）和 C.A. 雷本（C.A. Reuben）所著《注意力缺陷多动障碍和学习障碍的诊断：美国，2004–2006》（*Diagnosed Attention Deficit Hyperactivity Disorder and Learning Disability: United States, 2004~2006*, National Center for Health Statistics, U.S. Centers for Disease Control and Prevention 出版，2008年），http://www.cdc.gov/nchs/data/series/sr_10/Sr10_237.pdf。

[2] 幼童使用利他林的数据来源包括：约瑟夫·T. 科伊尔（Joseph T. Coyle）所著《幼童的精神药物使用》（*Psychotropic Drug Use in Very Young Children*，见 Journal of the American Medical Association, vol. 280, no. 8, 2000年2月23日）第1059页，朱莉·马格诺·齐托（Julie Magno Zito）、丹尼尔·塞弗（Daniel J. Safer）、苏姗·多斯·里斯（Susan dos Reis）、詹姆斯·F. 嘉德纳（James F. Gardner）、迈德·博朗斯（Myde Boles）和弗朗西斯·林奇（Frances Lynch）所著《学前儿童精神类药物治疗处方的趋势》（*Trends in the Prescribing of Psychotropic Medications to Preschoolers*, Journal of the American Medical Association, vol. 280, no. 8, 2000年2月23日），第1025页。

对于备感受挫的教育工作者、家长，以及成绩不佳的学生们来说，利他林究竟是有些人常常声称的"福音"，还是又一次体现了自然界的多样性与学校追求的顺从与成绩之间的持续冲突呢？在学校里，注意力集中方面有困难的孩子，一般都会被诊断患有"注意力缺陷多动障碍"。通常的情况是，孩子表现出跟不上课堂要求的迹象，教师就会通报家长，说他们的孩子在注意力集中方面有困难，家长随后就会去找医生讨论，利他林的处方也就这样开出来了。

然而，对"注意力缺陷多动障碍"的大量研究表明，它的许多症状或许并非是"障碍症"的特征，反而是高度创造力的特点。我有一位好朋友，是我在麻省理工学院的同事，他的孩子的老师就曾经告诉他说：孩子可能患有 ADHD，应该服用利他林。他和妻子都不大相信，就一起找了些书研究，从中他们发现了一本由两位医学博士合写的书。书的两位作者如果今天去做学生的话，估计都会被诊断为患有"注意力缺陷多动障碍"。我的朋友读过这本书后得出了结论：他自己可能也患有"注意力缺陷多动障碍"。比如，他发现患有注意力缺陷多动障碍的人在"并行工作过程"中，表现优异——能够同时做两件或者更多的事情。这恰恰是这些孩子课堂上常常遇到困难的原因之一：他们被强迫一次只做一件事情。我的同事和妻子最终决定，他们不该让孩子吃药，而是应该让孩子发展自己的天赋，而他们作为家长，则需要找到一种方法，让孩子接受的教育更加符合孩子自己的特性。[1]

这个故事也让我们看到，流水线式学校与孩子的多样化学习方式

---

[1] 这本书应该是爱德华·哈洛韦尔（Edward Hallowell）和约翰·瑞提（John Ratey）所著《分心：认识与应对注意力缺乏障碍——从童年到成年》(*Driven to Distraction: Recognizing and Coping with Attention Deficit Disorder from Childhood to Adulthood*, Touchstone 出版, 1994 年)。

之间，很难有共同之处，这带来了巨大而现实的挑战。人们不禁要问，利他林和其他用于学童的处方药的泛滥，为什么没有激起家长们的愤怒呢？答案是今天的大多数家长大概都没有时间感到愤怒——他们压力重重、不堪重负，可能也需要通过药物来应付自己的焦虑。他们担心自己的孩子在学校里落后，不能考上好的大学。很多家长感到深陷困境、无计可施，很多教师也是如此，他们竭尽全力维持对课堂的控制，虽然教室里坐满了迥然不同的学习者。

最后，这种"所有人都用一种方法"的课堂模式似乎也可以说明，为什么许多学生开始正式上学后没几年，就渐渐失去了在学校中学习的动力。当学生们意识到，在这个环境中自己不在受人青睐之列，最初的兴奋就消退了。他们的表达能力不是最强，思维反应也不够敏捷，在用简单、线性的方式呈现自己的思想上，表现也不出色。或许，对于被迫与同伴以分数相争，他们心存厌恶。无论他们与学校渐行渐远的原因是什么，那些适应了机器时代课堂的学生中没有他们。

我们的流水线思维方式，强迫我们把人类与生俱来的多样性当作异端——因为多样性不适应机器的需要。爱德华·乔伊纳说，"我们这些教过书的人都知道，如果你只是熟悉自己教授的科目，却不能深入了解你要教的孩子的话，你就没有能力传授知识"。

④ **学习的地点是在教室里，而不是在大千世界中**

工业时代的学校把教室放在学习过程的中心位置。然而，真正的学习是发生在我们生活的情境之中的，而且每一次新的学习产生的长期影响，都取决于这次学习与我们周围世界的关系。比如在处境艰难的时候，尽管我们可能感到身心痛苦，但却常常产生一些不到此时难以体会的领悟。然而，由于以课堂为中心的学习模式成为主宰，孩子

067

们在生活中体验学习的许多其他场所，比如游乐场、家庭、剧院和运动队以及（对于许多人来说）街头巷尾，全都失去了价值。一个孩子生活中的每一个关系，都承载着一个潜在的学习方向，孩子每做一件事，都可以以学习的心态来完成。然而，以课堂学习的视角来看，这些学习场所基本都不在范围之内。

当然，多数教育工作者对此都有所了解，对于学习的种种环境条件也有所认识。他们知道运动、音乐、艺术和剧场的重要性。但是一旦出现问题，以教室为中心的铁腕手段就会显露出来，占据主导地位。当面临预算压力的时候，艺术课和选修课往往是最先被"拿下"的。如果课堂预算要缩减，教师就有可能失去原有的资料来源，或者被迫在课堂上增加学生。但是，没有一个人想过，干脆不要教室就好了。人们会说："不行。完全不行！这件事你永远做不到——要不然孩子们到哪里去学习呢？"

即便到了今天这个时代——无论身在何处，人人都可以以越来越低的成本享用连接互联网的计算机和社会化媒体，而且许许多多年轻人的沟通与生活方式就这样塑造成形——传统教室教育的地位不知为什么仍然无人质疑。我并非建议我们大家毫无保留地支持电子媒体——包括互联网、多人游戏和脸书，把它当作万灵药，医治放弃学习的学生们。我只是认为，有必要做这样的探询：如果课堂真正是为学习而设计，并且是众多的学习场所之一，那么这个坐满了孩子和成年人的课堂，将会是什么样子呢？

⑤ **有些孩子聪明，有些孩子愚笨**

学校里只有两种孩子：聪明孩子和笨孩子——这恐怕是工业时代学校中影响最深、危害最大的假设了。前面四个假设的叠加影响，在这个假设中也可以看到。在这个假设中，在学校里表现出众的，就是聪明孩子；而表现不突出的，则是笨孩子。

在"聪明孩子和笨孩子"的假设中，有两个截然不同又无法回避的问题：一个是在学校中的成绩表现，而另一个则是人类固有的多样化能力。我们经过多年熏陶，已经习惯以固定类别去思考问题了，因此按照我们的意思给孩子归类，贴上标签，再自然不过了。但是标签会迅速变成"自我实现的预言"（self-fulfilling prophecies）。当老师把一名学生归为能力差的一类，并以此对待这个学生，这个学生就会逐步放弃，成绩确实就一直好不起来了。这就是20世纪40年代由社会学家罗伯特·莫顿（Robert Merton）定义的、著名的"自我实现的预言"现象——在20世纪60年代，又以"皮格马利翁效应"（Pygmalion effect）为人所知。当时，心理学家罗伯特·罗森塔尔（Robert Rosenthal）与小学校长勒诺·雅各布森（Lenore Jacobson）把这个观察应用到了学校里。在雅各布森的学校里进行的一系列研究中，他们发现，老师贴的标签影响了孩子的成绩，而孩子的成绩又反过来强化了贴在他们身上的标签。虽然这个研究已经过去了很久，在今天的"高风险测试"的世界里、在学校和学生面对的提高考试成绩的压力之下，这种相互强化的关系的危害性却丝毫没有降低。①

逆转这个自我实现的恶性循环，是许多帮助"放弃学习者"项目成功的关键。这些项目一般以行动学习原则为基础，帮助学习者与自

---

① 参见罗伯特·莫顿所著《社会理论与社会结构》（Social Theory and Social Structure，Free Press 出版，1968 年），以及罗伯特·罗森塔尔和勒诺·雅各布森所著《教室中的皮格马利翁效应：教师的期望与学生的智能发展》（Pygmalion in the Classroom: Teacher Expectation and Pupils' Intellectual Development，Irvington Publishers 出版，1968 年，1992 年）。

然和社区产生联系。其范例之一，是由美国马萨诸塞州格洛斯特的海洋格洛斯特（Maritime Gloucester，从前的名字是"海洋遗产中心"）管理的高中项目。这家中心鼓励学生们参与动手实验的工作——开展海洋生物实验、建造水轮以及太阳能蒸馏器。对于学生而言，这样的学习方式是真实的，而他们从前的课堂学习却不是。因此，放弃转化成参与，学生们倾向于留在学校，而不是选择辍学，而且他们的学习成绩也在提高。这个项目的目标是让学习具有意义。这家中心的辅导员大卫·布朗（David Brown）说："孩子们初到这里的时候是封闭的。当项目进行到一半的时候，他们就开始敞开自己的内心了，注意力也开始提升了；他们可以去处理一个实际问题，也可以去解决一个书本上的问题了；可以应用自己的知识学会新的能力，并在此过程中自己解决问题。"①

"聪明孩子和笨孩子"的假设在我们的社会中根深蒂固，以致我们很难想象出这个模式以外还有什么其他模式。然而，替代模式其实就在我们的面前：每一个人与生俱来都具有独特的禀赋。任何一个社区是否可以健康运行，取决于它是否有能力开发每一个人的禀赋。当我们怀抱初生婴儿的时候，看到的不是"聪明孩子"或者"笨孩子"，我们看到的是生命自我创造的奇迹。这种意识的丧失，是我们被迫为现行教育系统付出的最大代价。

---

① 这是格洛斯特开展的替代高中项目"指南针项目"的延伸。更多内容，可参见 http://www.gloucestermaritimecenter.com。另一个案例是"密尔沃基的城市生态中心"，参见 http://www.urbanecologycenter.org。

工业时代关于学校的假设

在工业时代的学校组织机构中，还存在着另一个系列的深层假设，这些假设与学校本身如何组织有关，也与学校如何看待自己的任务、使命有关。就像与学习有关的那些假设一样，这些假设我们也很难看到，并且它们也常常与人们认同的观念背道而驰。我们认为这些假设理所当然——因为我们生命中相当重要的一部分经历，是在工业时代的学校中获得的，大多数教育工作者更是在那里度过自己生命的大部分时光。不仅如此，我们这些并非从事教育工作的人，一般也是在组织原则大体相同的工业时代的机构中工作。

① **学校由维持控制的专家们来运营**

像所有其他的工业时代组织一样，一家工业时代的学校把全部工作分割为多个不同的"职位"。工业时代的管理模型把一个系统分割为一个个片段，创造出各个方面的专家，要求每一个人只做自己那一部分工作，并且假设另外还有其他人去把握整个系统的顺利运行。在学校里，有一个人是校长，另一个是教师，还有一个是学监。我们的假设是，大家共同工作显然必须有这样的分工。我们往往看不到有什么迫切需求，需要在这些人之间建立合作关系、建立团队，或者形成共同的责任感。与此相反，我们假设，如果每个人都把自己的工作做好，学校的事自然就会顺理成章、水到渠成。事实上，今天大概已经不存在比教书更为个人化的职业了——教师各自做自己的工作，相互之间几乎完全孤立。

但是，孩子们体验到的是一个高度碎片化、与团队精神刚好相反的系统。这就像棒球队的队员们决定，他们永远都不把球传出去一样，或者像在一个交响乐团里，每一个人都只想表演独奏一样。俄勒冈州科瓦利斯市（Corvallis）的学监吉姆·福特（Jim Ford）说："在学校系统中你可能要做的最重要也是最具挑战的工作之一，就是把教师、管理人员、家长和孩子们分割开的一堵堵墙，统统拆掉——帮助人们看到学校是一个社区，并且意识到这个社区就是这所学校。"

在这个碎片化的系统中，成年人单方面的权威完全掩盖了学生参与领导工作的声音。事实上，学生参与领导本身（比如，"学生委员会"）就是一个超越了成年人允许范围的、自相矛盾的概念。学生在确定教什么、如何教等问题的时候应该有发言权的观点，在多数学校都是令人生厌的话题。正如极为成功的学监莱斯·面谷所说："如果你去问问孩子，他们马上就会告诉你，哪些东西行得通，哪些东西行不通。"但是，管理学校的成年人的权威，通常是不被质疑的。

一位高中校长说："当我反思我的工作，反思自己作为教育工作者的职业生涯的时候，我意识到，控制对于我一直是高于一切的关注点，控制是我们学校系统里方方面面的核心。"在以保持控制为基础的系统中，教师的工作是控制学生，管理人员的工作是控制教师，学区委员会的工作则是保持对于系统的整体控制。

控制观念本身，并非一定会自动导致功能的失常——所有能够延续生命的系统都演化出了控制能力或者保持平衡的能力。问题在于工业时代的控制概念。一个生命系统是自我控制的，而一个机器则是由其操控者来控制的。无须花太大力气，教师、管理人员和学区委员会就会变成操控者，控制这台叫作学校的机器。

此外，无论是什么样的层级控制系统，即使其中的人相当优秀，也有可能出现滥用权力的现象。许多年前，我认识一位六年级的学生，他被指控在一次多选测试中作弊。他是最近转到这所学校的，他的老师羞辱了他——给他判了 F（不及格），还打电话告诉了家长。孩子崩溃了，他说："××的卷子我都没有看！"但是，老师拒绝相信他，因为他看到了孩子头部的动作。当然，除了这个孩子自己之外，实际上没人知道他究竟看到了什么，只不过可以看到他的脸朝着那个方向。但是，老师坚持他对这个孩子的评价。他在结束与孩子家长会面的时候说："你们看，我认为不应该对孩子心存怨恨，如果他认识到以后不应该这样做，我就不会再责怪他了。"

这位教师显然觉得自己相当大度，甚至是宽宏大量，但是，他从没有质疑过自己观察过程中的主观视角。他自己一个人，而不是那个孩子，拥有定义"作弊"的权力。在他看来，这是他的教师的职责的一部分。

那个孩子如今已经长大成人了，对于他来说，这段经历强化了他对于"谁有真正的控制权"的意识，他深刻地感受到自己不被尊重。直到今天，一想到传统学校和老师，他依然会感到愤愤不平。

这位教师的行为虽然有些极端，却是与装配流水线的控制模型完全一致的，就像产品检测员有权决定生产线上的一个产品是否合格一样，这个教师也有单方面判断一个孩子的行为的权力。

② 碎片化是知识的固有特征

以碎片化的专门知识作为控制的基础，似乎是学校组织的一种合乎逻辑的方式，这是因为另一个工业时代的假设——知识本身就是碎片化的，假设知识是从相互分割的学科中产生的。文学、艺术和人文学科与数学是不相干的学科，数学与生物科学、地球科学也是没有什么关系的，而生物科学、地球科学与历史、地质以及心理学又是不搭界的。这样的碎片化世界的视角，让人们很容易忽视一个事实——生活并不完全是这个样子,生活是作为一个整体呈现在我们面前的,挑战性的问题之所以富于挑战,是因为这些问题有多个相互依存的侧面。你还会碰到纯粹的数学问题吗?你还会遇到纯粹的人际关系问题吗?对于问题你只需要给出技术上的答案,然后大家就会自动按要求去做事,这种情况还存在吗?以学术知识理论碎片化的视角,生活中的各种相互依存关系是不可见的。倘若知识就是如此的碎片化,那么在正规教育系统中人越进步,他的知识面就越窄,也就一点儿都不让人意外了。

与知识碎片化的理论截然相反的是看待现实的系统视角——现实本质是由各种关系组成的,而不是由事物组成的。系统视角看到的是事物之间的相互依存关系,但是,让工业时代的学校认识到这样的相互依存关系,非常困难。恰恰相反,学校实际上是在含蓄地告诉学生:生命中至关重要的就是把一个个狭窄科目的知识积累起来。

"教育工作中最不可救药的就是知识的碎片化。"蒂莫西·卢卡斯如是说,"我们拥有如此丰富的培育生命的材料——文学、数学等,而且都还处在发展中。当孩子们刚刚学习的时候,他们能够意识到这些内容的活力。然而,对于他们中的许多人来说,不知从什么时候开始,这些内容就僵化、死亡了。学校也就成了一潭死水,也许只剩下点点星火。这多么可悲啊,难道还有什么比人类文明产生的知识更激动人心的吗?"

③ 学校传播"真理"

我们的教育系统的基础假设中有一种隐含的理论,哲学家们称之为"朴素实在论"(naive realism)。朴素实在主义者认为"所见即是真实"。我们所有人在一生中的大部分时间里,都是朴素实在主义者——这是由于我们的感官收集到的体验材料以无法抗拒的力量呈现在我们面前。因此，我们也就常常把感知当作了绝对事实——就像那位"看到"学生作弊的老师一样。

我们从感官材料迅速跳到对世界的解释，本身并没有问题，这是人类感知的特征之一。然而，如果我们没有意识到这个过程正在发生，问题就出现了。

在工业时代的传统课堂上，老师讲课仿佛是在传播真理，而不是在传播由社会建构出来的观点或诠释。在历史课上，孩子们学习"发生了什么"，而不是一个为世人所接受的、有关"发生了什么"的故事。孩子们学习科学真理，而不是学习可以用于现实世界的种种模型。他们学会用唯一正确的方法去解决某个具体问题，却没有学会如何接受由不同视角观察同一现象所呈现出的复杂性。这样一来，他们对模糊和冲突的宽容度逐步减退，他们的批判性思维能力也难以得到发展。他们无法看到人类知识的模糊性与偶然性，而是逐渐习惯于经过简化的、"政治正确"的知识碎片，并最终在生活的复杂多变之中，感到无所适从，失去方向。

亨伯托·马图拉纳与弗兰西斯科·瓦里拉研究构建了有关认知生物基础的一个开创性理论——圣地亚哥认知理论（Santiago theory of cognition）。这个理论是综合研究生物学与心理学的结晶，它对人类认知的影响可以用一句话概括："凡曾经说过的，都是由某个人说的。"没有人可以对现实做出判断性陈述，从生物学上根本就不可能做到。这个事实既没有否定科学与历史的有效性，也没有更多地肯定文学和艺术的有效性。但是，它的确需要我们把科学和历史当作社会现象——是由接受了共同标准和常规的各个社区中的人创造出来的，并因此而推进了一种共享的但还没有完备的认识。圣地亚哥理论意味着，独立于现实世界的人类观察并不存在（这样的哲学观点被称为"唯我论"）。简单说就是，人类无法对现实做出绝对的判断陈述。[①]

但这对学校又有什么意义呢？想想那些在学生时代曾经打动过你的老师。他们之所以打动你，不是因为他们知道某个答案，而恰恰是由于他们并不知道答案是什么。他们的好奇心激发了你的灵感，他们的激情点燃了你的想象力的火种。对于你们可能学到什么，老师们兴奋不已，而你也因此爱戴他们，尊重他们的经验。你知道他们花了许多功夫思考讲课的主题内容，因此对他们的想法产生了浓厚的兴趣，但是，他们并没有以一种绝对肯定的方式给你"答案"。他们告诉你"这是当时发生的事"，实际上是在说，"这是对当时发生的事情的一种看法，是思考的起点"。对于他们来说，你提出问题，是把既定的观念与你自己的理解联系起来的合理途径。实际上，他们也有自己的问题，而正是由于这种共同探寻的状态，最终使你们成为平等的伙伴。

与此相反，朴素实在论完全符合同时也微妙地强化了"问题视角"。朴素实在论建立起高高在上、手中握着答案的专家阶层——老师，由此也就把"问题视角"具象化了。由于老师的答案是毋庸置疑的，教师的知识的高贵与学生的低劣，就这样被制度化地建立起来了。

④ 学习主要是个人活动，竞争加速学习

由于我们认为知识是某种由教师拥有、学生应该去学习的事物，所以我们就把知识看作个人所有，也就常常把学习过程看作相应的个人化过程。然而，这种过于简单化的思维方式相当危险。

[①] 参见亨伯托·马图拉纳和弗兰西斯科·瓦里拉所著《知识之树》第27页、第34页和第206页。

想一想走路这个最基本的动作。学习走路看似是最为典型的个人学习过程。但真的如此吗？想想模仿他人在这个过程中的重要性——模仿父母、兄弟姐妹以及其他孩子。实际上，学习走路的真正含义，是加入由走路的人组成的社区之中，同样，精通自然语言就是把我们引入由说话的人构成的社区之中。当我们以这种方式思考的时候，就会发现学习既是一种社会活动，同时也是一种个人活动。

然而，传统课堂关注的几乎完全是个人角度——个人学习者应当熟练掌握课程内容，个人为了测试自己的理解能力而参与考试，个人通过相互竞争的方式来确定他们学得如何。

我不认为竞争在本质上有什么问题。我是一个喜欢竞争的人，也一直都喜欢竞争性运动。我相信如果条件适当，竞争可以强化学习。但我也认为，我们身边的许多现代社会——比如美国，对竞争与合作之间的健康平衡，已经丧失了领悟力。竞争与合作是可以共存的。实际上，在大多数健康的生命系统中，竞争与合作就是共存的。当不同的动物相互争夺同一个食物的时候，大自然展示的是竞争；而当不同的动物群共同狩猎的时候，当一个物种创造条件，帮助另一个物种生存的时候，大自然展示的就是合作。事实上，随着我们对整个生态系统的生死与存亡有了更为深入的理解，处于进化论核心的个体竞争的全部观念，在今天看来不过是19世纪一种充满好奇的但过于简单化的思想。盖亚假说（Gaia Hypothesis）共同提出者之一、微生物学家琳恩·马古利斯（Lynn Margulis）写道："生命体的天性，既是嗜血、竞争和食肉的，也是平和、合作和与世无争的。这个星球上最为成功的生命体（也是数量最大的生命体），是那些学会合作共存的生命体。"比如，植物与菌类，动物和细菌，都是在持续演进的共生条件下生存的。

最终，过度竞争的后果对我们产生的影响，超越了输赢本身。我们在内心接受了这样的认识，竞争在任何组织模式下都是基本元素。在企业中，这种认识导致人们在内部竞争与外部竞争上，花费了基本相同的精力。无论处在怎样的环境，我们都感到自己处在一场无穷无尽但必须胜出的争斗之中——至少要避免输给别人。这个局面对于胜者和败者产生了相同的影响，它在我们各种思维与行动的习惯上打下了印记，塑造了我们一生的行为——社会科学家克里斯·阿吉里斯（Chris Argyris）所说的"防守性习惯动作"（defensive routines）。[1] 阿吉里斯的研究描述了为什么在许多工作情境之中，"聪明人就是学不会"：因为他们投入了巨大的精力，去证明"自己知道"，也用来防止被人看作"不知道"——正好证明了阿尔菲·科恩（Alfie Kohn）的名言"由受奖而受惩"。[2]

毫无疑问，今天的教育工作者担心竞争过度，也重视工作中的协同与合作。团队项目变得越来越普遍，在一些学校里，复杂的科目通常都是由两位老师共同承担——他们可以相互强化不同的角度，也可以与不同的学生有更为紧密的互动。迈克尔·富兰在教育的系统变革方面的工作广为人知，而鼓励不同的学校和学校系统之间的协作，共同改进教育成果，正是他的工作的首要基础。"我们尝试让校长们关注其

---

[1] 参见克里斯·阿吉里斯所著《教聪明人学习》（*Teaching Smart People How to Learn*，哈佛商业评论，5–6月刊，1991年）和《错误的建议与管理陷阱：管理者如何了解自己得到的建议的好坏》（*Flawed Advice and the Management Trap: How Managers Can Know When They're Getting Good Advice and When They're Not*，Oxford University Press出版，2000年）。

[2] 阿尔菲·科恩所著《由受奖而受惩：金牌明星、绩效激励方案、A类、奖励以及其他贿赂带来的困境》（*Punished by Rewards: The Trouble with Gold Stars, Incentive Plans, A's, Praise, and Other Bribes*，Houghton Mifflin出版，1999年）。

他学校的成绩，也试着让学监们关注其他学区的成绩"。富兰如是说。①

然而，对于竞争这个议题，教育系统在实际做法上依然处于模棱两可的状态。似乎教育工作者们都没有意识到，竞争已经完完全全地设计到学校的系统中了。许多教师哀叹，"学生们太重视分数了"。但是他们完全忽视了一点——在学校学习的整个过程中，学生们一直都在接受这样的"信号"：分数是他们在学校获得成功的要诀，也是他们上大学的关键。

20世纪90年代初期，在"教育质量管理"问题最初引起我的兴趣的时候，我出席了一个由各州学校管理部门负责人参加的会议。爱德华·戴明（W. Edwards Deming）博士是会议的主题演讲人。他在发言的一开始就说："我们被竞争出卖了。"随后，他介绍了全球领先企业在培养协作与共享责任方面的经验。当他讲完之后，一位来自某个州的负责人说："戴明博士，显然你不知道我们教育工作者也很重视协作。今天在美国的许多学校的课堂上，都在采用合作学习的做法。另外，我不认为奖励做得优秀的学校有什么问题。"显然，对这位教育系统的领导人来说，协作对于孩子们很要紧；但对于成年人却是另一回事。对老师、学校行政人员，以及学校之间共同协作、形成共同的知识的观点，他似乎并不太看重。

---

① 参见迈克尔·富兰所著《运动领导力：精通变革秘籍》（*Motion Leadership: The Skinny on Becoming Change Savvy*, School Improvement Network 出版，2009年）和《所有系统都会消失：整体系统改革的变革要点》（*All Systems Go: The Change Imperative for Whole System Reform*, Corwin Press 出版，2010年）。

超越工业时代模式

在评估这个关键议题上，上述所有工业时代的假设——无论是有关学习者的还是有关学校的，都汇总到了一起：决定了如何评估学校中的成绩表现，也决定了如何评价不同学校的成绩表现。过去几十年里，公共教育领域中的议题没有哪个像评估这样造成如此严重的分歧和争议：一方面是来自外部的强化问责的压力；另一方面则是教育工作者们的担心，老师和学生都在承受的成绩压力带来的负面作用。

再看看历史的进程应该会有帮助——既可以体会我们究竟为什么会沿着这条路，一路走来，也可以开始想象，如何才能走出一条不同以往的路。这样的路可以支持当下最迫切需要的创新——如果我们想要学校具备帮助学生们面对今天世界的挑战的能力。

从需要展开的创新的角度去看，过去20年来的考试运动——包括90年代这个运动的第一阶段，以及过去10年中的"高风险测试"，呈现出来的似乎是工业时代学校的回光返照。

成绩评估一直就是传统学校中各种目标相互矛盾、对立冲突的源头之一。比如，确定学习目标的能力和有效评估自己进步的能力，是终身学习的基石之一，也是在高等教育阶段获得成功的关键。然而，传统学校依靠的是以教师为中心的评估过程：教师是评估的绝对权威，学生的分数和继续学习的能力，都由他们来决定与控制。无论教师本人经验多么丰富、才华多么出众、用意多么良好，矛盾冲突总会存在。如果一个孩子在学校的主要精力放到取悦老师上，那么老师和学生实际上就是在串通一气，改变了以客观的自我评价为基础的能力发展方向——也是基于对自己进步的判断能力的发展方向。结果是孩子成年之后穷其职业生涯不断讨好别人，而没有去做几件自己真正认为有意义的工作。没有哪一位教育工作者会倡导这样的结果，但是这个强调专业细分、重视管控的系统，就在制造这样的结果。

对外部测试的依赖像一个巨大阴影，笼罩着由于担忧成绩表现而引发的种种改善学校的努力。美国学校的成效在历史上曾让美国人引以为豪，但自20世纪80年代起，类似《国家危机》的各种报告，却引来对此的种种质疑。到20世纪90年代，由于企业对教育带来的美国竞争力下降的关注，一场运动逐渐兴起，其结果是引发了一系列由世界大型企业联合会（Conference Board）和企业圆桌论坛（Business Roundtable）等企业机构主办的重要会议。具有讽刺意味的是，许多讨论转到日渐形成势头的"质量运动"中去寻找答案——虽然质量运动所提出的最为流行的建议，与其本身的基本理念是相互矛盾的。

到20世纪90年代中期，一个植根于美国主流企业圈子的新共识开始形成：从根本上逆转学校衰微状况的方式，就是设定目标，确定衡量方式，并且要求教育工作者对达成目标承担责任。结果衡量以标准测试为形式，并开始采取统一模式进行管理——采用跟踪成绩评估的方式，以小学低年级为起点一直到初中。学校在成绩表现上的差异首次对公众公开，这样就对成绩不佳的学校努力缩小差距方面施加了持续压力。

虽然这种方式以质量的名义发起一直到初中，获得了积极的支持，但是其深层的基本管理哲学，却令许多质量运动的先驱们深恶痛绝。爱德华·戴明被许多人尊为质量运动的思想领袖，但他对于任何一种给人评分、评级的管理模式，都予以嘲笑。他说，标准测试的方法就像是"目标管理"——企业用来跟踪目标的一种方式。在戴明看来，目标管理恰恰是美国生产制造业衰败的主要原因。事实上，我曾经在20世纪90年代在纽约召开的一次由各州教育部门负责人参加的主要会议上，听到过戴明做这方面的阐述。但是，这辆火车已经离开了车站——一个不顾一切地要修理好自己破败的学校的国家，找到了一个答案，并有了一批强有力的支持者。

对于卷入各种学校改革活动的许多企业人士来说，这个问题与他们在企业中面临的问题，没什么两样：有些人绩效优秀，有些人则绩效不良。做企业就必须要把那些绩效不良者，也就是不良教师，从这个系统中清除出去。然而，"评级加淘汰"的系统，在企业中几乎从来就没有产生过什么成效——这个问题人们很容易忽视。事实上，在专业工作的环境中，基本上不存在绩效不良者成堆的现象，真正的问题是，获得良好绩效障碍重重，也十分困难。提高教师质量的做法，恰恰不应该是为了对付绩效不良者，制造一种严酷的气氛，而应当是创造一种有益的环境，让教师能够持续学习、不断成长。

随着布什政府推出"不让一个孩子掉队"的项目，考试运动愈演愈烈。"高风险测验"成为新的常态——如果学生不能通过主课的考试，就不能从高中毕业。没过多久，对于报刊上公布出不同学校和不同学区的考试成绩，大家也习以为常了。在许多情况下，考试成绩的确有所改善，但往往伴随着始料不及的副作用。例如，一项跟踪调查表明，2000年从波士顿的公立学校毕业的初中学生中，有65%选择继续下一步的学业。与1985年只有50%的学生继续学业相比，这是相当不错的提高。然而，到2007年，这些2000年毕业的学生中，只有35%的学生真正完成了其后的学业。其余的人显然只获得了文凭，而对于如何应对继续学业的挑战并没有做好准备。①

在这段最近的历史中，有两方面特别值得关注。首先，改革的动力主要来自企业群体。企业的看法很有政治影响力，自从工业时代初期教育机构开始为工厂的职位培训学生以来，一直都是如此。其次，最引人注目的企业声音，并非来自企业中的创新者，而是来自主流派管理人员的观点。他们认为行得通的管理方式与目标管理的思维框架相当吻合。那些持有不同管理观念的人——这些人要么是更加倾向于支持戴明的质量管理观点，要么是更加倾向于面向学习的公司文化，抑或是支持创新和持续改善——在这场有关学校的讨论中没有多少影响。这场讨论说的是成绩，而不是创新。

我认为现在时机已经成熟，应该让创新的声音加入学校改革讨论中。虽然并没有一种简单的方法，可以归纳另一种新的管理思维框架，但它的出发点是：要专注深入理解管理结果产生的实际过程，要专注深入理解持续创新和改进的实际过程，并着重培养实现这个目标的个人与集体能力。目标管理的观点认为，通过结果衡量和激励措施就可以改进现状；而面向学习的观点则认为，激励措施不可能让人们实现他们没有能力成就的目标。目标管理的观点是纯粹自上而下的；而面向学习的观点则认为，虽然整体目标相当关键，但是去实现这些目标的人必须做出真正的承诺投入，也同样关键。目标管理的观点倾向于关注获得更高分数的快速提高；面向学习的观点则关注可能需要更多

---

① 参见安德鲁·萨姆（Andrew Sum）等所著《迈向终点：大学录取和毕业——对波士顿公立学校 2000 级进行的 7 年跟踪调查》(*Getting to the Finish Line: College Enrollment and Graduation, A Seven-Year Longitudinal Study of the Boston Public Schools Class of 2000*, Center for Labor Market Studies, Northeastern University and Boston Private Industry Council 出版，2000 年)，见网址：www.bostonpic.org/sites/default/files/resources/BPS%20college%20graduation%20study.pdf。

时间但也更为持久的深层变革——虽然也重视确定阶段性目标，以便衡量进展、制定策略。

显然我有一种偏见，但是在我看来，这种偏见对于学校变革的现状来说恰如其分。那些认为学校应该像公司那样管理的企业人士，常常忽视了学校本身存在许多与企业完全不同的特征。设想一下，假如一家企业在生产某种产品的过程中，收到了几批会导致产品质量下降的有缺陷的零配件。如果被问起在这种情况下企业可能会做什么，企业人士会回答："显然我们会更换供应商。"但是，对于公立学校来说，这可不是一种选择。当破碎的家庭中的孩子来到我们的学校时，他们往往对于学校学习毫无准备，学习能力也存在差距。难道我们应该把他们送回去吗？①

这只是企业与教育的现实状况存在的许多根本差异之一，所有这些差异都指向一个相同的结论：我们需要一个能够应对学校现实状况的管理系统——专注于研究和改善支撑人们学习的各种实际进程，并且能持续培养所有参与者的能力，从而既实现短期的绩效改善，也能开展创新和长期的持续提高。

这并非意味着标准测验等各式各样的工具无关紧要。这些工具可以为教育工作者和学生提供有意义的信息，但应该用来推动进步，而不是用来进行惩罚。尤其重要的是，这些工具本身并不构成变革战略。

要形成一个真正的变革战略，就需要我们更为清晰地思考，明确我们要为教育确立什么样的目标。只有这样我们才会有坚实的基础，去了解我们正在探寻的成果是什么，评估成果的最好方式是什么，

---

① 有关供应商的观点来自拉里·库班所著《黑板与底线》（*The Blackboard and the Bottom Line*, Harvard University Press 出版，2004 年）。

以及如何向着这个方向前进。我们需要创新，但是我们为什么要创新呢？

创新的条件

尽管今天还存在着许许多多的困难，但是在学校开展基础创新的条件已经成熟。

首先，前所未有的迹象表明，流水线式的学校的观念和流程正在崩溃。学校面临巨大的压力就是其崩溃症状之一，而另一个症状则是贫富分化日益加剧。越来越多负担得起学费的家庭，选择让孩子到私立学校学习——孩子得以在人数较少的课堂上课，也有机会与其他精英同学为伍，老师们对工作条件也更为满意。另外一些人则选择了家庭学习。根据统计，这是中小学教育中发展最快的教育模式，估计到2010年在美国有200万孩子正在采用这种方式学习，特许学校也为创新提供了一些空间。但是，无论是私立学校、家庭学习，还是特许学校，都不可能成为大多数家庭的选择，越来越多的在公立学校读书的孩子，却与社会的最好机会无缘。日益恶化的社会不公平导致的结果之一，就是日益加剧的社会不安定和骚乱。除此之外我认为，所有工业化国家的人们对于教育的忧虑持续升温，其程度在若干年前几乎无法想象。[1]

其次，工业化时代学校以往赖以生存的许多社会条件，已经不复

---

[1] 参见布莱恩·D. 雷所著《2010年，美国两百万家庭学习的学生》（*2.04 Million Homeschool Students in the United States in 2010*，National Home Education Research Institute 出版，2011年1月3日），见网址：www.nheri.org/HomeschoolPopulationReport2010.html。

存在。人口的变化是原因之一。过去，妇女在劳动力市场上没什么其他机会，学校得以吸引来大部分教师，然而今天的妇女有着更多的职业选择机会。更多的问题是，传统学校所依赖的传统家庭和社区结构也不复存在了。在美国，传统的家庭结构是父母双方中一个人工作，另一个人在家照顾孩子，这种结构作为社会习俗在20世纪60~70年代渐渐瓦解。现今，父母双方都工作或是单亲家庭成为社会的常态。传统的父母—孩子—学校关系分崩离析，使得学校如今不得不更多地承担起照顾孩子的角色。父母与老师之间的谈话往往更多地关注如何减轻父母的焦虑，而不是如何帮助孩子在学业上取得进步。在这个环境中，标准化的学科学习，就更加困难了。

由于通信和传媒技术的发展，学校在提供信息方面的垄断地位被剥夺了——这或许同样具有历史意义。100年前，学生们在家中和学校亦步亦趋地接受教育，对于外面的世界知之甚少。今天，任何一个青少年要想认识世界，至少有着与老师和家长同样多的渠道。此外，社交媒体和移动计算机技术给孩子们提供了学校课堂无法比拟的寓学于乐的机会；这样的学习是由学习者自己掌控的，只要学习者准备好随时都可以开始，而且融入了由志趣相投的同龄人连接起来的网络之中。家庭结构的变化使得这些传媒技术尤其具有影响力，因为它们往往填补了家长的空缺，替代了家长的作用。

第三，即便人们对这些深层变化的征兆视而不见，但最简单的事实就是，劳动力市场上，人们不再寻找"产业工人"了。丹尼尔·平克（Daniel Pink）等作者的研究表明，从工作要求上看，推算型任务（algorithmic tasks，按照预先设定路径工作）正在让位于探索型任务（heuristic tasks，在需要试验和创造性思维的环境中有效工作）。麦肯锡公司2005年的一份报告估计，目前的就业增长中的30%来自推算型工作，而 70% 来自探索型工作。与此类似，2008 年，世界大型企业联合会的首席执行官乔纳森·斯佩克特（Jonathan Spector）在美国众议院拨款委员会（House Appropriations Committee）做证时说，来自一千多位美国企业高管的调查数据强调，学校需要"创造、创新、批判性思考和解决问题的能力"（上述结果汇总在世界大型企业联合会 2006 年出版的报告《他们真的准备好去工作了吗？》中）。[①]

麻省理工学院前院长戈登·布朗（Gordon Brown）过去经常说，"要想成为一名老师，你就必须要成为一个预言家——因为你的工作是在帮助人们为 30~50 年后的世界做好准备"。通过以老师为中心的指导方式，以记忆为主的学习方式，以及外部强加的管理手段，继续施行工业时代学校教育的理念，我们就是在为一个正在消逝的世界培养学生。

我相信，我们正在看到对于教育基本目标的新共识的萌发。《他们真的准备好去工作了吗？》等研究显示：为满足全球化的知识型工作要求，需要各种新型的非机器时代技能，比如理解复杂问题、协作以及在模糊和不确定条件下完成任务等高阶能力，以及自我激励和面向

---

① 参见丹尼尔·平克所著《驱动力》（Drive，Riverhead Books 出版，2009 年），第 29 页，《互动的新革命》（The Next Revolution in Interaction，McKinsey Quarterly 4 出版，2005 年）第 25~26 页；乔纳森·斯佩克特所写《为国会内务、环境和相关部门拨款委员会的有关"艺术在创造与创新中的作用"所作书面听证材料》（Written Testimony to the House Appropriations Subcommittee on Interior, Environment & Related Agencies Hearing on the "Role of the Arts in Creativity and Innovation,"2008 年 4 月 1 日）；世界大型企业联合会报告《代表工作家庭、21 世纪技能合作项目和人力资源管理学会的企业声音：他们真的准备好去工作了吗？——看待 21 世纪美国新就业员工的基本技能和应用技能的雇主视角》（Corporate Voices for Working Families, Partnership for 21st Century Skills, and Society for Human Resource Management, Are They Really Ready to Work? Employers' Perspectives on the Basic Knowledge and Applied Skills of New Entrants to the 21st Century U.S. Workforce，The Conference Board 出版，2006 年）。

社区。虽然这个共识正在形成之中，但我相信它将会成长、发展，特别是有更多的证据表明我们可以在公立学校实现这些目标。

诚然，转变工业时代学校的挑战的确令人生畏，尤其是考虑到其种种深层假设依然符合大多数人和大多数组织的思维模式。但是，这样的反应漏掉了一个关键问题。这里的挑战不在于搞出一套简单的"修理"措施。事实上，机器时代的"修理"理念本身就是问题的一部分。许多研究学校改革的历史学家，从西摩·萨拉森到戴安·拉维奇再到戴维·特亚克和拉里·库班都发现，正是那些出于良好意愿的"修理"措施，使问题变得更糟。学校系统并非因"崩溃"而"急需修复"，学校是经受重重压力的社会组织，急需进化。[1]

同样，我们也并不需要答案——从某种意义上说是一张勾画所有学校未来的蓝图，实际上，这正是我们不需要的。恰恰相反，我们需要持续增加、深化对学校面对的深层问题的本质的认知，需要具备开展多个方面、多种思维视角尝试的意愿。研究表明，创造了新产业的基础创新往往涉及多种新技术的组合。比如商业化航空业的诞生，就涉及 19 世纪初期在飞机设计与技术方面的许多创新——从发动机到副翼，20 世纪 40 年代的喷气式发动机和雷达的发展也是其诞生的必要条件。制度的创新与技术创新类似，只有当许多"创新成分"条件具备、汇合到一起，创造出可以支持广泛应用的一系列新的想法和途径时，制度创新通常才会发生。通过本书的学习人们会发现，许多这样的创新已经成熟。

---

[1] 参见西摩·萨拉森所著《学校改革中可预见的失败》(*Predictable Failure of School Reform*, Jossey-Bass 出版, 1990 年), 戴安·拉维奇所著《充满烦恼的改革: 1945–1980 年的美国教育》(*The Troubled Crusade: American Education 1945–1980*, Basic Books 出版, 1983 年), 戴维·特亚克和拉里·库班所著《修修补补的乌托邦: 公立学校改革百年》(*Tinkering Toward Utopia: A Century of Public School Reform*, Harvard University Press 出版, 1995 年)。

但究竟如何才能引发多种创新的融合，带来新的、整体的深层变革呢？我认为答案存在于一个新的、引领性的比喻之中。就像"机器"这个比喻，把创造工业时代学校的思维模式塑造成形，而对"生命系统"逐渐成形的认知将引导对未来的思考。

学校是一个生命系统

过去一百年间，我们看待周围世界的科学观念正在发生一场革命，也就是"系统革命"。这场革命的特点是对生命系统进行研究与理解，并进而解释纯粹机械观点无法理解的行为。系统革命发端于物理学，进而逐步延伸到生物学领域。工程学，尤其是对于动态反馈系统的理解，也是系统革命的来源之一。目前，这场革命正逐渐渗透到认知科学和社会科学领域。然而，这个革命的过程还处于初始阶段。（虽然系统观念在1990年左右便开始萌芽，但是还要经过相当长的时间，科学世界观的根本转变才会对社会产生影响。支持这种世界观的人们已经学会要有耐心。）

那么，这种革命性的"生命系统"观念究竟是什么呢？首先，这种观念主张现实世界的基本特征是关联与关系，而不是物体。以牛顿思想为中心的文化告诉我们，世界是由物质组成的。牛顿所说的原子，就像是微小的台球，相互碰撞，转移能量。然而，过去一百年的科学却告诉我们：各种物质中99%是虚空！即便剩下的1%，也并非质子和原子之类的"非常微小的物质"，而只是实体性质在亚原子空间中表达的某种可能性。

从人的尺度来考虑，我们称之为身体的这个"物体"，实际上远非呈现在我们面前的"物质"。发明家巴克敏斯特·富勒常常会举起他的手问:"这是什么?"

几乎所有人都回答说:"是一只手。"

他则会说:"不是。它是一个'模式化的一体结构',它是可以产生出许多只手的那种能力,是持续将自己表达为一只手的关系结构。"

富勒想要强调的,是今天的生物学家所说的"生命自创系统",也就是生命的自我生产的特征。随着旧的细胞死亡,新的细胞诞生,我们的双手持续不断地更新自己。手的细胞全部更新需要几个月,但是我们每天都会得到一个全新的胰腺,整个身体更新则需要几年的时间。从这个角度来说,你的身体并不"拥有"手或者脚,或者是身体的任何一个部分,而只是拥有持续地生产这些部分的能力。对于我们这些习惯于认为"我们就是我们的身体"的人来说,这是一个令人震惊的事实陈述。但是,这就是生命系统的本质。身体更像是一条河流,新的物质不断流过,并且持续地组织起来,就像河的两岸,引导着水从中流过。种子并没有长成一棵棵大树,只不过是组织了一棵棵大树的创造过程。①

在对生命系统的全新的、革命性的认识进程中,一些科学家还认为,生命系统的独有特征,是自发的自我组织(当期的行为和结构不能根据此前的行为和结构进行预测)和自发的认知——给其所处的环境"赋予意义"的能力。虽然关于生命系统的新科学尚处于婴儿阶段,但是我们正在清楚地认识到,我们一直把自己周围的大部分都当作毫无生命的物体——树木、植物,以及像学校这样的社会系统,是因为我们对生命的种种本质特性了解得不够深入。生命系统不是由"物体"

---

① 菲杰弗·卡普拉《生命之网:生命系统的科学认识》(*The Web of Life: A New Scientific Understanding of Living Systems*, Anchor Books 出版, 1996 年) 以及马古利斯和萨根所著《生命是什么?》。

组成，生命没有"物性"。正相反，"物体"本身是生命系统的结果，是从由种种关系组成的基本现实存在中产生的。

因而，一个生命系统具备创造自我的能力。这就展现出生命系统和机器的一个根本区别：生命系统是自我制造的，而机器是被制造的。

我们以这种方式对生命系统了解得越多，对工业时代的固有心智形态的认识就越明了。生命系统与机器完全不同，生命系统持续生长、持续进化，不断形成各种新的关系，并且具备存在与再创造的内在目标。尽管生命系统在某些方面与机器有些类似——具有重复性行为，对其未来发展也可以施加外部影响，但是生命系统不可预测，也不可以控制。况且，是生命系统创造了机器——从鸟类和其他哺乳动物使用的简单工具，一直到我们拥有的最复杂的技术，都是如此。从某种意义上说，生命系统的视角涵盖了机器的视角，而不是与之对立。当相对论逐步为人们接受的时候，有人说，"爱因斯坦把牛顿的苹果树移植到了一个更大的盆子里了"。描述生命系统时代和机器时代的相对关系，也可以借用这句话。问题不在于机器时代的思维本身，而在于那种透过机器时代的有色眼镜看待一切事物的不良习惯。

生命系统学校的一种愿景

如果基于对生命系统的重要性的认知，而不是按照机器的方式来组织学校，会怎么样呢？实际上，本书的内容就是要探讨这个问题。让我们以一些思考作为开始。

首先，如果学习的内容，被看作一种有生命的、持续变化的存在，而不是一成不变、必须死记硬背的事实，学习过程就会变得生机勃勃。以生物这个科目为例，具有讽刺意味的是，这个研究生命的科目对于大多数学生来说，既毫无生气又枯燥乏味。我在与大儿子聊天的时候曾经吃惊地发现，他在20世纪90年代要学习的高中生物课程的内容，竟然跟我多年前学过的完全一样：诸如细胞壁和细胞核、内质和外质，以及血液细胞和肌肉纤维，等等——大量需要死记硬背的相互完全脱节的知识点。然而，当学习者的起点是了解一个有生命的细胞如何展开功能，怎样自我创造，如何同环境相互作用，从而达到有益于自身持续展开的动态过程的内部平衡，生物学就变成全然不同的另一种学问了。

其次，是不是可以让学习者通过电脑模拟自己去发现这些知识——创造细胞，开展实验，看看这些细胞在不同的环境下如何生存、如何自我调整适应，而不是把这些观念当作科学数据死记硬背。他们接下来就可以探索癌症的自然特征了。从某种程度上来说，癌症不过是一种无法控制的细胞分裂——有丝分裂无法停止。能不能让学生自己在模拟程序中创造出各种不同的条件，使这些细胞周围的组织无法给出正常情况下的限制分裂的信号呢？不知不觉中，学生们发现了细胞的不同生命状态，发现了生命系统的原形。如果请你思考和对比一下机器思维的学习模式和生命系统学习模式，你认为哪一种更吸引人，哪种更富有成效呢？

人文学科的学习也可以完全不同。许多年前，我曾经见过一位女教师，她在位于土桑南部的一个贫困社区的高中里教英国文学。当时，她必须要给一群西班牙裔和美国印第安人裔的孩子讲莎士比亚，而这些孩子只想知道明天是否还有饭吃。工业时代的学习模式把哈姆雷特的故事变成了一个一成不变的东西——必须要记住的一堆人物名字和故事线。然而，在另一所学校教授科学课的她的男朋友，当时正在使用类似模拟细胞工作的计算机仿真模型。因此，她就决定要为哈姆雷特制作一个仿真模型。这个模型要顺着哈姆雷特的愤怒和仇恨的发展路线，让国王和王后对他产生误解，直至导致最终的悲剧结果。

突然间，哈姆雷特复活了。孩子们提出来各种各样的问题，比如："如果波洛尼厄斯没有藏到帘子后面，会发生什么？如果哈姆雷特没有杀死他呢，又会发生什么呢？如果哈姆雷特做了别的什么事，又会发生什么呢？"一张静态的图画变成了一幅活生生的挂毯，上面的人物相互交织在一起——是因为学习者把自己的假设性问题翻译到仿真实验中，与哈姆雷特展开互动，才使得这些人物变得活灵活现、栩栩如生。

我永远不会忘记，在这个故事发生两年之后，我与其中一些孩子坐到了一起，听一名叫拉斐尔的男孩讲他的经历。拉斐尔是一位西班牙裔学生，在他巧遇这位老师的哈姆雷特课之前，一直在考虑是不是要退学。我请他告诉我，那个哈姆雷特计算机仿真模型对他意味着什么。他说："我的头脑'砰'的一下打开了。"他与学校重新建立了联系，他的成绩提高了，所以他就毕业了。他还发现自己爱好音乐，当我们聊到如何才能让自己在音乐上有所成就的时候，他情不自禁地开始与其他的孩子一起画起系统因果图来——用来讨论他的音乐！

显然，把学习的对象看作活生生的经验去学，会有极大的不同。这样一类教育过程是建立在以下基础之上的：

- 学习以学习者为中心，而不是以教师为中心。
- 鼓励多样化，而不是强调一致性——接受各种各样的智力形态和多样化的学习风格。

- 了解一个相互依存、不断变化的世界，而不是死记硬背、努力获得正确答案。

与此类似，如果我们把学校当作一个生命系统而不是各种机器，我们就会：

- 对参与教育过程的所有人"采用的理论"，不断进行反思。
- 持续探索如何将多样化的学术科目融入孩子和成年人的有意义的学习经验中。
- 把学校的参与者——教师、学生和家长，看作一个社区，并且着手将教育与连接朋友、家庭和各种组织机构的社会关系重新融合起来，建设健康的社区。

当我们把一个学校当作一个生命系统，并存在于其中时，我们就会发现这个系统总是在演进。我们通过提出各种问题，参与这个系统的演进。比如，"为什么这个系统是这个样子？为什么有这些规定？这些规定如何帮助我们实现目标，是否妨碍我们实现目标？这个做法的目的是什么？"我们不再勉强接受那些试图安抚我们、让我们无能为力的解释，比如："那些有权力的人就是这么决定的。"因为我们自己就是系统的一部分，我们自然而然就会进行更为深入的探询，去发现我们自己的假设和习惯行为是如何创造了今天仍在运转的系统。持续的探询成为学生、教师、家长和管理人员的一种生活方式。

前面确定的那些假设可以提供一个起点。目前，这些假设还是框架性的，还不够具体。在不同的情境之下，每一个假设的影响都是不同的。然而，真正重要的是所有相关的人都去思考、一起去探讨——这些假设以及其他假设在自己的学校的具体条件下如何产生作用，也就可以看到自己的创新能量究竟应该集中到哪里。只有这样，生命系统的学校的观念才会真正获得生命。

这个探询过程的目标不是批评，而是学习——为了形成人人参与学习的学校环境。我记得几年前曾经遇见过一个相当有创新力的学校的校长，我问她如何定义自己的工作。她回答说："我的工作是创造一种环境，让老师们得以持续学习。"她认为，那些专注于自己的学习过程的老师，自然就能够为学生创造出一个更好的学习环境。

第三，逐步地让孩子的生活（而不是教室）重新成为他们学习的中心，学校得以重新建立其作为一个社会机构的地位。这样的学校的案例有很多，它们往往吸引周边社区的参与，人们也就因此把自己看作学校的一部分。比如：俄勒冈州的克雷斯韦尔中学（Creswell Middle School）召集月度"孩子日"活动已经有多年。在这个活动举办的日子，学校正式关闭，以便学生、教育工作者和社区成员可以聚拢在一起开展非正式的对话，并共同观察这个自发形成、事实上使得这所学校成为可能的社会网络。

"我的对话小组中有几个人，我当时并不喜欢。"一个学生后来回忆说，"我并不是讨厌他们，但我也不觉得他们和我有什么关系。后来我们就开始聊天，他们分享了自己的观点，我也就听到了他们的想法。现在，每当我在大厅里经过这群人的时候，我就没有理由认为他们讨厌我了。这场对话至少给了学校里每个帮派中的人一个想法：或许这个家伙并没那么不同，所以我们应该给他一点儿尊重。"

当学习过程真正是以学生的生活和学习为中心，"学校"的边界就对更大的社区开放了，教育也因此成为一个社会过程，而不是一个机械过程。在新墨西哥州的一个学校里，学校与社区联系的建立，源自一个简单而又大胆的课程规划的创新。在 10 年级，学生可以申报他们想从社区中的某个人那里学习的一件事，然后在社区中找到能够教自己的导师，并把这件事并入自己的课堂学习。题目可以是挂毯或者是桌面出版以及烹饪——完全由学生决定（学校也有一个简单的筛选过程，对导师进行评估）。这样做不仅让学生负责自己的学习，而且把学习的地点放到了他们居住的社区，久而久之，一个由成年导师组成、与学校形成紧密联系的网络就逐渐形成了。

从社区中吸引老师和学习者，也可以对学校的内部产生影响。比如，一所学校找到一种别出心裁的方法，帮助四年级学生学习分数（一个常见的问题）。学校让学生们到学校的餐厅里工作几天，当他们必须根据需要调整菜谱配料的成分的时候，分数在突然之间就变得非常实用了——那些年轻的厨师就变成了他们的老师。

另一所学校则邀请了一个名为"水基金"的组织，帮助应对学校不同小帮派之间的暴力行为——这是一个许多学校都比较头疼的问题。这家基金会制作了一段广为流传的录像，片子中表现的是三个六岁的孩子，正在一起讨论一张自己画的系统图，用来理解他们自己为什么会在游乐场上打架。他们围坐在一张图书馆桌周围，讨论"难听话"和"感情受伤"如何相互强化，以及"我们可以干涉这个系统的不同方法"。一个孩子说："我们试过说'对不起'，但还是无法解决问题。"然后他就开始描述，如果下一次他们发现自己又掉进了那个"循环的陷阱"，他们可以去尝试的几件事。他们对于另一种不同状态的探求，展现出"生活就是学习"的一个美好案例。在最近的一次会议上，其中一个现在已经七岁的孩子报告说，"我们现在是最好的朋友"。[1]

多年以来，我听到过许多类似的故事，这些故事告诉我们一个重要的教训。我相信，大多数成年人心中有一种深深的渴望，希望与孩子的生活产生更多的联系。成年人从孩子们的生活中分裂出去，是我们的社会迷失方向的原因之一。即使我们本身不是父母，也不是教育工作者，也不能抛开孩子，把他们交给一批职业精英。人类与孩子的生命有着与生俱来的深层联系。对孩子的关爱深深植入我们心中，它是我们的生物学遗产之一。

学校更像是一棵树的生命有机体，而不是一个汽车配件；教育的社会进程更类似于一个社区，而不是一个工厂。这样的重新思考似乎有些理想主义，甚至脱离实际。但是值得注意的是，在我们大部分的集体历史中，学校一直就是这个样子。人类社会教育自己的年轻人已有数万年的历史，远远早于工业时代的学校。丹尼尔·奎因（Daniel Quinn）在他的小说《我的以实玛利》中，这样描述典型的部落教育体系——

"年轻人在十三或者十四岁的时候，就从他们的孩提时代'毕业'了。到了这个年纪，在自己的社区中以成年人的身份发挥作用所需的一切，他们基本上都已经学会了。事实上，他们学会的东西是如此之多，如果社区中的其他人在一夜之间消失，他们也能轻而易举地生存下去。他们知道如何制作打猎和捕鱼用的工具，他们也知道如何为自己搭建遮风挡雨的住所，知道如何为自己织布裁衣。"他们学会所有这一切，并不需要学校，而只是简单地做了所有孩子都去做的事：他们

---

[1] 参见 T. A. 班森（T.A. Benson）所著《一年级学生的解决问题能力》（*First Grade Problem-Solving*，The Waters Foundation 出版，2011 年），见网址：www.watersfoundation.org/index.cfm?fuseaction=whatsnew.website:first-grade problem-solving。

观察社区成员，并且花时间和他们想去学本事的那些人在一起。从部落系统中"毕业"总会经历一个"成年仪式"，在仪式上人们不仅要接受部落传统和习俗的传承，更要学会忍受苦难和自己独立面对挑战。在这个毕业仪式之后，他们受到欢迎，进入成年人的社区，大家也期待他们做出贡献。当我们今天看着高中里的学生奋力挣扎、寻找自己的"社区贡献者"的位置，但却没有这样正式的仪式帮助的时候，我们就应该想起这个成年仪式。①

当然，生活不会倒退，我们也不会回到部落生活中去。但是，任何一个存在了几万年的教育方式还是需要认真对待的——我们要努力去了解它是如何运作的。如果我们仔细观察就会看到，这种方式呈现出几个现在似乎已经熟悉的特征：孩子是持续地学习的，学习是在生活的日复一日的情境中发生的，而且承载着学习的组织是与社会运行融合在一起的。

学习是顺应自然规律的，表现的是所有生命对发展成长的探索。学习也许会被误导，也可能会遇到阻碍，但是谁也无法阻止它的发生。我们时代教育的核心任务，是推进组织机构与实践的进化，使之协助而并非替代自然的学习过程。

谁将引领变革

最后要说一说，为什么学校看起来如此难以改变，而产生变革的最重要的动力来源又可能在哪里。与几乎所有其他当代组织不同的是，

---

① 有关部落学校学习的描述请见丹尼尔·奎因所著《我的以实玛利》(*My Ishmael*, Bantam 出版，1997 年)，第 126 页和第 129 页。有关部落仪式的部分观点来自路易斯·范德梅韦 (Louis van der Merwe) 的谈话。

工业时代的学校有一个结构性盲点。这个盲点之所以出现，是因为实际上能够反思整个系统的运行状况的唯一的"人"，对这个系统却没有发言权，而且通常也没有权力提供有意义的、可能引导变革的反馈。这个"人"就是学生。

学生是看到全貌的那个人，感受着整个环境：教室里的每一堂课，游乐场上和街道上的挑战，家里的所有焦虑，以及媒体中相互冲突的信息和观点。孩子们知道什么时候作业量太多，什么时候作业量太少；他们也知道什么时候压力过大，什么时候对他们的尊重太少。但是，他们在系统中没有权力，也没有地位，他们的观点不受重视。毕竟，他们只是孩子——处在这个由成年人运作，据说是为了他们的利益的系统之中。

要想看清这一切有多么愚蠢，可以做一个假想——我们要一家公司的员工执行这样的一项规定：在任何情况下都不许和客户说话。这家公司大概不久就会关门大吉了。如果要说有什么区别，那就是压制学生的声音会产生更大的制约。与被动地购买公司产品的客户不同，学生是学校成果的共同制造者，没有学生参与，就没有学习。

我由此开始相信，学生是给学校带来深刻、持久的进化过程的真正希望。他们富于激情，想要让学校生机勃勃。他们与未来联系的方式，成年人完全不具备——从许多方面来说，对于外部更大的世界及其种种挑战，他们有着更多的联系。他们所拥有的想象力和看待事物的方式，还没有经过正规教育过程的改造。更重要的是，他们迫切渴望参与其中，对于自身所处的环境承担更多的责任。

这并非意味着学校的变革所需的一切只是学生领导力，但是也的确意味着，如果没有学生的领导作用，学校变革的希望渺茫。我们这些人已经在这个教育系统中度过了一生。我们就是鱼，生活在工业时代的种种假设汇聚成的池塘里。年轻人更加敏锐地意识到，我们的世界在进化过程中正迅速远离那些假设。更为重要的是，由于年轻人还只是这个系统的"新手"，因此他们自己就能够看出——也能帮我们看清，那些不言而喻的规则和假设。

我们并不需要事先准备好所有答案。但是，我们需要具备作为社区的能力，去安排新思想和新实践的轻重缓急，并把变革坚持下去。我们需要来自所有年龄层、各行各业的领袖，愿意共同走向我们开始想象的那个未来。后工业时代的教育要求人们意识到，在未来的几十年中，人类将会以不同的方式居住在一起——否则他们都不会生活富足，而年轻人对于未来的变化，往往比成年人具有更加深刻、敏锐的洞察力。

| 第 2 章 |

新时代教育者的五项修炼入门

1. 创造组织学习和优质教育的环境

你是这样一位教师吗——总是疲于奔命，忙于应付各种各样出乎意料的问题？或许，你是一名学校的管理人员，但是不是总感到事情做得不尽如人意？如果你是一位家长，当你看到孩子成绩单上的分数的时候，是不是总觉得十分无助？而如果你是个学生，是不是感到学校与你的世界、你的生活以及你的目标，都没有什么联系？

开展学习的修炼可以为这类问题提供一种解答，更重要的是，其解答的方式是你在日常实践中积累的点滴改变。随着你持之以恒地思考自己面对的种种问题，随着你在工作中总能有所不同，你就逐渐建立起了实现自己想要达成的目标的能力。为了使这个过程简单易行，这些学习的修炼包括各种工具和技术：一系列可以自然而然地引发新的能力的指导方法。（巴克敏斯特·富勒过去常讲，如果你想要教会别人用一种新的方式思考，千万不要直接去教他这种思考方式，恰恰相反，要给大家一个工具，使用这样的工具，自然就会引出新的思考方式。）

许多教育工作者对于帮助学生学习的各种工具与技术相当熟悉。授课的技艺通常就是围绕着工具和技术建立起来的，其最初形态就是数以千计的教学规定和教学计划，这些是由任课老师制订出来的，并与他人共享的。本书中学习的修炼是一系列同样有用的工具和技术，它们的开发和不断完善，使人们得以在团队和组织层面展开学习。

如果你感到茫然，不知道该从哪里入手读这本书，就可以从这部分开始。这里没有简单的"秘诀"，因为每个人的需求不尽相同。但是，《知行学校》这本书的所有内容都基于一个共同的基础理念架构，而其起点就是这一部分。在这里我们将列出五项修炼的各种工具及其背后的理论和原则。

深层学习环路

作为教育工作者和关心学校的人，对于学习过程中可能产生的个人影响，我们有着强烈的感受。我们或许还能记起自己生活中的学习体验——学会读书、学会开车、学会演奏一样乐器、学会一种新的运动，以及学会熟练掌握自己从事的工作，等等。实际上，许多人发生的转变——往往还是深层转变，都是由于经历了高强度的学习过程。这并非仅仅因为它会让人感到自豪、快乐，或者是情感上深受触动。这是一个在人们内心中发生而往往又不可见的过程，随着时间的推移，它会让人更容易以新的方式采取行动。

你通常可以通过一个新的工具或者技术，启动这个过程。比如，你可以使用"冰山模型"，或者使用类似"海岸捕鱼"等面向系统思考的模拟程序，对影响学校的某一个问题进行更为细致的观察，比如，一个具体的以大欺小的问题，或者某一个与学习效果有关的问题，也可能是一个与如何管理学校操场边上的树木有关的问题，等等。随着这些工具的不断使用，你就会获得新的技能和能力，比如，对于一个看似并不相干的各种现象之间的因果关系问题，你就能够进行描述和解释。这会影响你的认识和感知：你开始以一种不同以往的方式，看到问题的种种表现。随着时间的推移，随着你越来越公开地探讨这些问题，新的观念和假设都会开始形成。过去看似合理的解决方案不再可行，过去似乎不切实际的想法，却呈现出真实的可能性，这又会进一步帮助你提升自己的技能和能力。

下图中所示的系统，构成了建立学习型组织实践的核心要素。位于底层的右上方的图是"深层学习环路"（deep learning cycle），是指存在于个人内心、体现在组织文化之中的相互关联的变革能力。当新的技能和能力（比如，进行有成效的谈话的技能，或者是系统思考的技能）、新的认知和感知（比如，意识到我们自己的热望、当下的现状以及各种心智模式）以及新的态度与信念（比如，有关这个世界的价值和假设）构成相互强化的关系，学习就会发生。

"深层学习环路"中发生的变化，影响深远，甚至是不可逆转的，但这样的变化却不容易发生。这就是为什么要有图的左下角所示的"行动区域"——虽则不易持久，但更为具体、实在。通过明确地表达指导思想（并召集会议对其进行讨论），在基础设施中展开创新，以及经常进行新方法和新技能的实践（以有关构建人的能力的一系列深层理论为基础），无论哪个层级的团队和领导人都可以采取行动。

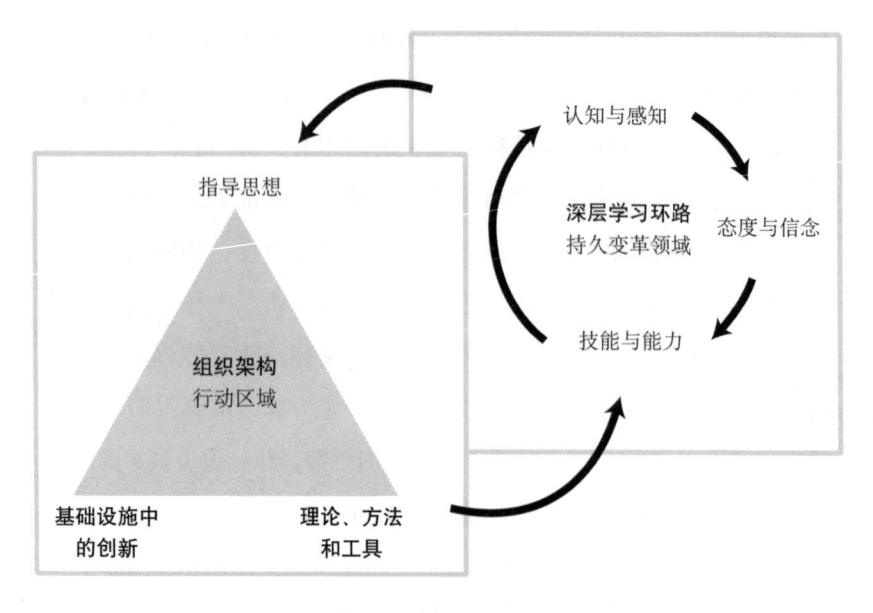

```
        认知与感知
深层学习环路
持久变革领域    态度与信念
        技能与能力
```

```
    指导思想
  组织架构
  行动区域
基础设施中   理论、方法
的创新      和工具
```

行动的关键注意力是放在下面的三角形上的,但可持续的变革的核心却是处在"环路"之中的。它们彼此持续相互强化——事实上,当其中的每个元素各自增加强度、提高质量的时候,都是在相互强化。(在本书后面的部分中谈到的"系统思考"中,这种关系被称为"正反馈环路"。)

因此,随着你清醒地意识到自己无法单独解决这个复杂问题时,你可能会增加与其他人共同反思的时间,一起探讨那些催生了今天学校现状的深层假设与行为模式。反过来,这些探讨又会进一步让大家更清楚地看到你们集体行为的种种表现。比如,你们也许可以看到:有些人在谈话中持续陷入一种角色,难以自拔——要么就是一再提出他们的反对意见,直到其他人要他们停下来;要么就是突然打断对困难问题的讨论,虽然其他所有人都准备继续谈下去。认知和感知提高到一个新的层级,就会使你发现改善谈话的机会——有时候可能只是一句评论:"我想刚才有人提到的那个观点,我们似乎忽视了……"

这同时也可能会调整你对于人性的看法，或许你心中存着这样一个假设：许多学生（或者是家长、老师以及管理人员）确实不大容易"对付"。因此，在与他们谈话的过程中，你实际上从来就没有听见他们说的话，而是听到了他们在你的内心中触发的反应。但是，当你的认知提升之后，你对于人的态度和信念就会发生改变。现在你可能就会认识到，那些学生并非不好对付，而只是原本有些腼腆，需要有人帮助他们打开自己，另外，也有可能他们觉得自己与学校里的教育工作者没有什么密切的联系。

这些新的态度和信念，反过来又会使你更容易与其他人展开反思谈话，而这又会帮助你形成更深一层的认知，并引出形成新认知的更大机会。"深层学习环路"，也就是在你内心之中的学习环路，会由此形成自己的动力。

当然，启动深层学习环路相当困难，它涉及的思考与互动的基础性新方法的各种技能，需要多年实践才有机会掌握——问一问研习武术或者乐器的人，就可以对此有所了解。我们对于周围的世界形成新的感知和认识，是长期成长和变革的副产品。深层的观念和假设也并非电灯，可以随意开关。

因此，我们需要建设一个共享的环境，而设计这个环境的目标就是要让变革可以毫不费力、自然而然地发生。这与建造学校大楼没有什么不同——是要形成一个促进学习的地方，但我们组建起来的并非是一个具体的建筑，而是在整个系统中促进学习的组织元素。

组织学习的三个元素

我们认为，有三个组织的基本元素，如果加以应用，就可以启动"深层学习环路"。

- **指导思想**：是经过深思熟虑之后，清晰明了地表达出来的深刻主张，为组织变革提供哲学与思想基础（类似美国宪法中体现的自由与法制的观念）。无论是学校还是社区的领导人，明确表述学校未来的发展方向，都会产生巨大的杠杆作用。后面我们还要探讨一些指导思想，学校的领导人可以逐步将其开发出来，激励人们共同行动。

- **基础设施中的创新**：恰如社区或建筑中存在着实体的基础设施（道路、通道、桥梁、人行道以及能源网络等），组织中也存在着业已成形的一系列常规、习惯，在确定组织行为方面有着类似的影响力。这其中有规定明确的信息流转与沟通渠道，包括使权力和问责机构得以建立的决策权和工作汇报机制的安排；也有诸如工作安排、税务政策、工资以及许多根深蒂固的关系和规矩。所有这些都可以通过创新重新设计，用以引发更为有效的学习。比如，改善"服务日"设计，给了教师更大的自主权，以及通过建立专业化的学习社区让教师们从相互指导中获益，这都是基础设施方面的创新。①

- **理论、工具和方法**：在有关适应性领导力（adaptive leadership）的著作中，罗纳德·海费茨（Ronald Heifetz）采用了俯视舞池的看台的比喻：我们多数人的大部分时间都花在应付日常的紧急情况或者完成任务的"舞步"之中。但是，海费茨认为，那些最富有才华的领导人，能够（似乎是轻而易举地）从舞步中后退一步，观察其模式和互动关系——仿佛他们是从看台上向下观察似的。我们并非真的要爬到"看台"上去，但是我们通过反

---

① 见罗纳德·海费茨《领导力：没有简单答案》(*Leadership Without Easy Answers*, Harvard University Press 出版，1994 年)，第 253 页。

复实践可以获得那样的视角——特别是在相互信任的同事的帮助之下，使用探询和其他技巧，把我们的思想推向进一步的深化。而当我们再回到"舞池"的时候，我们退一步思考所花的时间，会使我们更加成功，更加喜爱自己的工作，也使我们不再疲于奔命。[①]

为了帮助人们开发并形成这样的视角，我们所依赖的是以理论为基础的工具和方法。五项学习修炼的可靠性，来自作为其支柱的许多精深研究，包括团队互动关系的研究、系统研究，以及对创造过程的研究。其起源至少可追溯到一百年前。

团队与"三脚凳"

我们中的大多数人，或迟或早都曾有过成为"优秀团队"的成员的经历，它也许与运动有联系，或者与艺术表演有关，也可能是和我们的工作或者学习中的某个场景联系在一起。无论是什么样的环境，我们可能都还记得那种人们之间的信任关系、相互接受的态度以及协同共融的状态，记得我们所实现的成果，但我们常常也会忘记，"优秀团队"在起步时"基本上都不优秀"。在开始的时候，它们通常根本就不是一个团队，而往往只是一群个体，需要花些时间，才能学会像一个团队那样整体工作，就像要获得走路和骑自行车的知识需要时间一样。也就是说，"优秀团队"是处于持续学习状态的组织——由个人组成的小组，随着时间的推移，不断强化他们的能力，创造他们在自己生命中真正渴望的东西。

人们往往把教育看成是个人努力的过程。老师们走进教室，关上

---

① 有关"深层学习环路"的理念及其与五项学习修炼的关系，在《第五项修炼·实践篇》中有更为详尽的探讨。

门，独自上课，而学生则应该独立自主地展示他们的能力，否则就会被当作"作弊"。然而，在由互联网和社会化媒体驱动的世界里，学生在课堂上经常把自己的手提电脑连接到脸书上。教师的协作在过去40年中也已经成为教育实践的主要趋势，教育这个职业的心智模式早就应该改变了。学习的修炼涉及的是由人组成的团队，大家在教室里、学校中和社区内通过集体行动推进改善，在这种情况下，与人们各自单独行动相比，这个群体更加强大，而不是更为薄弱。

对于个人，尤其是团队来说，五项学习的修炼帮助人们开发技能可以简单分为三个基础类型，我们有时候用一把"凳子的三条腿"来描述它们。

自我超越
共同愿景
系统思考
心智模式
团队学习

- 表达个人与集体的热望（articulating individual and collective aspirations）：这项能力使你着眼于自己真正关心的方向，也使"你想要"而不是"你需要"成为变革的原因。所有各项学习修炼，都可以帮助你开发和形成这些能力，但自我超越和建立共享愿景两项尤为如此。

- 认知和管理复杂现象（recognizing and managing complexity）：这项能力是有关如何看到更大的系统和系统中相互作用的种种力量——特别是当问题复杂而又混乱的时候，这项能力也包括如何形成描述这些相互依赖关系的公开的、可以反复验证的方式。系统思考的修炼对开发和形成这方面的能力至关重要,与心智模式的修炼共同进行则尤其如此。

• 反思性思考(reflective thinking)和生成性对话(generative conversation):这项能力涉及通过沉思、探讨和深度会谈,提升对于自己的深层假设和行为模式的认识——既是个人的,也是集体的。开发进行有意义的谈话的能力,可能意味着改变日常谈话的节奏和语调。许多人已经习惯于在听清他人的观点之前,就开始准备自己的回答——与这样的人谈话,就像是在打一种奇怪的网球,每一个人在接到对方的球之前,就"挥臂击球"。相形之下,一场生成性的对话自然地把人们引向对自己的思想(以及其他所有人)的反思。在进行心智模式和团队学习的修炼中,这项技能最容易生成。

这三个方面的能力——表达热望、认知与管理复杂性,以及生成性谈话,如果相互结合起来,就会更具效力。我们的经验表明,精通了其中一种修炼,就会强化其他方面的技能。也正因如此,我们采用了"三脚凳"的形象描述——如果想要获得整体效果,"一个脚"都不能少。

2. 自我超越

一个五岁的男孩子,在上幼儿园的第一天问他的老师:"我什么时候学习读书呀?"

老师有点儿心不在焉地答道(因为有许多事要做):"哦,要等到明年了,等到上一年级的时候。"

孩子什么都没有说，但是，大概一个小时以后老师才发现，孩子在没人注意的时候，悄悄地溜了出去。他走出了这间教室，一直走回家（幸好他家离幼儿园只有几个街区）。他跑到了大吃一惊的母亲面前说："我明年再去吧，等到他们准备好教我读书的时候。"[①]

这类故事表现出来的，是人们心中的热望与学习之间存在着密切关系。如果不是学习者自身兴趣和好奇的激发，学习就不可能持久地进行下去。

自我超越是一组练习，用来支撑孩子和成年人培养对自己周围的现实状况的清醒意识，同时又保持自己的梦想。梦想与现实的差距造成的张力，是一种强大的力量，可以帮助人们把自己周围的现实推向自己的梦想。

自我超越的练习是针对个人的，一般通过独自反思进行，像所有其他修炼一样，自我超越是终身修炼。你的个人愿景与现实状况随着你的人生的展开而发生变化——长大成人、从学校毕业、建立各种关系、开始建立家庭、找到职业发展方向、买第一套住房、选择生活的地点和方式、创造自己的家庭生活、设计退休生活，等等，所有这一切都涉及选择，也都创造出了新的选择的机会。

学校以及其他组织在这项修炼中起着关键的作用：要创造环境，让人们有时间去反思自己的愿景；要尽最大可能在组织中建立"求真"的承诺；在其他人（包括孩子）应该要什么，以及应该如何看待世界方面，要避免预先确定（显性的或者隐性的）立场。

当教育界人士开始学习五项修炼的时候，往往由于能帮助孩子们实现自我超越而着迷。这或许是因为这个方面的需求极为明显。学

[①] 我们第一次听到这个故事，是从印第安纳大学荣誉教授伦纳德·布雷洛（Leonard Burrello）那里。

校里到处都是没有目标、认为读书无用的孩子，为了填补由此产生的空虚，学生们问自己："老师要的是什么呢？我怎样才能让老师高兴呢？"年级再高一些的学生还会问："我必须做什么，才能得到我想要的成绩呢？"与此同时，老师们往往放弃了自己对未来的热望，把自己调整到按学校管理层的指令办事的状态。由于学校教育的工业化模型进一步强化了这种倾向，学习的火花很快就熄灭了。但是，如果关注自我超越并潜心努力，这项修炼就可以帮助人们重新点燃学习的热情。

精　通

英语"mastery"（精通）源自梵文词根"mah"，意思是"更加伟大"。在拉丁文和古英语中，这个词的意思是"主宰"（"I am your master"——"我是你的主人"）。然而，在中世纪的法文中，这个词演变出了一个变体——maître，意思是"技艺精湛的人"，也就是一种技能的主宰者。

在"自我超越"这项修炼中的mastery，是指"技艺精湛"的意思。它不仅指产生结果的能力，而且包含了"精通"产生结果的基本原理的能力。

愿景、现状与承诺

在学校里的大多数环境中，个人热望无法自然流露出来，必须要悉心培养。培养个人的热望——既有自己的也包括别人的,是这项修炼的中心。这项修炼中的许多有价值的概念,都是由作曲家兼教育家罗伯特·弗里茨(Robert Fritz)开发出来并加以规范化的。针对如何为个人生活确定"创造性导向",他设计了一个由三个阶段组成的过程。

首先,你要清晰表达一个个体的愿景:是一幅十分明了的图景,表达出你希望在自己的生活中创造出来的梦想——"这就是我想要去的地方",描述得越丰富越好。

第二步,你要把注意力集中到看清当下的现实,包括在你的愿景中远未实现的那部分——"这就是我的当下,这就是我们作为一个组织的当下。"

"我想要去的地方"与"我的当下"之间的差距,自然而然地会产生一种张力——弗里茨称之为"结构性"张力(在《第五项修炼》系列丛书中则称为"创造性"张力)。张力的自然倾向就是寻求释放。这就像有一根橡皮筋,一头是你的愿景,另一头是你当下的现实,橡皮筋被拉开的时候,随着它回到正常状态,它也会把愿景和当下的现实拉到一起。这不是一个纯粹在意识层面发生的过程,但也并非完全是直觉过程,这个过程将意识和直觉融合到了一起。通过培养在自己心中同时保持自己的愿景和当下的现实的能力,你就把自己调整到了从现状走向愿景的状态之中。对于以往可能错失的机会,你现在有所察觉了;你与那些正向同一个方向前进的其他人,形成了伙伴关系;你了解要冷静客观地看待种种挑战,也学会如何寻找更好的方法克服挑战。

为了强化所有这些状态,自我超越的修炼列出了第三个步骤:对于创造出最希望达成的结果,做出自觉的承诺。有些人用"这就是我要采取的行动"来表达这个意思。然而,更为有效的说法是:"这就是我做出的选择。"你也许永远也不可能认识到你的愿景的所有具体细节，但是由于你保持着愿景，就会意识到某种力量。拥有非同凡响的愿景的人们，实现了非同凡响的成就的故事数不胜数，其结果恰恰与他们原来的设想不一样。正如弗里茨所说："关键不在于愿景是什么，而在于愿景起了什么作用。"①

我们的经验是，当人们相信某一个特定的愿景或者结果是重要的，当他们可以清楚地看到他们必须改变自己的生活才能实现这个结果，同时他们又对实现这个结果做出了承诺时，他们就会真正地感受到难以遏制的驱动力。他们不仅在意识层面也在潜意识层面，接受了自己的愿景，这样就使他们的行为产生了变化。他们对于自己和世界，更有耐心，对于周边发生的一切也更为关注。所有这一切产生了一种可持续的能量和热情，并由此产生了实际的成果，而后，这些成果又反过来使能量和热情进一步提升。其结果是，随着他们持续修炼这种思考方式，他们感到自己的功力日渐强大，自信心日渐提升，最终，创造性张力牵引着他们的人生一直向前。

对于学校中的许多人来说，愿景和现状之间的差异巨大，需要相当一段时间才能消除。同时，愿景与现状之间的张力让人感到陌生（而且有时也令人不快），弗里茨将随之产生的感受称为"情感张力"：你觉得自己毫无价值或者无能为力，无法实现自己最深层的热望。在

---

① 自我超越的创造性张力，用有一根橡皮筋的图来表示。随着你不断推敲自己的愿景，并且逐渐获得对当下现实的更为清晰的认知，这两者之间的张力逐步增加。就像一个橡皮筋要寻求平衡一样，这个系统也会自然收缩，释放这个张力——橡皮筋的一头会向另一头自然运动。如果你能将愿景保持在高位，将张力保持在拉紧状态，即便你的愿景与当下现实之间的差距让你感到危险、感到不舒服，这时候现实也会向你的愿景移动。

这种情况下，你可能会选择通过最方便、最迅速的方式减少差距，从而减轻这些情感，也就是渐渐放弃自己的目标。你没有去寻求实现自己的真正渴望，而是说服自己相信：只能退而求其次，因为永远不可能实现你想要的成果。另一种可能性是，你感到必须要等到一切变得更加糟糕时，你就会强迫自己站起来，走向自己的愿景。还有一种情况是，你决定全凭自己的意志力冲破所有障碍，无论代价有多么大。这些应对策略感觉上是对的，但它们无法以可持续的方式，让你接近自己的梦想。

"情感张力"在组织层面上也会对领导人产生影响。你没有把握住自己学校的完整愿景（"是每一个孩子都学习的地方"），而是换一种稍稍软化似乎更为实际的方式表达（"是让自我激励的孩子可以学习的地方"）。用这种方法，至少不会让你和你的同事冒失败的风险。另一种情况是，你可能决定不采取任何行动，直到情况变得令人无法忍受，因为只有一场危机才能触发变革。也许你会选择朝着"挑战目标"推进，对于这种努力要让你的同事、学生和你自己付出多大代价毫不在乎。

那么，一个人究竟应该如何才能有效地应对"情感张力"呢——不是否认其存在，而是尝试着将它认识得更加清楚，并且理解为什么它会成为现状的一部分。要做到这一点，只有当你愿意生活在持续学习的状态之中，才行得通——你永远无法达到终点，但你时刻了然。就如一句中国俗语所说：旅途即收获。

与孩子们一起培育自我超越

"情感张力"和降低愿景很容易就会对孩子们产生影响，他们也许相信长辈们说的话——他们永远不可能获得他们真正想要的东西。然而，他们与"创造性张力"也很合拍：他们了解如何把自己的注意力集中到实现自己期望的目标上。这也就是为什么帮助孩子学习如何进行自我超越的修炼，对于父母和学校来说，都可能是带给孩子的最有意义的礼物之一。

实际上，如果你经常和孩子打交道，你就总是在进行自我超越的修炼——无论你是否对此有所察觉，你在一天中，成为这些孩子进行自我超越修炼的教练。

这样的教练过程始于你看待孩子们的方式。对于他们的潜力，你是持开放心态吗？你是否看到，无论他们被何种条件所限，无论他们家庭背景如何，也无论他们面临的是什么样的障碍，他们都可以实现自己的梦想呢？你自己是否可以树立一个自我超越的典型呢？你是否可以做出示范——与自己进行那种反思性的谈话，在其中梦想你希望的未来，而后再清楚地看看你周围的世界，最后接受创造自己选择的未来的使命呢？孩子们和学生们看到成年人这样做，很有可能也会学习这样去做。

不幸的是，大多数学校并没有足够的类似案例可以提供。学校领导人倾向于对自己面临的压力做出被动反应，而不是主动走向学校的愿景。学习成绩、以大欺小、预算危机以及暴力活动等，每一个新问题，都必须马上做出反应，基本上没有时间去考虑学校的未来需要什么，更不要说学校中的不同个体需要什么了。

然而，学校在自我超越修炼中起着关键作用：要创造环境，让人们有时间去反思自己的愿景；要尽最大可能在组织中建立"求真"的承诺；对于其他人（包括孩子们）应该要什么，以及应该如何看待世界方面，要避免预先确定（显性的或者隐性的）立场。

比如，被广泛采用的常规教师评估框架的创作者夏洛特·丹尼尔森

(Charlotte Danielson)坚持认为，上级管理人员不应该把一个评估框架当作一个行为检查表，这样就会把评估变成一个"抓到就罚"的过程。也就是说，当组织目标与教师自己的热望不一致的时候，教育工作者应该避免采用评估的方式。上级管理人员的工作，不是抓住那些没有达成预先制定的刻板衡量指标的人。[①]

上级管理人员可以不做"警察"，而是花时间与老师们探讨愿景、现状与选择："你希望在这门课中实现什么目标呢？你喜欢要讲的课吗？上一节课进行得如何？你要采取哪些行动，让这堂课在下次上课时有所改善？我是否可以成为你的资源，更好地帮助你实现你的梦想？"

这种方式会产生连锁反应，引发出一连串的决定，并有可能上升到学区层次：老师可以获得哪些发展培训课程？可以参加哪些会议？有些学区通过开发教师可以相互学习"教师教练"项目，来培养这类沟通方式。另一些学区建立读书小组，其中有关梦想的阅读材料是老师们自己发现、确定的。还有一些学校围绕有意义的谈话，重塑其监督流程——让被监督者不再是被甄别的对象，而是把这个过程看作创造希望的未来的另一个机会。

引出个人愿景

这个练习以非正式的形式开始。你先为自己的热望，写下几条想法（你在自己的生活的所有方面希望创造出来的那些事）——无须让其

[①] 参见夏洛特·丹尼尔森所著《强化职业实践：一个授课的框架》(*Enhancing Professional Practice: A Framework for Teaching*, Association for Supervision and Curriculum Development 出版，2007 年)。

他人看到这些想法。这里没有"最恰当"的表达方式，也不涉及可以衡量的输赢。游戏的状态、创作的状态、兴高采烈的状态，都会帮助你明确自己的热望，想象你回到了童年，那时候你或许问过自己："我将来想成为什么样的人，想经历什么生活，长大要做什么？"

选一个安静的、可以放松的、私密的地方坐下来，要有舒服的家具，但不要有刺眼的光或是其他让你分心的视觉干扰。给自己留出一段时间来做这个修习——要在你自己不太忙的时候，至少要有一个小时的时间。其间，不要接电话，关掉电脑，还要谢绝访客。

① **愿景的第一轮表达**①

首先把自己带入反思的心智状态。做几次深呼吸，随着呼气，释放自己所有的紧张情绪，这样你就会感到放松、舒适和心神集中。如果有帮助的话，可以从回忆有意义的图景和记忆开始——你最喜欢的自然景色，你与某位重要人物的会面，一个动物的形象，以及任何一个你感到特别有意义的事情发生的时刻。把眼睛闭上一会儿，试着与那个图景待在一起，然后，睁开眼睛，开始进行下一步。

想象你实现了一生中最想获得的成果。为了这个修习，假设你想要获得任何结果都是可能的——即便现在你全然不知如何去实现。不需要一定直接与教育、学校或者孩子有关，它可以是学会了你希望学习的某个技能，可以是改善了某种不尽如人意的关系，或者是得到了你非常想要得到的某个东西，也可以与你的课堂、你的学校，以及你的社区有直接联系。

---

① 目的：确定你的个人愿景——你最想要在生命中得到的结果，以及你想要成为的那个人。对于教育工作者、家长、学生，以及任何一个人来说，围绕着你身为教师和学习者的目的，与希望有关的种种深藏在心底的梦想，都可能通过这个修习展示出来。

想象你自己已经完全接受了你的生命中出现了这样的结果,把你想象的经历用笔写下来(或者画图描述出来),语气要好像是这件事正在发生一样。

- 这个情景是什么样子?
- 你对这个情景是什么感受?
- 你会用哪些词语描述这个情景?

你对于这些问题的回答,在某种程度上取决于你在学校这个复杂系统中的角色。如果你是一位家长,你想要的可能是你的孩子毕业时成绩优异,而且是个好人,也可能仅仅是今年可以学会阅读。如果你是一名教师,你想要的可能是编制出一套超棒的课程规划,其中不仅包括智能的培养,也包括运动、音乐、艺术和社会技能的熏陶;但也可能仅仅是上好一堂课,体悟学习的快乐。如果你是管理人员,你可能希望成为这个学区中的佼佼者,但也可能只是担心如何达到州政府的要求。如果你是一位社区成员,你可能会关注如何吸引新的家长进入,这样地产价格就会持续上升。然而,作为一名学生,想要并且学会一个学生想要学会的东西——无论是阅读、高台跳水、组装东西、演奏音乐、交朋友,或者就是做好自己。①

所以,在回答这些问题的时候,以你觉得恰当的方式就可以,然后,稍稍停一下,重新考虑一下你的回答。你表达的愿景是不是与你真正想要的足够接近呢?

也许你会觉得这个修习很难做,情感张力可能会以多种形式体现。你可能会担心,你的愿景不太现实,它无法实现,它与别人(家长、

---

① 这个修习的基础是《第五项修炼·实践篇》中的"描绘个人愿景",其部分改编自"愿景升级"和"选择的力量"两个练习。

上级或者配偶）所希望的不一致。你可能担心，愿景可能会带来混乱，你害怕会像某些教师那样，做完这个修习之后，辞去教职，做了护林员，或者像某些管理人员那样，发现自己还是想要回去做教师，于是接受降薪的待遇，回到了课堂上。

所有这些担心或许都有道理，但在眼下暂时先把它们放到一边，至少让你有足够的时间，更清楚地认识到自己最深层的希望是什么。这是你在表达自己的愿景，没有任何其他人会听到。这个修习也不会让你失控，只会强化你的认知。然而，我们还是要建议你，在进行这项修习的时候，要确定好自己的界限。如果某个内容让你感到心慌意乱，就不要再关注它。同时，你对某些事感到不安，其本身或许就是可能的学习线索，以后，你也许会回到这件事上——这完全由你自行决定。

② 增添环境、扩展范围

当你表达了你自己的个人愿景的一个元素之后，现在就可以加上其他的内容了。把你对以下问题的回答记下来，还是用当前的语气来描述，仿佛你期望的未来，已经实现了（这样想象起来会容易些）。

- 在你理想的未来之中，你已经成为自己希望成为的那样的人，你会具备哪些品格？
- 你拥有哪些物质条件？描述你理想的生活场景。
- 你在健康、身材、运动，以及其他与自己身体有关的方面，取得了哪些成果呢？
- 你与朋友、家庭、浪漫伴侣及其他人之间，是哪种形态的关系呢？
- 你理想中的专业或者职业环境是什么呢？如果你正在教书，

你是处在什么样的环境之中呢？如果你不在教书，那你在做什么，在哪里做呢？

- 对于教师：在你最期望的未来之中，你是什么样的教师呢？你的学生如何看待你呢？你的努力会产生什么样的影响呢？你对于你的工作、你的学生和你的课程规划有哪些个人目标呢？你与其他教师以及管理人员如何互动呢？

- 对于家长：在你理想的未来之中，你的孩子是如何实现自己的梦想的呢？当你把孩子们送到学校，他们的经历是什么呢？你作为一个家长的角色是什么呢？在维持家境方面，你做得优秀吗？你是一个行为模范吗？你是不是积极观察、指导并且帮助孩子完成作业呢？或者你在其中所起的是哪些其他的作用呢？随着孩子的年龄增长，你做家长的行为风格发生了哪些变化呢？随着他们的成长，你看到了哪些变化呢？

- 对于管理人员：在你最期望的未来，你与其他教育工作者如何互动呢？你如何管理其他教育工作者呢？你所参与的课程规划是什么，其品质如何呢？你协同其他人一起，为这所学校创造出了什么样的风气、氛围和结构呢？你是什么样的领导人，你与什么样的领导人一起工作呢？

- 对于学生：你现在有能力做什么了？你学会什么了？人们如何认识你呢？你要到哪里去呢？你和什么样的人在一起呢？你成了什么样的人呢？

- 对于每一个人：在个人学习、旅行、读书及其他活动中，你在为自己打造什么样的局面呢？你生活在什么样的社区及社会之中呢？在你生活的其他方面，还有哪些内容，代表你最期望的结果呢？

③ 推敲你的愿景

如果你与多数人相似，你描绘出来的图景就会是一种混合状态：既有无我的成分，也有以自我为中心的成分。人们有时会问：如果我想要的是身上挂满钻石，或者是拥有豪华跑车，可以吗？当然可以——如果这些东西是你真正想要的。但是，你需要问一问自己，你是不是真的想要这些东西，还是这些东西代表了某些其他的、更为深层的欲望。这一部分修习的目的，就是做更深层的探询：在这些愿景中，有哪些最接近你最根本的欲望，哪些是你最想要的？

重新审视你的个人愿景清单，对于其中的每一项，问自己下面这两个问题：

• 先问自己，如果你现在就可以拥有这个愿景，你会接受吗？

你的愿景中的一些部分，可能经不起这个问题的推敲。其中另一些虽然可以通过，但需要一定的条件："对，我想要这个，但只是在某种条件之下。"你将会意识到，还有一些则是你真正最想要的。

比如，如果你是一位教师或者家长，你写下的愿景可能是想要拥有自己的学校。但是，如果真的有人给了你一所学校，管理学校所带来的所有责任，会让你的生活变得更加糟糕。在想象自己拥有一所学校之后，你还会想接受吗？也许你会修改一下你的愿望："我想有机会实验新的教学和学习方法，我想处于一种我认为可以与管理人员自在相处的结构之中。"要做到这一点，你就不一定需要自己的学校。

• 然后再问，假设你现在已经拥有了你的愿景，它会给你带来什么呢？

这个问题，让你进入你的愿景中更丰富的图景中去，让你更加清楚地看到你的愿景的深层内涵。比如，你写下来的是想要一辆跑车。为什么你会要一辆跑车呢？它可以让你创造出来什么呢？"我就是想要跑车，"你也许会说，"想要那种自由的感觉。"但是，你为什么需要自由的感觉呢？

这样做的目的并非要贬低你的愿景——想要跑车不是问题，而是要扩展你的愿景。如果自由的感觉对于你的确重要，那么还有哪些其他方式，可以帮助你创造这种感觉呢？而如果自由感觉的重要性在于它会给你带来其他的东西，那么更深一层的动机又是什么呢？

洞察你自己愿景的方方面面，需要花时间。这有点儿像一层层地剥洋葱，其不同之处在于每剥下的一层，都很重要。每进行一层，你都要再次问自己：如果我拥有了这个东西，我会接受吗？而如果我拥有了它，它会给我带来什么呢？

如果与一位彼此信任的伙伴或者教练进行这个修习，就会特别有效。两人轮流引导对方回答这些问题，温和地彼此提醒进一步深入："如果你可以拥有这个东西，你会接受吗？它会给你带来什么？"我们发现，这个练习往往会引导大家体会到一种相互尊重甚至彼此相亲的感受——这也许是聆听到他人最深层的期望之后的自然而然的副产品吧。①

看到当下的现实

自我超越的修炼并不止步于愿景。仔细观察并且清晰地看到当下的现实可能会相当困难，但有许多方法可以用来作为起点。

---

① 实践证明，本书中的一些内容对于看到当下现实特别有益。比如，《把评估作为学习》《高中游戏规则》《预先存在的不确定性》。

当下的现状包括你生活中的每一个方面,但作为本书的读者,你或许尤其要考虑一下这些方面:你周围的社区的状况;你的学校的情况;你的课堂的环境;这些系统中学习的质量;其中的孩子们的家庭条件和背景特征;目前正在经历的组织变革的程度;人们遇到的种种挑战(或者阻力)以及变革的质量;成绩下滑和退学学生的数量以及解释其现状的可观察的原因;你可以获得的资源;你的感受是孤立的,还是他人也有同感;针对你自己和其他人的指责有多少;你自己的能力以及你作为教师、管理者、家长、学生或者社区成员的担忧;社区对于学校的支持。[1]

选择的过程

自我超越的修炼要我们做出选择。对于你将要坚持的结果和行动做出选择,是一个意义深远的行动。尤其是当你的选择是真诚的,并且将成为你的自我超越的努力的一部分,这样的选择往往会激励和强化你在其后采取的行动。

你不需要专门修习怎样选择。进行选择的时候,采用任何方式都

---

[1] 自我超越的修习来自罗伯特·弗里茨对于创造过程的研究,在其所著《最少阻力之路》(The Path of Least Resistance, Fwcett-Columbine 出版,1989 年)一书中有详尽叙述。现代团队动态研究的创始人库尔特·卢因(Kurt Lewin)也描述了创造性张力的概念,参见阿特·克莱纳所著《异端年代》,第 30~32 页。作为这项修炼的其他指导思想则可追溯到古代。管理问题作家菲利普·莫维斯(Philip Mirvis)认为,在这个领域做出过贡献的应当包括卡尔·罗杰斯(Carl Rogers)、琼·皮亚杰(Jean Piaget)、亚伯拉罕·马斯洛(Abraham Maslow)以及米尔顿·埃里克森(Milton Erickson)等心理学家的工作,也应包括管理问题作家弗兰克·巴伦(Frank Barron)、杰伊·奥格尔维(Jay Ogilvy)、罗伯特·奎因(Robert Quinn)、蒂姆·加尔韦(Tim Gallwey)、简·洛文杰(Jane Loevinger)以及威廉·托伯特(William Torbert)的著作。

可以，进行什么样的仪式都没有关系，只要适合你自己就好。你可以面对团队做出选择，也可以面对另一个人，甚至可以是一面镜子。这个过程可以很简单——回去看看你在笔记上写下的那些愿景，认真挑选出已经做好准备的那些愿景；然后，正式地对自己说："我选择……"，并完成这句话。做出了这个选择，愿景就会成为你的一部分，无论这个愿景将把你引向哪里。

即便愿景的内容本身是完全相同的，做出选择也要比说"我想要……"强有力得多。任何一个改变人生的选择——不论是婚姻，还是决定把一个孩子带到人世，或者是一份新工作，以及一个个人愿景的选择，都会引发出一种责任感。你变成了你所选择的愿景的仆人；在实现这个愿景的过程中，你是合作伙伴。

当你自觉做出一个选择，你与你所遇到的各种机遇之间，就会在各个层面上更加协同、配合。你会更加愿意承担风险，对于这些风险也会有更为明确的判断，你则由此而以更加坚定的信念，接近你的愿景。

当你逐渐接近你所选择的愿景——既作为一个个体，也作为学校、社区，或者组织的成员，自我超越的修炼会持续推动你提高对自己的要求。你不断扩展和深化你的愿景，也就在进一步挑战自我。

3. 共同愿景

培养对共同目的的承诺

这是九月里学校开学的第一天，送孩子去幼儿园的几位家长有点儿犹豫不决，不知道该从哪一扇门把自己的孩子领进去。高中生们已经成熟了，他们正在展示自己的新衣服，或者是在炫耀自己暑期打工挣钱买的汽车。一位刚踏上工作岗位的新教师心情紧张地在检查教案，一位资深的管理人员则在想："再过两年，我就可以退休了。"

这个秋季学期有三位新成员加入校区委员会。一位代表某个有宗教背景的社区，另一位则是那些有专业人士背景的父母推举出来的，还有一位则代表了这个地区的传统人群，但他们的子女大多早已离开父母独立生活了。本地商会正在准备赞助一次学校的"开放日"，届时会有上百位家长莅临学校——对于自己的孩子，他们各有各的侧重点，也各有各的目标。

正如我们在自我超越的修炼中所见，所有这些人都有各自的梦想——如果没有，思考一下，也就有了，所有这些人对自己的梦想也都有自己的表达方式。共同愿景的修炼是这样一组工具和技能，其作用是将各式各样的目标、五花八门的叙述，融合、协同起来。在这些梦想之间，其实已经有了一个重要的共同元素：它们都是与某个具体的学校或学区联系在一起的。这些人目前还不了解，在他们之间，还有哪些要点是他们共享的。但是如果参与学校决策的人们缺乏一个共同愿景的指导方针，大家就会在压力之下选择权宜之计和固有做法，结果是谁都得不到自己想要的东西。

在建立共同愿景的过程中，你要引导（或者参与）一个团队共同努力，形成"我们想要共同创造的未来"的图景，还要形成实现愿景过程中最重要的价值观、我们希望在过程中达成的阶段性目标，以及我们期望遵循的原则与采用的指导性做法。这一般会是一个正式过程，在这个过程中，大家要对学校的未来做出承诺，并且要定期召开会议，共同规划出发展的路径。①

并非所有的愿景都会产生同样程度的影响。激发出学校系统中深层使命感的那些愿景，在孕育梦想方面具有不同寻常的力量。这类愿景实际上是请大家持续更新他们对学校中的"人"做出的承诺，特别是他们对学生做出的承诺。多数教育工作者在职业生涯之初，对于教书与学习都有坚定的承诺，但随着时间的推移，这种承诺就容易蜕化。一种服从感逐渐代替了承诺——那种做一个合乎规矩的"好兵"的意识，或者是那种看在工资或奖金的分儿上听从指挥调度的感受。服从本身并不是坏习惯，各种组织的运行，取决于多数人的活动要满足各自工作的种种要求。但不要忘记，一个优秀的学校系统（或者任何一个优秀组织）是一个生命系统，人们对于一个共同的愿景投入自己的思考、感情，对于这个共同愿景做出承诺，才使得这个生命系统获得活力和能量。

人们或许会认为，"愿景"只是最高领导人的工作。在学校里，"愿景"的工作通常会落到学监、校长或者是学区委员会的头上；如果是一个课堂，其责任就要由老师来承担。但是仅仅基于权威的愿景是不可持续的。这样的愿景或许可以带领一所学校或者一个学校系统渡过一场危机——"学监要我们携起手来，共同渡过这场预算危机"。但是一旦危机过去，人们之间的凝聚力就溃散了，大家又回到千差万别的希望和梦想之中。大家永远不会认识到，如果他们为自己的学校、课

---

① 玛格丽特·J.惠特利（Margaret J.Wheatley）写道，"我们要逐步相信，由价值观和愿景构成的一个清晰核心固然简单，但如果通过深度会谈使其保持动态，就可以带来组织秩序。"价值观和愿景为组织提供了"轮廓"，而在这个环境之中，组织的成员必须获得创造的极大自由，参见玛格丽特·J.惠特利所著《领导力与新科学》（*Leadership and the New Science*，Berrett-Koehler 出版，1992 年，第 147 页）。

堂以及社区创造出一个共享的愿景，可能会取得什么样的成就。

　　如果一个愿景不具备持久力、不具备可以延续多年的持续演进的生命力，就不能够推动人们持续不断地展开行动——学习——反思的循环，就不是共同愿景。这又进一步要求制定共同愿景的沟通策略——共同愿景有其通过人际接触进行传播的特有方式。学校系统要凭借非正式网络，将多种形态的社区连接起来，也就是人们在其中可以自由自在讨论的沟通渠道，比如：家常晚餐会议、参与式活动以及其他非正式聚会。电邮、互联网电话、脸书以及其他社会化媒体，也可以支撑这样的协同合作。然而，虽然互联网在今天比以往任何其他的沟通工具都更具价值，但是作为社区的成员，在讨论我们真正关注的事情的时候，往往还是需要面对面进行。

　　共同愿景通常被认为是组织层面上的事，适用于学校或学校系统。然而，在课堂上和社区中，共同愿景也发挥着重要作用。在课堂上分享经历、展开对话，就会营造出一种气氛，让每个学生都关注每个个体的成功，而不是把学习上的成就当作一种"零和游戏"——某个人的成就，就是其他人的失败。共同获奖的愿景可以让一组学生取得比每个人独自学习好得多的成绩——包括其中的传统意义上的"胜者"。与此类似，在建立共同愿景上投入时间和精力的社区，就更有机会从学校和其他机构中获得最大收益，也更有可能超越阻碍进步的纷争和既得利益。

　　在所有情境下——无论是课堂，还是学校和社区，共同愿景产生最大效果的条件，是要包含自我超越修炼中的创造性张力的三个组成部分：一幅当下现实情况的清晰图画，一个关于预期结果的清晰阐述（"我们希望共同创造"），以及对于如何展开工作所进行的共同选择。

在学校里建立共同愿景

形成共同愿景的各种不同策略应当是逐步发展起来的。作为一个生命系统的外部干预行为，共同愿景的形成过程的各个阶段都要有助于系统中的每一个人的领导力的形成：既包括处在学校等级系统顶层的那些人（他们必须要召集和培育生成性谈话），也要包括所有其他参与者（他们的承诺对于这个愿景的实现起着关键作用）。

第一步首先是客观分析你的起点。每所学校都处在共同愿景形成的五种可能状态中的某一种状态之下，在下图中，这些状态按照发展的不同阶段排列。组织状态越靠近左面，这个组织就越依赖一位强有力的领导人，他要"告诉"每一个人，组织的共同愿景应该是什么；组织的状态越靠近右边，这个组织作为一个整体就必须拥有更强的领导力，以及方向把控和学习的能力；当组织处于所谓"共同创造"的阶段，积极参与和协同的程度就会达到最高，在这种状态下，学监或者校长的角色更多的是"一个强大的过程召集人"，而不再是"那个拥有答案的人"。①

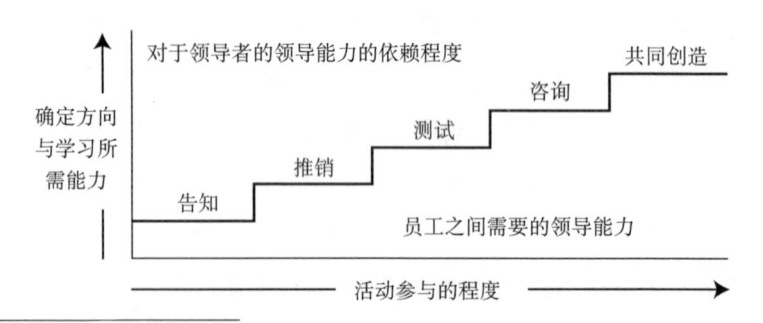

---

① 这个阶段性描述源自《第五项修炼·实践篇》中的《建立共同愿景》（"Building Shared Vision"）。这个阶段描述图及其中的观点受到罗伯特·坦嫩鲍姆（Robert Tannenbaum）与沃伦·施密特（Warren Schmidt）所著《如何选择领导力模式》（*Harvard Business Review*，3月/4月刊，1958年）的影响，里克·罗斯（Rick Ross）也对这篇文章的概念框架有所影响。

第一阶段："指令"

我们所谓的教育在很大程度上与"指令"（Telling）有关：安排作业的时候不能让人质询，制定日程安排和行为准则的时候不需要其他人参与意见，源源不断的规程把学习简化为指令——"如果你需要获得附加分，请完成第12、13和14题。"教师得到的指令也大致如此："如果完成了教学大纲中第1到30项，你就可以达到大纲要求。"简而言之，"指令"是一种权力驱动的处理方式，在其过程中，指示清楚明白，并且必须执行。

在学校日常环境中，"指令"往往是应付一场危机的恰当办法——在这种情况下，每一个人都认识到做出重大变革是有必要的。如果需要处理的是安全问题，校长要做的应该是发布命令，教师和学生没有投票表决的机会——他们也不应当有这样的期望。如果你是一位校长，要建立一个涉及安全的愿景，最有效的方法是召集一个教职工会议，在会上这样讲："我们现在面临外部无关人员进入学校的一些问题。我们必须要多锁几道门，而且我要求每一个教师都要到外面值班。我们正在制定佩戴姓名牌的制度，这对我们将是个重大变化，但这也不可避免。每一个人都必须这样做。"

有些学校只对"指令"的方式做出反应，无论在什么情况之下都是如此。学监（或者校长）或许在确定发展方向上做得十分周详，并且相当长时间以来一直如此，于是这个组织中对其进行质疑的意愿和能力，也就逐步衰退了。

在这种情况下，学校的领导人可以举行一次"展望愿景"的会议，在会上阐述有关课程改革或者其他政策变化要采取的行动，并对其做出解释。这位领导人可以要求大家讨论，或者提出其他观点，但如果每一个人都知道，领导人的观点最终还是会压倒一切，这样做就

129

没有太大意义。对于局外人来说，最终形成的愿景似乎得到了每个人的首肯，但是人们大都不会像这位学监那样，对这个愿景做出承诺。一旦出现紧急情况，人们就会退缩，要么就是出现更坏的情况——大家以被动攻击的方式逐渐侵蚀这个愿景。在这之后，人们就会听到这位学监这样讲："我们再一次证明，这个学区的人只会把时间花在抱怨上。他们显然不负责任。从现在起，只能由我告诉他们，我们要做什么了。"与此同时，他的下属则会说："我们对于未来发展方向的意见，这个学校系统显然没有什么兴趣。"

然而，一个通过"指令"下达的愿景，如果执行得力，也还是比完全没有愿景要好。我们多次见到由学监以完全正面的方式自上而下发出信息，清晰而坦率地描述一个愿景和一种对于当下现状的认识。同样，在课堂上总有这样的时候，学生要求或者需要老师为学习活动指出明确的方向，并且安排一系列具体的后续任务。

以下是掌握"指令"模式的一些建议：告知大家的时候，要直接、清楚，并且要保持高度一致。对于你要告诉大家的内容，要进行细致全面的论证。要说出当下现状的真相，即便大家不容易听进去，这样做，你就可以得到来自"创造性张力"的那种拉力。出于同样的理由，你要注意以一个积极的愿景（positive vision）组织你的信息。要这样表达："我们的愿景是要找到一种方法，带领所有学生真正迈向学习"，而不要说："我们的愿景是要避免考试成绩出问题。"在"出于绝望的愿景"（vision by desperation）与"出于渴望的愿景"（vision by aspiration）之间，存在着深刻的差别。最后，不要在愿景中包括太多细节，因为把愿景投入实践中去，或许是让大家将你的愿景变为自己的愿景的唯一机会，他们需要自己把细节装进去。

基于"指令"模式的策略，无论沟通得多好、执行得多好，还是有其局限性。有关语言沟通的研究表明，对于别人告知我们的内容，我们记住的只有25%，在课堂上，这个比例可能还要更低，更重要的是，每个人所记住的内容是各种不同的25%。此外，如果信息是通过"指令"传递的愿景，大家恐怕会遵照执行，但不觉得有理由要对这个愿景做出承诺。依赖"指令"与他人沟通的领导人，往往会认为问题在于沟通失效，并因此感到灰心丧气："我详细说明了我们的发展方向，但是大家似乎就是搞不明白。"

此外，"指令"的方式会训练人们期待更多的"指令"，然后再按照指令行事。即便是仅仅因为教师们心里想的是，基于自己过去的经验，他们的回应无关紧要，在让他们提出自己想法、让他们创新的时候，他们也会退缩。学生们也是如此，他们总能学会为了逃避压力，如何以考试成绩为目标做最少的功课。社区成员也会了解到，他们的想法得不到重视，因此把这些想法（以及他们可以做的其他贡献和精力）拿到其他地方去尝试。一个用"指令"的方式确定愿景的学校系统一直这样做下去的主要原因是，其领导人还不具备采用其他方法的能力，愿景的被动接受者也没有动力去开发自己的能力。此时，对于那些掌握权力的人来说，最有效的方式，是开始沿着这个结构向右移动，让大家多参与一点，就是"推销"（Selling）。

第二阶段："推销"

在这个阶段，领导人尝试着召集人们参与某种新的做法，设法赢得尽可能多的承诺。在课堂上，你常常可以看到教师使用"推销"的方法，将其作为吸引学生参与的手段："如果你想要参加'数学先修课程'（AP Math），你就要学会这种类型的微积分知识。"也可能是："这个暑假的课外阅读内容，在你读六年级的时候会对你有一定帮助。"

推销是领导人在权力控制的系统中可以选择的一种非常有效的状态，因为这种做法本身清楚地说明，他们要求人们不仅只是服从，这个系统需要承诺。比如，一位校长或许会对教师们这样说："我想要你们尝试一个新做法，而且我想你们会看到它是可行的。在课间休息的时候，你们应该站到走廊里，在学生走过的时候要对他们打招呼。"这位校长可能会接着说："从合同上看，我不能强迫你们这样做，但我注意到，在孩子们看到有老师站在教室门口附近的那些地方，纪律问题和安全问题就少很多。你们知道走廊上的事故很容易干扰上课。这种方式应该可行，我想你们会同意试试。"这样的说法如果设计得好，能够获得一些效果：对那些本不会参加的人或许有吸引力。

精通推销的模式的要点，是对大家做出的反应保持开放的沟通渠道。在你的演讲之后，要安排探讨环节，这样你才能发现究竟有多少人被你说服了。"推销"要想做得好，就不可以进行人为操纵。这是一个召集大家参与进来的过程：把选择跟随愿景行动的机会交给大家。如果人们看到愿景对自己有益，即便是需要做出观念上的飞跃，大家通常还是会加入进来。反过来看，领导人就是要带领人们实现观念上的飞跃。

假如你是一位领导人，那么你把愿景推销出去的能力，取决于你试图传播的人群与你之间的关系。你的推销行为本身就是在含蓄地对大家说：你重视你与他们之间的关系，而且你不会强迫他们去做他们不想做的事。如果真实情况并非如此，那么你就会发现很难推销出去。

让你的信息清晰明了的一个简单做法是：坚持用"我"来叙述（"这是我希望为这个学校提出的愿景"），而不要采用那种官方语气的"我们"（"这是我们这个学校系统采纳的愿景"）。要谈谈这场变革对于你个人的重要性，谈谈你觉得这场变革对于每个人有哪些特别的意义，以及为什么你希望他们对此做出承诺。

对于领导人来说，推销的确是一个强有力的过程，但它也有局限性。在很多情况下，推销的接受者——无论是管理人员，还是教师、学生以及其他人，都想要有人告诉他们，自己会因此得到奖励（至少不会受到惩罚）。对于所有人来说，说出带有"顺从"含义的"同意"，往往似乎是最安全的做法。大家会说："我可以跟着走"，"我可以试试"。如果推销人希望的是相信人们会参与进来，那么就要接受这样的"同意"——无论看上去是多么半心半意。如果你需要比这更大的承诺才能让这个愿景实现，那可能就需要进入共同愿景路径的下一个阶段：测试（Testing）。

第三阶段："测试"

在这个阶段，领导人提出愿景，请大家考虑——并非仅仅为了发现大家是否支持这个愿景，而是了解大家参与进来的热情有多高，以及这个愿景中的哪些方面对于他们很重要。探讨的结果在下一步就会用来进行修改和重新设计。测试过程本身就有激励人们参与的作用，由于是要求大家提出自己的观点，他们就更倾向于讨论和考虑提议的愿景。但是，测试必须出于真心，请大家考虑的行为本身就意味着，大家提出的看法会得到重视。这也意味着，如果愿景没有获得支持，就要回去重新修改和考虑。

有经验的老师知道如何利用类似的测试激发学生在课堂上的兴趣。

一位老师可能会这样说:"这个月,我们要讲的是美国地理,以往我们的做法是按各州分别探讨。今年我觉得可以采用些不同的做法——我们可以从区域和河谷入手。你们觉得怎么样,为什么?"

同样,一位负责课程规划的助理学监可能会这样讲:"我们想要改变五年级地理教学的方式。这里有三种推荐的教科书,每一种都配有一个课程计划的示例。你们觉得哪个最好,为什么?"或者,一位学区委员会成员可以这样问一个社区参与小组:"在这几种筹资方法之中,你们觉得哪一种最有效?"要注意,明确要求团队做的是请他们提出对于这些选择的看法,并非提出其他建议。但是,如果在"测试"的过程中出现了其他想法,这个过程的隐含假设是,作为领导人要予以重视。

要想提高反馈探讨的品质,就要提供尽可能多的信息。在介绍不同的选择的时候,要从各个角度加以剖析,尤其是你所看到的困难。测试过程应当明了、客观。不要把测试过程设计成引导大家去选择某个特定方案,还意图让大家觉得是他们自己的想法——大家会一眼看破,而你则失去了了解他们的想法的机会。出于同样的原因,要保护大家的隐私。问卷设计应该允许大家匿名回答,至少做出否定答复不会产生负面影响。几乎可以肯定,在测试过程中,会有意料之外的反应,或者会注意到从未出现的问题——在你继续向前推进的时候,所有这些都会非常有价值。

你会面临"测试"的局限:你发现教师、学生和管理人员都有各式各样的想法与担心,而你提供的选择却又无法一一回应。作为补偿,你可以在测试中增加有关测试本身的问题:"你对于这些问题怎么看?"当人们开始由这类问题出发,更为深入地探讨自己的观点的时候,你就不再处于测试阶段了,而是已经进入了"咨询"

(Consulting)阶段。

第四阶段："咨询"

一些教育工作者和学校系统的领导已经意识到，仅凭自己无法得到所有答案，对于他们而言，"咨询"是首选方式。这些领导人利用这个阶段，邀请课堂、学校和社区的成员参与进来，作为这个系统的咨询顾问。

在这个过程中，你提出的问题是开放的，并不是要求大家对不同的选项提出反馈。在课堂上，可能提出这样的问题："这个月我们要学习的是亚洲，你们大家觉得我们应该把重点放到哪些国家上？"在一个学校系统中，或许是这样的问题："我们正在启动制定一个新的安全管理规定，你们觉得最重要的五个步骤是什么？请你们每位都给一个建议，然后我回去制订一个方案。"

参与这个过程的人员，可以从学校系统的员工延伸到家长、学生、社区成员，甚至可以通过互联网延伸到更大范围。但是管控机制还是存在的：学校系统的领导人（或者是课堂上的老师）要做出最终决定。

要精通"咨询"模式，就要把10到15个人的一个小组聚到一起，其成员最好有自然的工作联系（比如，类似年级的老师或者经常在一起工作的人）。在一个大系统中，几个团队可以分别与其他组的人讨论，然后再回到第一个小组中去，报告他们的发现（这个过程称之为"层叠"）。要从参与人员中收集匿名书面意见，这样就可以保证听到不希望公开表达意见的人的想法。最后，不要把"指令"模式和"咨询"模式混在一起做。如果你按照自己的思路，把"正确"的愿景告知大家，然后再问："你们对这个愿景有什么想法？"你得到的会是十分无趣的回答。相反，如果你是想要不同的建议保持在合理的范围之内，还是可以确定讨论边界的："请大家记着，我们提出的愿景要应对我们当下的安全问题，并且我们一点儿也不能增加预算。"

"咨询"模式（与"指令"、"推销"和"测试"等模式类似）的局限性，来自一个隐性的、往往未经质询的假设：这个过程的目标，是为整个学校系统创造出一个愿景。但是经验表明，这是一个错误的假设，这种愿景几乎总是固定在特定的学校或课堂上。然而，当共同愿景打破了这些樊笼，并且把个体的愿景融合成一个相互协调的完整整体的时候，它就会更加强大。这可以通过第五阶段实现。

第五阶段："共同创造"

当人们的工作目标是由他们自己参与创造出来的，而不是为了迎合他人而设定的时候，你可以感受到其中的不同。理解了这一点的学校领导人、教育工作者、学生和管理人员，就已经做好了准备，可以从"共同创造"一个共同愿景的过程中受益。这样的过程让学校系统中的每一个人都进入了创造的状态，其中的每一个个体都对大家想要的未来做出选择。

比如，可以试想一个共同创造出来的课程。老师在白板上写下了一个词：海洋学。然后，教室中的每一个人都走到白板前，写下他们感兴趣的海洋学的议题，并且标出它们之间的相互联系——这些题目之间的联系，就是这堂课的大纲。老师提出问题："关于海洋，我们已经有了哪些了解？我们过去曾经学习过哪些内容？你们想要学习什么？"学生们写下他们的想法：各种鱼、潜水、打捞沉船、海藻对于全球气候的影响、湾流、帆船、电影《海绵宝宝》的拍摄、潜艇、雅克·格斯特的生活，等等。而后老师又问："我们如何把这些东西组织起来，让我们每一个人都可以学习自己感兴趣的东西，但同时又可以把海洋当作一个整体来学习？"老师和学生一起设计了四个星期的课程安排，列出了需要做的作业，然后分别去完成。他们将会做演示介绍，并且互教互学。他们将会使用计算机和图书馆，访谈有关领域中有见识的人，也许还会到本地的水族馆或者海滩做一次实地考察。他们做的每一件事，都让他们觉得是自己的选择，因为这是基于他们共同的思考和设计。

要想让这样的学校运作起来（而且要满足学校的课程要求，并非仅仅巧合），就需要相当高水平的参与和技能——对于老师和学生来说都是如此。当人们在学校系统或者社区层面共同创造愿景的时候，也需要类似水平的技能。

比如，可以试想一下，在应对一所学校的安全问题的时候，采用共同创造的方式。一位在学校系统中得到大家认可的领导人召开会议，邀请教育工作者、家长、社区成员和学生一起来解决这个问题。解决方案或许还要满足一些原则和要求，比如，解决方案不能超出现有预算，要能够应对目前最受关注的那些问题，还必须要形成实现终极目标的合理预期。然而，这位领导人并没有带着选择方案或者建议来开会。这些都要由这个团队来完成。团队成员认真考虑其中的难题："对于安全，我们已经了解了什么？我们忽略了哪些问题？对于各个不同的利益团体，解决方案应该是什么？"这个过程的最终结果，一般会是一个比任何单独个人去做都更好的方案。

精通共同愿景的共同创造过程，要从个人愿景开始。要让大家有时间思考他们自己真正想要创造的愿景，既包括为自己创造的，也包括为社区创造的。也许你的担心是，这样做会混乱和无序，然而，学校系统中的大多数人都渴望做出贡献，都希望把他们的个人愿景与更大系统的愿景联系起来，同样，要寻求的是协同而不是一致同意。大家要了解，处在人人互相尊重的氛围之中，他们有真正的自由说出心中所想、描述自己的梦想——没有任何限制、妨碍或者报复。学校的管理人员和社区领导人，必须要把自己的恐惧放到一边，不要去想"我们必须在这个愿景上设定限制，否则就会完全失控"。为了尽快找到一个解决方案，人们总想掩盖大家之间的种种差别。要打消这类意图，可以应用富有成效的谈话的修炼（心智模式和团队学习），公开讨论产生相互对立观点的种种假设和解释。①

掌握共同创造的技能需要时间。以往只有"指令"或者"推销"经验的老师及学生，可能会感到准备不足。共同创造有时相当困难（尤其是当学生们在课堂上遇到他们不熟悉的语言的时候），因为这个过程取决于谈话是否有意义，是否深入。这也就是为什么我们往往要大家细心地、慢慢地从"指令"阶段一步一步地坚持进行到"共同创造"阶段。形成共同愿景的过程就是以这样的方式，在课堂上、学校里和社区中，为希望成为领导人的那些人提供了一个成长的途径。

---

① 19世纪50年代和60年代，罗纳德·李皮特（Ronald Lippitt）先与密歇根基督教青年会商讨，后来又去国家培训实验室（National Training Laboratories），开发"选择愿景"（preferred vision）练习，这构成了共同愿景的修习的起源，参见阿特·克莱纳所著《异端年代：重建公司管理的激进思想家们》。查理·基弗（Charlie Kiefer）、布赖恩·史密斯以及创新联盟（Innovation Associates）的其他人开发了我们在这里描述的修习。

建立共同愿景的关键问题

一个由来自佛罗里达各地的学监组成的小组让我们了解了这个修习。他们生动地讲述了自己的学校系统如何应对 2004 年热带风暴给这个州带来的巨大破坏。那时候，学校变成了避难所，大家为这些避难所准备食物，其中有些人自己的家都已经荡然无存了。这个社区渡过了这场灾难的原因之一，是大家可以在一起探讨愿景，并非仅仅是灾后恢复与重建，而是他们对自己的家、对孩子们的全新梦想进行探讨。

a. 对于我们要从这个愿景中创造的成果，我们有清楚的想法吗？

b. 我们是不是正在尽全力去实现这些成果？

c. 我们与本地区以及州等各个层面上的关键利益相关者都形成了协同关系吗？

d. 每一位老师和管理人员都了解自己在创造这个愿景的过程中的角色吗？

e. 学校的现有标准是什么，我们的愿景如何超越这个标准？

f. 学校的文化处于什么状态，如何支撑这个愿景？

g. 在我们的学校系统中，谁"拥有"这个愿景？

h. 我们的愿景是否反映了所有相关利益者的观点，包括内部的和外部的？

i. 我们的愿景是积极主动的，还是被动反应的？

j. 我们为实施这个愿景，带来了哪些资源？[①]

[①] 这组问题源于里克·德福尔（Rick DeFour）的工作，以及由迪士尼公司研发的用来评估各种紧急情况预备系统有效性的一组问题。

这个框架的应用并不局限于处理危机，它还可以帮助你应对范围很广的不同挑战。比如，如果你们的愿景是要终结校园中以大欺小的现象，就可以提出这样的问题：

a. 你们对于终结以大欺小现象的最终结果是什么样子，形成一个清楚的认识了吗？

b. 你们是否正在尽一切可能邀请每一个人参加，仔细考虑整个过程和成果？

c. 你们的愿景与其他人的愿景协同配合吗（比如，是否与许多州都采用的"反毒教育"项目协同配合）？如果你们所在的学校是一所初中，你们的愿景与高中和小学提出的愿景协同配合吗？

d. 你们是不是把每一个想参加的人，每一个应该加入的人都吸引进来了？教练们加入进来了吗？少年棒球项目的人参与进来了吗？女童子军加入进来了吗？有宗教背景的社区参与进来了吗？

e. 目前可以获得的有关以大欺小的最好的参考材料是什么？你们是否可以去开展这类项目的学校访问？

f. 你们学校的文化是否反映了对于以大欺小现象的新态度？

g. 如果你们制订了一项计划，但团队中有三位离开了，谁来保证这项计划可以继续执行下去？

h. 每当你们聘用了一组新教师之后，这个项目是不是会成为他们入职培训的一部分？你们是否建立了相应的工作流程——当一个孩子持续欺负另一个孩子的时候，你们知道如何去做吗？

i. 你们是仅仅提高了对于以大欺小的惩罚力度，还是已经思考了这个问题背后的真正原因？

j. 在预算上应该如何考虑才能保证这个项目的有效实施？

要注意，这些问题相当具体——既涉及基本方向的把握，也有执行中的具体细节。这是高水平的共享愿景的标志之一：它所表达的是，你们作为一个大系统对于创造做出了承诺，同时它又把"树木"和"树林"都放到了视线之中，为你们的承诺服务。

4. 心智模式

意识到思想的来源

想象一下这样的一个场景：某一天，你所在的学校附近的棒球场正在进行改造（是本地一家建筑公司提供的赞助），工地上的工人碰巧挖到一块砂岩，上面嵌有动物化石。在他们一点点儿地扫清砂岩的表面的时候，孩子们兴奋地围了上来，他们看到的，似乎是一组恐龙的脚印（如右图所示）。

"你们觉得这里发生过什么？"老师问。学生们争先恐后地提出他们的猜想。他们说，这里曾经有过两只恐龙，一只是大脚恐龙，另一只脚稍微小一点儿。大脚恐龙的脚印间隔越来越大，所以它一定是在跑。它也许是在追那只小恐龙，大脚恐龙可能觉得饿了。

141

工人们又挖出了一些砂岩，所以现在我们看到的就是一幅更加完整的图像了（如下图左所示）。

"它们两个打起来了。"一位同学说。"不对，它们那是正在同一处水源地喝水。"另一位同学讲。

这时，工人们把砂岩的其他部分清理干净了，出现的是下一幅画面（如下图右所示）。

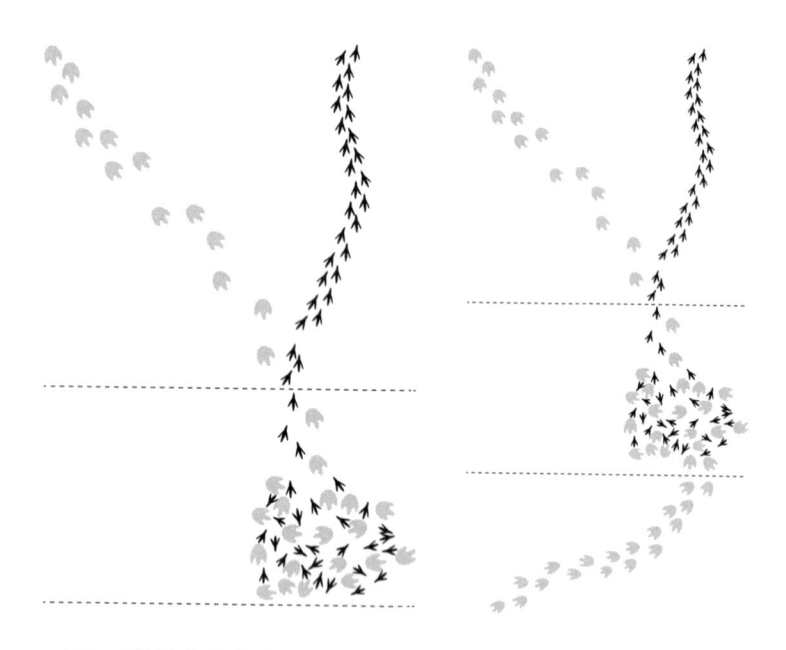

"哎，那只小恐龙怎么了？"一位同学有些悲哀地说。这时候，现场已经引来了各个年级的一大群学生了。中学的学生们的看法是：大恐龙把小恐龙吃了，然后就走了。但一位三年级的同学说："不对，它们是朋友。小恐龙是骑在大恐龙的背上的。"另一位同学则坚持认为，这是一个在"倒走"的史前动物，正在分娩，也可能是正在求偶。也不一定，也许是较小的动物飞走了，也就活下来了。（"看到它起飞的地方了吗？"）也许是一只翼龙俯冲下来，把它抓走了。一位借读生则建议说，这两个动物从未谋面，小个头的找到了食物之后就飞走了；大个头的 15 分钟之后来了，什么都没有找到，就昂首阔步地走开了。这时候，一位高中生小心翼翼地说："等等，也许它们之间相距几千年，只是碰巧在同一块石头上留下了脚印。"

找一个印有恐龙脚印的照片或者图画，然后自己和一群孩子一起做一做这个练习：一步一步地打开这张图，就像我们想象中的工人那样。你会发现，各种奇思妙想纷纷呈现出来，而且许多参与的人都确信，自己的解释是正确的。[①]

有时候，我们会用这个练习启动教职工小组会议或者是社区小组的会议。然后，我们就会找一个大家身边的事件或者问题，去展开讨论，比如，纪律问题或者是预算上的不同意见。我们会问，"发生过什么问题？"就像我们在恐龙练习中问的问题一样。每个人再一次暴露出了自己的假设和态度。一位刚刚从其他学区转来一年的老师的心智模式，与一位有着 25 年教龄的资深教师的心智模式完全不同；曾经眼见自己的办公室外三位学监上任又离任的秘书，又有另一种视角；管理员的想法就更不一样了。在餐厅准备午餐的一位女士描述了一件事，而每天穿过自助餐厅来任课的老师则对此有不同看法。然而，由于大家已经就恐龙的故事的不同看法，展开过彼此感到安全的探讨，他们就做好了准备，可以在现实中更为尖锐的问题上，相互倾听各自的看法了。

这个练习的要点，是向大家展示，人类是"解读"的生命体。我

[①] 恐龙足迹游戏的起源，可以追溯到 20 世纪 60 年代，见于由美国地理协会地球科学课程项目出版的科学课教材《探究地球》(*Investigating the Earth*, Houghton-Miff lin 出版，1967 年)。有趣的是，图中的脚印来自真实的化石足迹——在得克萨斯的岩石中发现的帕罗柯西龙的足迹。参见杰克·哈萨德（Jack Hassard）所著《恐龙足迹游戏：内容还是过程》(*The Dinosaur Footprint Puzzle: A Content or Process Approach*? , http://www.artofteachingscience.org/?p=3081)。

们的行为、态度，都是由我们的心智模式塑造出来的，包括我们心中有关自己、他人、组织机构以及这个世界的所有方方面面的那些图像、假设和故事。①

由于心智模式是隐性的，存在于意识层面之下，也就往往未经测试，也未经检验。对于我们，心智模式通常是不可见的——如果我们不去寻找它们。因此在读到这段内容的时候，你自己可能很容易就做出了对恐龙足迹的解释，但是你不一定注意到，你在阅读的时候不知不觉地"添加到"这段内容上的那些假设，比如：学校无力支付这次场地修整费；整修场地的工人是男性；学生们打棒球（而不是打板球）；所有年级的学生使用同一个操场；动物化石自然而然显示的就是恐龙（而不是史前的哺乳动物或者鸟类）；只有孩子，而不是成人，会想要加入脚印意义的猜测中去。

心智模式的差异可以解释，为什么两个人观察同一个事件，却会做出截然不同的描述：他们注意的是不同的细节。心智模式修炼的核心工作是让那些看不见的假设和态度显现出来，人们就能够因此以尽可能小的防范心理，就他们之间的差别和误解进行探讨。对于那些想要更全面地了解周围的世界、更全面地了解自己学校的人，这个过程至关重要，因为就像一块玻璃会框住我们的视野，也悄悄地扭曲我们的视野那样，我们的心智模式决定了我们能看到什么。在经历任何新的体验的时候，仅仅注意和记住那些强化自己现有心智模式的信息，是大多数人的倾向。

---

① 另参见由奇麻曼达·阿迪契（Chimamanda Adichie）制作的 TedTalk 视频《一个故事的危险》(*The Danger of Single Story*)。邀请小组成员探讨心智模式以及对于不同的人心中的故事与图景不予质询所带来的后果，这个视频都有所助益。见网址：http://www.ted.com/talks/lang/eng/chimamanda_adichie_the_danger_of_a_single_story.html。

虽然初看上去心智模式的修炼似乎是一种智力练习，与现实世界的关系不大，但是在五项修炼中，这项修炼恐怕是最有实际意义的。心智模式与学校中数量众多、似乎无解的问题有关。这是因为未经检验的心智模式，限制了人们的变革能力。学监和学区委员会成员或许心照不宣地认为，要想改善学校的状况，唯一的办法是增加投资，于是，他们就不再考虑其他可能的途径了。一位教师可能假设那些出身贫寒的学生对学校没兴趣，因此就在内心把他们"开除"了。一位学校管理人员可能假设本地教师工会对任何创新都持反对态度，于是他就带着防范的心态去接触工会的人员，尽量不透露相关信息。这又反过来让工会的领导人变得更具防范心态，并且还证实了"管理人员不可信"这个他们一直抱有的观念。学校改革工作的领导者可能在不经意间就做出了假设：对于孩子们的需求，家长其实并不怎么了解。因此，他们在无意之中就疏远了家长团体，自己对其原因却毫无察觉。一位45岁却从未获得过高中毕业证的工人，可能会认为孩子的老师们看不起自己，因此从未鼓起勇气到学校参加会议，而老师们则认为他完全不关心。本地社区的成员或许认为，因为学校教师大都是女士，工资就不应该太高，所以就投票否决了增加工资的公投。[①]

未经检验、深藏于内心的心智模式可能会给孩子带来悲剧性的

[①] 与心智模式相关的修炼来源于"行动科学"（Action Science），行动科学是由理论家、教育家克里斯·阿吉里斯与唐纳德·舍恩开拓的研究领域。他们的工作是基于人类学家格雷戈里·贝特森（Gregory Bateson）提出的"双盲"理论（"Double Blind" Theory），以及语言学家S. I. 早川（S. I. Hayakawa）进行的语义学研究。参见《第五项修炼》和《第五项修炼·实践篇》。这方面更多的思想来源可参见克里斯·阿吉里斯所著《异端年代》。另见克里斯·阿吉里斯所著《教聪明人学习》（"Teaching Smart People How to Learn", Harvard Business Review, May–June 1991, reprint #91301），及其所著《组织陷阱：领导力、文化与组织设计》（*Organizational Traps: Leadership, Culture, Organizational Design*, Oxford University Press 出版, 2010年）。

后果。统计数据表明，以大欺小是一种伴随一生的特征：一位在中学中被老师认定有以大欺小倾向的学生，到了成年之后有69%的可能会犯下重罪。然而，是否有这样的可能：由于老师和学校管理人员有这样的心智模式，认为这个孩子存在以大欺小的倾向，并以此对他进行相应处理呢？或者也许有这样的可能：由于这个孩子心中不可见也无法表达的心智模式是，以大欺小是解决问题的最有效手段，但他从来没有遇到过一位导师，可以既安全又令人信服地挑战这个假定。

心智模式的修炼帮助我们看到眼前的"那块玻璃"，并且帮助我们"重新组合"这块玻璃，也就是创造出新的、能够更好地满足我们需要的心智模式。这个修炼中有两类核心技能：一个是反思，另一个是探询。前一个是要放慢我们思考的过程，以便意识到我们如何形成心智模式；后一个则是要展开对话，让我们在其中开放地分享我们的观点，并形成对于相互之间的假设的认识。

对于某些教育工作者来说，探询尤其是一种新技能。在许多组织中——包括在许多学校里，存在着一条不成文的规定：除非已经有了答案，否则大家就不要提问题。心智模式的修炼与此完全相悖。人们在这个修炼的练习中相互提问题，他们是在试图了解自己的和其他人的深层态度与信念。这需要进行反思和对话的修习，才能很好地掌握。这里描述的修习和对话工具经过了许多情境的检验，包括许多学校系统和政府机构——恰恰因为人们从中学到的不仅仅是提出问题，更是如何从回答中学习。

推断之梯

在我们生活的世界里，未经检验的自创观念比比皆是。我们相信这些观念，是因为这些观念来源于各种结论，而这些结论是我们以自己的观察结合我们过去的经验推断出来的。我们实现我们真心渴望的结果的能力，会受到以下这些感受的影响：

- 我们相信的观念就是真理。
- 真理显而易见。
- 我们相信的观念都是以真实数据为基础的。
- 我们选择的数据都是真实数据。

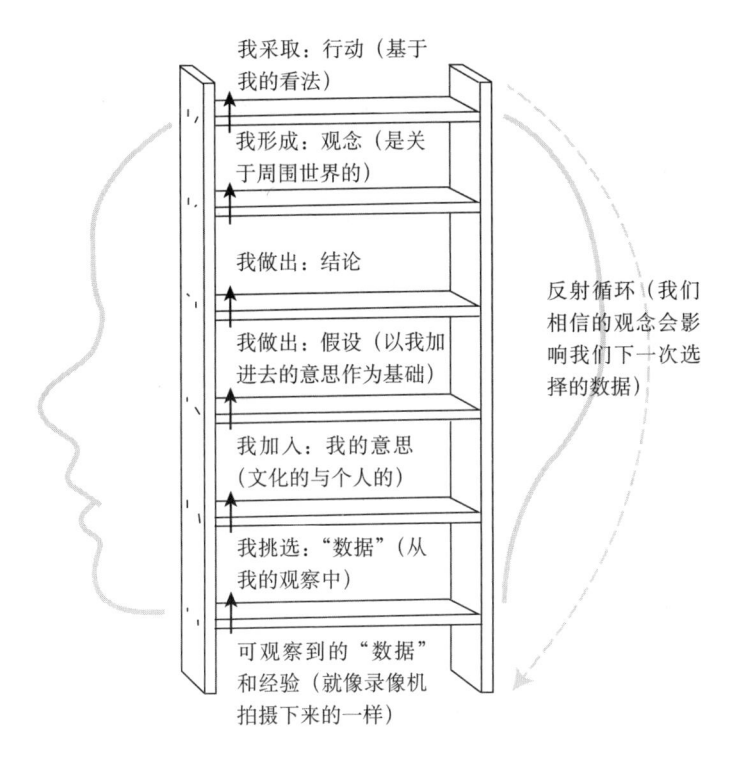

梯子由下至上：

- 可观察到的"数据"和经验（就像录像机拍摄下来的一样）
- 我挑选："数据"（从我的观察中）
- 我加入：我的意思（文化的与个人的）
- 我做出：假设（以我加进去的意思作为基础）
- 我做出：结论
- 我形成：观念（是关于周围世界的）
- 我采取：行动（基于我的看法）

反射循环（我们相信的观念会影响我们下一次选择的数据）

比如，假设我是一名教师，正在一次教师会上介绍一项科学课程规划的修改建议。多丽丝是一位资深教师和系主任，她坐在会议桌的一端，看上去一副无精打采的样子。她把阴沉郁闷的眼光从我的身上移开，用手掩住嘴巴，强忍住一个呵欠。直到我快要结束时，她一个问题都没有问过。然后她突然插话了："我觉得，我们再等一年吧。"在这个学校里，这个说法的意思是："这件事就算了吧。我们进行下面的议题吧。"所有的人都开始翻动手中的材料，把笔记本放到了一边。显然多丽丝认为我不称职——这真让人羞愧，她从来都不喜欢我提出的想法。很明显，多丽丝是一个权欲熏心的家伙。等我走回到我的座位的时候，我已经做出了一个决定：以后我再也不会向任何一个有多丽丝参与的团队提出任何建议。她总是对我搞破坏。在这个学区里与这样一个有地位的人结怨，真是太倒霉了。

就在几分钟（或许更少）的时间之内，我已经爬上一个心智上的"推断之梯"了——这是一种常见的、不断进行抽象概括的心智路径，往往会导致错误的信念。

- 我的起点是可观察到的数据：多丽丝的意见，这是我常常遇到的经历。

- 我选择了多丽丝的行为举止的某些细节：她的目光的移开，并且明显在打呵欠（我没有注意到，在这之前的那一刻，她还在目不转睛地认真听）。

- 我加进了自己对这些细节的解读（多丽丝希望我讲快点儿，马上结束）。

- 我迅速做出对于多丽丝的现状的假设（她厌烦了）。

- 我得出结论：多丽丝基本上认为我不称职。实际上，我现在相信多丽丝（恐怕还有那些我认为与她有关的所有人）都在与我作对。

就这样，我爬到了梯子的顶端。我得出的结论是：我相信的观念是真理，这个真理是显而易见的，这个真理是基于实际数据的。这一切看起来合情合理，也发生得太快了，以至于我自己都没有意识到这个过程的发生。而且，梯子上的每一级都发生在我的心里。其他人能够看到的部分是只有处在梯子底层的、可以直接观察得到的数据。我爬上梯子的其他过程则没人看得到，没人质询，也没人觉得适合讨论，并且非常抽象（在梯子上这样的跳跃常常称作"抽象跳跃"）。

跳到这个推断之梯的顶端，我以前恐怕已经经历过许多次了。我越是坚信多丽丝对我反感，就越会注意她之后的恶意举动。这种现象叫作"反射循环"：我们相信的观念会影响我们下次关注的数据资料。在多丽丝的心里，也有一个对应的反射循环：随着她对我的莫名其妙的行为做出反应，恐怕也在她自己的推断之梯上跳跃了几级，形成了

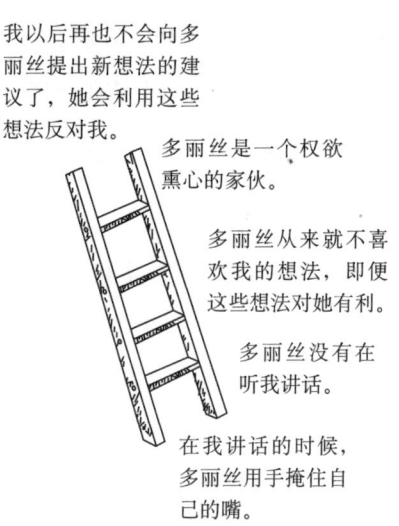

我以后再也不会向多丽丝提出新想法的建议了，她会利用这些想法反对我。

多丽丝是一个权欲熏心的家伙。

多丽丝从来就不喜欢我的想法，即便这些想法对她有利。

多丽丝没有在听我讲话。

在我讲话的时候，多丽丝用手掩住自己的嘴。

针对我的某些结论。不久之后，不知出于什么原因，我们之间成了相互交恶的敌人。

现在，再想象一下，我是多丽丝，和我在一起的还有三位学校课程计划委员会的成员，而且我们也有这类未经测试的假设和观念。每当我们坐下来开会，应对实际问题的时候，总是充满误解、沟通不畅以及出于软弱的妥协。

多丽丝或许真的对我的介绍感到厌倦，但也可能只是非常想仔细读一下我的报告。她或许是觉得我不称职，但也有可能心里还想着其他的事，或许她是不想让我感到尴尬。但更有可能的是，她推断我认为她不称职。除非我们找到方法验证我们的结论，否则就不可能知道真相。

不幸的是，假设和推理都难以验证。比如，假定我想搞清楚多丽丝是不是真的觉得我不称职。我就要把她拉到一边，然后问她："多丽丝，你是否觉得我是个笨蛋？"即便我可以找到更好的说法提出这个问题，如果她说不是，我会相信吗？如果她的回答是肯定的，我会原谅她吗？

如果不加入自己的意思，如果不得出结论，你实际上无法生活。那样的生活既没有效率，又单调乏味。但是，通过反思和应用推断之梯，你可以改善沟通效果。比如，一旦多丽丝和我都了解推断之梯背后的概念，就拥有了一种安全的方式，阻止谈话进程的负面趋势，并且提出几个问题：

- 导致你得出那个结论的可观察到的数据是什么——任何一个人都会认可其真实性的数据。
- 任何一个人都会赞同这些数据的内涵吗？
- 你可以把你的推理过程演示一下吗？
- 我们是如何从这些数据得出那些抽象假设的呢？

> 我们要么想办法激励吉恩，要么就请她从这个委员会辞职。
>
> 对于和我们一起工作，吉恩不感兴趣。
>
> 也许她是被迫来开会的，她也就尽快离开了。
>
> 她肯定是真的对联合委员会不感兴趣。
>
> 吉恩是我们的家长－教师联合委员会中的教师之一，她今天提前离开了。

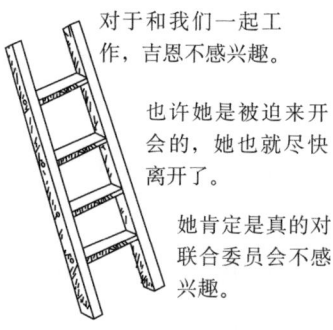

我可以用一种开门见山的方式获得数据："多丽丝，你对这个介绍如何评价？"或者我还可以用表达看法的方式，直接测试我观察到的数据："多丽丝，你一直在沉默。"对此，她可能回答："我一直在记笔记，我觉得这有很大潜力。"

注意，我没有说："多丽丝，我觉得你已经爬到推断之梯上了。你需要采用这些方法才能下来。"这个方法的要点不是要对多丽丝的态度做出诊断，而是要让大家可以看到每一个人的思维过程，看到我们的认识之间存在哪些差别，看到我们之间有哪些共同点。（你也许会说，"我注意到，我正在推断之梯上向上爬，也许我们都是如此。那么这里的数据是什么？"）

在员工发展活动中、在课堂里以及在各种学校和社区会议上，都可以用到这个梯子。比如，在讲课过程中，你可以提出问题："你们究竟听到了什么，让你们得出了这个结论？"而不是让学生之间的争吵进一步升级。

推断之梯常常可以用来解决学区内部以及教育工作者之间那些看似难以调和的分歧。比如，今天的教育工作者和教育领域中的专家持有三种心智模式：

a. 每个学生都是一个个体，如果考虑到每个个体之间的差异，教育就最有效。

b. 学校的责任是为周边每一个人提供教育（"一个孩子都不能落下"）。

c. 学校是高杠杆效应的机构：国家的民主制度、文化和经济的质量，都取决于公立学校的质量。

"马丁，你不够努力。你会失败的。"

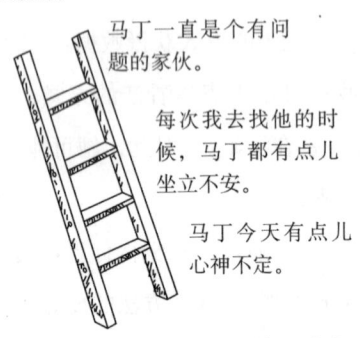

马丁一直是个有问题的家伙。

每次我去找他的时候，马丁都有点儿坐立不安。

马丁今天有点儿心神不定。

我去找马丁的时候，他急忙坐回到自己的座位上。

这三个说法本身都很有道理，但是如果未经检验就结合到一起，就会引出难以自圆其说又大相径庭的结论。有关教育的辩论的绝大部分，是与这三个说法有关的推断之梯上的跳跃。如果考虑到个体之间的差异，教育就最有效，因此，所有标准化的"训练和练习"都毫无价值。许多人仍然是文盲或者缺乏应接受的教育，因此是学校出了问题。公立学校的批评者忽视了其对于民主制度的价值，因此，这些人一定有什么阴谋。

这些结论中的任何一个乃至全部都可能正确。这项修习的要点不是揭穿其背后的真相。恰恰相反，这项修习的要点是要公开我们的思想过程，以便我们客观、冷静地对其进行斟酌推敲——往往还要与持有不同意见的其他人一起进行。

宣扬与探询的平衡[①]

像许多技能一样，让交谈产生更深入的共同体悟的过程，看似简单，但试着做起来的时候并没有那么容易。然而，一点点儿地做些修习，就可以获得不错的效果，而这些修习又可以结合到当下的讨论之中。

这其中的基本技能就是"描述"：在宣扬自己的观念与探寻他人的想法之间，要保持平衡。要把你自己的推断过程摆在大家面前，然后鼓励大家挑战你的推断过程。"这是我的想法，我的推理过程是这样的。你们觉得怎么样？你们觉得其中哪些有道理，哪些没有道理？你们看到了哪些可以改进之处？"这样做的收获，是当大家将多方面的视角结合起来的时候，就会产生更富创造性，更为深刻的认知。

当你对自己意见背后的假设和推理过程做出了解释，探询（了解其他人的意见背后的假设和推理过程）就会变得更有力量。很有可能的是，你通常有自己要表达的观点，而且表达出来相当重要，不过是在这样一种气氛之中：在其他人更多地了解你的观点的同时，你能够对其他人的观点形成更多的了解。你可以把这种形式的"宣扬"，想成是"慢慢地爬上推断之梯"，让大家看到你的思考过程。

---

① 这部分源于理克·罗斯、查罗特·罗伯茨和阿特·克莱纳合著的《兼顾宣扬与探询》，见《第五项修炼·实践篇》。

以下是一些对你可能有帮助的用于交谈的"秘诀",无论是做教师还是做学生,都要学习这些平衡宣扬和探询的技能。只要有一次交谈提供了修习机会,就要使用这些技能,比如,当一组学生在一起考虑一个有难度的问题,需要团队中的每一个人都提供信息并且积极参与的时候。

改进宣扬的做法	
做什么	说什么
说出你的假设,并且描述假设所依据的数据资料。	"这是我的想法,以及产生这些想法的过程。"
展示你的推理过程。	"我得出这样的结论,是因为……"
解释你的观点的背景。你的建议会影响谁,如何影响,为什么会产生影响?举例说明,即便是假设性的或者是比喻。	"想象一下,你是一位来这个学校上学的学生(或者是这个社区中的一位商业人士,或者一位即将退休的教师,等等),这个建议对你会产生这样的影响。"
在你说话的时候,猜一下其他人对你所说的有什么看法。	
公开测试你的结论和假设。	"我提出这个建议,是因为(你们的观察和数据资料)让我相信(你们的推论)。这是不是一个合理的结论。"
鼓励其他人探讨你的模型、假设和数据资料。	"对于我刚才说的,你们有什么想法?"或者是,"你们觉得我的推理在哪个地方有问题?"
展示你的推理中最不清晰的部分。这不会让你处于被攻击的地位,反而会化解那些反对你的建议的宣扬者的力量。这也会促使形成改进建议。	"在这方面,你们也许可以帮助我弄清楚……"
即使是在宣扬,也要聆听,要保持开放的态度,要鼓励他人提出不同的观点。	"你们有不同看法吗?"

改进探询的做法	
请其他人展示他们的推理过程	
做什么	说什么
温和地帮助大家走下推断之梯，找出他们行动依据的数据资料。	"你根据哪些数据得到了这个判断？"或者简单地问："是什么让你产生了这个想法？"
要使用温和的语言，尤其是对那些不熟悉这些技能的人。	不要说"你是什么意思？"或者说"你的证据是什么？"而要说"你可以帮我理解一下你的推理吗？"
慢慢让大家说明自己的推理过程。尽可能找出他们的想法的原因。	"这件事为什么重要？"或者是"这件事与你所关心的其他事情是什么样的关系？"
解释你探询的原因，以及你自己的担心、希望和需要与探询之间存在着怎样的关系。	"我在这里询问你的假设，是因为……"

面对你不同意的观点的做法	
做什么	说什么
确认你真正理解了另一个人的观点。	"如果我没有弄错的话，你说的是……"
探讨、倾听，以开放的方式提出你的观点。	问一问"你是不是考虑过……"，而后提出你的担心，并且说明你的担心从何而来。

处理僵局的做法	
做什么	说什么
接受目前的僵局，梳理双方当下的思考。	"我们双方都认为真实的是什么"或者，"我们双方都感到是真实的，但还没有数据支持的是什么？"
寻找可以帮助人们继续前进的信息。	"我们有哪些一致意见，有哪些不同意见？"
问问大家是否有办法一起设计一个实验，或者是探询哪一方可以提供新的信息。	
把每一个人的心智模式，当作更大的"拼图"的一部分。	"我们的出发点是不是完成不同的两组假设？这些假设的来源是什么？"
询问有哪些数据和道理可以改变他们的观点。	"那么，需要什么条件，你们才能考虑其他的选择呢？"
邀请整个小组帮助重新设计这个局面。	"看来我们似乎是陷入了僵局，我担心我们无法形成更好的认识就散会了。你们有什么想法，帮助我们理清我们的思考？"
不要让谈话终止于"保留分歧"。	"我不能理解我们意见分歧的假设。"

宣扬—探询画板[1]

我们认识一位大学的教师,她(根据她的学生的提议)用海报把这个图复制了下来,挂在她的教室的墙上。于是,在每一堂课的最后几分钟时间里,所有学生都会抬头看看这张图,然后问自己:"我们今天进行得如何?""我们进行有效的讨论了吗,还是仅仅在坚持与退缩之间徘徊?"

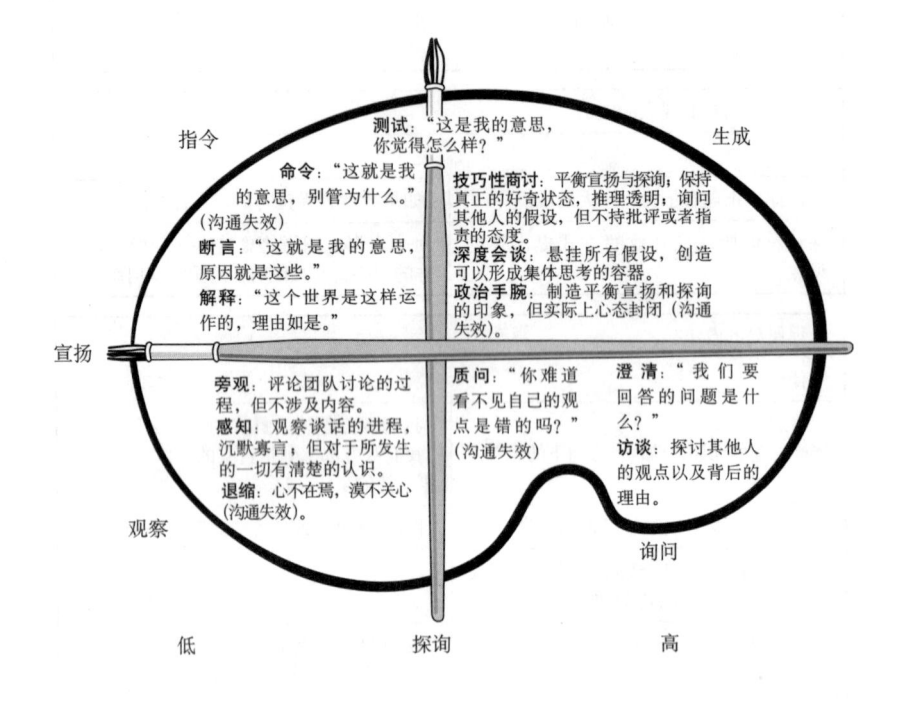

指令 / 生成

测试:"这是我的意思,你觉得怎么样?"

命令:"这就是我的意思,别管为什么。"(沟通失效)

技巧性商讨:平衡宣扬与探询,保持真正的好奇状态,推理透明,询问其他人的假设,但不持批评或者指责的态度。

断言:"这就是我的意思,原因就是这些。"

深度会谈:悬挂所有假设,创造可以形成集体思考的容器。

解释:"这个世界是这样运作的,理由如是。"

政治手腕:制造平衡宣扬和探询的印象,但实际上心态封闭(沟通失效)。

宣扬

旁观:评论团队讨论的过程,但不涉及内容。

感知:观察谈话的进程,沉默寡言,但对于所发生的一切有清楚的认识。

退缩:心不在焉,漠不关心(沟通失效)。

质问:"你难道看不见自己的观点是错的吗?"(沟通失效)

澄清:"我们要回答的问题是什么?"

访谈:探讨其他人的观点以及背后的理由。

观察 / 询问

低　　探询　　高

---

[1] 查罗特·罗伯茨和理克·罗斯所著《宣扬—探询画板》最早出现于《第五项修炼·实践篇》。这个方法的创始人是朱迪·罗杰斯(Judy Rogers),她是俄亥俄州迈阿密大学的教育领导力教授。

开场白

菲尔·麦克阿瑟　内尔达·康布—麦凯布　阿特·克莱纳

就像演员有不太熟悉自己的台词的时候，或者是一时激动"忘词"的时候，老师和学生也常常遇到希望有人可以求助的时候，希望能像演员一样在拍摄现场说："帮个忙，告诉我下一段台词。"比如，当讨论漫无边际的时候，当某些人固执己见的时候，或者气氛越来越激烈的时候，你都会有这种感觉。虽然你可以看到问题，但是却不知道如何才能缓和当前的局面。以下是一些台词，无论是在学校内外，都可以用在出现僵局或者是出现其他困难局面的时候。①

当出现这样的情况的时候……	你可以这样说……
强烈地表达观点，却没有任何推理和说明。	"你可能是有道理，但是我想更好地理解，为什么你会这样认为呢？"
讨论明显离题。	"我不太清楚这与我们正在讨论的问题有哪些联系，你能讲讲其中的联系吗？"
你怀疑自己的想法是否离题。	"这也许现在关系不大。如果是这样的话，请告诉我，我会再考虑一下。"
同时有几个人宣扬自己的观点。	"我们现在有三种想法（分别进行描述）。我建议分别讨论。"
你觉察到其他人的负面反应。	"在你讲的时候（说明内容），我感到你（说明感受）。如果是这样的话，我想了解我说的哪些话让你产生这样的感受。"
大家都有各自的立场，但是却没有明确自己的关注点。	"我理解这是你的立场。我也想了解你的关注点。你认为你的立场是应对你的关注点的最好方式吗？"
有人做出断言，但其观点却不明确。	"我理解你要说的是（做出解释），我解释得对吗？"
似乎某个定义、说法或者是含有某种意图的说法正在导致僵局。	"但你说的（描述说法），我一般会用这个说法（描述说法）。你的意思是什么？"

---

② 这部分源自《第五项修炼·实践篇》的《开场白该怎么说》。

引导探询

目的:在心智模式的修炼中,最有价值的是平衡宣扬和探询的能力——在很多情况下,是引领探询的能力。以下是用于交谈的一些"秘诀",有助于你进行深层的交谈以及开展深度会谈。

自我反思的问题	在实际情况下,可以这样说
在我宣扬某个观点的时候,我是否展示了自己的思考和假设?我是否把自己的推理呈现出来了?(我是不是让大家看着我自己慢慢走上推断之梯?)	"我是这样想的,我是这样得出我的结论的。"
我是否鼓励其他人探讨我的模型和假设?	"对于我刚才讲的,你们怎么看?""你们是否发现我的推理中有什么问题?""有什么东西我忽略了吗?"
我是否倾听,是否持开放心态?	"你们有什么不同观点?""你们会因此受到什么影响?"
面对另一个人的观点的时候,我有没有请他们呈现他们的思维过程,并且没有假设我了解他们会说什么?	"你是不是可以帮我理解一下你的想法?"
我是否温和地帮助其他人走下推断之梯,看到他们的思考所基于的数据?	"是什么引导你这样说?""你能否按照你的推理,再带着我思考一下?"
我是否以开放心态探讨其他人的推理过程,尽最大可能去发现他们为什么会有那些想法?	"这个问题为什么重要?""这个问题与你关心的其他问题有什么联系?""我好像没有明白你的意思。"
我倾听的时候,是否在寻找更大的含义,寻找可以与我的观点融合的那些概念以及更大的背景?	"我询问你的假设,是因为……""你的建议对于……会有什么影响?""这是不是与……类似?""你是不是可以描述一个典型情况……?"
我是否核实了我对他们观点的理解?	"你说的是……,对吗?"
当处于僵局的时候,我是否去寻求有助于我们向前推进的信息?	"我们有哪些一致意见,有哪些不同意见?为什么?"

(续表)

自我反思的问题	在实际情况下，可以这样说
我是否把每一个人的心智模式，当作更大的"拼图"的一部分？	"我们的出发点是不是完全不同的两组假设？"或者是"我们的不同意见的来源是什么？"
我有没有问大家是否有办法一起设计一个实验或者一次探询，一起检验一下我们的假设？	"如果我们一起详细看一看这个问题，或许我们可以消除自己的担忧，或者是确认我们的担忧。"
我是否请大家帮助，重新设计这个情境？	"看来我们似乎正在陷入僵局，我担心我们无法形成更好的认识就散会了。你们有什么想法，可以帮助我们理清我们的思考？"
我是否提出问题，引领大家进入深度会谈和更深层的探讨？	"如果我们退后一步重新看一下，在这次讨论之中，我们大家最关注的是什么？"
我是否愿意受到其他人的影响？我对于新的学习是否持开放心态？	"我想我已经被说服了，但是这有一些我需要理解的……"

左手栏[①]

目的

对于主导了我们的谈话，并且阻碍我们获得成功的那些隐蔽的假设，形成更清晰的认知，并形成更有效的方式探讨这些假设。

综述

反思一次真实谈话的记录，在未来形成更加有效地进行应对的技能。

第一步：选择一个问题

在学校里展开讨论的过程中，常常会有遇到困难的时候。无论是管理人员会议，还是教师与管理人员之间的讨论；无论是在教育工作者和父

[①] 这个部分源于理克·罗斯、查罗特·罗伯茨和阿特·克莱纳合著的《兼顾宣扬与探询》。

母之间,还是在学生与其他人之间,或者在社区成员之间。重新回顾这些时刻,认真思考未来在类似情况下如何应对,是很有效的心智模式的学习方式。选择在你过去的一两个月中曾经卷入的一个困难的问题——应该是那种涉及人际关系,我们中的许多人也都试图回避的棘手问题。

第二步:右手栏(说了什么)

现在回想一下,你在上一周经历的、与这个问题有关的最糟糕的会议。

拿出几张纸,在每一张纸的中间画一条竖线(或者是使用文字处理软件上的列表功能,做出双栏表格)。在右手栏中,写下实际发生的对话。对话可能会有几页纸的内容。在完成填写内容之前,将"左手栏"保持空白。

第三步:左手栏(你想的是什么)

现在,在左手栏里,写下你当时所想到的,以及你当时感受到却没有说出来的。

案例一[①]

一位教师(吉姆·普罗克特)遭到一个家长(简)的当面抗议,认为吉姆给她的孩子评的分数不公正。在右手栏里,吉姆写下了他与简上一次的谈话内容。在左手栏里,吉姆回顾了他自己当时的想法。在你读这段文字的过程中,不要忘了简对于这个事件也有自己的记忆,有可能也有她自己的"左手栏"以及她的种种假设和可以用来展开探询的机会。

[①] 这个修习基于克里斯·阿吉里斯与唐纳德·舍恩所研究的"双栏研究法"(two-column research method)。首次介绍这项研究方法,是在他们合著的《实践中的理论》(*Theory in Practice*,Jossey-Bass 出版,1974 年)一书中。这里的一些观点和方法源自罗伯特·帕特曼(Robert Putman)的建议。

我当时的想法……	我们说的……
这是六年级。为什么苏姗自己不来找我?	简：普罗克特先生，你在课上给苏姗的成绩是C，我觉得这不公平。我认为她做的功课是A的水平，我还认为你要求她做的作业太多了。
这学期已经有四位家长质疑我的评分了。这一定是个问题。	我：我是尽量准确地进行评分的，但是她的技能还没有达到A的水平。
我不记得上一位老师对苏姗的评价是什么了，但我相信不会有什么不同。	简：她的上一个班的老师可不是这样说的。而且我知道，实际情况是她已经尽了最大努力了。
这可比我预想的时间要长。	我：这不只是一次作业。我可以再看一看，但我认为我不会改变我的判断。她确实还不够努力。
我公平对待所有学生。	简：你肯定你对她公平吗? 从前大家都觉得她很有天分。
也许我可以建议一些补救措施。我早就应该注意这个问题了。也许，她在家里的情况有些问题。	我：我没有说我不会帮助她。我会很愿意帮助她，如果她愿意坐下来，做些改进。但她自己为什么不先来找我呢?
这简直就是要挟。我应该在这个情况进一步恶化之前向校长助理报告。但是我不能让她知道我的担心。	简：这样就好。但是我认为，在你修改成绩之前，她是不会来找你的。因为，她觉得这个成绩不公平，而且我也同意。
	我：我考虑一下怎么做吧，我会和你沟通。

第四步：反思，把你的左手栏作为参考

把自己经历过的一个实际案例写下来，就会让你获益匪浅。写好之后把它放到一边，一周之后再去读一读。这个案例就变成了一个经典案例，你可以以此检验自己的思想过程——就像是在看待别人的思想过程一样。

在你的反思中，可以问问自己：

- 我的目的是什么？我希望实现的目标是什么？
- 我实现我的预期目标了吗？
- 我说的哪些话如何导致了这个困难局面？
- 我是因为什么原因，说了那些话？
- 再有类似情况，我怎样才能改变谈话的方式和内容？
- 为什么我没有说出左手栏里的想法？
- 我对于另一个人以及其他人，做了什么假设？
- 这样做有哪些益处？有哪些风险？
- 是什么阻碍我改变自己的行为方式？

在小组讨论中，当你感到愤怒或者沮丧的时候，左手栏是很有价值的资源。如果你把注意力放到你自己的思考上，并认识到令你烦恼的原因，你就可以用这样的话，心平气和地打断会议进程："我意识到我们有重要的工作要做，但我还是觉得我们没有把注意力放到重要的问题上。让我说说我一直在想但是一直没有说的……"

在其他情况下，杠杆的作用点在于谈话本身。一开始，要把上次的谈话按照你希望的进行方式写下来。你用怎样的方法表达自己的想法，可以使谈话更加富有成效，可以使每一个参与者都获得更好的结果？你说了哪些话，就可以让你看到对方的左手栏呢？

尤其是你可以提出哪些问题，让谈话改变方向呢？你如何在每一个阶段引导探询呢？

比如，当那位家长说："我知道，实际情况是她已经尽了最大努力了。"你或许可以说："你看到了哪些情况，让你有这种想法呢？"

作为一种检验，请一位第三方的人看看这个修改过的案例（比如，一位可信的、思想开放的同事）。

你也可以用这样的练习，去预测不久可能发生的谈话：把你自己可能会想的、会说的，以及另一个人可能要说的，还有因此引发你所想的，都写下来。这样做可以帮助你，预先为困难的谈话做好准备，因为你预先意识到了一些心智模式，并对其进行了检验。

放大 [①]

亨利二世国王，12世纪的英格兰统治者，被人出卖了。在此之前，他曾经安排自己的密友——追求享乐的同伴和军事上的伙伴，副主教托马斯·阿·贝克特担任坎特伯雷主教。亨利的设想是，这样的安排可以让他更好地控制教会。但是新上任的主教突然间变卦，不再效忠国王。他断绝了与国王的来往，放弃了自己的豪华宅邸和华贵服饰；对于亨利要在皇家法院审判神职人员的要求，他也拒绝同意。当几名忠于国王的主教被贝克特逐出教会的时候，他们就跑到了国王那里去抱怨。在1169年一天晚上的酒宴上，有人听到国王发牢骚说："当一个吃过我的面包的人（指的是贝克特）羞辱我的时候，举国上下，还有我在餐桌上喂养的那些整天无所事事的仆人之中（指的是他的骑士和侍臣们），竟无一人出来帮我复仇。"

有四位骑士把国王随口说说的烦恼当成了命令。他们悄悄溜出王

---

① 目的：更好地理解可能引起核心权力层与其他人沟通失误的心智模式，探讨澄清期望的各种方式。这个练习可以以个人反思的方式进行，也可以由4~5名教师或管理人员分组进行。我们发现，当教师和管理人员一起探讨的时候，这个练习尤其有益。这部分内容和练习源于阿特·克莱纳所著的《谁更重要：有关权力、特权和成功的核心团队理论》(*Who Really Matters: The Core Group Theory of Power, Privilege and Success*, Doubleday 出版，2003年，第74页）。有关"放大"的描述，源自阿特·克莱纳与查尔斯·汉普登－特纳的谈话。

163

宫，骑马赶往坎特伯雷，杀死了大主教。这场谋杀显然并非出于国王的本意，但他付出的代价，却几乎是他所珍视的一切：他从前的朋友（他曾经希望与之重归于好，并对其思念甚切）、他与教会的关系（他立即被逐出了教会）、英格兰人民的爱戴（尽管国王曾屈尊亲赴坎特伯雷参拜）、贝克特多年来要求他做出的政治上的让步（现在他不再争辩就准许了），以及他的儿子们对他的尊敬——他们接连不断地向他开战，直到他离世。（那些倒霉的骑士去了哪里呢？——亨利把他们统统送进了监牢。）

组织学方面的理论家查尔斯·汉普登-特纳将这类现象称为"放大"。人们采取行动，是因为他们自认为（或是猜测）某个位高权重的人希望如此。一位校长提到过一个项目，说到他希望有人以后会启动这个项目，尽管他自己对此并非十分在意。然而，三周之后他却发现，有人竟连续三天通宵达旦工作，把这个项目的建议放到了他的桌上。一位学监有一次提到，彼得·圣吉所做的《第五项修炼》影响了她关于学校的思考，于是她就发现这本书出现在了大家的案头上，在各种谈话中也都插入了心智模式、系统思考等术语。

发生这种反应，是因为大家不了解，处于组织顶层的那些人究竟想要什么。而且由于种种原因，他们没有要求或者不敢要求那些人做出澄清。这意味着他们与那些人的沟通，仅限于在会议上收集到的信号，以及偶然获得的信号——这些信号最多也只是代表了领导人实际意图的一部分。人们对于自己需要做出的决定缺乏认识，往往就会求助于猜测——通常会猜错。

依赖猜测会产生什么样的后果呢？有时候，不过是浪费精力和产生结果偏差，有时候却会更糟。如果你班上的一个学生，或者你学校里的一名教师，在孤立无援中试着去做了希望你会喜欢的事，但这实际上又曲解了你的意图；于是，你就做出了反应，即便你的反对表示得非常温和，那个人也不会再主动采取行动了。在你做出反应的时候正在周围的那些人，也会如此。（贝克特事件之后，亨利二世的骑士们，极有可能就是如此，这或许可以解释为什么在其后采取的军事行动中他一再失败的现象。）从这一刻起，大家都会等着你把任务完完全全说清楚，不会有人自愿去做任何事，因为他们对于自己猜测你的需求的能力失去了信心。不久你就会发现，在为你工作的人中，没有人有自主思考的能力。而所有其他人则开始相信，你这个人以自我为中心、武断专横，并且对他人毫不在意。

如果你真的想打破猜测的循环，你就必须降低被放大的信号中的失真程度。政治家、外交官以及精神病学家长期以来都意识到，他们需要对自己随意说出的话非常小心，因为这些话对于他们的听众会产生巨大影响。作为一名教师或者是一位学校领导人，我们也需要如此。这就意味着，要对自己无意中表达的意见有所认识，并更为清晰地将其传达出去，这也是为你希望促成的那种新的行为方式，做出表率。

这个练习可以帮助自己或者一个团队，深入探讨你周围的误解，并且找到一些方法，避免出于良好意愿的人做出可能具有破坏性的努力。

a. 你说的话曾经被"放大"过吗？

（a）你的本意是什么？

（b）你是如何沟通的？

（c）你是如何了解到那些误解的？

（d）产生的后果是什么？

（e）对于那些你在事后才了解到的人们的想法，有哪些你希望知道得更早？

b. 你曾经面临过这样的处境，需要猜测别人想要你做什么吗？

（a）你猜想的领导人的意图是什么？

（b）你看到或者听到的哪些东西，让你做出了这个结论？

(c) 你如何知道这对于那位领导人是否重要？这位领导人做了什么，让你得出了这个结论？

(d) 在这次沟通后，你的行为表现有哪些不同？

(e) 如果可以完全匿名，你想对这位领导人说什么？

c. 在你的学校里，谁的声音最可能被放大，为什么？

d. 可以采用哪些方法，降低发生在放大过程中的"猜测"？

如果你与不同的小组进行了这个修习，就可以比较不同的结果。请每一个小组重点描述在他们的谈话中提出的要点，把这些内容用白板、活动挂图或者投影仪记录下来。回顾其中的要点，请整个团队列出他们在各自的背景下可以采用的方法，并排出优先次序。

5. 团队学习

团队学习修炼的核心，是要经过一段时间之后，让处在一个团队中的人们学会共同思考、共同行动。团队中的每个成员并不一定要有"相同的想法"——事实上，他们不可能有"相同的想法"，也没有道理一定要大家这样去做。但是，如果经常修习，他们可以学会如何同心协力。

学校里的团队活动其实相当丰富。一个课堂就是一个团队，在实现"一起开发能力"这个共同目标上，人们需要互相帮助。这个团队的成员中，其实还包括那些乍看起来并不属于这个团队的人。比如，课堂上使用的核心教材和参考书的作者们，那些让学习成为可能的学校工作人员，那些为课堂提供所需资源和支持的管理人员，以及那些通过自身参与在一定程度上将权威赋予课堂的家长。但是，课堂里的核心团队，还是日复一日来到这里的教师和学生。

当你身处教育系统的学校和社区层面的时候，就会发现团队完成了大部分工作。由社区选举出来、被称为学区委员会的团队制定了各种政策，学区委员会、学监以及高级管理人员组成的又是另一个团队。课程团队、场地团队、员工发展团队，都在为学校的创新确定基调。各种校际团体近来也变得越来越有影响力。比如，全国学监圆桌论坛（National Superintendent's Roundtable）① 一直在推动开展全国范围的学监会议，让大家得以相互交换意见，并在各自的学校系统中建设组织学习能力。这项能力现在已经开始渗透到大家各自的管理团队之中了；在各个不同学校系统的学区委员会之间，也经常开展心智模式等技能的修习。

由于许多学校都有类似的团队讲课、团队建设以及小组互动等方面的经验，所以教育工作者通常认为，他们一直在以某种形式进行着这项修炼。然而，大多数团队建设活动，往往只是一些以提高沟通技能为目的、相互之间没有关联的"训练营"。一旦训练结束，团队返回工作之中，其做法又回到了从前的老办法中去了——往往事与愿违。相反，团队学习是一种定期地改善日常沟通能力的修炼——在教师会议上，在员工发展活动里，以及在课堂本身之中。

团队学习的核心，是经常在一起的一群人习惯性地保持这样的意愿：要像一个生命系统那样去思考和行动。这不只意味着做出一次决策，或者是明确固定的角色，再按分配的任务去执行，而是意味着对于那些必须予以理解和解决的问题，要在相互尊重、从容审慎之中持续探讨。

这项修炼往往又会回到种种核心问题上去：是什么让我们做出选择以教育作为一种职业？又是什么让我们继续下去？对于孩子们和他们的背景，我们根本的看法究竟是什么？我们的学校究竟在哪些方面需要改变，哪些方面要坚持下去？在这其中会有各种各样的看法，团队不必对每一个问题都达成一致。但是在团队成员之间，却必须协同起来。

---

① 有关全国学监圆桌论坛，请见 www.superintendentsforum.org。

协同

团队学习的基础是"协同"(alignment)——与"同意"截然不同。alignment 源于法语中的 aligner("放到一条线上"),这个词的含义是:通过所有人相互适应、修正,形成一种共同的认知——对于他们彼此的认知、对于他们目的的认知,以及对于他们现状的认知,把四下散乱的各个元素组织到一起,让他们有如一个整体那样发挥作用。尽管每一个人都保持了各自的独立性,但他们会自然而然地朝着一个共同的方向一起努力。在他们达成共同目标的过程中,不会浪费过多的时间和精力,因为他们彼此之间有着更为深入、全面的了解。虽然在他们之间有可能并非完全一致,但由于他们的相互深知,其中的任何一位都可以就许多题目,代表整个团队发表看法,并不需要事先沟通。

在课堂上,当所有学生都感到自己身处大家共同学习的努力之中,而不仅仅是个人学习,协同就逐渐成形了。在学校或者社区中,当人们具备看到彼此、尊重彼此的能力,具备对于自身所处的现状建立起某种共同的心智模式的能力,协同也就开始了。

学校中的深度会谈 [1]

据我们所知,团队学习最有效的练习是从一种被称为"深度会谈"的谈话方式中形成并发展出来的。威廉·艾萨克是麻省理工学院深度会

---

[1] 这一节的内容部分改编自《第五项修炼·实践篇》中的几篇文章,尤其是威廉·艾萨克所写的《深度会谈》以及由威廉·艾萨克与布赖恩·史密斯合著的《设计一场深度会谈》。另见威廉·艾萨克所著的《深度会谈:共同思考的艺术》(*Dialogue:The Art of Thinking Together*, Doubleday 出版,1999 年)。

谈项目和汇理学院的创始人和主任,他将"深度会谈"定义为:一种对于日常经验和我们习以为常的种种现象持续不断地集体探询。深度会谈的目的,是通过为探询建立一个"容器"或者"场",去打开一片新的空间——在这样的环境之中,人们对于自己经验的背景有了更深的认知,对于思想的过程有了更深的认识,对于创造出这些经验的情感有了更深的认识。

在深度会谈的实践之中,我们不仅关注话语中的词句,也关注单词的间隔;不仅关注一个行动的结果,也关注这个行动的时机;不仅关注大家谈到的内容,还关注他们说话的声音和语调。我们倾听寻求这个"探询场"的意义,而不仅仅是其中的不相关的元素。在深度会谈的进程之中,人们学习如何共同思考,并非是仅仅分析一个共同的问题,或者是创造共同的认识,而是处于一种集体感知的状态。在这种状态之下,思想、情感以及由此引发出来的行动,并非归属于某一个人,而是为其中的所有人共有。

深度会谈是一个有着历史背景的实践。初看起来也许有些陌生,但对于大多数人来说,深度会谈一旦开始,就会觉得这是自然而然的。这也可以说明,为什么虽然存在着许多习惯和制度上的障碍,在现代社会的环境之中,深度会谈还是逐渐活跃、盛行了起来。

在你自己的学校和学区之中,对于重要的议题,耐心培育一系列深度会谈,可以逐步形成一个容器——人们在其中体会到整体至上的感受。你们能够在一个平心静气,鼓励人们提出问题,而不必一下子就跳到答案的空间之中,安全地探讨有争议的议题,比如:工会的规则,或者是课程安排上的歧见,等等。当你们对于各自的思想有了更为深入、透彻的了解,就可以进入到协同行动的模式中去了,而且不必陷入原来的那种武断随意又单调乏味的决策方式之中。你们能以一

169

种协同的方式开始采取行动。在许多情况下，你们更像是树上的一群鸟，以完全顺其自然的秩序从一棵树上一同起飞，并不需要制订一个行动计划，安排每一个人应该做什么。[1]

对于现代生活的碎片化和孤独感，深度会谈是一剂良药。人们往往习惯于将世界割裂为各种不同的类别，然后就把这些类别当作天经地义的道理，全然忘记这些类别之间存在着动态联系，又总是在不断演化。人们之间的各种争吵——企业人士与教育人士之间、员工与管理层之间、左派与右派之间，以及家庭的不同成员之间，都是这样一种集体催眠状态的症状。要"解决"这些争吵，更多的讨论、更多的辩论，都没有太大用处，而只能通过一种探讨——人们在此汇合，他们的视线穿越了蒙蔽自己的心障。

设计深度会谈

一位技能纯熟的引导者（Facilitator）可以帮助一个小组逐渐演变、进化，看到自己能量的流动，人与人之间的意义也会变得更具体、更加令人信服。由外部人员进行辅导，也有助于保持小组的方向；如果没有人把小组拉回到自己真正的目标上，大家就很容易陷入辩论、争吵和人为操纵的"达成共识"状态。但是，即便没有引导者在场，只要大家遵守一些基本准则，还是能够形成更为深入、更像深度会谈的谈话。

- 以发出邀请开始。对于是否参与其中，人们一定要能进行选择。
- 当假设和信念在过程中出现的时候，要练习悬挂假设与悬挂

---

[1] 当代"深度会谈"从物理学家戴维·波姆（David Bohm）的工作中获益良多。波姆指出，当思想的根源可以被观察的时候，思想本身就会变得更好。参见戴维·波姆所著的《展示意义》（*Unfolding Meaning*，Foundation House 出版，1995 年）。另见网址：www.david-bohm.net。

信念，这就是说，要从各种不同的角度对它们加以探究，让它们清晰地呈现出来，对它们予以重视，并且了解它们从何而来。"悬挂"（suspend）一词的意思是"挂在面前"。把你的假设"挂在自己面前"，让你自己和其他人方便对它们进行反思，这本身是一种精细入微，而又强大有力的艺术。种种假设应该像悬在一段绳子上那样，挂在屋子中间，人人可见，所有人（包括悬挂自己假设的那个人）都可以质询和探究。

- 每一次深度会谈开始的时候，都以"破冰发言"开场；在结尾时，以"结语发言"作为结束。这意味着要给每一位参与者一个机会，简单说一说自己的思考、感受是什么，以及他们注意到了什么，要强调亲身体验的重要性。当每一个人都知道了他们有说话的机会之后，大家通常就会放松下来。

- 不需要制定正式议程，也不需要详细准备——这些都会妨碍谈话的流畅进行。

- 尽管在就餐过程中开会，可以打破初始的陌生感，但我们不建议这样做，因为餐厅中的服务和就餐本身会分散人们的注意力。

- 小组作为一个整体，要同意至少进行三次座谈，之后再决定是否继续下去。少于三次座谈，就不是一个合乎情理的实验了，因为从谈话演进到深度座谈，是要花些时间的。

- 要面对小组围坐的中心讲话，而不要互相交谈。要创造出一个共同意义的"共享池"。如果小组中的两个人开始争论，或者小组的意愿以其他方式被操纵，温和地请大家注意到你置身其外，然后再请大家回到小组期望的方向上去。

当上述技巧成为一系列谈话的一部分的时候，当人们除了与那些对自己至为重要的人建立更深的联系之外并无其他目的的时候，某种有着巨大力量的现象就会产生出来。比如，有一次深度座谈的议题是学校预算中用于特殊教育的资金和精力应该降低多少，参与人包括教师、管理人员、家长、社会工作者和社区拥护者。其中的每一个人都有自己由来已久的态度，其来源包括与残障人士打交道的个人经验，做教师的经历，以及对于州政府的预算和州立法机构的感受。但是，当每个人都发自内心地说出自己想法的时候，每个人也认识到了其他人会有其观点的种种理由。这个问题承载了前所未有的意义，似乎特殊教育的巨大潜力本身，就悬挂在大家面前。什么问题都没有解决，也没有做出任何政策性的决定。但是，自这次深度座谈之后，对这个问题的种种争论似乎烟消云散了，仿佛大家都认识到，他们除了作为一个整体的成员去面对这个问题之外，别无选择。其后，在另外的会议上，人们做出了相关决定。大家都说，他们对于做出的决定都相当高兴，并且说，假如没有那次深度会谈，他们对于其中的利害关系就不会有如此深入的理解。

教育领域中的团队学习

许多优秀教师已经在本能地开展团队学习的修习了。比如，由明尼苏达州大学（University of Minnesota）的戴维·约翰逊（David Johnson）和罗杰·约翰逊（Roger Johnson）研究开发的"合作学习"，就是一个经许多学校应用过的有效团队学习方法。这种团队修习的过程是，由两名或两名以上的学生组成小组，共同完成任务；老师为他们提供工作推进、头脑风暴、总结各自的想法等方面的训练，甚至在会谈中"代表"某个观点，然后再转换角色，使得学生们可以看到自己以前的种种假设悬挂在面前。

团队学习的方法在一些特定的学校结构中有其特殊的价值。比如，在年龄混编的课堂上，大家的共同知识背景可以让学生们获益匪浅。例如，在四年级和五年级学生的共同历史课的一个单元开始时，老师可以提问："我们对于新世界的探索者已经了解过什么了？"然后再把学生的回答写在黑板上，并标出其关系。五年级的学生也许还记得一年前学到的一些知识点（那是三年级的学生还没有学到的），而一名对于航海船只极有兴趣的四年级学生，或许了解许多其他学生全然不懂的东西。但是，在这个学习环境中，年龄较小的学生身材较小，极有可能感到胆怯，这就需要有人帮助他们认识，每个人都可以做出贡献；而年龄稍长的学生，则需要认识到他们只是被当作整个小组的一部分看待，而不是这个小组的支配者。

团队学习在课堂之外也有用处。比如，在学校的各种委员会里，团队学习可以起到关键作用，尤其是当委员会中有学生代表的时候。员工发展项目也是团队学习的一个天然载体。专业学习社区的广泛应用，使其成为一个重要的练习场所，教师们在这里可以互相学习。你可以通过提出有关核心价值观和核心信念的问题的方式，启动深度会谈——"我们为什么在这里？是什么原因让我们选择教育作为自己的职业？是什么让我们继续在这里工作？"让人意想不到的是，教师们大都从未与一大群同行一起开展过类似的谈话，而这本身就会产生很大的影响。

更大范围的公众讨论，也可以成为深度会谈的背景条件。这样的一个问题启动了一场全校参与的深度座谈："如果我们能够对我们所期望的教育做出变革，那应该是什么——不是就我们自己的学校而论，而是涉及整个教育领域的环境条件？"当迈阿密大学教育领导力学院的教师和学生提出这个问题的时候，他们以在跨学科的人文科学方面存在

173

着深层的学习需求结束讨论——对于那些拥有权力的人来说尤其如此。

这场座谈发生的背景，是对于这个学院发展方向的各种不同意见的大爆发。参与到这场座谈中的人所持的观点从极端保守派到马克思主义者，五花八门、无所不包。在这个过程中，没有人改变自己的观点，但是他们走到了一起，面对他们共同关注的重大利益：教育领导人这项事业的未来和领导力培养的价值。这场讨论的结果是形成了一个领导力建设的跨学科课程大纲，并最终在这个领域中得到了广泛认可。

启动深度座谈的另一组有价值的问题相当简单："教师如何看待学生？我们作为教育工作者，对于我们学区中的那些孩子，有哪些心智模式？而这些心智模式又是从何而来的？"有些教育工作者在内心中相信，孩子学习的最终责任在学校，尤其是在于学校的领导人，也就是校长。另一些人则明确地认为，家长要承担最终责任。还有些人则认为责任在老师，或者认为责任在学生自己。对于这个问题的深度会谈，可以帮助人们看到，这些南辕北辙的态度是如何对政府政策产生影响的，也可以帮助大家看到他们的这些态度是从何而来的。

绘制团队学习地图的修习

许多团队面临的最大挑战之一，是形成相互理解的环境，思维导图（Mind-mapping）技术，又称概念联系图，对此可能很有帮助。这类练习图把每一个人的不同假设及其相互关系，开放地表达出来——小组成员都可以看到它们，并一起展开讨论。思维导图还可以起到以一种强烈的可视化方式记录小组的思想过程的作用，避免讨论陷入困境。

比如，如果你是一个管理人员，要决定是否开除一名学生，在这种情况下，你就可以把学生的家长，以及相关的老师请来一起开会。

思维导图可以这样开始，写上学生的名字和四个不同的维度：学生的学业表现、发展状况、社会关系网络以及在学校与家里表现的异同。

请在座的每一个人帮忙填上图中的内容。请家长谈谈孩子与兄弟姐妹以及其他孩子的关系。"在周围邻居中，他的玩伴年龄比他大还是小？"请不同的老师描述一下，他们所看到的孩子在不同情境下的情况，比如午餐的时候、课间休息的时候以及上课的时候。

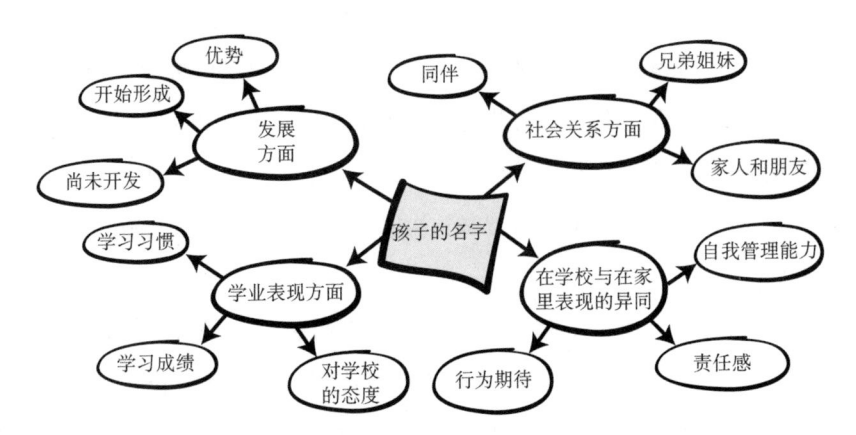

然后，就可以看看这名学生的发展情况了，尤其要看优势，就是罗伯特·布鲁克斯（Robert Brooks）所说的"能力岛屿"，也就是已经初露端倪，但尚未发展出来的才能与品质的潜力。[①] 你或许可以说："据我了解，你的孩子是在我们年级中年龄最小的男孩子。这对于他会有什么影响？"再考虑一下学业问题：诸如学习习惯、成绩表现以及对学校的态度。"你的孩子喜欢学校吗？他的成绩、分数和学期报告是如何变化的？"

然后，考虑在家与在学校表现的异同。你或许可以问："如果记录

[①] 可以参照罗伯特·布鲁克斯和萨姆·戈尔茨坦合著的《培养适应性强的孩子：在你的孩子身上培育优势、希望和乐观》（*Raising Resilient Children: Fostering Strength, Hope and Optimism in Your Child*，McGraw-Hill 出版，2001 年），第 135 页。

下来他在家和在学校中的问题行为,是否有意义?如果要做的话,我们应该怎么做?"在讨论的过程中,把相关的内容贴在图上的适当位置。等到你们完成了所有内容之后,这张图就会显示出孩子存在哪些不足,但并没有责怪任何人——孩子、家长或者是其他人。

思维导图在其他情境之下也有相同的作用。你可以请教师给他们班上的每一个孩子画出类似的图,标出这个学生身上最值得欣赏的几个特征——同时也标出一个(或者两个)他们最希望学生改变的品质。提醒教师一定要把自己加到这个图里,因为教师也是影响学生发展的因素。一旦学生的优势和劣势都确定出来之后,教师对这些特征就会更熟悉,也可以做出更好的反应。在家长会上给家长看这样的图,也很有用,这会让教师更容易与家长沟通他们的假设,并提出感到困难的问题。

教师也可以画出类似的图,跟踪自己的职业发展情况,在与上级领导探讨时很有用。其中可以包括具体细节,比如自己已经参加过的课程,但是可以在更大问题的框架中展开讨论,比如个人的目标及其与学校和社区目标的融合程度。这张图可以每年滚动绘制。

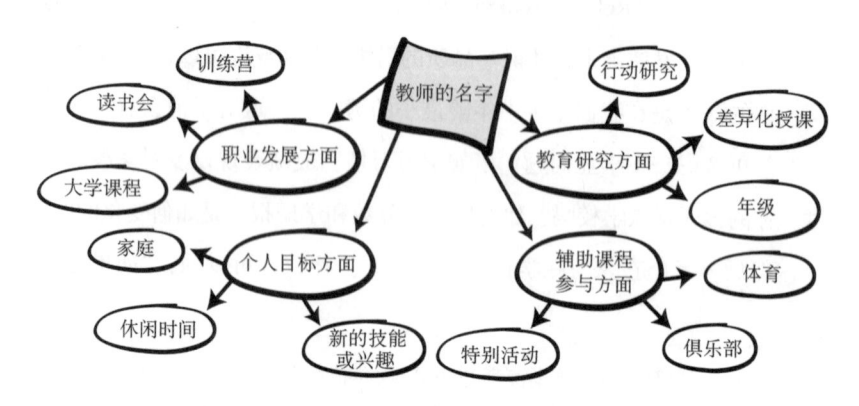

世界咖啡馆[①]

内尔达·康布-麦凯布

我第一次体验世界咖啡馆是在一次系统思考的会议上。这个过程的设计者朱厄妮塔·布朗为一个大型团队（全体人员有几千人）安排了一系列有挑战性的问题。讨论的主题是：为变革我们的组织和世界建立协同能力。当我走进一家酒店的大宴会厅的时候，迎接我的是几百张小咖啡桌，以及桌上的格子桌布和花束。我一下子就感到这会是一次特别的经历。在随后的两个小时里，许多人在不同的桌上参与讨论，另一些人则一直留在一张桌子上进行讨论；随着每一轮讨论的变化，大家的想法和观察就提升到一个新的层面。当我在两小时之后离开这次讨论的时候，感到与房间里的每一个人都有一种不可思议的联系。我们在房间中走来走去，看着探讨逐渐演化、集体智慧逐步形成，这给了我希望：这样的探讨可以改变世界。

通过朱厄妮塔·布朗发表的书籍、文章和建立的网站，你可以初步了解如何组织世界咖啡馆的谈话。在自己的工作中，我把这个过程应用到各种不同的学校系统里，也用在高等教育机构的教职团队的会议中。世界咖啡馆"参考指导篇"是一本电子书，简要介绍了如何以这种形式开展有意义的谈话的指导原则，包括从问题的开发到会场布置

[①] 朱厄妮塔·布朗（Juanita Brown）和戴维·艾萨克斯（David Isaacs）及世界咖啡馆社区（The World Café Community）所著的《世界咖啡馆：通过有意义的探讨塑造我们的未来》（*The World Café: Shaping Our Futures Through Conversations That Matter*, Berrett-Koehler Publishers 出版，2005 年），《世界咖啡馆：开展有意义的探讨的参考指导篇》("The World Café: A Resource Guide for Hosting Conversations That Matter", PDF 版，2009 年）。Pegasus Communications 的网址：http://www.pegasuscom.com；World Café 的网址：http://www.theworldcafe.com。

的所有问题。《世界咖啡馆：通过有意义的探讨塑造我们的未来》一书则详细介绍了这个方法，并提供了其理论及哲学背景，以及在不同组织中应用世界咖啡馆的许多案例。我发现这本书对于我自己设计"咖啡馆"讨论十分关键。世界咖啡馆的网站提供了更多的指导和工具，其中许多是免费的。当我每一次完成"咖啡馆"讨论的时候，我都看到了谈话在塑造我们的生命方面不可或缺的作用。

6. 系统思考

许多学校管理人员整日陷于危机处理之中，无法自拔。你如果坐到一位学监的办公室里，听着打进来的电话，就会惊叹不已——当然，也会感到有些奇怪，为什么不干脆把电话线拔掉。每一个事件似乎都需要立即做出反应。一个孩子在学校的操场上受伤了，所以要加派监护人员到操场去。州立法机构正在讨论的一个法案，有可能会削减学校一些项目的收入，所以要安排到州首府去一次。一位家长对孩子的成绩有些担心，因此本周要安排见面。无论是什么问题，学监（或者其他管理人员）的任务就是要以最快速度做出分析判断，并且找到马上就能解决问题的方案。

但是，这些"快修"办法的长期影响很可能弊大于利。不仅如此，对于每个事件立即做出反应，一出现问题就随时解决的习惯，会在学校系统中培养一种"注意力缺乏文化"。人们从一个问题迅速跳到另一个问题，就会逐渐在处理危机上技能纯熟，却忽视了如何寻找途径，防止危机的发生。

系统思考的修炼提供了另一种看待问题和目标的方法——它们不是孤立的事件，而是一些更大的结构中不易觉察并且相互影响的组成部分。了解一个系统就意味着要了解那些相互影响的关系，了解它们如何反复发生、如何随时间推移而演变。一个学区是一个由许多相互关联的成分构成的系统：从校舍设计到人们在学校中工作的习惯与态度，以及由州政府和社区加在学校头上的所有政策和流程，还包括那些难以改变的力量，比如：可用资金情况和学生人数的增减等等。了解了这些因素如何相互作用之后，行动的效力就会大大提高。

系统与系统思考[①]

一个系统是一个可被感知的整体结果，其组成元素"相互依赖"，这是因为这些元素随着时间的推移持续不断地相互影响。System（系统）一词源于希腊语的动词 sunistanai，原意是"使……站在一起"。正像其原意所说的，系统的特征也包括你自己观察这个系统的视角。系统的实例（除学校系统之外）包括生物有机体（含人体）、大气、疾病、生态空间、工厂、化学反应、政治机构、产业、家庭、团队，以及所有组织。在每一个学区、社区以及课堂之中，都会有多个值得关注的不同系统：学区中的治理流程、具体政策造成的影响、劳工—管理层关系、课程开发、处罚学生的模式，以及管理人员的主要行为等。每一

[①] "系统思考"这个说法，用在不同的语境之中，表示各种概念。更多这方面的内容，请参见《变革之舞》(*The Dance of Change*, Crown Business 出版，1999 年) 中查罗特·罗伯茨所写的《系统思考的五个种类》("Five Kinds of System Thinking")。有关开放系统理论，特别是系统动力学方面的认知演化过程的深入探讨，我们还推荐《社会科学和系统理论中的反馈思想》(*Feedback Thought in Social Science and Systems Theory*, University of Pennsylvania Press 出版，1991 年)。有关这方面的历史线索，请参考阿特·克莱纳所著《异端年代》(*The Age of Heretics*, Jossey-Bass 出版，2008 年)。

179

个孩子的生活都是一个系统。每一个教育实践,也是一个系统。

系统思考的修炼是对系统结构与行为的研究。过去50年以来,逐步形成的一系列的工具和技术使其逐渐丰富、成熟,尤其是自功能强大的计算机问世以来。其中一些工具和技术相当简单,另一些则需要计算机模型(以及相关模型使用培训)。所有这些都不难掌握,然而,随着这些工具和技术的逐步使用,你就能够学会如何识别和应对每天生活中的"非线性"现象,也就是因果关系不以多数人期望的方式发生的那些情境。对于复杂性、相互依存关系、变化和杠杆作用(以最小的成本和努力,获得最大的结果的能力),你也会逐渐形成认知能力。对于自己生活中的预料之外的结果,你会因此获得更多的了解。

系统思考的工具和技术初看似乎并不十分常见,然而,(你将会看到)其中的基本概念还是会在你内心深处产生共鸣。比如,我们发现,多数孩子是天生的系统思考者,对于自然界、他人、情感、思想及其相互之间的种种相互依存关系,感应能力极强。

教育领域中的系统思考

由于教育系统中普遍存在的各种问题的形态特点,系统思考在教育领域中尤其有意义。在《领导力:没有简单答案》[①]一书中,罗纳德·海费茨将其统称为"适应性"问题,意思是说以纯粹的技术手段或者一对一的反应方式,无法解决这些问题。比如,单一感染是一个

---

① 参见罗纳德·海费茨《领导力:没有简单答案》(*Leadership Without Easy Answers*, Harvard University Press 出版, 1994年), 第31页。

技术性问题，采用抗生素或者其他简单的治疗方法，结合传统医疗技能就足以解决了。但是，对于一个复杂的病症，比如癌症或者糖尿病，所需的就远不止技术方案或者简单治疗手段了。其诊断带有很大的不确定性，诊断结果更多的是一种猜测而不是确定性的结论。同时，为保证治疗过程的进行，患者也必须参与其中，了解治疗过程，并且改变自己的生活习惯。对于海费茨来说，以其复杂性和不确定性，就可以确定这是"适应性"问题。

由于几个方面的原因，教育领域的问题比健康问题更为复杂，也更具不确定性。教育领域问题的时间更长——在许多国家，一个孩子3~4岁开始接受教育，走出校门的时候可能已经22岁了（还可能年龄更大）。其中涉及的知识和专业能力，比起医学领域更加碎片化，也更为分散，虽然如何提升学校效力的基本认识正在形成，但是其共识程度远远不及大部分生物领域。教师、管理人员和家长，分别拥有一部分知识，同时又缺乏其他方面的知识；课程安排以及其他事务的优先次序是在学区之外确定的；然而，从某种意义上说，学生才是其中真正的专家，因为只有学生才能够从头至尾看到整个系统。最后，就像高品质的药物一样，高品质的教育取决于一系列的人生选择，以及学习如何做出这些选择的方法。

因此，系统思考可以为教育领域做出巨大贡献，但其本身不应当作个人修炼去对待，一个人的个人视角不可能全面。不要自己练习，而是要把做出承诺、愿意尝试的人们召集到一起，一起讨论自己所处的共同环境。在思考过程中，应用各种系统工具，描绘出正在产生作用的各种力量，在大家看到的系统基本模式和系统架构中寻找类似之处。同时，也要看到其中的不同之处，因为不同的人对于问题的看法的差别之中，可能存在着了解系统的关键线索。

你的行动是整个系统的一部分，对其表现方式要特别关注。如果你的行为倾向于指责他人——不论是教师、家长、学校、政府、本地社区以及企业，那就要问一问自己，你在系统中处于什么位置，才有可能导致这种状态。还要具体看一看，究竟是你的哪些行为，导致这种状况难以改变。

最后，要试着识别出系统中的杠杆作用点：相对较小的行动可以取得相对较大的成果的地方。然后就可以进行小规模实验，观察结果，并且与同事和其他合作伙伴谈谈你的实验（及其成果）。通过这种方式，你的小组的努力自然就会成为系统的一个组成部分，是对系统进行反馈的一种形式，也是系统得以自我改善的催化剂。

冰山模型 [①]

当"泰坦尼克号"在跨越大西洋的处女航中驶近一座冰山的时候，对这艘船最具威胁的并非是水面之上可见的冰山，而是远在水面之下，那里的形状和结构——实际上也就是冰山的大部分，即便是在白天也难以看到。大多数人都熟悉"冰山一角"这个说法。它的含义是，在表面之下还有更大的部分，我们不易看到或者不易描述出来，也就是说，表面上的各种事件通常只是更大问题的现象而已。

虽然海水黑暗、模糊，但引发变革的真正的杠杆作用点，还是要在表面之下发现。从系统的观点去看，如果只关注一个具体的事件，

[①] 目的：这个活动可以帮助你从应对一个个孤立事件，转变到能够看见时空上也许相差极大的多个事件的相互联系。你的团队不再对事件做出简单反应，或者试图寻找责备的对象，对于你们面对的种种挑战背后的结构和思维方式，大家可以获得更为深入的洞察。这个练习中的反思和探询过程，可以帮助说明系统思考和心智模式的修炼是如何内在地交织在一起的。

也就是关注冰山的一角,就会阻碍你看到学校组织的复杂性。"冰山活动"这个修习,把团队的注意力聚焦到如何理解问题上。虽然最终这个修习往往可以帮助人们找到解决方案,去应对那些他们已经识别出来的问题,但在一开始最好还是把它当作理解问题的一种方法。

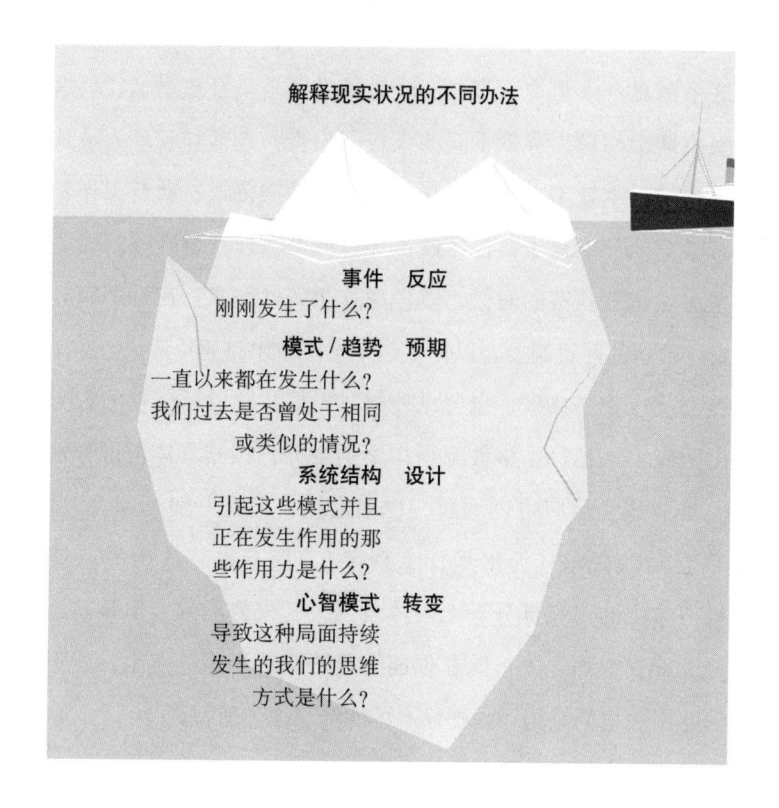

解释现实状况的不同办法

事件 反应
刚刚发生了什么?

模式/趋势 预期
一直以来都在发生什么?
我们过去是否曾处于相同
或类似的情况?

系统结构 设计
引起这些模式并且
正在发生作用的那
些作用力是什么?

心智模式 转变
导致这种局面持续
发生的我们的思维
方式是什么?

第一步:事件

说出在你的课堂、学校或者是社区中出现的一个关键性的事件或者是一个关键问题。花 15~20 分钟反思这个事件,以及这个事件一直以来都是个问题的原因。你自己和其他人对于这个事件做出了哪些反应?你们是如何尝试解决这个问题的?

比如，前不久州政府的报告表明，十字街公立学区（Crossroads Public School District）前一年的学生毕业率只有78%。虽然这个学区学生的毕业率过去几年一直在下降，但对于这次下降，大家都感到措手不及，尤其是这个州其他学区的学生毕业率都达到了95%或更高的水平。不仅如此，就在几年之前，这家学校似乎还在进步。

这个消息令人沮丧。家长们联系了学区委员会成员们，要求采取行动解决这个问题。背景不同的人相互指责：老师和管理人员认为家长和孩子们根本就不在乎；家长们则愤怒地回复说，教育工作者根本就没有教育他们的孩子；社区成员保持缄默，但发誓在下一次要求他们投票决定运营收费的时候，要考虑这次统计结果；民选的领导人们则开始讨论新的问责制度，以保证这个学区做出迅速反应。

这类反应相当典型，也可以理解。人们往往以反应性的行为对事件做出回应——把每个事件都当作个别事件，按其具体情况分别做出反应。虽然这类反应可以理解，也很常见，但是一般不起太大作用。如果你看到的现象（无论是什么现象），只不过是冰山的一角怎么办？虽然冰山的可见部分看上去体量巨大，来势汹汹，但是其最危险的部分却藏在海面之下。除非你能够设法穿透黑暗的海水，看到支持可见的冰山一角的结构，否则你不可能绕过冰山航行。

那么，冰山一角之下又是什么呢？

第二步：模式和趋势

以两个问题开始：在过去的一段时间里，一直在发生什么？我们此前是否曾经处于同样或者类似的情况？

探讨你们在第一步中描述的事件的相关历史。把相关事件随着时间发生的过程用图表表示出来。你们看到哪些模式正在显现？

在十字街公立学区①，管理人员收集了与学生特点和本地人口迁移相关的数据，以及其他似乎与毕业率有关的事件。他们画出来的图大致如下图所示。

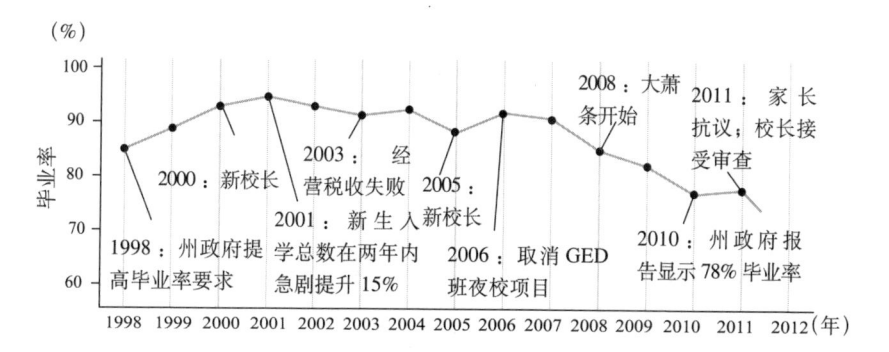

(%)

纵轴：毕业率

- 1998：州政府提高毕业率要求
- 2000：新校长
- 2001：学生总数在两年内急剧提升15%
- 2003：经营税收失败
- 2005：新校长
- 2006：取消GED班夜校项目
- 2008：大萧条开始
- 2010：州政府报告显示78%毕业率
- 2011：家长抗议；校长接受审查

横轴：1998 1999 2000 2001 2002 2003 2004 2005 2006 2007 2008 2009 2010 2011 2012（年）

系统专家把这种图表叫作行为—时间图。图中表示出的行为，不是人类的行为，而是系统的行为，即关键变量升降的模式。随着这些模式逐步显现出来，大家就可以清楚地看到，其中多数模式以前都曾见过。全新的模式基本不存在。虽然它们看上去并非完全相同，但是它们一定会与两年、五年，甚至于十年前曾经出现过的某些模式有类似之处。

观察行为模式最初可能会让人感到郁闷——这些模式表现的似乎是无法避免的厄运，无论你做了什么，都还是要落入模式之中去。这样的态度背后是"历史将会重演"的假设，但这个假设是错的。现今，影响教育的所有主要驱动因素，从经济状况到政府政策，再到教育的人口趋势，都是无法预测的。因此，虽然各种行为模式呈现出一定趋势，但并不足以支持决策。要想看得更深，你就要思考模式的深层原因——那些将你引入眼下这个局面的、相互关联的种种驱动因素。

---

① "十字街公立学区"是一个虚构的学区，但这里的事件和分析却是基于几个真正的故事。

185

第三步：系统结构

哪些影响因素造成了你在第二步中描述的行为模式？这些系统元素看起来是如何相互影响的？如果你想要改变这些模式，学校中的哪些基础特征必须转变？

在每一个模式的背后，都有一个系统结构——表面上似乎并无联系但相互作用、相互影响的一组因素，尽管这些因素可能在时空上相距甚远，尽管它们之间的关系也难以辨识。如果加以仔细研究，这些结构就会显露出可以产生最大作用的杠杆作用点。这些作用点并不一定是最高权威的所在之处，它们是长久以来已经根深蒂固的因果关系交织之中最容易受到影响的那些点。

许多这样的系统是随着时间推移、在解决长期问题的习惯做法中逐渐形成的。要重新设计这些系统，就需要深入理解现有的结构和做法。比如：在十字街公立学区毕业率下降的现象背后，或许既有学生来源的多元化程度持续增强的情况，也有在帮助有学习困难的学生方面，未能及时开展员工工作的因素。这个学区以往以教学优秀而闻名，因此许多希望自己的孩子得到最好学习体验的家长就被吸引了过来。许多学校的管理人员依旧认为自己的学校是培养精英的大学预科，并以此作为决策的基点。然而，周围的社区已经成长、变化了，其中许多家长的第一语言并非英语，对于其中的一些教育上的需求，学校毫无准备。

随着经济因素迫使这个学区缩减预算，毕业率下降的问题进一步恶化。其中有一个因素往往被忽视，这就是学校领导的离职率。2000—2005年在位的校长，曾经开发和推广过一个替代性的晚课项目，要求希望退学的学生必须参加，否则退学申请就不予批准。这个项目既为需要获得高中学历的学生服务，也为成人识字课服务——也像许多项目一样，急需资金支持。尽管如此，这个项目由一位精力充沛、乐于助人并且心地善良的老师主导，为学生提供了一个温暖而又个性化的学习机会。但是，当这位校长退休之后，这个项目也就中断了。随后，这个学区试图把这些学生安排到附近一家替代学校中学习，并且安排了更多的阅读和数学补习课程，然而，其成功率比原有的晚课项目要低得多。

你可以尝试用语言来描述因果关系的模式，但是用图画出来，以箭头表示因果关系，要有效得多。这个现象的因果循环图，最终可能是下图这个样子：

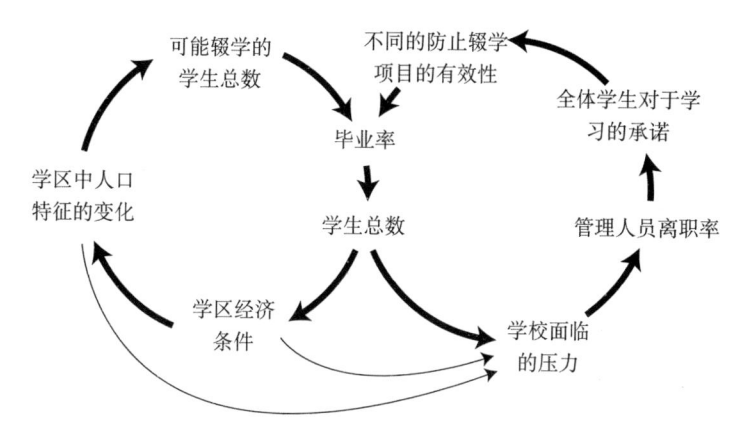

注：这是一个"增长极限"系统基础模型——参考彼得·圣吉所著《第五项修炼》。

注意一下相互关联的影响因素的数量，以及它们如何共同作用导致毕业率的提高和下降。也需要注意到，这个图中没有"纯粹的"起点或终点——所有因素都在影响其他的因素，其自身又受到其他因素的影响。系统就是以这样的方式随着时间的推移而进化的。当学区的毕业率升高的时候，就会影响学校的名声，并（最终）影响社区的经济条件。这些因素，反过来，又影响了学校的工作效力，并且最终决定了毕业率。

在本书中，我们将会用到许多系统思考的工具——包括因果循环图和结构模型，帮助我们梳理，并且清晰地描述出构成系统的相互作用关系的模式。我们也会看到，这些不同的、重复出现的模式，如何引发可以预测的结果，又如何指出方向，让你认识到杠杆作用点可能的所在之处。我们还会让你了解如何开发不同的计算机模型，它们可以帮助你在理解系统上，有更高的准确度，能够关注更多的细节，并在学习和认识上更具潜力。

然而，总要有目前的这个关键步骤，也就是把你们的注意力集中到系统中最重要的种种系统结构上，集中到它们相互影响的方式上。简单地说，就是去寻找影响其他因素的各种因素。

那么，我们要把注意力放在哪里，才能将系统结构看得更清楚呢？

第四步：心智模式

对于你正在试图解决的问题，系统结构可以将对其产生影响的那些相当深层次的、互为因果的种种关系显露出来，但还有一个更深的层次，就是最初引发这些系统关系的心智模式。人们处于系统之中，他们的价值观、态度和信念通常将系统塑造成形。这是因为我们的心智模式，也就是我们有关这个世界的运作方式的种种道理，影响了我们的各种行动，而这些行动又反过来影响了这个系统中各部分的相互作用。

比如，可以考虑一下引发学生退学的心智模式。在这个学区中，大家是不是认为校长必须是一个超级英雄呢？他们是不是感到，如果看到一点儿瑕疵，就标志着他们选错了人呢？他们有没有期望这个校长在政治上八面玲珑，在态度上彬彬有礼，对于许多事却连碰都不肯碰呢？

反过来看，校长对于这个社区又有什么样的心智模式呢？对于教师和教师工会，是什么样的心智模式？对于学生以及多少学生有能力学到毕业，是什么样的心智模式？对于最佳学习模式，对于自己，又是什么样的心智模式呢？许多学校的管理人员是成功人士，也受到过良好的教育，他们学会了宣扬观点的力量，但是在探询上却缺乏技能。他们往往守着这样的心智模式：每当面对冲突，如果他们争论得更富激情，讨论得更加激烈，他们就会"赢"。然而，恰恰是因为这个方式，他们与教师以及家长之间的误解不断重复、循环，并延续下去。

现在，再想一想你画的图中的问题。在系统结构中的每一个因素的背后，都是一组态度和信念，虽然其中一些会引发误解、降低效率，却从未受到过质疑，因为它们是不可见的。你是否能安全地让它们呈现出来、对其进行探询呢？只有把这些信念和假设呈现出来，系统才可能发生改变。

应用冰山模型

这是一个团队练习，可以用来探讨任何重大问题。当你们逐步完成了这四个步骤，你们之间的讨论就会上升到一个新的高度——远离了那些"快修"式解决方案，更加接近于真实了解制造了这个问题的种种态度。在初始阶段，要引导探询：要求大家不要提供解释，而是提出问题。在你们进行后面的三个步骤的时候，都要记住：你们不是在寻找解决方案，而是在生成一种对于局面的更好的理解。从这样的深层理解出发，可持续的解决方案就会逐渐生成出来。

幻影交通堵塞

阿特·克莱纳

你曾有过在一场"幻影交通堵塞"中几乎无法挪动一步的经历吗？

这种交通堵塞，找不到缘由。不是高速公路维护，也不是交通事故阻挡了轿车、卡车组成的车流，甚至没有行驶车道数量的合并减少。然而，突然之间，车流逐渐慢了下来，几近停顿。你和所有其他车一起缓缓爬行，而后，不知由于什么原因，车流又快了起来。

"幻影交通堵塞"是一个系统结构。或许，看上去并非如此，因为其中没有任何正式关系，只是一堆车而已，每一辆似乎都在高速公路上自主行驶。然而，还是有某种东西把这些车连到了一起。很明显，这不是一个随机的关系，因为"幻影交通堵塞"在全球范围内的高速道路上，一再持续地重复发生。

其实原因总是相同的：开车的时候东张西望、紧跟着前车行驶、与前车距离过近。当大家在自己的车和前面的车之间留的空间过小时，一个震荡调整模式就会由此发生。处在最前面的驾车人只要踩一下刹车，稍慢一刻。第二位驾车人就会过度反应，不必要地加重刹车。第三位驾车人就会更重地猛踩刹车。每一辆车都稍稍做出过度反应，也都慢下来得更多一点儿，于是车流最终就停了下来。

像其他许多系统结构一样，"幻影交通堵塞"中的关键相互作用关系，只有当你对于以下这些相关事实进行反思之后，才会变得清晰起来。

- 时间是一个重要因素。一辆车刹车与下一辆车刹车之间的延时，有很大的影响作用。一些系统结构有很多因素（系统专家将其称为"细节复杂性"），但是大多数恶性问题也往往有"动态复杂性"。其性质难以解读、认识，除非你能够看到系统因素如何随时间变化。

- 人们的态度也是系统的一部分。在驾车者对前车跟得不是太近的国家（由于法律规定或者是习惯），往往不会发生"幻影交通堵塞"。

- 一个人通过自己的个人行为，很难解决这个问题。现在，你已经知道"幻影交通堵塞"的原因了，当你在高速公路上行驶的时候，你可以让自己的车与前车保持一定距离。但是，这样往往是其他驾驶者开车插了进来。此外，其他的容量限制，比如：路上的行车道的数量，恐怕也是你的个人能力难以改变的。

- 从直觉出发、让人心安的解决方案（比如，在你急着赶路的时候，紧跟前车），结果会让这个问题更加严重。
- 对于这个问题，很少有人知道多少信息。当你处在堵塞当中的时候，不知道会堵多长时间，也不知道是什么原因。你一直都不知道——直到你驶离现场（或者更像是一个网球，被发球机从另一端发射出去）。
- 最后，这个系统出于本能抗拒我们试图改变的努力。设想一下，如果你急着赶路，却又堵在"幻影交通堵塞"之中。在过去15~20分钟走走停停的过程中，你也许对造成这个问题的原因十分在意。你可能想到如何去改善这条高速路的设计，也可能想再增加一条行车道，或者是通过立法限制紧跟前车行驶。但是，一旦你离开了这个系统，你大概会把所有这些想法都抛到脑后。

从许多方面看，学校系统就像是"幻影交通堵塞"。问题很多，又相当复杂，对于其原因、结果和持续时间，没有人拥有完整的信息。陷入其中的人——学生们，往往感到无力做出任何有意义的改变。他们只能忍受，只能去想象，或许可以有哪些不同。然而，一旦离开学校，他们就不大会在乎了——除非他们自己成为教师，或者是孩子的父母。即便到了那个时候，他们关注的方式和程度，也还是不一样的。

要真正变革造成了"幻影交通堵塞"的那个系统，并在未来消除这种现象，你会做些什么呢？一个人一定会想要改变许多因素，从高速公路的设计，到法律和政策，以及人们的习惯和价值观。在这里，没有清楚并且简单的答案，况且其中涉及大量行动，需要来自方方面面、背景各不相同的许多人的参与。

"幻影交通堵塞"的动态特征，是车辆与道路之间自然呈现的关系，这本身是一个结构。在任何一个复杂的系统之中，无论是交通堵塞还是学校以及学区，正在起作用的结构的性质，决定了系统之中的人的行为。

学校中的结构

在你的学校里，哪些结构影响最大呢？其中恐怕要包括大家已经习以为常的那些上下级关系，比如小学、中学和高中里的年级，这就是一个结构。不同的学生所处的社会关系也是一个重要的结构。英文和数学有着不同的学术传承，还是一个结构。

另一个结构与许多地区比较缺乏合格的学校领导人有关。反过来，这个结构则是由退休年龄、学校财务预算以及学校管理人员的培训系统等一些其他结构所促成的。

并非所有的结构都是此类正式结构。在学区委员会里，或许有两位成员长期意见不合——他们两位各自在镇上都有很强的背景，谁也没有办法同时与这两位都搞好关系。这也是一种结构。

因为问题而责备人很容易——责备他人难以相处，或者是指责别人的想法有问题。但是，当你看到问题背后的结构之后就会意识到，在这样的结构中，任何一个处在同样地位的人，恐怕都会在巨大压力之下，做出完全相同的事。

有时候，如果你想要改变行为，提高对于正在起作用的结构的认识就足够了。在另外一些情况下，你就必须要获得大家的支持，共同尝试改变这个结构。而在其他一些情况下，你可能认识到，建立新的行为需要形成新的结构——如果你对正在起作用的反馈机制有所认识的话。

系统论基础：反馈的性质[①]

通过由因果关系形成的循环，系统持续向其自身发出信号。系统思考者称之为"反馈"，因为系统产生的结果，往往会在一两个阶段之后，形成"反向输入"，对其自身产生影响。自20世纪50年代起，以麻省理工学院的杰伊·福里斯特（Jay Forrester）的工作为发端，通过数学模型、计算机模拟以及对现实世界的观察，反馈行为得到了深入研究。到目前为止，已经形成了一系列描述、勾画各种系统的工具，福里斯特称之为"系统动力分析"。

熟知系统动力分析，使你能够掌握一种探讨复杂事件的语言。现在，越来越多的人通晓这种语言，无论是在学校里还是在其他地方。这种语言的语法起点，就是以下这些内容。

存在两种基本的反馈机制。如果你熟知这两种机制，并且了解它们如何既相互独立又相互结合地运转，就会对自己周围的各种不同系统，获得深入的认知。这两种机制中一个是强化过程，一个是平衡过程；一方面加速和保障增长，另一方面则调整和保障平衡。

正反馈过程：当小变化变成大变化

正反馈过程是那种可以引发指数性增长或者衰退的反馈，在自然界和人类事物中都有表现。当一个植物或者一个动物出生之后，就会贪婪地消耗掉其所需的一切：消耗越多，成长也就越快；成长越快，持续消耗也就越多。其成长逐渐加速，越来越快，直到被其他力量所阻，才

[①] 这一节和下一节的内容，采用了本书第一版中尼娜·库鲁斯维兹（Nina Kruschwitz）、德布拉·莱尼斯（Debra Lyneis）和利斯·斯顿茨（Lees Stuntz）合著的文章《课堂上的系统思考》（"System Thinking in the Classroom"）中的部分内容。

开始慢下来。在所有的正反馈的过程中，小变化会发展成大变革。高出生率导致了更高的出生率，工业增长引发出更大的工业增长。

要想理解指数增长所带来的、往往令人瞠目的种种后果，可以考虑一下银行的定期存款账户。在初期阶段，在一定利率之下，比如年利率5%，这个账户每次只会增加不多的钱。然而，如果你把利息留在账户中，增长的速度会随着利息的逐步积累而增加。每年存入1 000美元，50年之后（如果年利率5%）你会得到231 000美元；比起你把同样数目的钱放在存钱罐中所得到的总数要高四倍多。这是一个良性循环，虽然要等很长的时间，其价值才会显露出来。

然而，你也有可能会落入恶性循环：不是投资获利，而是卷入到一场债务加速累积的过程之中。起初，你似乎只是在付出一小笔利息，但随着时间的推移，你的负债逐渐加速增长，特别是当利率是15%，而非5%的时候。

不要低估正反馈的爆炸性影响：当存在正反馈过程的时候，线性思维总是会让我们陷入麻烦。比如，学校常常假设，其面临的增加课堂教学空间的需求，是稳定而逐步增长的。但学校会吃惊地发现，当新课桌运到的时候，其需求已经超过了供给。这种状况看上去几乎像是增加出来的教学空间，反而引发学生人数的突然增加，然而，事实上由于学校系统的吸引力的增加，这或许也会发生。

当有人说，"没有办不成的事"，或者"我们一帆风顺"，以及"这是我们一步登天的机会"的时候，你可以打赌这里有一个正反馈过程，其方向是"良性"的，正合言者之意。而当听到别人说，"情况正迅速恶化"，或者"我们坐在大雪橇上飞速下滑"，以及"我们正在快速湮没"的时候，你就会知道，他们落入了另一种循环——恶性循环。

决定正循环如何发展、演化的关键因素，往往在于是否可以获得相关信息。系统专家戴维·克罗伊策（David Kreutzer）指出，支持莫罕达斯·甘地抗议英国统治的人数呈指数倍数持续增加，是因为在与他一同抗议的印度教徒之间存在完善的沟通渠道。他们的非暴力抗议活动为他们提供了一个不断壮大的论坛，使他们得以不断召开会议，策划新的行动。2011年，由社会化媒体提供的信息通道，创造出了一个影响巨大的反馈环路，在突尼斯、埃及、利比亚和叙利亚引发持续不断的反政府游行。

从定义上说，正反馈是会终止的。无论是良性还是恶性，正循环都不会永远持续下去。在某个时刻、某个地点，它总会撞上某一个障碍。比如，由于空间条件限制，或者由于其他原因，不再有更多的人愿意到此定居，一个学区人口的持续增长最终就会因此达到极限。定期利息的存款账户也会达到一个限度——你迟早要用掉这笔钱，比如用来支付孩子大学教育的费用。有些限制条件可能在我们一生中都不会出现，但可以肯定的是，它们迟早会出现。无限的增长并不存在。

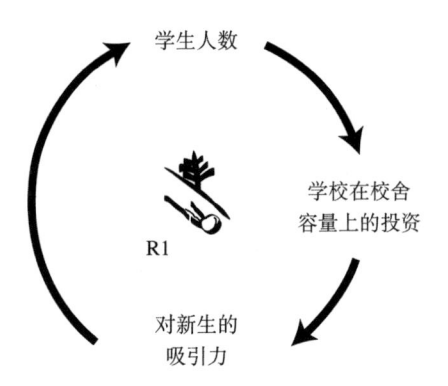

注：在这个因果循环图中央的"雪球"，代表正反馈过程。随着学校为了应对学生人数的增长而扩张校舍容量，其所在社区就变得更加有吸引力，更多家庭就会试图搬到这里居住——结果对于学校扩容的压力就不断增加。在达到某种限制之前，这个学区的扩张会持续加速。

负反馈过程：形成稳定和阻力

负反馈过程保证每一个系统都永远不会大幅度偏离其"自然"运行范围。无论是人类身体的自我平衡趋向，还是一个生态系统中捕食者与被捕食者的平衡，或者是一个公司的"自然"开支，都是如此——你会发现，不管你花多大力气试图调整、改变，它们往往都会返回到原先的状态。

负反馈过程出现的情境，似乎往往存在着自我纠正和自我管理的过程，无论身处其中的参与者是否愿意如此。如果人们谈论的是"坐在过山车上"，或者是"上上下下被甩得像个悠悠球"，那么他们就是陷入了某种负反馈的结构之中了。如果被卡在另一种负反馈结构里，他们则会说："我们撞到墙了"，或者是"我们无法突破障碍"，以及"这好像是在'打地鼠'——我们在一个方向上解决这个问题，结果它在另一个地方又冒出来了"。尽管负反馈过程往往带来挫败感，但其固有特征并非一定有害。比如，负反馈过程保证系统中存在某种方式，可以中断恶性循环，使情况不致继续恶化下去。我们的生存依赖于控制地球、气候和我们自己身体的各种各样、为数众多的负反馈过程。负反馈过程通常表现出系统的内在智能，无论系统受到怎样的干扰，都会具有使其向同样的稳定目标持续移动的某种力量。仿佛系统本身"知道""应该如何运行"，并且动员自身的所有力量，回归到这个状态。

负反馈过程总要绑定在一个靶子之上——一个点或者是一个目标，这个系统各种不同的作用依此自然设定。只要现实状况与负反馈过程的目标不符，随之产生的差距（目标与系统产生的实际结果不同），就会引发让这个系统无法忽视的压力。差距越大，压力也就越大。除非你认识到了这个差距，发现、确定了催生这个差距的目标或者是限制条件，否则你无法理解负反馈过程的行为。

因此，负反馈过程的因果循环图不仅显示出循环过程中的活动，也表明了影响系统的外部"目标"（一般画在一个方框之内）。图中可能也会包括一个可见的、通常会改变系统行为的"延迟"。

教育系统中一个常见的负反馈过程，就是围绕着分级打分的持续紧张状态。每一个人都明白，分级打分存在着严重问题——把对于学生功课的评价简化为数字本身难以做到准确；"分数膨胀"带来的影响，削弱学生的主动性；教师必须要给学生打分，还要以数字跟踪他们的进步，这个过程相当枯燥乏味，等等。每隔一段时间，对于分级打分的不满情绪，就会高涨到大家无法忍受的程度，于是一场变革就开始了。但是，随后系统的负反馈过程就开始发挥作用了。无论是学生还是家长，都需要有人评估他们所做的努力。大学入学和工作申请也都需要分数。于是，人类的相互竞争因素，不管是自然产生的还是由社会培养出来的，也加入了进来，并且发挥影响。在没有分数的真空状态之中，在所有平衡力量的共同反推之下，分级打分变革的努力就会停顿下来。分级打分带来的各种问题又再次回归。如果想要实现任何有实际影响的变革，就必须应对保持这个负反馈循环的那些驱动力。

延时：事情最终才会发生

在正反馈和负反馈过程中，都存在着一些点，在这个局部，一系列的影响需要经过相当长一段时间，才会逐步产生作用。延时之所以会发生，是因为变革通常是一步步展开的。比如，如果某个学校里的中小学学生和高中学生加起来有300人，但同时又有800名幼儿园的孩子。高中部的管理人员就基本可以确信，他们未来需要聘用更多的教师，还要扩建教学设施。但并非马上就要做——还需要再等8年的时间，那一大群孩子才会来到高中部的大门口。

延时会对系统产生巨大作用，往往会强化其他驱动力的影响。这是由于延时有一种微妙的作用——人们通常对此习以为常，往往还会全然忽视其存在，并且一般总是会低估其影响。在正反馈过程中，延时可能会动摇我们的信心，因为成长并未按预期迅速到来。在负反馈过程中，延时会显著改变系统的行为。当人们尚未认知的延时出现的时候，大家的行为倾向是做出急躁、冲动的反应。通常为了得到自己所期望的结果，大家会加倍努力，这往往就会带来不必要的、剧烈的调整。

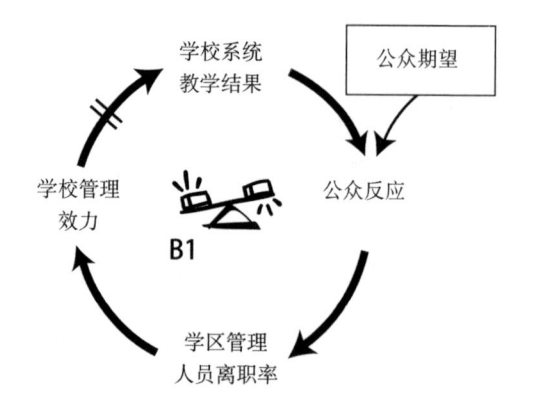

注：这是一个简化了的包含延时的负反馈循环图，代表一个存在管理人员高离职率的系统。这个循环的起点是学校的教学"结果"（学校中孩子的学习和考试成绩）与学区中的家长们的公众期望之间的差距。如果差距过大，公众反应就会引发管理人员的离职或者辞退，导致离职率的提升。这又会进一步改变学校管理的有效程度（往往会变得更差，但总是人们的主观评判），并（在一定的延迟之后）改变学校系统的教学结果。如果把关注点放到开发管理人员的领导力和技能上（通过导师制、培训以及要求他们参与教学），效果会好很多。如果公开探讨公众对于各个学校的期望，也会大幅度降低成本。

当我们试图了解一个系统的时候，发现和确定系统中影响最大的拖延事件，会有很大的帮助。比如，可以试想一下，找到一个新的学校管理人员需要多少时间——这段时间足以让学校系统发生瘫痪。然而，这个过程对于学校成绩表现的影响却可能相当缓慢，因为成绩下滑直至恶化，还需要一段时间。因此，人们感受到的成绩表现的危机，往往发生在新的学校管理人员到位之后。这又可能引起公众的不满——是在新的管理人员的做法还远远没有足够的时间产生任何效果之前。

应用行为—时间图（Using Behavior-Over-Time Diagram）

绘制出系统行为随时间变化的模式图，可以帮助你很快看到，哪些类型的系统过程可能在其中产生作用。分享对于系统现在和过去表现的不同看法，本身就有很强大的力量。通过询问"与这个问题有关的重要的图表有哪些"，会促使你从预先对这个问题的各种假设退后一步，转到以实际数据为立足点。此外，由于许多经典的系统描述（我们在本节中稍后会探讨的"基本模式"）表现出自身特有的行为模式，行为—时间图可以成为极好的诊断工具。行为—时间图有两个轴，X 轴和 Y 轴，其中 X 轴一般用来代表时间；而 Y 轴可以表示任何随时间变化的变量。

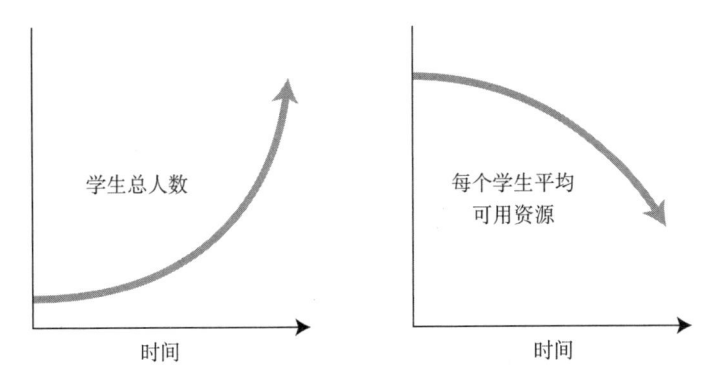

注：正循环，这两个行为—时间图显示出正循环的明显的行为模式。学校学生总人数开始较少，但是随后开始急剧增长；与此同时，每个学生平均可用资源开始下降较慢，之后便急速下跌。这两个图证明，至少有一个正反馈过程正在起作用。

在课堂教学中，行为—时间图可以用在任何一个年级，用来强化任何一门课程的教学，并且不需要任何特殊工具。多数学生都见过这样那样的图表，这类基本知识为引入系统思考技能提供了一个初步基础。行为—时间图可以作为使用更高阶的工具的入门步骤，但也可以单独使用，帮助学生们思考随时间变化的模式。

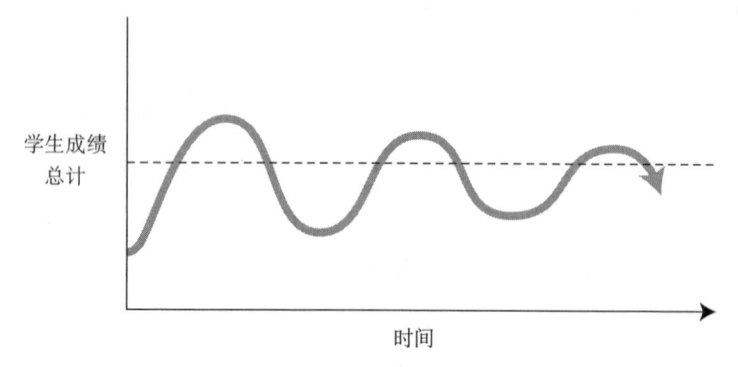

注：这个图代表的是学校中常见的负反馈过程的系统行为，无法提升测试成绩。随着学习成绩的压力逐渐增加，课程与考试的难度都提高了。学生们的考试成绩在第一波中提高了，随着学生和老师对于新系统的逐渐适应，随后又下降了；而后，又再度上升，其幅度随着每一次推进成绩改善的动作而温和波动。这个调整过程持续进行，直到这个学区达到某种成绩期望值的"自然水平"。

比如，在马萨诸塞州的卡莱尔市（Carlisle, Massachusetts），三年级学生参与了一个叫作"猛犸象灭绝游戏"的课上活动——社会研究课中有关冰河时代学习的一部分。学生们通过掷骰子代表猛犸象的出生和死亡，每一轮下来，每个小组的猛犸象群的规模都会减少。虽然所有的图表都显示出了同样的基本下降趋势，但是每一个小组的图表却是不同的——体现出生命系统内在的变异性。

与此类似，在俄勒冈州的波特兰市，在十年级的英语课上，阅读威廉·戈尔丁（William Golding）所著的《蝇王》（*Lord of the Files*）的学生们分成几个小组，绘制出书中不同人物的权力水平如何随着每一章中事件的展开而变化。他们的老师蒂姆·乔伊（Tim Joy）说："学生的任务是描绘出书中人物变化的脉络。他们需要回家完成作业，但是到了第二天他们来上课的时候，我几乎没办法完成课前点名。他们互相展示自己的图表，他们之间的辩论也就就此展开了。即便是在优等班上的最好情况下，我们也从未见过这样的热烈讨论。我要求他们集中到一起，绘制出代表他们共同观点的图表。结果让人喜出望外，因为在因此而增加出来的作业中，他们选择了一个没有达成一致意见的图表，并用一篇短文陈述了各自的观点。当我看到了学生们的反应——他们的参与程度、他们思考和讨论的程度，我就知道这是一个我一直会用下去的工具。"[1]

使用因果循环图

普通口语和书面语都是线性的。我们一般说一个因素"导致了"另一因素："A 导致 B"，但是，系统是循环的。因素 A 从来都不会导致因素 B，而是 A 与 B 持续地相互影响。用"因果循环图"（causal loop diagram, CLD）可以显示这类相互影响——图中的箭头从一个因素指向另一个因素，然后又有另一个箭头反向指回来。图中间的符

---

[1] 更多案例和介绍，见吉恩·斯塔梅尔（Gene Stamell）和德布拉·莱尼斯（Debra Lyneis）合著的《日常生活中的行为—时间图》（*Everyday Behavior-Over-Time Graphs*, Creative Learning Exchange 出版，2001 年，http://www.clexchange.org/ftp/documents/x-curricular/CC2001-11EverydayBOTGs）。

参考了盖尔·理查森（Gayle Richardson）和德布拉·莱尼斯合著的文章《行为—时间图入门：四个课程案例》（"Getting Started with BOTGs: Four Curriculum Examples"）。

号表示所涉及的反馈是哪一种。对于正反馈过程，我们用的是"雪球"，或者是字母R；对于负反馈过程，我们用的是跷跷板，或者是字母B。

在课堂上，许多老师采用了因果循环图，并且形成了一种描绘因果关系的直觉感。这种图的用处是可以提供一个快速图示，表现系统中的不同元素如何相互影响。此外，因果循环图还确定了循环的反馈方式：随着一个系统中不同部分之间的相互影响，因成为果，果又变成了因。正因为如此，我们可以这样说：行为—时间图描述了某个系统中"发生了什么"，而因果循环图则在描述变革"为何发生"时，特别有价值。

因果循环图可以用来描述相当精密、复杂的系统，但在开始的时候，还是从简单系统入手为好。在与年纪较小的学生探讨因果循环图的时候，你可能需要"围绕着"循环一遍遍地讲几次，他们才会理解原来的原因如何影响了结果、原来的结果又怎样影响了原因。在有两个以上变量的循环当中，从每一个变量开始，围绕着循环讲，有助于强化每一个箭头都代表了一个因果关系的理念。在一个因果循环图中，由于所有变量都必须能够上升或下降，所以选择正确的语言十分关键。要指导学生选择用名词表示变量，然后讨论每一个因素——说一个变量增长意味着什么，说它下降又意味着什么？

因果循环图最初理解起来可能非常抽象。小学的学生能够理解一个画好了的循环图，并能够做出解释；但恐怕还没有能力自己绘制出一个循环图来。有些老师发现，即便到了六年级，如果得到了某个系统的足够信息，也只有一半的学生，可以正确地画出一个反馈循环图来。但是，这个年纪的学生还是能在已有的因果循环图基础上添加内容，或者进一步完善。

在应用这个工具的过程中，阅读理解变得十分重要。如果你们利用的是报纸、杂志，以及学生自己进行的实验等课外资料，完成一个反馈循环所需要的信息往往不大容易获得。比如，在一个有关美国革命的教学单元中，乔治亚州不伦瑞克市（Brunswick, Georgia）的学生们花了好几个星期阅读材料、相互探讨、看录像片，以及动手实践之后，才在课上画出来一个因果循环图。

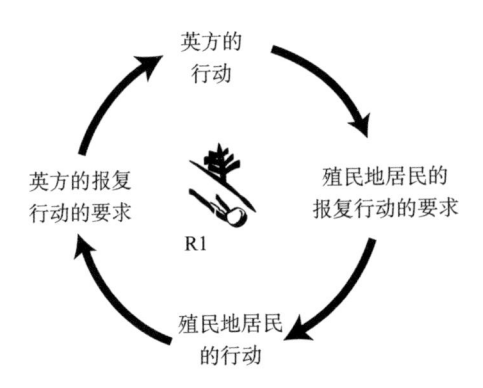

一个中学生组成的小组（乔治亚州不伦瑞克市的 GIST 项目的一部分）研究了美国革命的过程，对各方行动和反应的不断升级在其中所起的作用，有了更深的了解。他们制作了一个因果循环图，显示出殖民地居民对于英国国会通过的法案的愤怒，是怎样刺激英国通过更多限制性法案，而别无其他选择的。

最后要说的是，虽然因果循环图看起来复杂，对于某一个具体事件却仍然是过于简化的描述，因此，不应该把它当作完整的分析。开发因果循环图的初衷是用来做沟通工具，是用一种简单的视觉方式展现系统的基本动态关系。因果循环图是启动讨论的一种不错的方法，但是却不一定能够引导学生深入理解系统。当系统专家希望更具体地把握变化的速度以及一个变化对另一变化的影响时，他们就会采用存量—流量图进行工作。

绘制你自己的循环图

如果你在系统思考方面还是个新手，这些图表可能会令你望而生

203

畏。应付这种局面的最佳方法，是绘制几个与你自己有关的正反馈和负反馈循环图。你不必试图在自己的分析过程中"一次做对"，而是要尝试着去激发自己，以新的、不熟悉的视角思考同样的老问题。

在你自己的学校里（或者其他地方），找出一个正在加速变化的情境。有哪些因素在相互强化？绘制一个循环图。然后，再试着画一个负反馈循环，或者是一个推动平衡的系统。下面是画图过程中的一些指导原则：

- 从一个关键变量开始——要用一个名词，描述据你了解与这个系统有关的某个因素。然后问自己：有哪些其他变量影响这个因素？从反方向推进这个结构。对于每一个因素，问自己："是什么造成了这个因素的变化，是什么在对它的变化产生影响？"

- 如果你陷入困境、无法推进的时候，那就试试正方向："当这个变量产生变化的时候，会有什么结果？""哪些其他因素一定会变化？"

- 用箭头表示出运动的方向。这个循环是顺时针还是逆时针并不要紧，关键是要建立起这个循环方向，这样你自己（以及其他人）就可以很容易地沿着这个方向思考了。

- 如果这个系统趋于加速增长或加速衰退，在图的中央写上 R 或者画一个雪球；如果这个系统朝着一个目标或者向着系统稳定进行调整，在图中央写上 B 或者是画一个跷跷板。

- 图要简明。因素越少越好，每一个因素的标题越简单、越明确越好，目的是可以很容易地将明确的驱动力识别出来。选择"学生人数""考试成绩"和"公众反应"的说法，而不要用"人口学趋势""评估矩阵"以及"情绪及反应"等术语。

- 对因素的命名要通用，不要预测变化方向——即便你的预期是它只会朝着一个方向发生变化。比如，如果你的预测是学生人数将大幅增加，使用"学生人数"比"学生人数增幅"要好，因为无论发生什么情况，这个结构都用得上。

- 在图中要至少包括部分受你影响的因素，特别有价值。"用于员工发展投资总额"可能是影响教师离职率的一个因素。如果的确如此，并且如果你负责支配员工发展预算的话，这或许会有助于你识别出系统中的一些杠杆作用点。

- 把这些图表用作探讨的起点。在绘制出一个系统图之后，把它拿给其他人看。向他们一步一步介绍这个描述过程——从一个元素开始，描述出典型的因果递进关系（"公众反应引起学校管理人员离职率的上升，这会引发教学质量的下降，进而导致学生成绩下降和更大的公众反应"）。问一问他们，是否有哪些因素没有考虑进去，以及对于这个过程，他们是否总体上也有同感，然后，请他们画出自己的因果循环图。

系统基本模式

系统基本模式是一些因果循环图，表示的是系统思考中常见的一般模式，也就是在不同的情境之下一再出现的、常见的模式或结构。多年以来，研究人员逐步发现并描述了大约十几种这样的模式，常常用来快速为一个系统问题找到潜在的解决方案。

这些基本模式用在沟通探讨简单结构时十分有价值，但也存在一定风险：因为它们会让人过度自信。杰夫·波塔什（Jeff Potash）是佛蒙特州三一学院华特尔斯系统动力学中心（Waters Center for System Dynamics at Trinity College of Vermont）的助理主任，他警告说，那些预先就想要得到简单答案的人，会一下子抓住一个系统基本模式，甚至来不及提出正确的问题。在重视答案，但不看重提出问题的学校系统中受训多年的学生们，可能容易受到获得"正确答案"的诱惑，在他们的探索中寻求捷径。

然而，即便存在这个问题，在辨识不同情况下显现出的重复性系统模式上——包括学生们自己的生活，系统基本模式还是起到了一目了然的作用。当学生们看到与这些图类似的情况，就会自发地生成与基本结构有关的探讨。一个中学的男生向学校管理人员谈到他与一个教师之间的问题，这时候管理人员就提醒他，要他想想去年学过的"逐步升级"的基本模式。"逐步升级"是有关军备竞赛以及广告大战的一种基本模式，在这种模式下，双方都陷于代价高昂的对抗之中，难以自拔。这个男生意识到，他自己和那位教师持续地你来我往的相互交火，使得两个人越来越不愉快——他们实际上是在储备伤害与误解的"核武器库"。

饮鸩止渴：强压下来的变革

系统基本模式中最常见的是"饮鸩止渴"。简单地说，就是采用一种"快修"的方式去应对一个复杂问题，最终造成了一系列长期后果。在历史记载与文学作品中，这种情况比比皆是。比如，罗密欧与朱丽叶的故事，特洛伊木马的史实，以及美国独立革命和大萧条的过程。这种情况恐怕在你的学校中也有体现。

一位颇有能力也有着良好初衷的校长，启动了一项课程设置改善计划，教师们也参与其中，因为他们别无选择。但校长本人在实施风格上却事无巨细，他似乎总是在对大家说："我们一定要前进，不管你们是不是喜欢。"从表面上看，大家的努力似乎相当成功，因为有些不错的现象发生了。变化出现了，有时候还蛮快，教师们也承认，他们学到了新东西。但是，因为变革是强压下来的，教师们并没有感到自己是变革的主导人，这些变革也就不是他们自己的变革。因此，这个过程成本高昂。教师们开始以"校长"的意愿衡量教学，他们在准备教案的时候，想的是校长看到是否会喜欢，而不是学生是否需要。随着教师渐渐把自己的门关上，士气就逐步下降，沟通也渐渐失效。具有讽刺意味的是，这类校长本身都是极为优秀的教育工作者，但是，他们作为管理者的强势支配的风格，反而把事情引向了优秀教育的反面。

　　理解了"饮鸩止渴"的模式，校长也许就可以用不同的方式处理课程设置改革。应对这种模式的方式之一，是提高大家对于意想不到的后果的认识——向大家公开承认"快修"只是减轻问题的第一步（也可能只是为了满足州政府的要求）。而后，由教师设计课程的真正工作马上就可以开展起来了——最理想的是采用团队工作方式，激发教师的创造力和激情。应对这种模式的另一种措施，是降低"快修"方案的强度和力度——以阶段推进的方式开展课程设置改革，大家就可以因此而逐步适应，并且将其变为自己的工作。最后，最有效的课程改革举措，往往全然避开了此类"快修"。改革行动始于对课程设置中存在的问题的公开讨论。可能问题本身与教学内容并无关系，而是与教学方法有关，因此，新的课堂教学方法的培训（诸如在讲课的同时，应用系统模拟器或者团队项目）就会带来更好的效果。

"饮鸩止渴"模型在课程设置改革方面的应用。针对课堂教学的不统一和部分学生学习成绩下降的问题（问题的现象），一位校长（或者是州里的管理机构）启动了一个自上而下的课程设置改革项目。在项目初期，改善效果马上就出现了——老师们按要求上课，成绩差的班级有所提升。但随着时间的推移，出现了意料之外的后果：老师对创新失去了兴趣，可能仅仅是由于他们觉得时间有限。在初期爆发一段改善之后，所有班级的状况又回到了原来的质量水平。随着成就感的衰退，学生的学习成绩进一步下降。

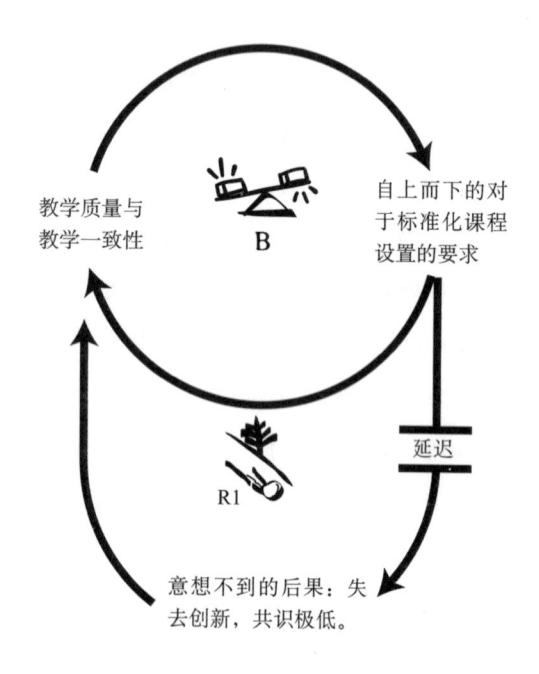

存量—流量图

由于需要用非线性方程描述积累现象和指数性增长，也由于这样的方程过于复杂，只能允许人们做些初级分析，系统动态分析往往就涉及计算机模型和模拟，尤其是在课堂上和学校里。

因果循环图虽然表达了反馈过程（比如正反馈）的普遍结构，但是并没有描述出一个具体情境的特有性质。比如，一个表现学生人数增加的因果循环图，可能显示出校内活动方面的投资会导致更多学生入学。但是，究竟需要多少投资，才能让学校跨过形成吸引力的初始门槛呢？新生进入这个学区的速度究竟有多快，其速度又依赖于哪些因素的影响呢？要想预测（或者是预期）一个系统未来的行为，就必须要更准确地去研究其所处的情境。

存量—流量图的价值就在此。存量—流量图有助于进行系统研究的学生以清晰的数学方式描述出系统中各部分之间的相互依存关系。因果循环图中的每一个箭头，都可以联系到一个方程上，这样研究者就不仅可以对关系背后的假设进行评价，也可以对一个因素影响另一个因素的确切方式进行评估。对于正反馈过程的计算机模拟，存量—流量图也是必要的进一步工作。

存量—流量图把任何一种情境——哪怕最"定性"、最难衡量的情境，翻译成五种不同的数学单元。

a."存量"（在图中以长方形表示），表示的是某种量的积累，可以是可衡量的，也可以是不可衡量的。在这个图中，这个量的积累就是这个学区中当年学生的数量，但也可以是员工士气的水平，或者是家长对于学校的满意程度。

b."流量"，表示的是不同的量流入或流出存量的速度。流量就像是水龙头上的水嘴，控制每小时或者每天流入一个澡盆（一个存量）的水量。流量也是可以变化的——每月的降雨量是控制水库中的水量的一种流量。理解流量的模式是关键，因为它决定了系统中的延迟。

c. "转换器"，表示的是影响流量从一个存量流向另一个存量的速度的各种因素。比如，本学区每年对于新家庭迁入的吸引力，在某种程度上是受学校在接收能力上的投资以及其他因素所支配的。反过来，它又会影响学生进入和离开这个学区的速度。

d. "连接器"，代表了其他三类因素的相互影响关系，在图中以箭头表示。每一个连接器都有一个与其相关的数学公式，比如，这样的公式明确地定义了学校投入随学区中学生人数的增加或减少而变化的方式。

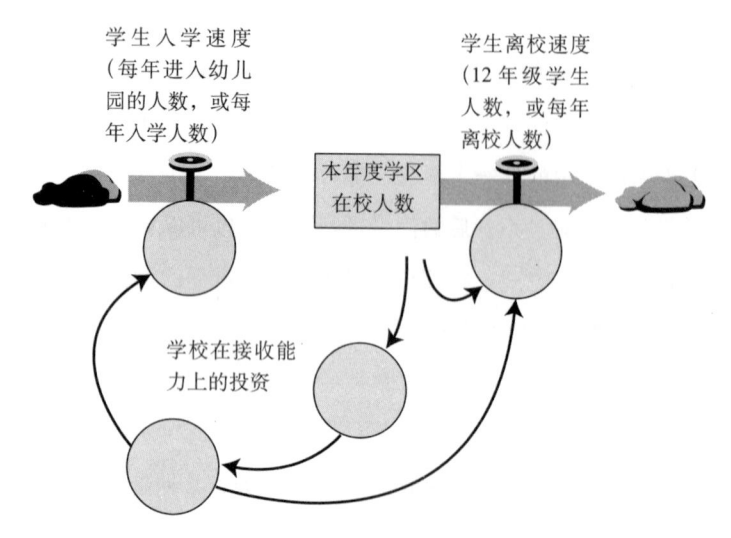

e. "云"，表示的是处于这个系统之外的区域，流量可能来源于这些区域（或者向这些区域的方向流出）。在这个图中，云代表的是这个国家其他地区的学生人数。

这个正反馈图中最明显的"存量"或累计量，是每年学区中的学生数量，它受两个"流量"的影响：学生入学量和学生离校量。这两个流量,反过来又在一定程度上受吸引力(学区中每年新迁入的家庭数),以及这个学区在新的接收能力上的投资的支配。学生人数增加,在接收能力上投资随之上升,后者又导致学生进入这个学区的速度进一步提高。

存量—流量图为当下正在处理的问题建立了一个模型——这个模型可以在计算机上编程,并根据实际情况进行测试,直到你觉得它足够好用为止。存量—流量图既包罗万象,又灵活可调,并且非常具体,因此对于年轻人特别有价值。以流入和流出的方式进行思考,无论对学生还是成年人,都会引发思维方式的根本性改变。

一个由教师组成的小组,在学习存量—流量图的时候所做的功课,是了解为什么一家精神病院的人数持续上升。最后,教授这门课程的系统动力学家说:"我们说说看,那些病人到哪里去了?他们是如何离开这家医院的呢?"大家一下子陷入了沉默。事实上,在这个社区中,没有病人可去的地方——没有门诊部,也没有集体家庭园,因此,这个系统没有流出。

为了帮助学生学会看到流入和流出,教师可以就存量如何形成、怎样变化进行提问。哪些量正在积累?是什么因素引发了增长?是什么因素造成了下降?在美国革命的过程中,殖民地居民的愤怒情绪并非不断上升,英国政府采取的某些行动反而引起"愤怒"存量的降低。完成整个过程的学生看到殖民地居民的愤怒并非一直上升,就会想到:其中一定存在着某种减压阀。

存量—流量图可以仅用纸笔绘制,也可以在黑板上画出来。随着问题的提出和讨论的深入,教师可以跟踪进程,在图旁边列出可能影响系统中的流量的各种可能因素。因此,如果你能画出一个定义清晰的存量—流量图,建立一个计算机模型的工作就已经进行一半了。

以存量—流量图认识一个真实世界的问题

存量—流量分析发挥重大作用的领域之一,是我们对于气候变化的认识。温室气体的主要成分二氧化碳(CO_2)的人为排放水平在工业化时代经历了指数性增长。现在,空气中二氧化碳的水平比起过去50万年以来的任何时候都要高出35%,这促使科学家们达成了一个共识:人类活动是未来全球气候向极度危险方向发展的主要影响因素。

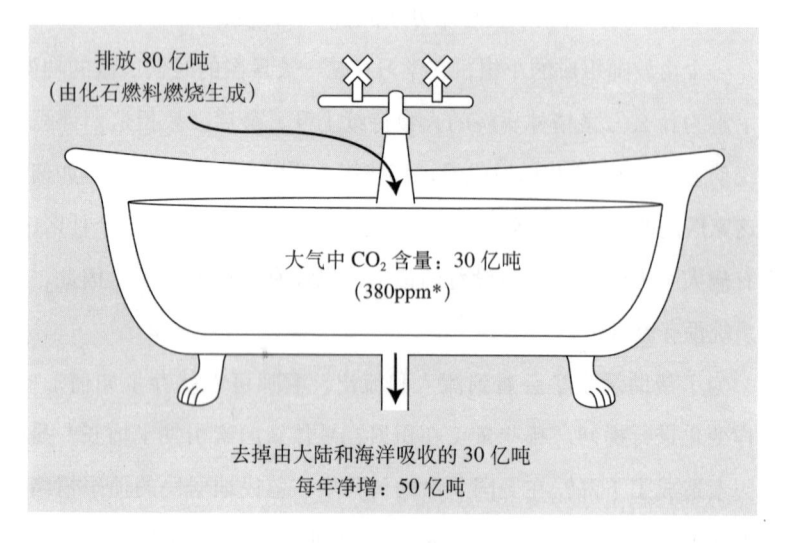

排放80亿吨
(由化石燃料燃烧生成)

大气中 CO_2 含量:30亿吨
(380ppm*)

去掉由大陆和海洋吸收的30亿吨
每年净增:50亿吨

其中最重要的区别,在于二氧化碳的"存量"(目前大气中的含量水平)和每年新的排放量"流量"。许多人分不清楚这个简单的区别,其中相当多的人还处于领导地位——他们认为,按照《京都议定书》的要求,逐步稳定排放"流量",就足以解决这个问题了。目前全球二氧化碳排放的总"流量"以碳排放量计(以碳当量衡量排放的科学换算)大约为每年80亿吨。这是每年从大气中去除的二氧化碳总量(约30亿吨)的2.5倍以上——由森林、植物及藻类吸收,或者溶解于海洋之中。

这个浴缸代表大气以及二氧化碳（CO_2）每年的排放量和吸收量。没有人确切地知道，这个浴缸在什么时候会装满、水就会溢出，也就是什么时候气候变化会急剧加速，并且不可逆转（一百万分之一 CO_2 含量相当于 21 亿吨碳当量）。

大气中二氧化碳的"流出"和"流入"的差距很像浴缸中的水：只要流入总量大于流出总量，浴缸中的水就会不断增加。到某个时点，浴缸就会装满，水就会溢出。也就是说，二氧化碳的水平将跨越一个门槛值。到那个时候，气候变化的影响就会无法逆转，并对人类和其他物种造成毁灭性影响。没人确切知道，浴缸究竟何时会装满、溢出，但是气候变化的速度（例如，冰川和冰山的融化以及天气波动的增加）已经使科学家和一些企业家形成了一种共识，避免灾难性"溢出"的唯一方式，是迅速减少排放，是其速度要等于或低于未来 20~30 年二氧化碳在大气中去除的速度。要想实现这个目标，全球二氧化碳排放量就要降低 60%~80%。这就是工业化社会所面临的"80/20 挑战"。

模拟与计算机模型

计算机模拟的起点，是完成存量—流量图，并以公式确定出每一个相互影响关系。学生可以操纵模型中的变量，以快速了解系统中的因素如何相互影响。建立模型可以简单到改变某一个变量，并在输出图中观察其变化的影响。但是，计算机模型本身也可以是相当复杂的程序，其中包括在学生运行程序时的"弹出"窗口——提出问题或者要求提供信息。

应用现有的各种计算机模拟程序，了解一个具体系统的动态关系，相当有用。计算机模拟程序让学生们能改变其中的变量，尝试不同的可能情境，对比不同的结果，进而对系统整体形成了更深入的理解，这需要进行大量的课堂讨论。在"每一轮"模拟之前，都应要求学生做出预测——随着他们不断地改变数字，图表结果会如何变化。否则，他们就只是在玩计算机游戏。用图表形式对比实际结果与他们的预测结果，可以引出系统的运行结果为什么与他们的预测不同的问题，以及其他更深入的问题。

并非所有的教师都会将建立模型作为课程要求。了解和熟悉软件，需要时间，况且对一些学区来说，计算机资源也有限。然而，对于那些把建立模型作为课程要求的教师来说，当他们看到孩子们的成果，并从中获得兴奋和满足时，就足以补偿他们学习建立模型时的投入了。

使用软件提出了一个新的有时候无法预测的困难：软件调试。黛安娜·费希尔（Diana Fisher）是一位作家，也是一位在数学课上应用系统思考的先行教育家。有一次，她曾经花了一周半的时间，和一个学生一起试图找出这个学生的计算机模型无法工作的原因。最终他们发现，这个学生在模型中使用的量纲不一致——在一部分中用的是"米"，而在另一部分中用的是"千米"。这是一次宝贵的经验——正像她对同学们解释时所说的，这样的问题出现在哈勃空间望远镜和其他成本高昂的项目之中，曾被新闻媒体报道过多次。

马萨诸塞州哈佛镇（Harvard）的布罗姆菲尔德高中（Bromfield High School）的一个小组的学生，基本上没有STELLA（一个计算机程序）编程的经验，但想要就他们所在的社区做一个模型。校长建议他们看一看学校年度预算的编制流程。与这个小组一起工作的科学课教师拉里·韦瑟斯（Larry Weathers）发现了一个有关"信任与控制"的通用计算机模型，学生可以对其进行修改，并建立自己的模型。学生们运行并了解了这个程序之后决定，他们需要倾听参与预算过程的所有各方的想法。他们就预算过程中的种种障碍，访谈了学校管理人员和学区委员会的成员。这些学生发现，要想有一个成功的预算制定，过于信任与不信任同样有害。过于信任可能会引发相互勾结，从而又带来不信任；而不信任则标志着无法共同工作，也难以达成妥协。在信任与严格监督之间保持平衡，才会让各方达成共识。

开发这个模型之后，学生小组给他们访谈过的那些人做了演示，并且解释了这个模型是如何运行的。对于这个模型的合理性，那些成年人表示赞同，并对孩子表达了感谢。这一年，学校预算的制定和通过几乎毫不费力，虽然没有人说这要归功于这个模型，但是这些学生还是认为，他们为那些成年人提供了反思预算制定过程的机会，应该对此有所帮助。

飞马传播公司（Pegasus Communications）

丹尼尔·金（Daniel Kim）和科琳·兰农（Colleen Lannon）所著《系统基本模式的应用》（*Applying Systems Archetypes*，1997年），丹尼尔·金和弗吉尼娅·安德森（Virginia Anderson）所著《系统基本模型基础》（*System Archetype Basics*，1998年），丹尼尔·金所著《系统思考工具：使用者参考指导》（*Systems Thinking Tools: A User's Reference Guide*，1994年），弗吉尼娅·安德森和劳伦·约翰逊（Lauren Johnson）所著《系统思考基础》（*Systems Thinking Basics*，1997

年）和《系统思考者》（*The Systems Thinker*），更多内容请见 www.pegasuscom.com。

过去 22 年以来，一系列培训教材逐步开发成形，帮助企业人士通过因果循环图和系统基本模式理解系统思考。这系列教材由一家从事会议和出版的企业"飞马传播公司"策划、编纂，这家企业是在《第五项修炼》出版前后成立的。特别值得一提的是其中的《系统基本模式基础》系列，这是一组写作精心、内容翔实的综合性的系统模式使用者指南。虽然这套书面向的是企业读者，对于试图了解系统结构如何在自己的学校和社区中产生作用的学校管理者和教育工作者，我们还是竭力推荐。我们也推荐他们所做的实时通讯《系统思考者》。所有这些都可以从 www.pegasuscom.com 网站获得。

7. 你是否比温度控制器更聪明？
为什么在学习的知行中反思很重要

内尔达·康布-麦凯布　贾尼斯·达顿

人们的学习是循环性的，在行动与反思之间、在活动与休息之间，自然而然地进行转换。循环周而复始，我们也得以改善我们的工作。我们大多数人或多或少谙熟于此（有时候称为"单循环"学习）：观察我们之前的行动，反思我们的作为；以观察为基础，决定如何改变下一次行动；最后把我们的决定应用到新一轮行动之中——所有这一切都是为了改善我们的行为，或是改善组织的状态。帮助个人和组织提高其能力的最有效的方式之一，就是有意识地、细致深入地了解学习的节奏。不仅要拿出时间去思考，还要拿出时间来在课堂上、学校里和社区中听取不同的观点，展开共同探讨。

这样的学习循环在简单系统中相当有效，但在复杂系统中就不够充分。比如，假设你正在改善的行为与状态，对于你所面临的变革作用不大，也不太合适，该如何处理呢？如果问题并不在于你是否把自己正在做的事做好，而在于你对初始方向的把握，又应该如何行事呢？或许你答案本身就是因为问题是错误的，又应该怎么办呢？

比如，一个西南部地区的学区发现它们依据能力跟踪学生进步的系统问题重重。那些"聪明的孩子"得到了所有"好老师"的指导；那些能力平平或者在平均水平之下的学生，只好跟着其他的老师学习。学区领导人认为，他们为所有学生提供有品质的教育的总体目标在这里打了折扣。然而，跟踪学生的能力又是他们一贯的做法，也是学区委员会的一项政策。因此，他们研究了自己的学生跟踪系统，制定了一个新方案，随后就投入运行了。

最初，学区的领导人对于他们的新项目非常满意。他们把跟踪分析的项目从三项扩展到了五项，要求教师跨越所有能力等级开展工作。事实上，他们认为，自己有了整个州里最好的学生能力跟踪系统。但是，他们为所有学生提供品质教育的目标却依然无法实现。有关哪些学生聪明，哪些学生不聪明的破坏性信息，仍旧是直接而公开地传递给了孩子和家长们，并在社区中传播。这个学区的人们从未曾质疑过能力跟踪系统本身——当试图分别满足"好学生、聪明学生、一般学生和差学生"的需要的时候，可能恰恰对于学生的能力产生了重大影响。这个学区在改善自己的做法上，已经做到了可能的极致，然而他们却始终无法实现自己的目标，就是因为他们从未开展过更深一层的反思：质疑他们自己的规则，或者质疑他们对于应该要做什么的整体认识。[①]

加雷思·摩根（Gareth Morgan）用一个家用温度控制器做例子，说明了简单系统所受到的限制。温度控制器以单循环的方式，监视环境温度与设定温度的差异，并进行调整。然而，应用单循环的温度控制器，无法确定当前的温度对于屋子里的人是否合适。也正因为温度控制器无法质疑已经设定的控制变量，诸如，目标、制度和价值观，或者是设定温度可能产生的后果，它也就无法改变自己的行为，无法学习如何更有效、更加反应敏捷地完成工作。

正像可以根据室内居住者的需要调整温度的温度控制器一样，要对一个系统产生真正有效的影响，就需要第二个学习循环。在与第一个循环链接在一起的第二个循环中，人们对组织的规则进行详细的评估。摩根将这种双循环方法称为"双循环学习"，我们也将其称为"学习如何学习"。

把反思的时间延长，把双循环学习包括进去（或者是思考他们的思考方式），并且认真挑战自己的规则、态度及假设，人们就能理解，他们做出选择的方式（有意识的和下意识的选择）可能也是他们感受挫败的原因之一，或者也是自己组织现状的原因之一。

---

① 这里我们部分采用了《第五项修炼·实践篇》中的"学习之轮"的内容。我们在"学习之轮"的实践内容方面做了一些调整，从我们的角度考虑的是，尽量使之更加适用于学习的情况。此外，这样的挑战，也允许我们扩展"反思"阶段的内容。这部分内容，也参考了克里斯·阿吉里斯与唐纳德·舍恩的研究工作，尤其是舍恩所著的《设计工作室》(The Design Studio, International Specialized Books Service 出版，1985年)，以及他在高等教育中的建筑设计工作室教学法作为跨学科高等教育改革与复兴的手段之一等方面开展的研究。他对于"行动中反思"的模糊性、不确定性和创造性的讨论，可以应用于所有年龄段的人。我们对于"行动中反思"的关注受到了约翰·杜威（John Dewey）、保罗·佛莱雷（Paulo Freire）、迈尔斯·霍顿（Myles Horton）以及约翰·古德拉德（John Goodlad）的影响。

| 第 2 章 | 新时代教育者的五项修炼入门 |

由于双循环学习质疑人们习以为常的规则，往往就会引发新的、起初让人无所适从的选择，所以很容易被放弃。摩根与其他人进行的组织行为研究表明，各种组织基本上不会开展双循环学习，事实上，许多组织中的官僚习气反而会阻碍这种学习过程。然而，正是这种反思和自我质疑的能力，帮助组织学会如何学习。

要想在任何一个项目或者事业中做到比温度控制器更加灵敏，就要开发出一个类似下图所示的过程。对于以下每一个阶段都要细心关注，而后才能进入下一个阶段，并且要做好准备，必要时再回过头来，重新开始。

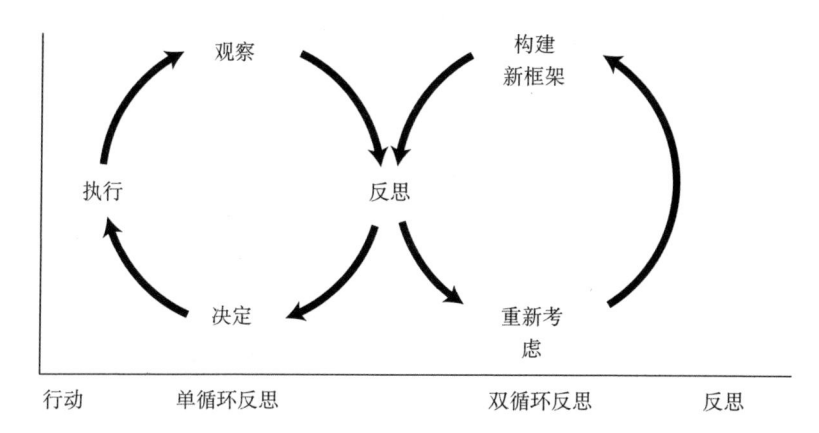

```
                观察                    构建
                                       新框架
        ↗           ↘           ↗           ↖
    执行              反思                    
        ↖           ↙           ↘           ↙
                决定                    重新考虑

行动      单循环反思              双循环反思      反思
```

注：有关"双循环学习"的更多内容，参见加雷思·摩根所著《组织的形象》（*Images of Organization*，塞奇出版公司出版，1996 年）第 86~88 页。摩根的概念来源于克里斯·阿吉里斯与唐纳德·舍恩的研究：请参见他们合著的《实践中的理论》（*Theory in Practice*，乔西·贝斯出版社，1974 年）和《学习型组织：一个有关行动的理论》（*Organizational Learning: A Theory of Action Perspective*，艾迪森·维斯理出版社出版，1978 年）。唐纳德·舍恩在其《反思实践者》（*The Reflective Practitioner*，基础读物出版社出版，1983 年）一书中将第二个循环称为"建立新框架"。

219

观察（Observing）

把注意力集中到你曾经采取过的某个行动上。你可以从一个刚刚完成的项目入手，去了解你的体验。

这种观察称为"行动后反思"（reflection-on-action），动作是回顾过去。这个项目进展如何？你最初的想法是什么？你的哪些假设和态度（哪些心智模式）给你带来了这个结果？

"行动中反思"（reflection-in-action）发生在行动过程中，比如，某些意外情况发生了，对于正在展开的局面或者项目，你需要在还能够对其结果施加影响的时候调整方向。眼下是一个什么局面？为什么这个情况出乎意料？对此你过去是如何考虑的？你现在又是如何考虑的？

"对行动进行反思"则包括了过去、现在和未来。为什么我们会建议采取这个行动？这个决定在过去、现在和将来产生的更广泛和长久的影响是什么？

反思（Reflecting）

考虑观察的各种含义，并从中得出结论。在循环中的这个阶段，通过质询运营现状、质询假设是否合理，就为新想法和可能的新行动打开了大门。双循环反思至少包括两部分，二者共同构成了对于合理性的探询。每一部分都有各自的一组质询问题：

- **重新考虑（Reconsidering）**：这一步骤的起点是，重新思考你的基础假设、结论以及形成结论的推理过程。这是一个自我质询的过程。"这个项目合理吗？谁在其中是赢家，谁又是输家？目前的方式是执行这个项目的正确方式吗？在我们的选择背后，是对于现状的哪些共同认识（心智模式）？如果采用一种新方法，会有怎样的后果？我们正在传播哪些核心价值？我们倡导的那些理论（和价值观）是不是我们'践行的理论'？"①

- **构建新框架**（Reframing）：表达新的、可能的指导思想，并反思这些指导思想是否会增强我们的能力。"我们还能用哪些其他方式开展项目？目前的项目、项目目的和阶段目标都是正确的吗？这些都要由谁来决定呢？哪些条件阻止我们做出有风险的尝试？对于我们期望的未来、我们认为最合理的价值观和行动，我们应该形成哪些意象？我们为什么要做这件事？要达到什么目标？要践行这些意象、价值观和行动，我们必须要做什么？"

对于一些人来说，这种共享的反思会是一种新体验。即便他们对于单独"反思"或与密友共同反思已经习以为常，但他们恐怕还没有在公开场合，围着一张桌子，以如此深度，就如此不确定的问题这样做过。这就是为什么有成效的对话技能（平衡探询与宣扬以及推断之梯）在这里很重要。这些工具有助于人们安全地探讨反思中出现的危险议题。

决定（Deciding）

做出决定。W. 爱德华·戴明用"计划"（Planning）这个词表示这个阶段，但是我们用了"决定"（Deciding），因为这个阶段中包含了选择的元素——"这是我们选择要采用的替代方案，其原因是这样的"。这个阶段假设在座的成员对于整个过程都有一些影响，无论是一个课程、一所学校还是一个社区团队——不是为了让他们表达一下"意见"，而是因为他们参与到决策中既非常必要，也很有价值。基于重新制定的框架，小组成员共同思考他们要采取的下一步行动。"我们要做什么？我们必须邀请哪些人加入进来？基于过去的经验，有哪些事情

---

① 系统思考的工具在这里会有帮助，尤其是"冰山模型"。

可能会发生？我们应该如何规划，才能把这些因素考虑在内？我们的下一步行动会是什么样子？"

执行（Doing）

开展一项任务，尽可能保持一种实验的心态。现在，你要做的就是创造、写作和生成。这可以由团队成员们逐一分别进行，但也需要相互协调进行。用于观察、通过反思构建共享的意义，以及共同做出决定的所有精力，使行动变成了一个有意义的举措。

把循环放到实践中去（Putting the cycle into practice）

当你达到了循环的结束点时，马上又回到了观察阶段，或许需要一次正式的回顾。此事究竟进展如何？

项目时间紧或课程压力大（比如，以标准测试成绩为目标的课程）可能产生影响，引导人们走捷径，缩短循环。当你辛辛苦苦地安排课堂材料的练习时，谁还有时间去"观察""反思"呢？

但是，前两个阶段（观察与反思）恰恰是整个循环中最关键的部分。如果你在形成共享意义上花了足够的时间，那么对于一个活动为什么重要，以及为什么要去做这个活动，大家就会形成相当清晰的认识。这样的认识程度关系重大，比如，对于一个练习是否费时费力、是否有效，以及是否能够取得更好的效果，都很重要。"双循环"的做法不仅会节省时间，也可以让你经常重温自己的工作。

对现有政策进行双循环反思

以下是用于学生评估的一些双循环反思问题。如果稍加调整，用来反思你自己的学校和组织中的问题，可能会有所助益。

- 在实现自己的目标方面，你们正在做什么（比如，衡量学生的进步）你们为什么要采用现在这个方法？哪些假设驱使你们采用了这个方法？
- 你们现在的行动从教育的角度看有道理吗？
- 你们正在衡量的与你们希望衡量的是一回事吗？
- 现有方法的受益者是谁？谁没有受益？
- 哪些信念、态度和价值观妨碍你们创造其他替代方式？
- 在学生学习方面，你们的抱负是什么？
- 改变你们思考的哪些方面，才能够推进目前做法的转型？[1]

让五项修炼成为生活的一部分

在课堂上使用这些工具和做法，这只是第一步。系统认知会成为洞察力和能力的终身的来源。逐步熟练掌握心智模式和团队学习的能力，会让你在一生中与他人建立起更强大、更深入的关系。通过自我超越和共同愿景的修炼，明确你自己的热望，可以形成一种面向创造的取向：专注于创造自己的命运，而不是对它做出反应，或者试图对它进行控制。

在本书的其余部分，我们将把这五项修炼运用到不同的环境之中。把这些内容应用到工作之中（以及你生活中的其他部分），就可以逐步形成自己的能力。这反过来也有助于课堂、学校和社区这三个教育系统增强能力、提高水准。

---

[1] 这些问题引自内尔达·康布—麦凯布所著的《学监实践手册：知行领导人指南》（*The Super intendents Fieldbook: A Guide for Leaders of Learning*）一书。

第二部分　课堂

Schools That Learn:
A Fifth Discipline Fieldbook for Educators, Parents, and Everyone Who Cares About Education

| 第 3 章 |
打开优质课堂的大门

1. 设计学习环境

这是新学年开学的第一天。你是一名教师，正准备迎接学生的到来，教室仿佛也在静静的期待中屏住呼吸。白板上还是空空的，没有一丝笔迹（除了上学期不知是谁误用了擦不掉的油性笔，留下了几点痕迹）。你翻了翻手里的工作手册，接下来的几个月，空白页上就要画满圆圈和叉叉了。你和学生将会逐渐熟悉，你甚至会想不起来，曾经有过不认识他们的时候。你在心里又一一核对了一遍自己的"问题清单"：所有需要用的资料我都带来了吗？今年我会迎来什么样的学生？我准备好要对他们的人生产生影响了吗？班里那些领头的学生会是什么样子的？那些努力学习的学生又会是什么样子的？我将会遇到什么样的挑战，谁又会是挑战者呢？你能感受到学生们即将来临，就像是雷电来临的刹那空气的震颤。

另一种雷电来临的感受，来自外部。已经有 6 位家长留言，让你给他们回电话。就在最近，当地报纸将这个地区每一所学校的测验成绩都公布了出来。校长助理参加了一个课程规划会，回来之后满脑子都是新想法。如果能安排出时间的话，你乐于参加新成立的课程规划委员会的工作；但你的工作计划已经制订完成。学区委员会选定了新课本，也重新安排了校车和餐厅的运营时间；另外，为了节省支出，他们要在每个班额外增加5~6名学生。

如果你是一位大学的教师，面临的则是另一种压力：授课量超负荷，还要承担管理工作，要指导学生，要参加招聘，没有时间进行创新，也缺乏相应支持，以及"要么发表论文要么消失"的预期。或许，你是数量不断增加的"附加教师"中的一员——受聘教授某门具体课程，几乎没有收入，但有相应的社保和地位。无论你在哪里教书，总会有社会压力和措手不及的学生，另外还要加上一大堆制度规则和限制条件。事事不如人意，大家抱怨重重，以至于教师的困扰成了近年来一种文化上的老生常谈。

尽管如此，经验丰富的老教师们每年都会带着新的活力和激情回到学校，新教师也在不断加入这个行业。让人们以教书为业一直源于一个更深层的理由：教书这件事让人体会到美好，当你看到学生因你高质量的授课获得成功时，欣喜感就会油然而生。人们在课堂上可以体验到，自己的承诺和创造力直接迅速地使学生获得发展，这一点极少有其他工作场所可与之相比。

但是，教师带到课堂上的内在资源——他们的创造力、他们接受的培训、他们的能力以及他们对于教学的热爱，不可能无限地持续下去。那么，如何对课堂进行设计，才能使它不断激发和吸引每个人的学习激情呢？这些问题就是本书的"学习环境"这一部分的核心内容。

教师是学习环境的设计者

所有教师都有过这样的经历——他们退后一步去看自己的教学，然后对自己说："哦，这就是教书的点点滴滴呀。今天感觉很不错。我希望自己能知道这是什么。"如果这是一个话题，与课程设计有关，或者是一次活动，引发了各种讨论，教师们过后或许还有机会复制这次经历。可是他们往往感到，这样的体验似乎永远不会重现。

然而，课堂可以经过设计，来引导大家进入一种"自然流动"的状态。这也是教授反思与探询的价值，也是培养系统理解力的工具，还是投入时间明确关注热望和协同所带来的价值。如果发生在教室中的一切，主要是人们的思考及互动方式的产物，那么改进思考质量与互动质量的方法，就会使课堂教学更为高效。

比如，在纽约市116中学四年级的一堂课上，一群所谓的存在阅读障碍的学生组成了一个小组，围成一圈进行讨论。他们并非鹦鹉学舌似的模仿老师，说些自己认为老师喜欢听的话；他们也不是在教室里跑来跑去，根本无法坐下来。他们是在讨论一本书的意义。"通常情况下，我有点儿同意你讲的。"一个男孩对另一位同学说，"但是今天，我不大同意。"一个女孩问另一个同学："你说这个是一个新的阶段，你把它叫作什么呢？"在这所学校的另外一间教室里，一个五岁的幼儿说，她想要在另一个孩子发表观点的基础上"再加点儿意见"。[1]像这种成熟程度的谈话（或者是读写能力）并不是自然发生的，而是

---

[1] 有关116中学的内容来自《构建一个学习型社区——一个公立学区的模型》(*Building a Learning community— A Portrait of a Public School District*)，这是由匹兹堡大学学习与发展中心开展"高效学习社区项目"(High Performance Learning Communities Project, Learning and Development Center, University of Pittsburgh, 1998)拍摄的电视纪录片。

经过精心设计和实施新的谈话训练的结果。在正式的促进员工发展的项目中，在课后的非正式会议中，教师们经常聚在一起，为他们将要引入的促成谈话的各种方式制订计划。他们先互教互学，然后再教给学生——如何彼此倾听？如何从阅读材料中总结出"主要观点"？如何在思想上相互补充？南希·贝宗（Nancy Bezzone），教授四年级的老师说："从九月到十月，进行的完全是以社区为基础的工作。然后，孩子们就能开始无拘无束地谈话，尝试一些冒险行动，并把彼此当作资源。"

课堂设计也可以采取多种其他形式。一位二年级的老师让学生批改自己的作业。为了让三年级的学生自己设计游戏，而不是让成年人替他们设计，一位校长安排了特别的休息时间。一位六年级的学生主持了自己的家长—老师会议，介绍了自己要做的一系列功课，并在白板上用图展示出自己在中学阶段要实现的目标。一位中学的数学教师邀请他的学生们向他提出挑战——如果他们能安排一组具有逻辑关系的数字，他就会去猜一猜下一个数字。每天，这些学生会一直跟着他走到停车场，想要彻底难倒他。另一位老师则在每一门课程开始的时候拿出一天时间，让所有学生一起建立他们的谈话规则。

本书这一部分的不同故事和各种技能，展示了如何通过重新设计教师、学生和家长在课堂上的思考和互动方式，开发新的能力。这些故事和技能涉及课堂上各式各样的内容，代表各类学校。我们依靠多位教育工作者的经验和方案，把这些内容整合到一起。我们尽量让这些内容具体、有益，但也避免"开处方"的做法。我们希望你在接下来的章节中，能够发现一系列有价值的、用来创建知行课堂的工具和方法。

所有的孩子都会学习

在教育领域的不同专业中,"所有孩子都会学习"是一个被广泛认同的原则。这个原则在认知与社会能力的研究中获得了广泛支持:每个孩子、每位青少年以及每个成年人,都具有成就一番事业的潜力,如果每个人所处的条件都支持他学习,每个人的个人能力都被重视。

但是,当这个原则被应用到不同环境中的时候,就不那么完善了。人们往往把这个原则的意思解释成"所有孩子都有自己的价值"。即便是在那些公开宣扬这个指导思想的学校中,教育工作者和家长往往都保持一种隐蔽的心智模式:人的潜力一旦确定,就会固定不变。

这个心智模式所带来的是"赢家和输家"的文化——一些学生被贴上"优等生"的标签,并被重视;另一些学生则被划入"无可救药""学习障碍"等分类,或者干脆被认为"太笨"。在这样的文化中,成年人不大会投入时间和关注,去改变归入另类的孩子们的状况。这种文化也鼓励学生和教育工作者关注可衡量的、短期的评估和目标,而不是关注课堂与学校的更重要的目的——持续学习并强化学习的能力。

相反,越来越多的证据表明,人类的潜力在任何一个时点,都没有被"锁定"。神经科学一个新的分支"神经可塑性"[1]方面的研究表明,人类的大脑是可塑的,在整个生命过程中,都能形成新的神经通路。神经的可塑性好像是由有意识地关注思想和行动的新习惯而引起

---

[1] 有关神经可塑性的更多内容,参见由杰弗里·施瓦茨(Jeffrey Schwartz)和莎伦·贝格利(Sharon Begley)合著《心智与大脑:神经可塑性与心智力量的影响》(*The Mind and the Brain:Neuroplasticity and the Power of Mental Force*,HarperCollins 出版,2002 年)。

的。当学生们在课堂上练习某种具体的学习方式时，日复一日，这个过程就会对课堂上每一个人的大脑结构和功能产生影响，包括教师。

知行课堂不仅包括意识到所有孩子都能学习，还包括意识到学生以多种方式学习，他们的能力并非在出生时就固定了，以及人们可以在任何年龄掌握非同寻常的技能和能力——无论他们具有怎样的背景或者经历。在这样的课堂上，学生们认识到，他们到这里来的目的之一，是要保证每一个人都成功。

在知行课堂上，"授课"并不仅仅等于"传输"或传播信息，这也是其中的一个原因。如果所有的学生都是以不同的方式开展学习活动，那么教师必须设计和创造不同的学习经历，能够让课堂上的每一个人都能发展各种知识、技能和认知，以便适应各自的世界。在知行课堂上，教师可以比较容易地发现一个学习者需要什么。而学习者也逐步形成明确表达自己的需求的方式——有时快、有时慢。教师和学习者走到一起，久而久之，就共同创造出一种缩小他们之间差距的体验。这样的课堂可以采用多种不同形式（在本书的这一部分你将看到），但其中，人人相互尊重，与学习者的目标和需要相关，以及探索发现的精神，却是共同的。

充分表达"所有孩子都能学习"这个原则，需要更深入地认识人类的潜力。接受这个观点，并非意味着对人性的弱点视而不见。孩子们，包括各个年龄阶段的人，都有可能具有破坏性，难以接近。他们也许还没有完全了解自己的潜力；或者对于自己需要发展的耐心与执着，还无法接受、难以适应。应对"麻烦的人"或者"麻烦的事"，是每一个课堂和每一位教师都要面对的关键挑战——对于每一位社区成员也是如此。如果仅仅是使用，却不进行反思，"学习型组织"的工具（或者是技术）就不足以应对这类挑战。这需要我们用毕生精力去追求。

尽管如此，"所有孩子都能学习"和"每个人都具有创造一个新未来的潜力"的理念，在每种人文环境中都是真理，是一切力量的源泉。把这个理念作为指导思想，或许就迈出了创造知行课堂的第一步。记住"所有孩子都能学习"，正是这种希望吸引许多人参与到教育事业中来。

课　堂

英语"class"这个词源自罗马文"classis"，意思是"召集"。它显然是从印欧语系的词根 qel（call）演变而来的，大意是"召集大家准备战斗"。在 16 世纪，以英语为母语的人们开始用这个词来指代一群学生，也许是被召集到一起，在当时的教会学校中学习。在古英语中表达 chamber（堂、房间）这个意思的词是 cofa [现代英语中指海湾（cove）的前身]。在那个时代，"room"指的是"开放的空地"（open space，德语中的 raum，现在还是这个意思），这个词在今天仍然还有这种含义。因此，"classroom"这个词就是指各式各样持续开放的环境，人们被召唤到这里，共同学习他们周围的世界。

2. 创建一个知行课堂 ①

内尔达·康布-麦凯布

当我们开始把注意力转向课堂的时候，我们的第一个念头通常会与授课有关：要教什么？如何教？教哪些学生？由谁来讲授？我们接下来想到的，就会涉及教学成绩：绩效通常是如何衡量的？要采取什么措施，才能让这个年级的所有学生都能够合格毕业，或者让所有学生都能通过这门课的测验？

大家关注这两方面的问题可以理解，但在提高课堂中学生的学习成效上，这是相对低效的做法——至少如果你是一位教师的话，就会如此。你能够起到最大作用的杠杆作用点，在于把课堂设计成一个学习的环境。这个练习可以帮助你创造一个环境，让你的存在、你与周边的关系以及每个人的学习过程，都更加高效，也就是说，这个练习会有助于你开始创造一个知行课堂。

第一步：如果我有一个知行课堂

想象一下：你正在一个知行课堂中教学——如果你拥有完全的自由，并能决定一切，包括决定课程设计，以及决定整个学年中采用的评估方式，然后你自己设计一个课堂。想象一下，身处这样的课堂，然后，问自己：

---

① 目的：帮助教师仔细探询自己的假设，指引他们成为课堂的设计者。
概述：这个练习不是以课堂设计的传统内容开始的，比如课程规划或者时间安排，这个练习的切入点是在你心中描绘出知行课堂的图景。
参与者：由教师独自进行，或者由教师组成的小组共同完成。这个练习可以成为一个有效的起点，帮助教师参与到创建知行课堂的努力之中。

- 在典型的一天中，学生们正在做什么？

- 哪些结构、练习或者行为（我自身的行为和学校的行为）有助于这些学生的成长和成功？

- 教学活动是如何组织的——包括课程、作业以及谈话？是由谁来组织的？由谁来决定何时开始、何时结束？

- 有关学生的学习目标和成绩预期的决定，是由谁来做出的——这些人通常要做出哪些决定？

- 课堂是如何布置的？课堂里有哪些设备和材料？课堂看上去是什么样子的？学生在课堂内外的时间是如何分配的？

- 学生们在课堂上是如何互动的？（他们在解决问题的时候、在一起学习的时候，是否互相参与？他们在学习上如何互相帮助？）

- 他们与我（教师）如何互动？

- 我作为教师，直接向学生传达哪些信息？

- 他们从书籍、杂志、报纸、电视、互联网、游戏以及其他来源中，获取了哪些信息？他们是如何发现这些信息的？在发现和了解这些信息的过程中，他们获得了哪些指导？

- 他们从各种学习体验中，获得了哪些方面的信息（他们获得了什么样的学习体验）？

把你对于这些问题的回答写下来、画下来或者录下来（用录音或者录像设备），以便在下一个阶段可以回过头来使用这些内容。为了让记录更加生动，要采用当下的语气。（采用"学生们在一起工作，解决问题"的说法，而不是"学生们将会一起工作，解决问题"。）记录要具体。尽可能详细表达——图景、可能性，以及你想到的创新点子。不要担心做得"对"还是"错"，或者是否"可行"、是否"现实"以及是否"在政治上是可笑的"。你正在设计的是你自己的知行课堂,在这项练习之后的几个阶段中,你会有充裕的机会进行调整。①

第二步:强化定义

现在要将你的想法进一步扩展——考虑一下其他教育工作者和教育方面的作者在设想知行课堂的时候,所做的阐述。从下面这些话中,挑选出符合你心中的图景的表述,把它们加进来,进一步丰富你理想中的课堂的图景。如果你是与一个教师的团队一起做这个练习,那么你或许可以加入你们所有人对于第一步中的问题的回答,这样你就可以在借鉴彼此想法的基础上,进一步扩展你的定义了。

在一个知行课堂上……②

- "多种多样的智能得到培养与开发,远远超过'三会'的要求。孩子们开发出可以让他们获得成功的各方面的能力。"——丹尼尔·戈尔曼(Daniel Goleman)
- "学生们学会解决他们感兴趣的、具有挑战性的问题,并且学习他们需要全面掌握的知识和技能。"——西摩·萨拉森
- "学习者们对于学习目的、学习内容、学习形式和学习速度,享有很大的支配权;此外,学习的程度是否满足要求,也主要由学习者来决定。"——彼得·维尔(Peter Vaill)
- "学生们专注于问题,而不是人为制造出来的、僵化的分类科目。"——内尔·诺丁斯(Nel Noddings)

---

① 这里部分练习基于《第五项修炼·实践篇》中的"设计一个学习型组织"。

② 如果你有自己喜爱的名人语录,可以帮助其他人设计知行课堂,请加在这些内容之中。

- "学生们并非依照某一种追求卓越的愿景，去复制自己的生活；真正的挑战在于，运用他们的创造性想象，从可获取的所有资源中创造出新事物。"——玛丽·凯瑟琳·贝特森（Mary Catherine Bateson）

- "我们认识到，每一个不恰当的回答在另一种环境下或许就是恰当的。从学生的问题中，会产生出最有创造力的想法与发现。"——埃伦·兰格（Ellen Langer）

- "在学生与教师之中，存在着一种反思心态。他们喜欢一起思考自己行动的种种结果，他们也反复琢磨为什么有的努力有成效，而有的努力却没什么成效。他们不仅在事后反思，也能够以反思的心智框架应对有待解决的问题。"——罗伯特·J.斯塔拉特（Robert·J. Starratt）在论述唐纳德·舍恩的理论时说。

- "通过持续的深度会谈、学生们的相互合作，形成一个建构共同认知的学习社区。"——托马斯·萨乔万尼（Thomas Sergiovanni）

- "有许多条件似乎可以培养深层学习：承认自己的不足、遇到问题向别人请教、勇于承担风险、具有幽默感、与其他学习者合作、具有同情心、建立模型的重要性，以及具有道德目标。"——罗兰·巴思（Roland Barth）

- "所有学生都被当作有天赋、有才华的学生看待，因为每一个孩子的天赋与才能都是发现、培养出来的，并且得到承认。"——亨利·莱文（Henry Levin）

- "我们必须相互倾听彼此的故事，我们每一个人都是自己生

活的创造者。"——丹尼尔·平克①

---

① 引言摘录的来源

丹尼尔·戈尔曼（Daniel Goleman）所著《情商：为什么比智商还重要》(*Emotional Intelligence: What it Can Matter More than IQ*，第十版, Bantam 出版社，2005），第 37 页。

西摩·萨拉森所著《致认真关心教育的总统》(*Letters to Serious Education President*，Corwin Press 出版，2005 年，第 97 页。

彼得·威尔所著《学习作为存在的方式：在激流世界中的生存策略》(*Learning as a Way of Being: Strategies for Survival in a World of Permanent White Water*，Jossey-Bass 出版，1996 年），第 58 页。

内尔·诺丁斯所著《学校里对关爱的挑战：教育的另一种路径》(*The Challenge to Care in Schools: An Alternative Approach to Education*，第二版，Teachers College Press 出版，2005 年），第 63 页。

玛丽·凯瑟琳·贝特森所著《创作一种生活》(*Composing a Life*，Atlantic Monthly Press 出版，1989 年），第 62 页。

埃伦·兰格所著《心学的力量》(*The Power of Mindful Learning*，Perseus 出版，1997 年），第 135 页。

罗伯特·J. 斯塔拉特所著《学校教育的戏剧：戏剧性的学校教育》(*The drama of Schooling: The Schooling of Drama*，Laylor & Francis 出版，1989 年），第 83 页。

托马斯·萨乔万尼所著《校长：反思实践的视角》，第六版（*The Principalship: A Reflective Perspective*，Allyn & Bacon 出版，2009 年），第 263 页。

罗兰·巴思所著《从内部改善学校：教师、家长和校长都能产生影响》(*Improving Schools from Within: Teachers, Parents and Principals Can Make the Difference*，Jossey-Bass 出版，1991 年），第 44 页。

亨利·莱文所著《加速发展的学校：背景》(*Accelerated Schools: The Background*)以及《加速发展的学校在行动：实践中的经验》(*Accelerated Schools in Action: Lesson from the Field*，Corwin Press 出版，1996 年），第 17 页。

丹尼尔·平克所著《全新的心智：从信息时代走向理念时代》(*A Whole New Mind: Moving from the Information Age to the Conceptual Age*，Riverhead 出版，2005 年），第 115 页。

第三步:"它会给我带来什么?"

对于你写下来或者选择的陈述,一一进行认真思考。在你考虑以下这些问题的时候,要关注哪一个问题能引起自己最大的兴趣:

- 其结果会带来哪些益处?
- 它会给学生们带来什么?
- 它会给我带来什么?
- 它与我现在教学的课堂有什么不同?

第四步:选出最重要的五项并进一步推敲

根据你在第三步中进行的细化思考,在知行课堂的特点中,选出你最信服的五项。对于所选的内容是否可行、是否容易实现,以及哪一个更有可能得到学校中其他人的赞扬,都无须担心(在第五步中你会考虑这些担心)。有些内容会让你这样想,"这个想法感觉是对的,但是我绝对不会在这里做",要试着包括一到两项这样的内容。

为什么一定要五项呢?用来描述一个已经完全实现的知行课堂的图景,这个数量的内容已经足够了,要让你能够在心里记住这些特征,这个数量也不会过多。

以此作为起点,可以把其中的一些抽象条件具体化。比如,或许你写下来的是:"课堂环境可以对学生的学习需求做出及时反应。"你想到的课堂环境是什么样子的呢?能举出一个例子吗?某个学生的具体学习需求,是如何满足的呢?这个情况是典型情况吗?你最终写下来的可能是一段话:一个学生只靠默读无法理解书面材料;要完全理解,他就需要大声读出来,并且进行思考,还需要和其他人聊一聊其中的内容。你可能会提供更多、更经常的机会,让学生参与小组或者大组讨论。

第五步:"我们如何实现?"

作为一个设计师,你需要做什么,才能实现你的愿景中的每一个部分?你要采用哪些做法?你要发展哪些能力——你自己的能力和你的学生的能力?有哪些政策需要到位,包括课堂的、学校的、社区的以及州政府层面的?

比如,你在设计中提出,需要观摩学校系统中的另一位教师的教学过程——他在教授某个内容方面有特殊专长,而你也希望在这方面获得更好的教学成绩。也许,其中包括让其他教师做你的"教练",或许,学校可以提供1~2周的代课老师的安排,这样教师们就可以通过与更有经验的实践者共同教课,一边工作、一边学习。

第六步:"有哪些阻碍?"

对于第五步中提出的每一个想法,存在着哪些阻碍和干扰?仔细考虑你可能会遇到的反对的声音——学生们、他们的家长、其他教师、学校的机构、社区以及州政府。[①]

然后,再考虑一下可能会出现的内在挑战——这是你做出变革所带来的自然后果。比如,其中可能会包括,实现你的梦想的时间总是不够,得不到你所需要的帮助,对于这些变化是否对学生有利你没有十足把握,或者是更大的学校系统中其他人的反对。当人们的习惯做法和价值观受到威胁的时候,出现各种反对力量是一种自然结果。这样的反对力量可能是从哪里来的?你如何才能在不激化这些反对力量的情况下,实现你的目标?

---

① 在彼得·圣吉、阿特·克莱纳、查罗特·罗伯茨、理查德-罗斯和布赖恩·史密斯合著的《变革之舞:学习型组织持续发展面临的挑战》中,相互对抗的力量以及如何对其进行管理的观念是核心主题。

第七步："在这种情况下，我就会知道我在进步。"

这本书的其他部分，包含许多策略和方法，可以帮助你实现在练习中确定的目标。然而，在你开始启动之前，还需要进行一个确定你自己的愿景的步骤。你将如何识别你自己的努力取得的进步呢？

再思考一下你在第四步中选择的五个最重要的特征，以及你在第六步中描述的障碍。对于每一个陈述，都提出一个或者多个"指标"。在这里"指标"是一个证据，它发出的信号表示你已经取得了一些进步。有些指标很简单，比如，有更多的学生达到了相应年级的阅读要求；另一些指标就不那么常见了，也更难以衡量，但对于是否产生了真正的变革很有启示。要为"课堂环境能以对学生的学习需求做出及时反应"建立一个指标，可能很简单：你注意到并非由于你的要求，学生们经常把自己的资源带来分享了——一个故事、一张家庭照片或者是与一个具体的课堂学习体验联系在一起的一系列收藏品。

第八步：第一个实验

几乎在所有的学校里，教师们都拥有在自己的课堂上对学习设计进行实验的自由空间。因此，这个练习的最后一步，就是为自己设计一个实验：它对于创建一个知行课堂可能会有成效。

如果你的兴趣点是推动更有成效的谈话，你可以宣布："我们一起来聊一聊，用什么样的方法可以让大家都参与进来。比如，我们能否一致同意，在我们回应另一个人的观点的时候，大家都说：'对，并且……'而不说，'对，但是……'？在很多情况下，当你说'对，但是……'的时候，虽然看上去像是同意，但实际上是在否定说话人的观点。我们一起来避免这样做。如果我们对于如何互动有更清楚的认识，这或许就会让我们更容易相互倾听，而不只是为了传达我们自己的观点去听别人说话。"

在两周之后，做一次检查讨论。"我们在练习'探询'吗？'对，并且……'的规则对我们产生作用了吗？它改变我们的谈话了吗？"根据这个过程的体会，你就可以增加新的指导原则，进一步设计课堂讨论的框架。

教学系统还是学习系统

内尔达·康布—麦凯布

反思练习应该成为教育工作者培训中一个不可或缺的部分。在我的班上，学生经常写下个人反思，而我也会就某些具体问题或关注点，请他们参与深度会谈和反思。近几年以来，我发现向教师和管理人员群体提出以下问题，很有价值：

- 你如何区分一个教学系统和一个学习系统？
- 在课堂上，一个教学系统是什么样子的？
- 在课堂上，一个学习系统是什么样子的？
- 在对结果的期望上，有什么差别？
- 在教学系统中，学生的角色/责任是什么？在一个学习系统中呢？
- 在一个教学系统中，变化如何发生？在一个学习系统中呢？
- 在教学系统中，成功的标志是什么？在一个学习系统中呢？

- 你自己的学校是一个教学系统,还是一个学习系统?[1]

3. "合法、安全,还是你想要学的东西"
创建一个激情课堂

卡罗尔·安·凯纳森(Carol Ann Kenerson)

"当我开始在课堂上使用'五项修炼'这个概念的时候,究竟是在做什么呢?"教师们有这样的疑问是有道理的。卡罗尔·安·凯纳森在课堂上深入使用了这些修炼,她在本书的英文第一版中为我们提供了这篇入门指南,文中提到的原则经受住了时间的考验。

作为一名在课堂上教课的老师,我使用这五项学习修炼,是为了创造一个环境,培养和激励学生们,也培养和激励我自己。这些修炼给了我一个目标明确、内容清晰的框架,扩展了我已有的教学方法,让课堂更像是一个学习、尊重和创造的空间。我发现对于任何一个课堂,这些修炼都起作用。随着这些修炼逐步成为学生们的习惯,学生们的"成绩"开始提升,会展现出真实的水平,他们也以全新的状态出现在课堂上。这五项修炼是根据课堂要求展开练习的,因此对激发学生的学习兴趣起到了不可估量的作用——而这恰恰是我最关注的。

---

[1] 目的:这个小组进行的反思,可以总结出有关教学和学习的重要见解,以及对于学生学习的影响。

这个练习来自内尔达·康布-麦凯布、卢文·坎宁安(Luvern Cunningham)、詹姆士·哈维(James Harvey)和罗伯特·科夫(Robert Koff)所著《学监实践篇:学习领导人手册》(*The Superintendent's Fieldbook: A Guidebook for Leaders of Learning*,Corwin 出版,2005 年)中的《反思练习:教学系统还是学习系统?》("Reflection Exercise:A Teaching or a Learning System?")一文。

我最初的一段教学经历，是在一家公立学校做英文教师，其后我又转到一家寄宿学校教写作课。在这所学校里，大多数学生都有严重的学习障碍，也有情感方面的需要，他们都曾遭受过各种不同形式的虐待和忽视。这里既有男孩，也有女孩，年龄13~18岁，阅读方面的成绩很低。许多人基本上是文盲。

我发现，这些学生在植根于学习的修炼的环境中，就可以很好地成长。深度会谈让他们中的一些人回想起"十二步骤会议"或者是康复小组会，所以就觉得是一个舒服、自然的环境。相反，许多"大学预科班"的学生，只关注学习成绩，而不是学习的过程。这往往会给他们的探索意识笼罩上一层阴影。虽然他们的功课通常相当认真、细心，也很有创造力，但是他们有时候却会满怀焦虑地对我说："求求您，能否多给我四分，让我保住A的平均成绩？"这让我感到伤心。当学生们说"这真有意思"或者是"尝试这件事，我真的学到了很多"的时候，对于所有参与其中的人，都令人更加愉快，也更加激动人心！

自我超越

自我超越在课堂上的体现，是帮助孩子们解读自己的激情，去探索他们是否相信有些事情是可能的，培养他们深入探究的勇气，但不必判断他们是否正确。一个课堂充满了兴趣、渴望以及才能，我作为教师的目标之一，就是深入了解这些能量。因此，我经常围绕着学生的个人愿景设计一堂课。在一篇具体的文学作品或者是一项研究课题的大背景下，我会要求他们："请写下两件你可以教会其他人的事，再写下两件你希望了解，却从未尝试过的事。"从他们的回答之中，我会做出一个工作表，然后一起分享和探讨。最终，学生们会选择自己的合作伙伴，创建自己的项目，其中也包括每一个学生对于教与学的渴望。

一个学生说："我在写作和新闻报道方面已经很不错了，但我特别想学习拍照片和自己洗印照片。"另一位学生有照相机，并且希望加强自己的研究技能，于是他们两人就建立起了联系，并共同制作了一份小报，内容与我们正在学习的一部小说中的事件、人物和社会环境直接相关。其他的团队中，有的制作了与一篇美国革命的文章有关的人物访谈录像，有的则根据一部史诗创作出了一首歌曲，还有的安排了一个艺术展览，图解了一个作品的故事线的发展。对于这些项目，我只有一个指导原则：必须安全、合法，而且还是你们想要学习的。

允许你的学生拥有这样的自由，就要求教师对学生充分的信任。然而，我不知道还有什么更好的方法，能够让学生们认识到自身的个人优势，认识到那些能够激发自己的好奇心的事物。学生们做项目汇报的时候，我总是在愉快地享受——在一群学生中承担学习者的角色。

有时候，学生们的演讲、故事和工艺作品看上去似乎不应该出现在学校里，然而，那些主题恰恰就是学生们的生活与恐惧的方方面面。当学生们可以用自己的声音去表达、去创造的时候，其中产生出的洞察力和学习激情是不可估量的。不止一次，当我回到自己的办公室的时候，不由自主地落泪。"出了什么事了？"其他的人会问。"你们肯定不相信课堂上发生了什么！他们创造出来的项目和论文，远远超出我给他们提出的要求。这简直太神奇了！"

渐渐地，我开始认识到了冥想放松的重要意义，不仅仅是在我的生命之中，也是在我的学生的生命之中。拿出时间来冥想、静坐，是把个人超越带到课堂上的一个有效的方法。虽然有许多学生加入这个练习,但这并非我提出的要求。然而,参与的人必须尊重房间中的静默,即使他们想要做其他功课或者是画画、读书。我们会把光线调暗,学生们会闭上眼睛,我则会带着他们做一小段时间的冥想。

在我们一起做过几次冥想之后,这些学生开始要求我让他们在每堂课开始之前放松、冥想五分钟。"要做的东西太多了,我们没有办法集中精力。"他们保证在这之后就会精力充沛地上课。我相信他们了解自己需要什么,就常常会答应他们的要求。我从不后悔。以这样的冥想开始的每一堂课,都充满创造力,也会有丰硕的学习成果。

冥想在有些情况下不太容易,比如,在那家寄宿学校里,有一些学生(他们曾经历过各种虐待)不肯在一种无助的环境中闭上眼睛。所以,我们就会静静地坐一会儿,背景是轻柔的音乐。在所有的情境下,我都会按照学生的需要,调整这个练习——当他们在一个上午参加了两次考试之后,我理解他们需要有一个空间,重新找到自我。

体悟心智模式

推断之梯是另一个在课堂上很有效的工具。在任何一个谈话中,或者任何一门课的课堂上——文学课、历史课或者是科学课和数学课,都可以用得上。在讲约翰·斯坦贝克(John Steinbeck)的《人与鼠》(*Of Mice and Men*)中的第一章的时候,我会问大家:"伦妮在推断之梯跳了哪几级?"或者问"乔治做了哪些假设?"你还可以问,作者持有哪些心智模式?及其与作为读者的孩子们所理解的现实,有什么差异?这个梯子听上去很抽象,但是用在教学上相当容易。孩子们了解这些"抽象跳跃"的存在,但从未有人为他们提供过具体方法,来清晰地表达不同层面的思想。如果某个人在课堂上做出了某个断言,另一位学生就会问:"实际上是这样的吗?还是你听说它是这样的呢?"

我发现有多重方法可以介绍和修习这个内容。我或许会请校长到我的教室中来,他会说:"我需要和你马上在走廊里聊一聊。"我会有意在一分钟后从走廊回到教室,并且表现出沮丧的样子。然后,我会问学生,他们认为发生了什么。他们每个人都有自己的说法。我会引导他们一步一步地走过推断之梯的结构,并要求他们思考这个事件,然后问自己:"对于校长要和我谈谈的理由,为什么我们有如此多的故事?数据究竟是什么呢?"

要想创造出这种环境,教师要全身心地投入。这样做有时候也可能会很辛苦,但从长期看,却能令人更加愉悦、更加鼓舞人心,因为你永远没有机会在教室前面的桌子边上呆坐。久而久之,纪律问题减少了,创造水平大幅上升了,一种相互尊重的气氛在课堂上渐渐扩散开来。

伦尼要小心,否则乔治就会端走他的铁饭碗。

乔治是个有头脑的家伙。

乔治试图欺骗他的上司。

乔治不允许伦尼表达自己的看法。

伦尼讲话的时候,乔治插话打断了他。

——"一个推断之梯",摘自约翰·斯坦贝克所著《人与鼠》,第一章。

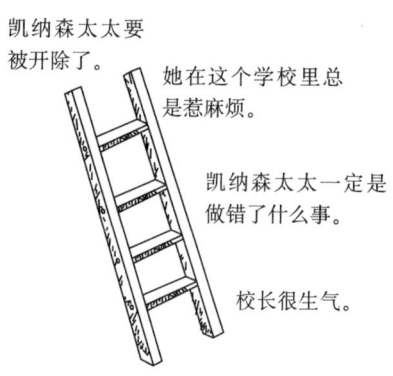

凯纳森太太要被开除了。

她在这个学校里总是惹麻烦。

凯纳森太太一定是做错了什么事。

校长很生气。

校长走进来说:"我需要马上和你在走廊里聊一聊。"

团队学习

我的目标之一,是在课堂上创造一种类似深度会谈的环境。我从来不要求孩子举手提问题,我们会围坐成一个圈,或者是以每个人都觉得舒适的方式坐下来,开展谈话活动。经过一段时间后持续练习之后,学生就能明白,等另一个人表达完他的想法后再加入谈话比较好。引入深度会谈的时候,使用教具可能比较有效,比如,把一个地球仪用作"发言棒",直到课堂上逐渐形成深度会谈的模式。

由共同研讨公司(Synectics Inc.)的乔治·普林斯(George Prince)开发的"轻视—报复循环(discount revenge cycle)"模型,对于课堂上的深度会谈是一个很有效的方法。我会指出人们相互轻视的许多表现方式——有些微妙,有些明显;有些是肢体表达,有些则是语言表达。比如,有些学生在其他人说话的时候,会小声嘟囔说:"我的天哪,你能相信吗?"或者是翻白眼、打呵欠。[1]

正像普林斯所指出的那样,人们一旦发现自己受到轻视,报复就会随之而来。虽然今天、明天不一定会发生,但是这个循环会持续下去。报复行为又会产生反作用,又会再次引来轻视的行为。在深度会谈中,我努力把这种破坏性的模式公开识别出来,采用的是一种明确的相互尊重方式——当这个模式发生的时候,引起大家注意,帮助学生意识到这样做要付出的代价。这也是教师要参与到深度会谈中的原

---

[1] 有关普林斯的工作的更多内容,请见 W. 蒂莫西·韦弗(W. Timothy Weaver)与乔治·普林斯所著《共同研讨:用于教育的潜力》(*Synectics: Its Potential for Education*, Phil Delta Kappan 出版,1990 年 1 月,第 378~379 页),以及 W. 蒂莫西·韦弗所著《当轻视成为阻碍》(*When Discounting Gets in the Way*, Training and Development 出版,1993 年 6 月,第 55~62 页)。另外参见罗伯特·富勒(Robert Fuller)所著《大人物与小人物:超越等级》(*Somebodies and Nobodies: Overcoming the Abuse of Rank*, New Society Publishers 出版,2004 年)。

因之一，不仅是参与到孩子们中间去，也要体现在与孩子们互动的行为中，这是因为教育的最强有力的方式之一，是以身作则——将提出的练习示范给孩子们。教师往往在倾听不同孩子的谈话时，会采用不同的方式。对于一些孩子，教师会给他们机会，让他们在说话过程中进行思考；但对于另一些孩子，教师就会打断他们。修习深度会谈有助于建立、培养我们真心倾听每一个人的能力。

知行课堂的挑战

当然会出现这样的时刻：修习和效法这些修炼让人感觉像是一场斗争，就会倾向于返回到从前的做法和习惯上。然而，我坚信，不断坚持前行，就会获得可观的回报与恩惠。

当你在六月与自己的学生告别的时候，可能会感到有些伤心难过。将会由其他老师来教他们——这些老师可能不会以这样的方式教学，对于你们共同熟练的那些工具和练习恐怕也不了解。有些学生可能还会发现，这些修炼让他们在自己的家庭生活中变得更难应付。我的一个学生在我的英语课上学会了"good"和"well"的区别，晚上回到家之后，他就去纠正自己的父亲，结果挨了一顿揍——父亲惩罚他的原因是，他竟然觉得比自己的父亲能耐还大。听到这个男孩的经历之后，我感到万分羞愧，无论一个学校如何兴旺发达，都要教会学生系统思考及良好的沟通能力，教孩子该如何应对生活中的差异和矛盾，他们究竟如何才能将在学校开展共同学习，与他们的生活融为一体呢？

在我开始教书的时候，我的一个学生问了一个让我无法回答的问题。于是我说："我不太确定。这样吧，我今天晚上回家研究一下，要不然你也回家去看看。明天我们可以对比一下我们的成果，看看我们

249

是不是能找到答案。"与我同教这门课的另一位老师比我有经验，听了我的话之后，她非常震惊；她说我应该悄悄地去找一下答案，或者当场随便说点儿什么；但绝不能承认自己不知道答案。这是我成为一名教师之后，第一次备受煎熬——我必须捍卫自己承认"自己并不是什么都懂"的权利。"不知道答案"是找到真正的问题解决方案的最好办法。

我知道有一件事一定是真实的，那就是我必须不断修习：我所教即我所行，我所教即是我的生活。在我教的一堂课与我每天生活的修行之间，并没有明确的分界线。我相信，在我所收集的工具、方法和程序中增加这些修炼，并不是在我已经填得满满的课程计划中添加一些必须完成的附加要求，而是增加了一种人生的存在方式——既在课堂上，也在我的生活之中。

教书的勇气：探索教师的内心世界

帕克·J.帕尔默（Parker J. Palmer）

"我们教的，是我们自己。"帕克·J.帕尔默以这个简单的说法，挑战了我们这些做教育工作的人们，他让我们把思想转向内心，去探索我们"为人师"的一生；让我们重新找回我们大多数人的使命，而不仅仅将其当成一份职业。这本书对每一位读者及阅读小组，都是反思帕尔默观点的有力工具——帕尔默认为：教书和学习处于个人生活与公众生活的危险的交叉点上，优秀教学来自教师个人的正直和自我认知，并非来自方法与技术。

你可以把这本书当作一个自我超越的练习来读。《教书的勇气》帮助你关注自我，关注自己如何完整且全心全意地进行终身学习，使自己可以为自己的专业和学生，承担起更完整的责任。通过更深入的自我了解，你就能够以自己的才能、以更有意义的相互联系，更全面地融入这个世界之中。

——保罗·麦克（Paul Mack）

《教育艾斯米：一名教师入职第一年的日记》

艾斯米·拉吉·科德尔（Esmé Raji Codell）

这本书的作者今天已经是一位图书馆馆长和儿童文学专家了，写这本书的时候，她是一位满腔热情的24岁的年轻人，刚刚接受了一份工作——在芝加哥市中心区的一所小学教五年级数学课。《教育艾斯米》实质上是她在第一年教学中毫无保留的日记。当校长向她施压时，她和他大吵了一架；她重新给数学课起名为"猜谜"，于是孩子们就不再感到，自己曾经在学习这门课程时，有过失败的经历；她让孩子们从一个"烦恼筐"中挑出自己的烦恼；她为孩子们在课后安排了一个"讲故事训练营"；她让班上最捣蛋的学生给自己的班级上一天课——她还在全国公共广播电台（National Public Radio）上讲述自己的经历。这里的重点并非是把艾斯米当作教师的典范——许多教师都这样做过。而是在读书的时候，把她当作直白与坦率的化身，自身共鸣的容器，以及在需要的时候，让自己像内心中的艾斯米那样行事。

在两代人之前，贝尔·考夫曼（Bel Kaufman）创作的《桃李满门》（*Up the Down Staircase*）一书做出了同样的贡献，他为这本书写了一篇简介。

——阿特·克莱纳

| 第 4 章 |
看见学习的人

自20世纪70年代中期开始,有关学习方法的研究,取得了显著进步。其结果之一,是让越来越多的人认识到多元智能(multiple intelligence)和多种学习方式的存在,并意识到智能并非一成不变,也不容易衡量。尽管标准测试的分数可能依然被用于学校和学生的排名与评级,但是没有人可以宣称,这些分数至多反映了部分实际能力或潜力。

本章致力于将多种学习方式融于课堂教学实践之中,但其作用却并非仅限于此。目前,对于人们如何学习的认识不断出现,也带来了许多引人注目又相当重要的问题。如果智商测试并不能衡量人的学习能力,那么什么样的评估方式能做到呢?在开发孩子们的能力方面,哪些能力是需要首先开发的呢?对于成年人的能力开发来说,又该如何进行?教师的学习风格对于课堂上的沟通障碍产生了怎样的影响?哪些智能形式是修习学习的各种修炼的先决条件(比如,共同愿景是否需要一种空间可视化的内在能力?)团队与小组之间是否也像个人之间一样,存在智能形态上的差别?这个知识体系对于课程、学习以及社区的设计,会产生哪些不同作用呢?[①]

本章的内容可能不会面面俱到——只是提供了一些我们觉得极具价值又耐人寻味的切入点。最重要的是,尊重每一个学习的人,并给他们以尊严——这是我们的指导原则。你对于学习的心智模式是什么,这样的心智模式与你周围的人有哪些不同?作为一名教师,作为一个学习的人,你具备哪些才能?你的学习能力在哪些方面有所欠缺?你周围的人中有哪些学习的才能?你们如何互相学习?这样的探询,就是这一章的文章、练习及参考材料的用意。

1. 孩子的尊严

蒂莫西·卢卡斯

安娜读三年级。像所有 8 岁的孩子一样,她浑身上下充满活力。这天一早,她蹦蹦跳跳地跑到校车站,和最要好的朋友一路欢笑来到学校。但从她走进校门开始,事情就不对劲了。第一件事,就是她昨晚已经完成的数学作业,不在书包里。当她报告老师,说她找不到数学作业的时候,老师双手叉着腰说:"你又忘带作业了?你简直太没条理了。"

[①] "学习的最新观点"网站,是由威斯康星大学史蒂文森波恩特分校 (University of Wisconsin-Stevens Point) 制作的,提供了当下有关智能的各种观点的概述,以及这个领域的领导人物的相关链接。这个网站上也提供了如何为你可能遇到的所有学生创设教学环境,来支持和培养学生的学习方面的指导,参见 www.uwsp.edu/education/lwilson/learning/index.htm。

上午晚些时候，安娜的班级去大礼堂参加集会。在回教室的路上，两个女孩把安娜往墙上一推，她绊了一跤，随后就摔倒了。"你简直太没条理了"，两个女孩模仿老师的口吻嘲弄安娜。这时，两个男孩则在一边指指点点，乐不可支。当老师要他们安静下来的时候，他们却瞪着安娜，仿佛他们挨训全都是她的错。回到班里，当其他同学都在讨论数学作业的时候，安娜低下头，盯着自己的手看。坐在她旁边的那个女孩，用所有人都可以听到的声音对她说："难怪你这么笨。"正在上课的老师决定对此不闻不问，继续上课。午餐的时候，安娜没有吃多少，因为她觉得胃疼。一整天，就这样过去了。坐在回家的校车上，安娜一声不响，闷闷不乐，对自己周围的一切毫无察觉。

有时候，我会在学校的集会上讲安娜的故事。我会先举起一大张白纸，上面写着："我是有尊严的人。"我请所有学生和老师，把这张纸当作安娜的尊严——是她看到的自己。讲到故事中发生的每一个事件的时候，我都会从白纸上撕下一块，让大家都可以看到，这张纸每次都会变小一点儿，到最后只剩下很小的一部分。我会说："每一次你们把安娜的尊严拿走一块的时候，她就会相信，自己比实际的安娜少了一点儿。你们能够修复这样的伤害吗？在你们说过了那些话之后，真的还能收回来吗？"

我们都听说过与安娜的经历类似的故事。我们中的大多数人，在受教育的过程中，自己曾经就是那个安娜。如果我们度过了小学，自己的尊严还基本毫发未损的话，那么在青春期、高中、大学，总会有这样的经历在等着我们，突然间落到我们的头上。一名教授这样告诉一位学设计的大学生："下次再画图的时候，要试试用自己的手。"一位学校管理人员要求一组六年级学生从他们喜欢的课上转走，他说因为"他们不具备掌握这门课的能力"。一位教师轻率地这样说："没人能帮得上你的忙。"在所有这些情况下，以及在不胜枚举的类似情况下，我们都是在被告知，自己没有多大用处。我们或许最终花了一生的时间，都在实现这个预言。对于自尊遭到打击的种种细节，我们在一生的大部分时间里，恐怕都难以忘怀。请孩子们写一写他们被人嘲弄、欺负的经历，你就会收到栩栩如生的各种细节。

学校里以大欺小的现象一直以来都是举国上下所担忧的。近年来，随着网络暴力的盛行以及媒体的跟踪报道，以大欺小的现象引起了人们的高度关注。然而，我们大家却很难听到教育工作者，或者是其他人，对于他们所教的孩子进行公开反思。他们谈论的往往是课程规划、授课方法，有时候也会说说发展阶段或者多种学习方式方面的最新研究。但是，他们要多久才会说一说：每个孩子都很重要，都应该受到尊重呢？他们要多久才会谈一谈：学生对于自己获得他人尊重的感受、学生对于他们自身价值的感受，都与学习紧密相关呢？他们要多久才会以自尊的视角，看待自己面前的孩子们？[1]

---

[1] 关于以大欺小现象的文献，目前数量繁多，涉及多个层面。我们要对下面所有人的工作表示感谢，保罗·佛莱雷所著《自由教学法》(Pedagogy of Freedom, Rowman and Littlefield 出版，1998 年)，第 62~64 页；乔纳森·科佐尔 (Jonathan Kozol) 所著《打击差异》(Savage Inequalities, HarperCollins 出版，1991 年)；艾拉·肖尔 (Ira Shor) 所著《社会变革中的关键教学》(Critical Teaching of Social Change, University of Chicago Press 出版，1992 年)；芭芭拉·科洛罗索 (Barbara Coloroso) 所著《欺凌者、被欺凌者与袖手旁观者》(The Bully, The Bullied, and the Bystander, HarperCollins 出版，2003 年)；以及罗莎琳德·怀丝曼 (Rosalind Wiseman) 所著《蜂王与崇拜者：帮助你的女儿在帮派、流言、男友及其他成年现实中生存》(Queen Bees and Wannabes: Helping Your Daughter Survive Cliques, Gossip, Boyfriends, and Other Realities of Adolescence, Crown 出版，2002 年及 2009 年)。

我们这些关心学校的人，都需要退后一步，想想孩子的尊严的含义。许多教育工作者和家长似乎认为这个原则是不言自明的，尤其是在许多学校里提出"彰显自尊"的概念。不幸的是，实际情况并非如此。如果孩子尊严的重要性如此显而易见，那么我们就应该更多地从孩子们自我认知的视角去看待他们。贴到孩子们头上的标签，诸如"危险的""难对付的""需要个别对待的"以及"精神有问题的"，就应该比现在少得多。

以孩子的自尊接触他们

意识到这种理念，是在我做科学课教师的第二年。我知道我正在与孩子们接近，但是，我不明白为什么不能接近更多的孩子。我非常幸运，与一位名叫特鲁迪·克里德（Trudy Creede）的女教师在同一座教学楼中教课。特鲁迪是一位杰出的教师和导师。她是一位弱不禁风、上了年纪的妇女。她教授阅读课，采用的方式是摄影；对象是一批 12~14 岁的孩子——大多数老师都会给这些孩子贴上"危险的"或"有问题"的标签。这段经历发生在 20 世纪 70 年代中期，大约是美国教育处于动荡中的年代。我们所在的初中有 1 200 名孩子，而校舍的设计能力只能容纳 600 名学生，因此我们要和另一所同样人满为患的高中共用教室。在这所学校里，学生抽大麻的现象相当普遍，于是当地警察不得不经常造访这所学校。对于有些学生在洗手间里抽烟的现象，学校里都没人知道该如何应对，更别说毒品问题了。

我和其他八九位年轻教师同属一个小团体，大家都有点儿不守常规。当时我们都还没有结婚，有着狂放不羁的劲头，似乎并没有比我们教的孩子好多少。我们留着长发，骑摩托车或自行车上班，往往采用不传统的教学方式与孩子们沟通交流。其他教师有时候就会因此而抱怨。(有一次我带着上科学课的全班同学,到教室外面去收集土壤样本。另一位科学课老师就抱怨说:"你不应该带你班上的孩子到教室外面去。我班上的孩子看到窗外你班上的孩子,就会觉得你教的课比我教的更有意思。这不公平!")

每月一次,特鲁迪都会邀请我们所有人与她和她的丈夫一起吃晚饭。我们会花很长的时间,讨论她在教育"难以教化"的孩子方面取得的成功。特鲁迪引导孩子们进入学习状态,是通过拍照片、在暗室里洗照片、用文字描述照片以及阅读各自照片上的故事等方式来实现的。从她的班上毕业的孩子,通常会在一生的"长跑"中获得成功。"你究竟是怎么做到的?"我总是会这样问她。

"蒂姆,这只和他们的自尊有关系。"她告诉我。她一直都很明白,她的学生处在面对极大挑战的发展阶段,很容易就会回到青春期前的思维方式上去。但是在对待每一个孩子的时候,她都会对自己说:"在这个孩子的内心中就有自尊。它已经在那里了,我们不必再花力气把自尊放进去。我们的任务是承认它的存在,并与它相处。"

对于特鲁迪来说,这些孩子不是一个个的"病例",而是丰富得令人无法想象的生物体,很多事情都在他们身上发生。她天生就可以做到退后一步,把这些孩子当作完美的人看待——看到他们做功课的方式、活动的方式、谈话的方式,看到他们掌握的信息。而且,她也从未失去过对孩子们的敬畏,从未失去过对他们的尊重。正像她对我们解释时所说的:尽管她可能也会想要随随便便地去对待一个孩子,但是她没有这么选择。"我做不到,因为孩子就在那里,那就是一个活生生的人。"

认识到一个孩子的尊严并不困难。比如,当你看到幼儿园的八个孩子手拉手的时候——走在街上，或者是在郊游。然而，同样是这八个孩子，到了九年级之后，在你看来可能就是一个"团伙"，尤其是如果他们的家庭背景"比较糟糕"。每个孩子到了15岁的时候，时不时就像是在到处捣乱、惹是生非，对于他们所处的发展阶段来说，这都是自然现象。特鲁迪教导我说，世上没有"好孩子"与"坏孩子"之分，只有"孩子"。这位弱不禁风的女性使她的班级融合为一个整体，是因为她懂得尊严，也懂得把尊严交还给自己的学生。你没法靠讲课教会人们如何这样去做，你必须要身体力行地让他们看到。

施教要维护学生的尊严

我现在仍然会与那个年代结识的一些老师一起聊聊，我们常常会谈到"每个孩子都有尊严"这个理念，也会说到特鲁迪在塑造这个理念、谈论这个理念的时候，采用的不同方式。当我自己逐步变换角色，从校长到学监、再到大学教育工作者的过程中，一直都在坚守这些训诫。那是我的愿景的一部分。如果我坚信孩子们是可爱的、是有能力的，那么我就有责任通过迎接他们当下的自我，去接受他们的自尊。

在我担任新泽西州胡-胡-卡斯学区（Ho-Ho-Kus）的学监的时候，我们的学校一对一面试了所有即将进入托儿所的孩子及其家长。这家学校的董事会对于这项工作的开支提出了质疑，于是，我就给他们讲了这家学校开学那天发生的一件事。当时我正在为给孩子们带回家的气球打气，我们的学习顾问走了过来，对我说："我今年夏天面试了一个孩子，她特别害怕气球。如果你带着20个气球走进幼儿园的教室，这个女孩会被吓坏的。"

如果事先没有进行面试，我们对此就会一无所知，然后这个女孩不知所措，感觉受到威胁，也会在第一天就破坏了所有孩子对学校的印象。但实际发生的情况是，我们的专家在第一天的活动开始之前，就把这个女孩带到一边告诉她，我将会分发气球给孩子们；但是她不用拿个气球回家；而且在这个过程中，如果她愿意，他们可以一起离开教室，到学校里走走。

"这倒没关系，"那个女孩说，"只要我不用带气球回家就行。"在这所学校度过的那段时间里，她一直都明白（其他孩子也了解）我们会尊重她的意愿。

在日常修习中，这其实就是设身处地地对待他人。在我做教师和校长的时候，每当在走廊上遇到学生，都会叫出他们的名字，和他们打招呼。因为我相信，如果你从某个人身边走过（不论是孩子，还是成年人）却不打招呼的话，就是在剥夺他们的部分尊严。我所认识的最优秀的教育工作者，都会花费很大精力，去结识每一个孩子。老师们会在课堂上精心安排活动，让孩子们谈自己的爱好和家庭背景，采用的方式既不会让他们觉得是在被他人评定，也不会觉得是在被人欺负。一旦你对孩子们的认识达到了这种程度，一旦你真正看到了他们在乎什么，你就可以为他们的成长做许多事情。

你可以问问自己："这样做是会增强孩子们的自尊，还是会剥夺他们的自尊？"并通过这样的质询改进自己的活动与修行。把孩子的尊严作为首要价值观来探讨，就为形成共同愿景提供了一个有效的切入点，使得员工发展项目与共同愿景保持一致。这样做也会对教育工作者相互沟通的方式产生影响——在课堂上、在会议上，也包括在午餐的闲谈之中。通过精心安排，将有关多元智能及多种学习风格的研究融入你的课堂之中，创建一个练习——为课堂上不同的学习风格创建卓有成效的障碍；鼓励学生们接受挑战去超越自己的极限；并且让他们看到，我们意识到了他们的优势与极限。其最终结果是形成一个持续与孩子们沟通的系统——"我们今天将会为你的人生增添价值；明年教你的老师会再给你增添价值，因为我们都了解，你值得我们这样做。"

在我看来，在职业生涯的早期就能接触到给孩子尊严的理念，是幸运的。这个理念一直激励着我，让我从不同类型的学习者及其各自具有优势的研究中持续开展学习，也让我公开赞美这些不同之处，并且鼓励大家以多种方式展开思考和互动。只有那些拥有强烈自尊感的学生，长大之后才会成为能承担风险、能应对失败，也能为保护他人的尊严而有所作为的成年人。

在有些学校里，教师和管理人员对这类问题进行开放式探讨。只要有人做出有关一群孩子的决定的时候，他们就会问自己：我们是否曾经退后一步，看到了这些孩子的优秀之处？我们看到这些孩子的潜质了吗？还是我们已经把这些潜力一笔勾销了呢？每一个孩子的学习不时会迸发出火花，比如，在他们第一次说出一个交通标志的时候，或者是第一次把一个完整的句子说出来的时候。说到底，认识到一个孩子的尊严，就意味着要在此时此刻感受到本能的惊喜：每个孩子身上都有闪光点。你必须学会不把这样的时刻当作理所当然，必须学会以尊重的眼光看待每一个孩子。如果这样的话，"孩子的尊严"的理论就不再单纯是一个理论了，而是你看待这个世界的方式。

霍华德·加德纳与多元智能[①]

霍华德·加德纳是一位心理学家，他在智能、创造力和领导力方面的研究与写作中，针对什么是培养教学与学习的适当方法，提出了一系列影响深远的问题。虽然他从未直接参与过与组织学习的五项修炼有关的工作，但在多元智能的理论与五项学习修炼之间，有着强烈的共鸣。多元智能的核心是一个处在不断演化之中的、多方面的认知与情感能力模型，其中包括言语－语言智能、逻辑－数理智能、空间智能（艺术方面）、身体－动觉智能、音乐智能、自然观察智能（对于环境的认知与敏感性）、交往－交流智能、内省智能（反思方面）。加德纳认为，人们在面对人生的种种挑战的时候，必须要把每一种形式的智能都调动起来共同应对挑战——从孩提时代开始，在生命的整个过程中一直持续下去。由于每一个人具备的智能组合千差万别，因此在任何一种社会环境之中，人们具备的各自的技能与优势应该形成互补的关系。

与学校有关的最隐蔽也是最普遍，同时又是最具破坏性的心智模式之一，就是把成功等同于最智慧的智能（语言智能与逻辑－数理智能），而忽视所有其他形式智能的价值。加德纳的工作重新定义了这个心智模式。对于智能的这种看法（以及由此产生的对人的价值的看

[①]《修炼的心智：超越信息和标准测试，每个孩子都应有的 12 年级教育》（*The Disciplined Mind: Beyond Facts and Standardized Tests, the K-12 Education That Every Child Deserves*，Penguin 出版，2000 年），《未来的五种心智》（*Five Minds for the Future*，Harvard Business Press 出版，2009 年），《多元智能：理论与实践的新境界》（*Multiple Intelligences: New Horizonsin Theory and Practice*，Basic Books 出版，2006 年），《真理、美与改革的美德：培养 21 世纪的美德》（*Truth, Beauty, and Goodness Reframed: Educating for the Virtues in the Twenty-First Century*，Basic Books 出版，2011 年），作者：霍华德·加德纳。

法），给为数众多的孩子造成了破坏性的影响——他们的才能在学校里不被重视，或者根本无人理睬。在成人社会中则导致了那些也许是"精通书本知识"的领导人得到重用，然而，这些人往往缺乏必要的（也是我们期望他们拥有的）身体技能、社会技能、生态技能、反思技能，以及人际交往技能。

加德纳的每一本书，都扩展了他先前的工作，往往还延伸到了新的领域。对于教育工作者来说，《修炼之心》恐怕是最好的入门指南。这本书于2000年出版，其中对加德纳在20世纪90年代从事的学校改革工作涉及较多。加德纳对于培养某个具体项目一直有意回避（没有一所学校叫"加德纳学校"），但他为各种各样的学习与生命存在方式写出的课程设计与课堂设计，明晰而又令人信服。同时，他对于学校的目的也提出了自己的观点：学校要让学生明白掌握一项专业技能意味着什么——要以科学的、历史的、艺术的、道德的、数学的以及音乐的方式进行思考，即便这些方法乍看起来不符合直觉，或者很难做到。加德纳以三个方面的思想印证他的想法：进化理论（科学）、纳粹大屠杀（历史与道德）以及莫扎特的音乐（艺术）。而后，他将不同的智能如何支撑了这些主题，并引发出更丰富、更加务实的知识集合过程，一一展示了出来。

《多元智能》再版于2006年，详尽阐述了加德纳模型的基础理论，并提供了一个相当实用的总体介绍。《未来的五种心智》由加德纳在2007年出版，这本书将不同的智能综合为更通用的技能，以便人们可以（他认为人们也应该）将其应用到未来50年的各种挑战之中。这些技能实际上也就是加德纳版的学习修炼。它们包括：在一段时间内保持工作，改进技能与认知（修炼改进心智，the disciplined mind）；把多种来源的信息收集、整合到一起（综合统筹心智，the synthesizing mind）；开拓新领域（开拓创造心智，the creating mind）；理解他人（尊重包容心智，the respectful mind）；以及形成对于目标和价值的更深入的理解（责任道德心智，the ethical mind）。《重塑真善美》于 2011 年出版，集中探讨柏拉图三项美德，以及如何在现代社会培养这些美德。

——阿特·克莱纳

罗伯特·J. 斯腾伯格（Robert J. Sternberg）[①]

罗伯特·J. 斯腾伯格是俄克拉荷马州立大学心理与教育学教授（以及教务长），在现代学习理论方面，他具有非同凡响的影响力。他不仅对学校中的各种"学习障碍"的标签提出了挑战，也对学校中只重视"成分性智力"（语言及逻辑—数学能力）的教条惯例提出了质疑。另外两种智能，即创造性智能和实践性智能，不仅对社会十分重要，也对人们的成功会产生决定性影响。在大多数学校中，这些智能鲜有机会得到开发。虽然，斯腾伯格的智能分类与霍华德·加德纳的分类有些不同，但并不相悖。斯腾伯格在认知心理学、创造力和教学领域出版了不少书籍。这里介绍的两本是两个很好的起点。

——贾尼斯·达顿

---

① 《成功的心智：实践与创造智能是如何决定人生的》(*How Practical and Creative Intelligence Determine Life*, Simon &chuster 出版，1996 年)，作者罗伯特·斯腾伯格。《那些被贴上标签的孩子：每一位家长和教师都需要了解的学习障碍》(*Our Labeled Children: What Every Parent and Teacher Needs to Know About Learning Disabilities*, Perseus Books 出版，1999 年)，作者：罗伯特·J. 斯腾伯格与埃琳娜·L. 格里戈连科（Elena L. Grigorenko）。

2. 让学习者显现出来

蒂莫西·卢卡斯

目的

与教师或家长合作，帮助学生认识到自己的个人优势，明确自己需要继续开发的领域，并且重视其他人带进课堂的不同优势和技能。

综述

学生们以小组的形式，逐步完成不同智能的图画，也就是他们探讨的不同形式的"聪明"，以及他们自己的"聪明之处"。

参与者

将班级中的学生按照三人一组分组。

资料

每位参与者有一份多元智能的描述图。

环境

可供大组讨论和小组活动的空间。

如果请操场上的一群中小学生选出一支参加比赛的队伍，最有运动才能的人一定最先被选中——每个人都知道那个人是谁。如果让同样一群学生挑选出一个制作科学宣传画的团队，最有艺术天赋的那个人也一定最先被挑出来。如果课程表上有一个地理知识竞赛或者是拼字比赛，有一些人总会成为"首选"。

这是个不错的系统，但只对那些获得首选的人而言是如此。对于常常由此产生的那种翘首以待的感受，我们大多数人都不陌生；心中发虚不知道何时会被选中，被选中之后虽然放心了，但又因为不是最先被选中而感到失望。我们也都了解，被大家最后不得已选来充数，但实际打上了"没什么用处"的标签,是多么尴尬,因为我们自己特有的才能,并不符合今天活动的需要。

"首选"心态在我们身上是如此根深蒂固,似乎牢不可破,但是,这个修习可以帮忙。我曾经让八九岁的孩子做过这个修习,但我发现还是在中学里特别有效——这时的孩子已经十分清楚地意识到了他们之间的相似之处和不同之处。他们也需要学会,如何在保持自己心中的自尊感的同时,应对失望。

第一步:反思技能与能力

请你的学生仔细反思一下小组竞赛和小组项目的过程:"你们想和谁一起进行,最想先选谁?这些决策是怎样做出来的?你们怎么知道,他们这方面的能力很强?"谈谈对这些活动可能有益的其他的技能,也谈谈大多数人总会在某些方面比其他人强。

逐渐展开谈话,探讨为什么不同的人会有不同的才能组合:"人类是如何形成某种技能的呢?是与生俱来的吗?还是他们有更多的机会、更多的经历呢?"(比如,一个人如果地理知识渊博,是天生如此,还是因为他去过很多地方?音乐家是否一定都要跟着一位音乐老师练习和学习?)

第二步:介绍九种智能

这个时候,我一般会做一个关于多元智能的简短讲解:"作为一个团队,我们拥有全面的技能,但是我们中的一些人在某些方面比其他人要强一些。问题并不在于你是否聪明,而在于你在哪方面比较聪明。"然后,我们就一起去看看九种已经确定的人类智能——使用的语言,要让中小学的学生也容易分清其中的差别。

- 如果你写作能力强（言语-语言智能高），那么你在语言、写诗，以及讲故事方面表现出众。

- 如果你逻辑能力强（逻辑-数理智能高），那么你在解决问题、归纳和推理思维方面，在与符号打交道以及识别模式方面，能力较强。

- 如果你图形能力强（空间智能高），那么你就具备图形才能（画图、绘画以及雕塑）和组装才能（你能够掌握事物的工作原理，掌握东西如何拆解和组装）。

- 如果你运动能力强（身体-动觉智能高），你就能够自如地让自己肢体协调地去从事体育运动、参加比赛、跳舞、表演和运动。

- 如果你音乐能力强（音乐智能高），那么你就具有识别声音和节奏的天赋，对于人声、乐器声以及环境中的声音都会很敏感。

- 如果你自然能力强（自然观察智能高），那么你对于周围的环境就具有成熟的意识和感知能力，你可以在植物、动物和自然环境中有效运作。

- 如果你人际交往能力强（交往-交流智能高），那么你就了解如何与他人融洽共事，能够解读他人的心态与意义，并且预知他人下一步会做什么。

- 如果你自我认识能力强（内省智能高），那么你就具备深入认知自我的能力，具备元认知及反思的能力。

- 如果你哲学能力强（存在智能高），那么你与抽象概念打交道就很自在，并且具有深度反思人类存在的意义及其他复杂问题的能力。[①]

第三步：想象那些智能

两三个人组成小组，把对于每一种智能较高的人的描述写下来。他们最喜爱的业余活动是什么？他们在学校里哪门功课最好？他们可能会从事什么职业？他们最适合的度假地点是哪里？历史上的哪个人物表现出了这样的特点？电影或者电视中的哪个人物代表了这种智能？哪首歌的歌词会让人想起这种智能？

第四步：个人反思

通过上述这些讨论之后，整个班级就做好了准备，可以对以下问题进行反思（并写下答案）：

- 你自己最强的三种智能是什么？举出你日常生活中的一个例子，说明你为什么会选这三项？
- 如果有两种智能你希望获得提高，会是哪两种，为什么？
- 你的家人在哪些方面的智能很强？（思考一下他们的职业、爱好以及日常工作。）请举例说明你的思考。
- 为什么一个人不可能在九个智能方面都强？
- 学校（以及这个班级）如何帮助你在九种智能方面获得改进？
- 有时候，如果一个孩子在某个方面能力非常强，比如音乐才能——家长就会把他送到专业学校里，集中培养音乐才能。这些孩

[①] 这个练习基于通常应用的一组霍华德·加德纳的多元智能的释义，参见《多元智能：理论与实践的新境界》(*Multiple Intelligences: New Horizons in Theory and Practice*, Basic Books 出版，2006 年)。

子在十几岁的时候，就会成为天才演奏家。奥运会的体操运动员也要上特殊的小学。儿童演员则需要有家庭教师指导。对此，你有什么看法？

把这个修习用作其他工作的基础

修习过"让学习者显现出来"的班级，会形成一种语言，大家谈论人与人之间的差异，却不会让任何人感到被人看不起。比如，对于那些似乎与所有人都不大一样的人，你们可以平心静气地探讨。这些人看上去可能存在明显的弱点，甚至许多不足，但是他们有哪些优势呢？你们并非简单地说说："每一个人都有其优点"，而是开始谈论，这个教室里的每个人，在哪些方面比较强。

如果你是一名教师，这个修习就会帮助你和学生们一起学习，使你更深入地了解他们每个人的学习方式和信息处理方式。这反过来又有助于你为他们有针对性地定制一系列的练习——有些人是强化自己的"优势"智能，而另外一些人则是改进他们的"弱势"智能。

这项修习对各种成年人团队也能带来不同，比如，某个正在设计或者正在实施一项学校变革措施的员工小组。又如，有两位老师，他们不知不觉形成了对同一个孩子的不同看法，而这些看法的基础，是他们感到舒适自在的那些"智能"，但他们自己从未意识到这些不同观点的来源。其中一位老师在人际关系智能方面比较强，或许就会召集一个团队来帮助这个孩子。另一位老师的优势，则是在语言智能方面，可能会通过阅读和写作来帮助这个孩子。谁的做法是"正确"的呢？不一定是最有经验的那位教师，甚至不一定是最了解这个孩子的那位老师。正确的做法，可能会来自在不经意之间"对上"了这个孩子的内在优势的那个老师。

类似的差异，会在家长之间出现，也会在社区里的人们考虑学校问题的时候发生，同样会在组织中的两个员工之间存在。在员工发展训练营里，在学校和社区的会议之中，甚至在家庭成员之间（孩子们把这个练习带回家里，与自己的家长和兄弟姐妹一起试着练习），我们都曾看到过这个练习产生的影响。这个练习总能打开人们的心智、让大家认识到——我们都拥有天赋，但方式不尽相同。除非我们刻意去寻找其间的不同，否则就看不到这些差别。

你的孩子如何聪明[①]

多娜·马尔科娃（Dawna Markova）的基本工作方向，是针对各种大脑活动进行临床研究。我们大家中的一些人，在意识上主要是视觉导向（把注意力主要放到我们看到的东西上）；另一些人，则主要是听觉学习导向（专注于我们听到的东西）；还有一些人，主要是动觉知识导向（通过身体和运动进行学习）。

比如，在我的几个女儿之中，有一个在意识上基本是动觉导向。当她在学校的时候，遵守"坐着不动集中注意力"的要求，就会占据她全部的精力、意志和注意力；因此，她就不会再有多余的精力用到听课上去了。我和她的老师们谈了谈，得到了他们的允许，让她可以在听讲的时候，拿几个小橡皮球在手里捏来捏去（她明白她不能因此而影响班上的其他同学）。真让人惊喜，这几个橡皮球就帮助她坐了下来，也能够更好地听课了；而且，当她可以这样一边听课、一边玩的

[①] 多娜·马尔科娃著（Conari Press 出版，1992 年）。

时候，对于课上讲的内容的每一点，都记得更清楚了。[①]

《你的孩子如何聪明》是写给家长们的——他们最有动力去思考自己孩子的学习风格。这本书描述了如何激励孩子的意识层、下意识层和无意识层的心智，以帮助他们更好地学习；也讲述了马尔科娃做任课教师的一些个人经历，尤其是她如何在跌到自己的职业生涯的最低点之后，才逐渐领会如何以这本书描述的方式，去倾听孩子们的声音。

——乔治·罗思（George Roth）

《人类动力学：理解人与实现我们的组织潜能的[②]新框架》

席格与霍尔内特识别出了五种主要的人格动力模式，每一种都有其特有的信号和能力，其中包括：心智中心模式、身体－心智模式、身体－情感模式、情感－客观模式和情感－主观模式。每一种不同模式的成员在其互动关系上、在如何完成工作上，都有显著的差别。人格动

[①] 另参见多娜·马尔科娃有关学习风格的其他著作：《不受限制的学习》(Learning Unlimited, 1998 年)，其主题是帮助孩子们做家庭作业；《开放的心智》(The Open Mind, 1996 年)，是为成年学习者所写；以及《一项未被利用的智能》(An Unused Intelligence, 与安迪·伯连纳（Andy Bryner）合著，1996 年)，这是针对动觉学习者的一本指南。(上述书籍均由 Conari Press 出版。)

[②] (Human Dynamics: A New Framework for Understanding People and Realizing the Potential in Our Organizations) 桑德拉·席格（Sandra Seagal）与戴维·霍尔内特（David Hornet）合著（Pegusus Communication 出版，1997 年）。

力模式并非别人贴在你脑袋上的标签，属于哪种类型由你自己去确定，但这并不是做选择，你的发现来自你的反思。

——贾尼斯·达顿

4MAT 系统

教育工作者伯尼斯·麦卡锡（Bernice McCarthy）与她的一些同事及学校的老师们一起，开发了一种独创性的方法，用于探索学校中的不同学习风格。这种被称为 4MAT 的软件价格不高，从他们的网站（www.aboutlearning.com）就可以下载。这里的 300 个课程案例覆盖了 12 学年制教育中的每个年级，也包括用于教师培训和个人教学的模块，其中还有可以用于学生、教师和家长的诊断测试。麦卡锡认为存在着四种主要的学习风格，每一种都包括一项左脑元素和一项右脑元素。这样就产生了八种不同的课程类型，每一种都以不同的方式适用于不同学生的优势风格。

——蒂莫西·卢卡斯

让孩子们参与课堂并且学习兴趣高涨的技巧同样适用于成年人。我将麦卡锡的领导力评估工具用来帮助学校团队进行自我评估。由于我们计划将课程和教学实践共同引入教学评估项目，我们试图弄明白，我们带来的多样化优势和技巧。麦卡锡关于介绍 4MAT 方法的书也包含如何举办一次成功的员工会议的内容。

——美国新泽西州西温莎-普兰斯堡拉高中学监，维多利亚·肯尼维尔
（Victoria Kniewel）

3. 超越荒诞
——帮助学生克服残疾和日常生活障碍的"完整系统"方法

特丽·奥康纳（Terry O'Connor） 戴尔德丽·班厄姆（Deirdre Bangham）

在本书英文版首次出版时，特丽（于2008年故去）是位于印第安纳州特雷霍特市的印第安纳州立大学的教学与学习中心主任，戴尔德丽则是费斯蒂纳·兰提（http://www.festinalente.ie）的主任，这个机构的前身是位于爱尔兰布雷市的国家特殊骑术训练中心，也是这个故事的主要发生地。从表面上看，这篇文章讲的是残疾儿童暴露出来的教育领域中的挑战，但实际上却关乎所有教师的发展，以及为所有学生创造出更好的学习环境。我们并非建议每个学生都要有一匹马，但是，为残疾学生做些工作，或许可以使每一位教师获益——做一下文章后面的练习肯定会如此。

在一个街区里，发生了一系列严重违法事件，但在这里，人们每天都可以看到尼尔换乘公交车。在一群人中，尼尔很容易被认出来——不是因为他的相貌，而是由于他有些乖张的做派。尼尔宽容大度、心地善良，如果他感受到压力，就会显得焦躁不安。尼尔看上去我行我素，如果他不认识你，就会显得小心谨慎；如果他与你熟悉起来，你马上就会成为他的好朋友。他的词汇量很大，但讲起话来却有些颠三倒四——随心所欲地变换话题。没过多久，就有人把这个"可疑的人"举报给了警方。

警察把尼尔带到了警察局，对他进行了两个小时的盘问。尼尔小心翼翼地与警察们周旋，他不肯直接回答问题，于是警察就认为他是在有意回避问题。他们因此提高了审讯力度，希望能够攻破尼尔的心理防线。就在这时，尼尔提到，他曾经在特殊骑术培训中心（SETC）上过学，于是，其中的一位警察恍然大悟。在这个中心上学的学生，有各种各样的残疾，但他们在那里学会了在本地社区中生活、工作。尼尔很幸运，这位有同情心的警察重新调整了询问的方式；否则这次事件就会威胁到这个年轻人的人生，而他最近刚刚掌握让自己负责任地在社会上生活的一些基本技能。

当我们想到与尼尔类似的那些人的时候，就不免想起了荒诞派戏剧——探索生活在 20 世纪的人遭遇到的困惑、异化和绝望的戏剧运动。这个戏剧传统中最著名的剧作家之一尤金·约内斯科（Eugene Ionesco），他把自己笔下的各色人物放到不同的对话之中，而这些对话则把这些人物囚禁在由他们未经反省的习惯塑造的、非人性的樊笼里。他的剧作描述的是我们大多数人都感同身受的事实。我们所有人在某些时候都会觉得自己身处不友好的、毫无意义的境遇之中。或许是我们所处的工作环境中的各种规则、条例没有什么道理——那都是几十年前定下来的，没有人想去改变；或者是在我们的工作环境中，没有人以真诚的方式相互交往；当然还要包括，从这样的环境中解脱出去，看来似乎毫无办法。

残疾人的生活，或许就是一场没有结局的荒诞派剧。为他们提供衣食住行的那些机构往往又放大了这种荒诞状态——让他们去做些毫无意义的重复性工作，比如，制作海绵床垫，把他们与其他人隔离开来，也把他们与自己对周围环境的认知隔绝开来。但是，为残疾人设计一个学校，帮助他们学习如何摆脱这种荒诞状态是有可能的。为了这些值得关注、自身又渴望学习的学生，放弃我们现有的盲目教育习惯，我们也可以发现那些关键的方式，把学习的喜悦和力量重新带给所有学生。

走进马术学校

就在不久之前，爱尔兰的多数残疾人培训项目的期望，是学生能够在提供全日照料的机构中度过他们的余生。比如，这类厨师学校的毕业生，会在为残疾人服务的机构里做厨师，也在其中生活。他们接受的教育范围狭窄，只是被训练完成简单的体力工作。他们的学校对于他们在诗歌、社会、运动以及其他超越荒诞的潜能，都不闻不问。

SETC 的目标全然不同：要让学生学会必要的社交、工作和学术技能，使他们能够离开全日照料的机构，在真实世界中生活。在这个学校中学习的 20 多个孩子，年龄在 18~20 岁之间，有各种不同的残障问题——至少那都是让他们被允许进入官方系统的"标签"。但是，SETC 不让这些标签跟着这些孩子进入学校，他们在这里被当作普通人对待——只是经历了各种不同的、阻碍他们学习的限制条件。他们的残疾曾经让他们饱受指责、批评和虐待。他们在自己的家庭、学校和邻里为他们写就的脚本中苦苦挣扎。

这所学校的学习方式，是将孩子看作完整的人，寄希望于学生的成功和潜力，而不去关注他们的缺陷。学生们一进校门就得到尊重和自尊的承诺；对于其中的多数人来说，这是一种全新经历；但他们还要接受努力成功的挑战。如果在某次尝试中失败了，他们不会在压力之下觉得自己是个笨蛋，是次等的人，或者是把这段经历藏在心里——这恐怕在他们的人生中还是第一次。学校对于他们的期望，是与老师们一起进行一次次尝试，直到获得成功。在经历了多年与世隔绝的生活之后，他们开始与自己的人生目的、与学习的愉悦、与成功的自豪，建立起联系。

这也就是马儿在其中所起的作用。这些学生获得的训练是在赛马行业中工作，包括照看马匹、遛马，管理马厩和骑术练习区。教师们首先帮助学生形成与这些动物相互信任和心灵相通的感受，然后再去建立彼此之间的联系。其中的数学、阅读以及其他传统"科目"课程，也是与他们进行的工作所需的技能紧密联系在一起的。

海伦曾绝望地说自己永远也无法学会阅读，但是为了照顾马匹，她需要认识一包饲料上的"燕麦"这个词，也需要区别不同马厩上马的名签。到了晚上，一位教师在忙着刷碗的时候，也许会让海伦到一本有关马的杂志上找点儿东西。老师会说："我的手全是湿的，翻到第10页，给我讲讲书上怎么说给马梳毛的事儿。"海伦从不把这些事当作是阅读，她只是在帮忙。没过多久，在不知不觉之间，她已经可以轻轻松松地读书了。

在我访问这家学校的时候，这里学生们的学习能力和获得成功的能力让我深受感动——以一种超越他们的残疾的方式。麦基是一个患有自闭症的孩子，被认为严重到不适于从事正常工作。当我第一次遇见她的时候，她不会和人打招呼。如果有人走进马厩里，她就会看着自己的鞋子，拒绝回答问题。三年之后，当一位新讲师来到学校的时候，麦基走上前一步，伸出手来欢迎他。这可是一个非同小可的举动啊！

学习之美

有许多因素会妨碍学习，几乎每位教育工作者都同意这个观点，然而，这些因素通常却难以识别出来。SETC 的老师们创设了一种学习环境，对于一个学习者获得成功所需要的各种复杂需求，都能够做出反应。他们平衡了学习的四个不同维度：知识、情感、身体和精神。

科尔姆知道自己只有两个选择,要么是去这所骑术学校,要么是去福利工厂,而那是他极力想避免的厄运。然而不幸的是,他对于马以及照看马都毫无兴趣,于是他就装出一副感兴趣的样子。他骗过了所有人,被接受入学了。我们后来发现,装模作样是他应对现实的一种策略,而且在一定限度之内,他还蛮在行。但他无法永远装下去。当科尔姆明显无法适应的时候,学校就面临着一个两难选择。建议科尔姆去选择另一个职业,很可能就是罚他去做他极力想避免的流水线的工作。然而,鼓励他继续伪装下去,就会花光他的培训费用,培养他去从事一个并非他想选择的职业。一位员工发现,科尔姆对于一辆老旧的拖拉机有点儿兴趣。当他们把科尔姆的项目围绕着拖拉机、汽车和其他机械重新进行组织之后,就发现是马的那部分内容不对头,而不是科尔姆本人。不久,他就愉快地学会了新的技能,而且从学校毕业,并找到了应用这些技能的工作。

对于自己的学习没有目标的学生,是死气沉沉的学习者。对于任何一位教育工作者来说,真正的挑战在于发现激励与引导学习者的个人愿景,并帮助学习者在愿景和需要发生的学习之间创造联系。其方式之一就是要看到那些重要的"学习时刻"——当学生的神情豁然开朗的时候。唐纳德·阿恩斯坦(Donald Arnstine)把这样的时刻称为"学习之美"(aesthetics of learning)时刻。在SETC,这样"美的时刻"代表了这家学校成功的关键:它们把看上去似乎并不相干的目的和做法,联系到了一起。

"学习之美"或许是唯一的办法,让人们得以对抗学校的"荒诞戏剧"——它正在持续不断地使学习的快乐与学生和老师,隔离开来、疏远起来,并阻断其联系。学校不需要给每一位学生配备一匹马,但必须要通过提供一种环境,使得学生相信自己与生俱来的价值。各式各样的忽视、各种标签，以及学生们应该超越他们发展能力的种种预期，都会很快地削弱这种信念，并且导致失败。许多教师（以及其他人）在不知不觉中加剧了这些忽视和标签的影响，虽然他们都认同每一个学生都是有价值的抽象目标。

这个问题并非局限于残疾学生。我们都不会忘记学校中的荒诞时刻——教会我们"关闭"自己的才能的时候。当我（特丽）上三年级的时候，班上的老师对大家的歌唱能力做了一次硬性测评。我得知自己应该放弃唱歌，于是我就把这个乐趣放弃了30年，只是到了那个时候，我才决定不去管她的建议，把自己的歌唱了出来。"荒诞教育"的后果是明显的抵触——在孩子心中逐步积累，并渐渐显露出来，通常是在高中阶段。学生们认识到了自己所处境遇的荒诞，但不了解应该如何应对。由于在学校里找不到他们寻求的联系，于是就把目光转向了校外——其方式可能不恰当，也不安全，更不符合他们真正的长期利益。

最终，一个人最严重的厌学症，可能是对继续学习失去兴趣。当学校以荒诞的方式打造学习的时候，即便是最愿意学习的学生，也可能会做出明智的选择——不进行有意义的参与。避免这种局面的唯一方式，就是与学习的乐趣——学习之美，建立联系。

重建与"学习之美"的联系

特丽·奥康纳

目的

培养自己对学生们情感表达的感受能力，使你作为教师拥有更强的能力，尊重他们，帮他们建立自信，并且帮助他们应对学习的种种挑战。

综述

用一系列反思性问题把你自己的"学习时刻"与你的学生们的"学习时刻"联系起来。

① **描述 3~5 个"学习之美"时刻**

那是这样的时刻——无论是在学校里，还是在校外：有某种东西触及你的梦想，你因此感受到这种联系的冲击。

你感受到了什么？把它们描述出来——用形容词或者比喻手法。如果你觉得自己受到尊重，或者是觉得自己有价值，描述这种感受，或者在回想中体会这种感受。

与其他人分享你的内心观察，并且将"学习之美"时刻中所发现的特征，用表格的形式列出来，再把这些内容转化成为你课堂中的指导原则。

② **描述 3~5 个学习的"荒诞时刻"**

在这样的时刻，你会感到自己被人推进了一个困惑、孤立或者绝望的处境。与第一步类似——你感受到了什么？如果你感到被轻视、感到沮丧或者是愤怒，就在你回想的过程中，描述这种体验。

与其他人分享这些内心的感受，并且将"学习荒诞时刻"中发现的特征，用表格的形式列出来，再把这些内容转化成为你课堂中的警告信号。

③ **你的学生如何与你一起探讨他们的课堂学习？**

在课堂上使用你的指导原则和警告信号的列表，观察学生有什么样的感受。他们的课堂学习是充满"学习之美"的时刻吗？有没有学习的"荒诞时刻"？他们是否充满兴趣、是否感到神奇？他们是否受到挑战，是否神情专注？他们是否反应迟钝、无所事事、焦虑不安？

反思一下，是哪些规则、关系、假设或者学习模式，帮助你创造了成功，或者制造了荒诞？

④ 有哪些信号显示学生失去了与学习的联系？

当你看到一些学生陷入荒诞之中已经相当长一段时间了，你看到了什么样的行为？这些学生如何说话、如何行动？你还注意到了什么？

⑤ 你如何帮助他们与真正的学习重建联系？

你如何才能更多地了解他们？什么是他们的热情所在？如何调整课堂内容，才能将他们的学习习惯与那些重要的目的联系起来？

学习障碍

"学习障碍"（learning disabled）这个词一直以来的定义，是缺乏"学习技能"——说话、语言、阅读、拼写、写作以及数学，其来源是孩子受到某种内在因素的影响，而非家庭环境或者学校环境。被打上"学习障碍"的标签（或者类似的说法），往往还是特殊服务或者特殊辅导的先决条件。即便这类服务很有用，接受服务的那个人也往往是在众目睽睽之下，被人从课堂上或者正常学习环境中请出去，而且这种概念将会一直保持下去——这个人有些问题，现在要做的是诊断出问题，并对其进行治疗。

在太多的情况下，"学习障碍"、"注意力缺乏症"（attention-deficit disorder）、"阅读障碍"（dyslexic）以及"非特定学习障碍"（learning disorder not otherwise specified）等标签所代表的，是为应对多元智能和多元学习风格带来的挑战而进行的"快修"——把孩子们装进工业时代学校模具的一种方式。许多孩子在学校里陷于挣扎之中，并非因为他们"有障碍""有缺陷"或者是"缺乏"什么，而是由于教育方式与他们的学习方式相悖，是因为让他们适合学校的流程没有那么简单方便。这些标签都是学校的办法，或者是社会的办法，用来把这种相悖与学生的缺陷等同起来。真正存在缺陷的是这个系统。

更糟糕的是，"学习障碍"的标签很难将存在真正的大脑损伤或者残疾的学生与仅仅是"能力不同"的学生，区分开来。随着标签而带来的，就是对学生进行治疗，而不是改进环境的"药方"——有医学方面的，也有社会方面的，这样的药方在成本、浪费和风险方面都存在着可怕的潜力。其后果之一，是某些经济阶层和种族的学生普遍被打上这样的标签，这既不准确，也不公平。

有些教育工作者，正在变得更为老练起来：他们更有能力，也更意识到需要为各种各样的学生管理他们的学习。他们有时候会特地在他们的演讲和行动中表明，"学习障碍"的标签并非一个正式判决，而是出于组织本身需要的一种方便，这是一种方式，让一些学生有资格获得某些资助或者服务，而不必被归为智力迟钝、自闭或者受过其他损伤。但是，这类托词的盛行以及人们依旧认为这些标签是某种瑕疵（包括学生们自己）的行为，都显示出，我们还有很长的路要走，才会拥有承认每一个孩子的价值与学习路径的学校——无论他们的学

281

习风格、学习倾向和背景是什么。[1]

4. 从缺陷到天赋,我们一起跳舞

坎迪·贝斯福德(Candee Basford)

人们会给那些不以常规方式学习的人,迅速"打上标签",并以标签而非直接接触或者关系,推断出种种结论。在这篇文章里,坎迪·贝斯福德——一位艺术家、咨询师和成人教育家,描述了她自己为身患唐氏综合征的女儿凯蒂争取权利的经历。在她女儿一生的大部分时间里,坎迪(后来是凯蒂自己)拒绝接受对于凯蒂的能力和潜能的偏见。这让她们两人持续挑战传统的思维方式和互动方式。这个经历使坎迪成为一名社区活动家,参与了范畴更广的议题——她提出的问题是:"谁有残疾,是这个人还是这个系统?"

登上一辆载着一群五年级孩子的校车去动物园,就像身处一个爆米花机里。学生们一边叫着、闹着,一边随心所欲地在车上散开,跳

---

[1] 这个领域的研究者对这个问题有着清醒的认识。由勒妮·布拉德利(Renee Bradley)、路易斯·C. 丹尼尔森(Louis C. Danielson)和丹尼尔·P. 哈勒汗(Daniel P. Hallahan)合著的《学习障碍的确定:对实践进行的研究》(*Identification of Learning Disabilities: Research to Practice*,Psychology Press 出版,2002 年),是美国特殊教育项目办公室组织的一次有关学习障碍的高峰会的会议报告,其中涉及对学习障碍定义的持续辩论的丰富的历史,以及这个定义在实际生活中给许多孩子带来的后果。这个报告给出了这样的定义:"特殊学习障碍(SLD,special learning disabilities)是指由个人内在因素导致的学习与认知的紊乱。SLD 指的是具体的障碍,其含义是这些障碍中的每一种都会对一个相对狭窄的学习和能力表现的结果产生重大影响。"

到自己的座位上。我给我的女儿凯蒂拍了张照片,她和她的几个朋友手拉着手,准备启程,而我也知道她们是多么兴奋。我们住的地方离动物园相当远,因此这对于大多数孩子来说都是一次难得的机会。我与凯蒂和另一个孩子坐在一起。当校车启动的时候,每个人都欢呼起来。

但是,校车停在了高中的门前,随后,一个有轻微发育残疾的特殊教育班的孩子们和他们的老师一起走了出来。车上的欢呼声被抱怨声代替了:"哦,不!别是他们呀!"甚至另一位陪伴孩子的家长也抱怨起来。车上所有的孩子都站了起来,走到车子的后半部分,这样就不会和那些孩子坐到一起了。凯蒂也走到了车子的后半部分,尽管她身患唐氏综合征,自己的残疾比起那些要登上校车的孩子们要严重得多。

对于那些孩子,凯蒂的同学们恐怕没有多少了解——除了他们来自一个特殊教育的班级,来自另一个校舍。另一位来陪伴孩子的家长也是如此。我在这一刻意识到,将人们分割开来的不是差异,甚至不是差异的程度(比如残疾的程度);而是人,通常还是那些拥有权力的人——他们根据自己心目中的标签对孩子们分配了等级。这样的定位造成了,这些人缺乏与其他人以正面的方式沟通的机会。花些时间跟这些人在一起——跟那些不同的人近距离相处,就可以打破这些标签和假设,并且有机会逐渐发展关系。

凯蒂的同学们了解她,是因为她们每天都会和她打交道。她是他们的朋友,也作为他们群体中的一员被接受。他们知道她很不一样,但是他们把她当作这个班级的一员,凯蒂自己也是这样看的。在这个班级的课堂上,孩子学到了比课程表上更多的东西。他们共同学习、相互学习,也相互了解。

283

从缺陷到天赋

在凯蒂被诊断为唐氏综合征之前,她的未来似乎充满了各种可能。但是在诊断出来之后,她的未来似乎充满黑暗和不确定性。我们不知道应该期待什么,也不了解该做什么。我觉得让我自己抚养这个孩子,基本上不可能。

在凯蒂两岁的时候,那位大专家问我,凯蒂开始学会走路是几岁。我回答说:"在她18个月的时候,她在十次中能有九次走到十步,而且……"突然间,我停住了。我意识到,我在回答这个问题的时候,就像是一位客观的看护者,甚至还有些冷漠,而完全不像是一位母亲。这个认识让我大吃一惊。

我开始审视我自己的偏见。我意识到我从前的社会生活使得我重视人类的一些特点,包括:智能、成就、成功和金钱。我把这些特点与一个我们叫作"正常"的词联系到了一起。我从前的社会生活导致我相信我自己的孩子是有缺陷的,是不那么正常的,是没有什么价值的。我太爱她了,因此也就不再相信这些了。

我们没有听信那些专家的劝告,让凯蒂去残疾人的专门学校上学,而是选择了社区中的一个学前班。这也是我第一次有机会看到,凯蒂的学习与其他学生是什么样的关系,并且看到,你瞧,他们也能从她身上学到东西。我开始意识到,凯蒂不是一个个体学习者,她在与他人共同学习的时候,就会学到很多。我逐渐开始相信,凯蒂当时的潜力是与人际关系联系在一起的——现在也是如此。

约翰·麦克奈特(John McKnight)说,如果你看到的是缺陷和需求,你就会创造服务,而获得你的服务的人就是系统的客户。但是,如果你改变你的关注点,不再去看人们的问题,而是去看他们的天赋、能力以及他们可以做出的贡献,你就是在创造公民。逐渐认识到这一点，是一个非常重要的转变。①

凯蒂进入这所幼儿园，也并非这所学校的意愿。他们不愿意接收她。我希望，有更多的学校领导人可以看到，自己的作为与他们创造的社区之间的关系。学校可以做出选择：他们可以创造公民，也可以创造客户。在创造公民的学校里，社区建设十分重要，学校的目的是建立关系，并且学会如何与他人成为朋友。

智利的生态学家亨伯托·马图拉纳说，爱可以扩展智能，强化创造；并且"当爱的情感存在的时候，愿景也会扩展"。我当然赞同这个观点，我认为，正因为我把注意力放到了对凯蒂的爱上，才让我开始对她的生活有了各种各样的愿景——与那些旨在帮助她这样的人的系统所提出的愿景相比，它们要高远得多。②

学会铺床叠被，学会看懂指针式的钟表，学会数零钱，都是那些专家认为的最基本的目标。他们是在为她去一家机构或者是福利工厂做准备，所以他们确定的期望不高。可怕的是，有那么多人认为凯蒂不需要太高的目标，认为她的生活与所有其他人相比将会是不一样的。他们假定凯蒂不会去工作，假定她不会去做所有那些我们其他人想要去做的事情。学习这个世界，学习数学和科学，对她来说不重要。跟她做朋友没有什么意义，因为没有人会这样去看待她。

学习这个世界对于凯蒂非常重要，尽管其他人并不这样认为。让凯蒂有这样的机会，对我来说很重要。一天，我去她的一年级教室看

---

① 约翰·麦克奈特与其他人进行的有关关注天赋而非缺陷研究的更多内容，请参见西北大学的"基于资产的社区发展学院"的网站：www.abcdinstitute.org。

② 例如，可参见亨伯托·马图拉纳与皮勒·邦内尔（Pille Bunnell）合著的《商业生态学：爱如何扩展智能》(*The Biology of Business: Love Expands Intelligence*，1999年，《反思》杂志，Society for Organizational Learning and the Massachusetts Institute of Technology 出版，1999年）。

她，看到孩子们都离开自己的桌子，围成一圈在读书——除了凯蒂。她坐在自己的座位上，桌上有一支铅笔和一张纸。我问老师为什么凯蒂不加入阅读小组。她告诉我，她有一个规矩，所有的孩子都必须会背诵从 A 到 Z 的字母表，一个字母都不能错，之后才能加入阅读小组，否则就要一直坐在自己的座位上。

我知道自己不是教授阅读的专家，但是我认为让凯蒂加入一个阅读小组，会为她带来益处——不管她是否在学习阅读。我知道凯蒂听到这些故事，并且和其他孩子在一起，就会学到一些东西。于是，我去请校长帮忙，凯蒂被允许加入了一个阅读小组。

学习者也是老师

最终，凯蒂的阅读学得相当好，而且还从高中毕业了——尽管现在她在读字母表的时候，还是会有些犹豫。有时候，一想到我们可能还在背诵字母表，就让我感到不寒而栗。我们或许会在学校里花上十年的时间，凯蒂才能学会阅读，才能更多地探索这个世界。

当凯蒂对我说，她想要上大学的时候，我犹豫了，我不知道是否应该同意。说老实话，这么多年为她争取在公立学校学习和参与的权利，我已经有点儿心力交瘁了。我也认为，她只能旁听那些课程。我真的没有去想，她面对巨大的困境已经获得的成就，也没有想要再给她成功的机会。但是凯蒂有她自己的愿景，并且再一次给我上了一课。尽管她的残疾很严重，她还是在我们的社区大学中完成了诸如解剖学、生理学、微生物学和艺术等课程。她的平均成绩是 3.0，她的小学到高中的同学，现在还会来看她。

凯蒂有自己的梦想，有对于未来的愿景。她的愿景帮助我扩展了自己对她的愿景，其中一部分是允许她去尝试我认为不可能的事。她希望得到专科学历，在实验室中做助理；希望结婚，参加一个摇滚乐团；还希望写一本书。

凯蒂以数不清的方式改变了我的思想。现在我仍旧会读各种各样的书，会与全国各地的人交往——他们都在探讨学习，探讨如何融入群体。我推动了家长参加的会议，帮助他们创作与自己孩子的天赋有关的故事和作品，并且探讨在群体中与他人一起学习的意义。我已经了解，当有些人不同寻常的时候，大家就会花很多时间去研究他们出了什么问题，却在了解他们的天赋与可能做出的贡献上，基本上不花时间。事实上，我认为，对于那些打上"正常"或者"优于正常"标签的人，我们也没有花时间去探讨他们的天赋和潜力。

我想，我从未期望凯蒂会成为对我影响最大的老师之一。了解她教会了我，处于不确定的状态意味着什么；也教会了我，对于我曾经相当肯定的那些事，不必那么确定。她教会了我模糊的重要性：不知道这个世界应该如何构造，并且重新学习或者重新思考那些可能性的重要。

我从凯蒂身上学到的，是一个向上的螺旋，而每一个循环都引领我进一步认识了她可以贡献出来的观点和天赋。

最近我问凯蒂，大家可以做些什么帮助她实现自己的梦想，而她回答说："你可以跳舞呀。"

"如果我跳舞的话，这对于你实现梦想会有什么帮助呢？"我问道。

"这就会告诉我，我也能跳舞。我可以跟着模仿你的动作和舞步。如果你在跳舞，我就可以感受到这些运动。"她回答道。

"好吧。"我说，"我明白你说的了。如果我跳舞，而且我们都跳舞，那么……"

凯蒂说："我们一起跳舞。"

《我们一起跳舞：有关凯蒂的教育的插图随笔集》[①]

当坎迪·贝斯福德身患唐氏综合征的女儿出生的时候，她的生活就完全改变了。她从未想到，凯蒂会成为她26年发现与转变旅程的最重要的导师之一。这本书是她的绘画集，并配有随笔短文，在这本书中，作者反思了她自己的经历。当我与其他人分享这本书的时候，他们往往会泪眼模糊，但这并非源于悲伤，而是来自心灵的启示和希望。这本书用来在教育工作者、家长和社区成员之间生成对话，是一个很有用的工具——通过提出那些没有简单答案的问题。与其他人在社区中一起工作和学习意味着什么？我们对于残疾人持有哪些偏见？对于那些只是与我们不同的人，我们持有哪些偏见？偏见以哪些方式阻碍人们看到人的各项潜能？

——贾尼斯·达顿

我喜欢母亲创造这本书的方式：用的是水彩画和文字。她很有创造力。她让我看到了彩虹，使我的眼睛充满光明。我的妈妈坎迪是自然的化身。她总是爱她的孩子们，她也爱我。我们一起去参加会议，我们会把字条传来传去。当中的一些内容，就成为这本书中的绘画。我真的很爱我的母亲。她对我一直很支持、很关心；她很温柔，也很有爱心。这本书让我快乐。我希望学习，希望像母亲那样有创造力。我想要写我自己的书，书名就叫《面向未来》。下一次，等着我的书吧。

——凯蒂·贝斯福德

[①]（*We Dance Together: A Painted Essay About Education with Katie*）坎迪·贝斯福德著（2005年），参见 www.wedancetogether.com。

创作一本有关你孩子的天赋的书

坎迪·贝斯福德

在一个坐满残障孩子的父母的房间里，如果你让大家描述一下自己的孩子，往往会得到一张长长的缺陷清单，有视力方面的、听力方面的、行为方面的以及认知方面的。人们在为各种缺陷和延迟发育"贴标签"上花了太多的时间，以至于最终让这些标签占据了主导地位。以这样的方式看待孩子，会导致人们忽视孩子的天赋和潜能。创作一本书是改变这种视角的一种方法，也是记住一个孩子的天赋和能力的良机，还是将他们对于社区的贡献展示出来，然后与其他人分享的一个机会。

这个修习是从一系列研习营活动中发展出来的，这些研习营最初是我为残障孩子的家长举办的，为的是探讨"我的孩子是谁，真是这样吗？"这个问题。随着时间的推移，孩子并没有被打上"障碍"标签的那些家长们也开始加入进来——往往人数还超过了另外那批家长，他们也同样流下了眼泪。可悲的是，人们对于考试的表现、分数以及体育项目的关注太多了，让人感到似乎太多家长没有机会停下来想一想，他们的孩子究竟是谁。

围绕孩子的天赋与贡献创造各种活动，就为建立联系、建设社区带来了可能——无论关注的焦点是孩子，还是房间里的成年人。

第一次研习：开始创作这本书

目的

从关注孩子的缺陷和延迟发育，转向对他们的天赋、能力以及对社区的贡献的赞美以及分享。

环境

一个房间，里面有用来创作这种书的桌子，摆成一圈的椅子，墙上有一定空间，可以把书中要用的插图挂起来分享。

参与者

15人以内。

时间

两次研习，每次两小时。

材料

白板和白板笔。绘画用的材料，用来剪贴的杂志或者其他出版物，以及个人的照片。各种彩色的装饰工艺用纸。一个三孔塑料活页夹，外边要有一个封套可以插进一个封面。塑料制的页面保护膜，可以插到活页夹里。面巾纸。

第一步：想象

从谈谈社区开始，想象一位从外太空来的外星人在你的后院着陆，要求你带他去你心目中的模范社区。你会带他去哪里，为什么？

然后问一问自己：每一个人选择的那些地方有哪些共同的特点？

你们无疑会发现，每一个故事，实际上都是一个人或者一群人给这位新来的外星人提供了某些东西。探讨一下天赋的概念，有些人天生就具有让其他人快乐的能力，或者是让人感到宾至如归的天赋。思考一下你自己的天赋，以及你正在如何将你的天赋展现出来，强化社群。

第二步：回忆

思考你的孩子的天赋和贡献。她或者他给这个世界带来了什么？这个谈话可以从两个人组成的小组谈话开始，而后再分享给整个大组。

谈话的伙伴互相提问，其中一位讲自己孩子的故事，另一位倾听、鼓励，并且记录下在故事中发现的这个孩子的天赋和优势。

例如，谈话中可以提出这样的问题：你的女儿的微笑是不是一种天赋？你的儿子会不会让人快乐？她是不是对恐龙或者其他科目很了解？他会唱歌吗？

对于残障孩子的家长来说，这未必容易。一位患自闭症孩子的母亲，在研习过程中几乎是自始至终都在流泪。她儿子近来在行为方面的困难，让她想不出他还有什么天赋。但是这个小组中的另一位成员则开始讲述一个小男孩的故事——在游乐场上发生的一件美好的事情。这就触发了一个转变：患自闭症孩子的母亲因此记起了她的儿子的天赋和优势。在回顾这次研修的时候她说，在如何思考自己儿子天赋方面的这次转变，深刻地改变了她的生活，也改变了儿子的生活。

第三步：梦想

现在，和同伴谈谈你的梦想。你最希望自己的孩子未来做的五件事是什么？

然后，把你们的想法与房间里的所有人分享。

请其中的一个人列表记录下大家的愿景和梦想。

问一问大家，有没有让大家感到意外的内容，以及这些意料之外的内容是否扩展了，或者是确认了他们自己的想法。

考虑一下，你如何在你将要创作的作品中，表现这些内容。[①]

[①] 这个修习中的问题，是约翰·麦克奈特在一次有关社区建设的研修营中提出的。有关约翰·麦克奈特的工作以及"基于资产的社区发展学院"，请参见 www.abcdinstitute.org。

第四步：创作

开始为你的孩子具有的天赋的书准备内容。至少要写满一页白纸——这是你在书的最终稿里，可能会用到的或者可能会重新绘制的。使用图像、文字或者两者都用。你可以选择自己画，也可以使用家里的照片或者是出版物中的图片。在描述你的孩子的天赋和梦想时，可以采用散文的形式，可以采用诗的形式，也可以用单词。一定要包含你对自己孩子的梦想和愿景。

有些家长为自己的书做了一个目录。以下是一个例子：

> **背景简介**
> 与我们一家人见面
> 杰西卡的爱好
> 妈妈的建议
> 我对杰西卡的愿景 _____

第二次研习：反思

第五步：分享

在两次研习之间，创作这本书。然后，把你的创造成果与大家分享。不必是完成稿。这就像成长中的孩子，这是正在进行的工作。

请一个人在白板上记录下大家的谈话。

做这本书是什么感受？回想这些故事，是什么感受？有哪些困难和挑战？对于你的孩子和你自己，有哪些意外发现、有什么洞察？有哪些人也参与到创作这本书的过程中来了？在你和其他人分享的时候，发生了什么？你可能会与哪些人一起分享这个作品？

我们互相之间学到了什么？

有关社区我们学到了什么？

第六步：把书带回家

在研习之后，把这本你的孩子的书与你的家人及邻居分享。不要忘了你的孩子现在和未来的老师。

杰西卡的母亲在书的目录页上给孩子的老师写下了下面一段话：

"感谢你花时间更多地了解我的女儿。你将会看到我的女儿和她的同学互动，看到她努力学习新的概念，也会看到她努力的结果。你是她的榜样、她的师长，也是她未来的朋友。随着我们共同努力，帮助这个孩子成为优秀的人，我也期望更多地了解你。"

变奏：关注一个故事

找到一张可以从中引出一个故事的孩子的照片。思考这个故事，思考这个故事发生的时间，然后讲一讲（或者写下来）这个故事反映出的孩子的天赋。

变奏：一个更长的故事的框架

这个框架适用于在更长一段时间中研习的小组。在每一次会面的时候，参与者讨论与他们的孩子有关的天赋，以及他们自己的天赋，然后用图画出来。而后，把这些图画一张张分别贴到墙上的一张大纸的四个边上，表现出真正的社区是由其中的公民的天赋塑造出来的。

这张纸的中心，目前由不同的天赋围绕着，此后会随着这个小组继续会面，填满他们所分享的故事。

《与自闭症相伴50年：一位母亲和维权者回顾自闭症患者的个人与社会挑战》[1]

随着自出版书籍变得愈加容易、成本也更低廉，越来越多的人通过发表自己的回忆录，讲述他们抚养、教育有特殊需求的孩子们的经历。这本书中的故事是我的亲身经历。

一个患有自闭症的孩子在20世纪60年代长大，由于缺乏相应的诊断、支持和帮助，他的父母一直不放弃。他们坚定地认为，自己的孩子有机会过上正常生活。他们的孩子爱德华也决心独立自主奋斗，不接受其他人贴的标签的限制。他上的是公立学校，起初获得了非常激动人心的成功，但后来随着学区政策的变化，环境变得恶化，那是令人伤心的经历。进入普通班级上课并不能解决所有的问题，因为他备受无情欺凌，所以那里没有他的容身之地。

在这之后，到了70年代，他去了几家私立学校。其中一些几乎到了过失犯罪的程度，于是他只好离开，因为他的父母知道他们没有其他选择。但另外一些机构，却是真正的学习型组织，在这些学校里，整个社区似乎都正在形成一种认知——对于这样的极为特殊的教育需要做什么。

对于爱德华来说，最大的挑战还是来自内心。在70年代后期，

---

[1] （*50 years with Autism: A Mother and Advocate Looks Back on Personal and Social Challenges of an Autistic Disability*）艾琳·斯洛瓦科·克莱纳（Irene Slovak Kleiner）与爱德华·克莱纳（Edward Kleiner）合著（Spyral Publisher 出版，2005年），参见 www.50yearswithautism.com。

他已经30岁,并且被一家教养院开除,他必须决定他是要为自己的生活负责,还是继续依赖自己的父母。自主自立虽然是他极渴望要做的,但却非常困难,而且他几乎已经失败了。但是,几乎可以肯定,他的生命要比自己的父母更为长久,依赖父母就不是一个选择。

这就是这本书的寓意。在"困难"的孩子还未成年的时候,把他们放到一边,对人总是很有吸引力。但对于每一个孩子来说,都存在着一个类似的"关键时刻",在这个时刻,他们可以做出选择:是做公民还是做客户,是做一个贡献者,还是成为一个负担。其挑战在于,要年复一年地给他们提供足够的技能和支持,这样他们才能够在时机来临的时候,做出选择。因为,他们不会总是孩子。今天,对于自闭症的孩子,已经有了更多机会,但是他们还是得面对许多年前我的兄弟所面对的那些同样的挑战。

——阿特·克莱纳

《共同教育所有学生:学校领导人如何创建统一的系统》[1]

处在我们教育系统边缘的学生人数不断增加,我们正在努力满足他们的教育需求,这往往让我感到震惊。这些学生有的在种族、民族或者能力上存在差异,有的在贫困中生活,有的存在语言差异。这些

---

[1] (*Educating All Students Together: How School Leaders Create Unified Systems*) 伦纳德·C. 布雷洛(Leonard C. Burrello)、卡尔·A. 拉什利(Carl A. Lashley)与伊迪思·E. 贝蒂(Edith E. Beatty)合著(Corwin Press 出版,2000年)。

学生往往会被放到"特殊教育""替代教育"等系统里,也就是被放到了一个与正常系统"平行"的系统中去。即便有时候他们进入"正常系统"之中,在这些学生经历的学习环境中,通常不具备尊重多元化的特点,对于他们给课堂带来的贡献也不抱期望。

布雷洛、拉什利和贝蒂开发出了逐步向以学习为中心的"统一"系统演化的一个概念框架和流程。他们运用系统方法,主张这个过程必须从直面一个社区的愿景和现状之间的差距开始。这样做才可以形成深度会谈和探询的基础,讨论有关学习的目的、有关这个社区要给自己的孩子什么样的教育。对于试图创造统一系统的教育工作者来说,本书作者提供了涉及组织架构、课程设计、课程实施以及项目评估等方面的指导思想。

——内尔达·康布-麦凯布

5. 你们正在发出什么信号?
——我们对孩子使用的语言蕴含哪些信息?

贾尼斯·达顿　内尔达·康布-麦凯布
蒂莫西·卢卡斯　阿特·克莱纳

亚当是一位聪明而敏感的七年级学生。一天,他的老师把他拉到一边,对他讲:"亚当,你上一次的作业棒极了,我觉得是班上最好的作业。"这天下午,他让父母大吃一惊,因为他一回到家就开始做作业,而且很早就做完了。"今天我太喜欢上学了,"他告诉父母,"每一堂课我都学到了许多东西，而且我不需要你们提醒，自己做完了所有功课。琼斯夫人非常喜欢我的论文。我以前一直不知道学校可以这样有趣。"

不幸的是，对于亚当来说，学校是无趣的。他觉得自己很愚蠢，因为过去7年，不止一位老师在与他的沟通互动中表达出了这种看法。当亚当的母亲告诉他的写作老师，她的夸奖产生了多大作用的时候，这位老师说："非常感谢你让我知道这件事。我知道我自己的个性有点儿莽撞，有时候我太忙了，说话的时候经常不假思索。我一直在寻找一种方式，与亚当建立联系。对于他这次的作文，我为他感到骄傲。我会寻找更多的机会去鼓励他。"

往往人们在身处有权支配他人的地位时，他们所使用的否定他人的语言，也就是指出另一个人有问题、有缺陷，可能会产生比他们自己所意识的要长久得多的影响。许多孩子无法分辨不同的社会情境，但是从老师那里传递出来的负面信息，却全无阻碍、响亮而又清晰地接受了下来，而且还会在心中徘徊多年，比起课堂上教的内容要强烈、逼真许多。"别唱了，亲爱的，只要对对口形就可以了。"一位老师在班级演出的一次排练中这样说，从此之后，这个人在大家聚在一起唱歌的时候，总是默不出声。"你总是最后一个被选中是不是？"一位教练在运动场上或许这样说过，而这个孩子就永远与运动无缘了。老师并非有意伤害孩子，老师可能意识不到自己发出的信息伤害了孩子，意识不到否定这个孩子的方式。但是这样的经历，会在孩子身上留下伤害的印记。

教师也用非语言的方式发出信息，比如，以他们评判作业的方式。在作业上打上一个"大红叉"，发送的是一种审判和谴责的信息。按照分数自高而低地分发作业，或者是让学生们对彼此的作业互相打分，是一种毁灭性的信息。它所表达的是，糟糕的成绩大家都会知道。当我们认识的一位校长告诉一位教师，她这样做是在让自己的学生难堪时，这位教师说："可是我没有时间批改所有这些作业呀。"与她班上学生的尊严相比，她的课堂效率占据了更重要的位置。[①]

正面信息的作用也会经久不衰。曾经有一位中学副校长对本书作者之一说："只要你想做，你就可以做到。"这个信息一直被牢记在心，在困难的时候成为心中的信念。几年前，鲍勃·格林（Bob Greene）的专栏中也提到过一个类似的故事。一个小男孩，本身并非一个特别出色的学生，一天，他的英语作文上写着一句评语："佳作如是。"这句话改变了他的人生。他一直喜欢写作，但总觉得自己还不够好。这句话相当重要，并非由于它让孩子建立了自信，而是让他突然间看到，事实的确如此——他创造出了佳作。今天，他是一位专业作家。[②]

有权力地位而又事务繁忙的人——教师、家长、校长、老板以及同事，常常意识不到，他们使用的语言如何影响了自己的思维方式，也意识不到他人会如何解读其中的信息。比如，使用"危险学生"这个说法的老师，实际上是在强化一种观念：是学生自身的缺陷——无

[①] 记得我上二年级的时候，正在为操场上进行的一次庆祝活动制作一顶遮阳帽，我不小心打翻了油漆。在场的老师猛地拽一下我的手臂说："你从来就不好好听要求！"然后，就让我回到自己的座位上去。第二天，我才被"允许"在教室后面为我的帽子涂漆，而所有其他人则坐在自己的座位上工作，对我发出阵阵窃笑。我恐怕是这次庆祝仪式上，唯一还记得这件事的人。多年后，在我参加自己孩子的班级活动时，又再次体会到了我当时感受到的痛苦。我认识的几乎每一个人，都有过类似的记忆。

——贾尼斯·达顿

[②] 这位作家是马尔科姆·达尔科夫（Malcolm Dalkoff），鲍勃·格林的《无论好话还是坏话，都会一直产生回响》一文中提到了这个故事（Middletown Ohio Journal, 1997年5月12日）。

论是个人缺陷、性格缺陷，还是来自本身背景的缺陷，让这些学生处在危险之中。因为这些缺陷不会消失，所以就可以得出推论，这些学生永远都会处在危险之中。相比之下，以"处于危险处境之中"的角度讨论学生的老师，则是在提醒其他人和他们自己：环境是可以改变的。这有助于他们改变责备学生的想法，并且引导他们去寻找应对学生问题的更为根本性的解决方案。[①]

当你这样说……	他们听到的可能会是……	但你也可以这样说，把它变成一个学习的机会……
"你还是不明白。"	"你没有能力搞明白"。	"你有没有试试从这个角度想一想？"
"你又忘做作业了。"	"你没有责任感。"	"我们可以一起想什么办法，帮助你按时交作业？"
"你太慢了。"	"你是个笨蛋。"	"这部分作业，你需要帮忙吗？"
"不对，你错了。"	"你是个笨蛋。"	"你得出这个答案的思路是什么？你怎么知道这个答案是正确的？还有其他角度可以再想想吗？"或者说，"这个答案很棒。但这不是我们现在提出的问题。"
"你很努力，但还是得不了A。"	"不管你有多努力，你都是个笨蛋。"	"我注意到你正在进步。看到你做了这么多练习，我很高兴。"

那么，我们如何才能使用支持孩子学习的语言，而不是使用妨碍孩子学习的语言呢？首先是"不要伤害"——这是医生执业的基本守则，处在权力或者领导地位的任何一个人，通过借鉴这个守则或许就可以做得很好。哈伊姆·吉诺特（Haim Ginott）提出了有效沟通的指导

---

① 其中的一些案例经许可采用了"教育中的情商教育"（www.eqi.org/educ.htm）中的相关内容。这是由史蒂夫·海因（Steve Hein）开发的一个有关情商教育的网站。

原则——无论是在家长与孩子之间,还是在教师与学生之间,针对当下的处境进行探讨,而不要针对孩子的性格或者是个性。在上面的表格中,举了一些例子,这些考虑不周的说法都发出了"你有问题"的信号;同时也列出了一些替代说法,它们可以让学生打开更有成效的学习的大门。每一个替代说法都基于一个基本原则:不要就学生本身去做描述,而是要描述对于这个学生的观察,让学生成为想出下一步要做什么的合作伙伴。①

学习研究与开发中心

对于那些在学习的特点和改善学习的各种途径方面寻求真知灼见的人,这家研发中心意义非凡。研发中心设在匹兹堡大学,从教育技术到工作场所中的学习以及儿童博物馆等各个方面,都保持着深入、持续的研究。其研究成果借助网站、出版物和其他媒体,对教育工作者、家长和社区成员开放。这些研究成果内容广泛、适用性强,但又与学校的日常活动联系紧密。特别是中心的研究人员注重研究对孩子的学习产生影响的种种因素构成的整个系统,包括家长的生活及工作环境,以及学校里的社交网络。

设在这家中心的机构之一,是学习研究所。这家研究所与教育

---

① 作为一名教师,我拥有极大的权力,可以决定一个孩子的生活是痛苦还是快乐。我可以成为一个制造痛苦的工具,也可以成为一件鼓舞人心的乐器。我可以让人当众出丑,也可以让人愉悦快乐;我可以制造伤害,也可以排解痛苦。在各种情况下,我的回答都可以决定一场危机是会继续升级,还是会逐步缓解,也可以决定一个孩子是获得启蒙,还是继续蒙昧无知下去。

——哈伊姆·吉诺特(见其所著《教师与孩子》一书,Collier Books 出版,1972 年)

工作者和学校建立了合作伙伴关系，其主要研究方向是基于认知学习原理的专业能力发展和"工作导向"的教育项目开发。研究所主任劳伦·雷斯尼克（Lauren Resnick），以其研究挑战了"以正态分布为参考"的测试成果（即"钟形曲线"风格测试结果，比较学生之间的差异）而广为人知。中心的新标准项目（一个与国家教育与经济中心开展的联合项目），引领了国内的以标准为基础的改革工作。由雷斯尼克和她的同事们确定的九项学习原则是不错的切入点。如果学生要高水平展开学习，就要在这九个方面表现出众，包括：能够清楚地安排工作、有清晰的目标期望、对于成就的认可、公平并可信的评估、对于课程安排的严谨思考、社交能力、自我管理学习，以及学徒式学习的能力。[1]

——内尔达·康布-麦凯布

《情商：为什么情商比智商更重要》[2]

如戈尔曼所说："情感能力在某些方面起着比家庭因素或者经济因素更重要的作用——任何一个孩子或者青少年如果在被困苦磨折下（比如贫困或虐待），还是不屈不挠，从而渡过困苦，情感能力可能会起到决定性的作用。"与多数流行的心理学书籍不同，这本书有实实在在的内容（其基础是认知科学家和教育研究工作者的工作成果），在书

---

[1] 在线学习可从以下两个网站入手，中心的网站（www.lrdc.pitt.edu）和学习研究所的网站（www.instituteforlearning.org）。

[2] 丹尼尔·戈尔曼著（Bantam 出版，1995 年）。

的最后一章，对于学校如何培养学生的情商提出了建议。[①]

玛丽·莱克（Mary Leiker）在担任密歇根州肯特伍德学区（Kentwood school district）的学监期间读了这本书，她与学区中的37位学校管理人员和7位学区委员会成员对这本书展开了讨论。他们每月都聚在一起，逐章探讨情商的含义及其潜在影响。莱克说："比如，当学生休学结束回到学校后，我们就开始做出'额外的努力'，和他们讨论他们情感现状的原因——让休学成为一个学习的机会。在我们的家长技能发展项目中，我也把情商教育作为一个出发点。"

——内尔达·康布-麦凯布

[①] 戈尔曼在其后出版的一些书籍，为我们理解人类的能力扩充了其他角度。《社交智慧：人类关系的新科学》（*Social Intelligence: The New Science of Human Relationships*，Bantam 出版，2006年）描述了其他人对于人的心智和身体机能产生影响的各种方式，以及对包括学校在内的社会环境进行设计，以改变在其中的每一个人的生活质量。《生态智慧：了解我们购买的潜在影响如何改变一切》（*Ecological Intelligence: How Knowing the Hidden Impacts of What we Buy Can Change Everything*，Bantam 出版，2009年）描述了人类意识与生态可持续性的认知联系。

| 第 5 章 |

实 践

1. 创造过程关键点：结构性张力

罗伯特·弗里茨

自我超越修炼着眼于一个成年人能够反思的一些意义重大的问题：在你的人生中你真正试图创造什么？你当下面对的现实状况是怎样的？还有就是你要选择什么？这项修炼产生的作用方式，既是超越当下经验的，又是实实在在的。每一位有创造意识的人都能辨识出来，但又难以践行，难以用语言来描述。

这项修炼对于成年人是有成效的，但对于孩子们也会起作用吗？我们把这个问题抛给系统阐述了自我超越概念的那个人：罗伯特·弗里茨，他是一位作曲家、电影制作人。在 20 世纪 70~80 年代，他形成了有关创造过程的各种理论，在那期间，他参与（与彼得·圣吉和查尔斯·基佛一起）设计了最初的"领导力与超越"课程，这一课程是《第五项修炼》一书的基础内容的一部分。弗里茨提出并阐述了"创造性张力"的概念,这个概念他最初称之为(现在也是如此)"结构性张力"。[①]

教育的意义何在?是为了给年轻人提供适应社会的条件,使他们能够融入社会组织吗?是为了培训劳动力吗?是为了向年轻人展示人生可以提供的更大机会与可能吗?上述这些,都有道理,因此也都是正确答案。但是,这些答案也都遗漏了教育可能具有的最深远的意义:帮助年轻人学习如何去创造他们真正想要的生活。

对于如何创造他们真正想要的东西,为什么教师不教,而学生也不学呢?有几个有趣的原因可以解释。

首先,在创造过程的技能方面,大多数教师都没有接受过这方面的培训。这个题目看上去似乎更多属于诸如乐队和戏剧一类的课外活动,听上去就不像数学、科学或者语言技能那样,是主流教育的核心环节。然而,创造过程是人类文明史上在成就功业方面最富成效的过程。它创造出了所有形式的艺术,以及大部分科学技术;它创造出大众文化、文学和诗歌,也为商业与组织方面的发明和创新提供了动力。大多数教师、家长和学生能够理解这个过程吗?可以讲授这个过程吗?对于这两个问题,都可以给出令人高兴的肯定回答。然而,在开始之前,我们需要换一种方式思考,想一想我们的目标,想一想我们对于现实的理解,想一想我们展开创造的进程,得以实现自己的目标的能力,想一想我们与成功和失败的关系,想一想修炼与动力的本质。

[①] 对于结构性张力的更为深入的阐述,请见罗伯特·弗里茨所著《最小阻力之路》(*The Path of Least Resistance*, Fawcett-Columbine 出版,1989 年)和《管理者的最小阻力之路》(*The Path of Least Resistance for Managers*, Publishers' Group West 出版,1999 年)。

结构性张力：关键点

创造过程的关键点，是结构性张力。无论我们在何时形成了张力，其自身都会寻求消解。结构性张力的建立，来自差异：以我们所希望的状态（我们的目标、热望以及愿望）对照与这些目标相关的现状。我们可以通过采取行动，让我们的目标和现实逐渐接近，向着解决这种张力的方向前进。张力的最终解决，在于我们实现了自己的目标。迈向我们自己的目标听上去不难，但却需要发展多种技能。

修炼

所有修炼都不是顺其自然发生的。这也就是为什么要称其为"修炼"。如果我们觉得身上有个地方发痒，自然而然地就会去挠挠。我们需要自制力的修炼，才能克制自己不去挠痒。在学习滑雪的时候，学生要站到一个山顶上，远远地望着山下的一个山谷。任何一个新手的天然本能都会是向后倾斜身体。但教练们却说："向山下倾。"实际情况是，滑雪过程是这样设计的：向下倾就像是踩着滑雪板的刹车，而向后倾斜则像是踩了滑雪板的油门。我们需要修习，才能克服我们的直觉，向下倾斜自己的身体，但这恰恰是滑雪者必须要学会去做的。

在建立创造性张力的过程中，我们需要修炼，才能确定自己希望创造出来的最终结果，才能脱离我们的假设、理论和概念带来的扭曲，客观地看清现状。我们需要修炼，才能真正面对那些充满困惑、失望和挫折的时刻。而要从我们与他人的失败和成功中学习，也需要修炼。

在那些要求很严格的职业中——音乐、电影制作、医学以及运动，有许多都会给从业人员带来极大的身体和心智压力，也把人们置于严苛的竞争环境之中。如果没有建立和保持创造性张力的修炼，就很难达到精通的境界。每每遇到令人不舒适的处境，比如当你面对拒绝时，你就会倾向于放弃。相反，如果你处在基于你真正的愿望的修炼之中，你也许会感到失望，但一定不会放弃。如果一定有什么影响的话，那就是失望会锤炼你，帮助你继续前行。

思考一下我们想要什么

许多用意良好的人都认为，自己已经问过他们的孩子或者学生，他们想要创造什么这个问题了，但是实际上并非如此。他们的问题是一个微妙的"变体"："在我们为你提供的那些东西里面，你想要什么？"

要仔细看看其中的差别。"你想要创造什么"这个问题，是让一个年轻人去思考自己一生的目标、价值、志向和梦想。而那个"控制性"版本的出发点，则提供了一个可以接受的各种可能的"清单"，然后说："在所有这些选择中，挑一个吧。"如果那些他们真正想要的目标、梦想没有列在这张清单上，又该如何呢？那么，那些孩子或者学生就要算运气不好了。由此传递给他们的信号是，人生要服从环境条件，所以"你最好学会适应"。这种观念最终会变成一种取向，在我写的第一本书《最小阻力之路》中，我称之为"反应性回应取向"。我描述的是人们陷入了一种人生态度，它似乎在说"把你的志向限定在合理范围之内"。人生还是有另一种取向的，那就是创造取向（或者叫作"自我生成取向"），以这种取向为生，就是让个人的选择成为人生的组织原则。

早在20世纪70年代，当我和我的同事最初一起为成年人讲授创造过程的时候，许多人在回答"你想要什么"这个简单问题的时候，困难重重。他们不是去思考自己究竟想要什么，而是试图去描述他们认为自己应该要什么，或者会使用一些含糊其词的口号，再不就是考虑过程，而不是这个过程要产出什么。

在开始的时候，这种情况让我们迷惑不解，直到那个显而易见的事实昭然若揭：许多人并不知道如何思考他们想要什么。他们一而再、再而三地把这个题目从自己的脑袋里驱赶出去，以至于他们似乎无法思考某些想法，因为他们不知道应该提出什么问题。许多年轻人在有机会尝试追求有意义的目标之前，就已经被人教会放弃自己的梦想了，这些年轻人被认为无法实现自己的抱负。而有悖逻辑的是，这种情况的发生，恰恰是由于我们爱自己的孩子，因此我们不希望他们经受折磨。我们的自然倾向是保护他们、控制他们，让他们免受失望所带来的感情冲突的袭扰。为了保护孩子不受失望的影响，成年人自己在毫无知觉之中充当了审查员——年轻人不仅不能去尝试创造对他们或许有意义的事情，甚至于想想都不可以。

因为我们保护自己的孩子，不让他们有这样的体验，他们就没有机会坚强起来，形成人生最重要的力量。他们永远也不会发展在需要的时候更大努力的修为，他们永远学不到职业精神的圆满境界——在性格形成的时候，在成就任何困难的事业所需的持续学习技能的时候，这种精神至关重要。

从一个问题开始

创造过程的出发点，就是这个看似简单的问题：你想要创造什么？我们可以向我们的年轻人提出这个问题吗？开始的时候，他们不知道如何回答这个问题。他们倾向于说出他们认为成年人想要听的那些东西。但是，如果我们坚持追问下去，他们最终会意识到，我们真的想让他们把自己的答案告诉我们，而不是像过去那样，我们让他们告诉我们的，是我们想要的那些答案。

当我们习惯于明确我们的目标、愿景和志向的时候，我们就是在形成一种真正的技能——如果年轻人想要成为自己生命成长的过程的主人，就需要学会这种技能。当年轻人不明白他们想要在生活中创造什么的时候，他们接受的教育就像是灌输给他们的。当他们确实知道自己想要什么的时候，他们的教育就有了焦点、目的——至少在一定程度上支撑他们去实现长期目标。

明确目标是一个不错的、恰当的起点，但只是起点而已。下一步，对于年轻人和成年人都更为艰巨，那就是准确而客观地描述现状。

只是事实

多数人都学会了歪曲事实，他们这样做，是因为现实中往往包含了他们不喜欢的种种事物。孩子们学会说谎有许多原因。他们说谎，是为了避免批评和惩罚；他们说谎，是因为看到这种做法是社会上可以接受的行为；他们说谎，是因为有时候想要看到现状，而又不被假设、概念、理论、世界观和猜测扭曲，的确很困难。

罗莎琳德和我对于我们的孩子们一直都很诚实，但我们生活中的其他人却并非如此。当我们的女儿夏娃四岁的时候，我们的保姆常常会骗她，比如说："没有饼干了"——实际上是有饼干的。而我们会告诉夏娃，"还有很多饼干，但是你现在不能吃"。保姆会问夏娃："今天你想去学校吗？"，假装她似乎有个选择。夏娃其实没得选择，她必须去。因此，我们必须要对夏娃的保姆进行培训，让她学会一件听上去简单，但开始做的时候却相当困难的事：把真相告诉夏娃。

如果我们对我们的年轻人说谎，他们就会学会扭曲现实。他们就会开始曲解现状，不仅对他人如此，更糟糕的是对自己也是如此。如果不能确定现实状态，他们就不能了解自己所面临的处境与目标之间的关系。

学习需要有能力评估我们的行动："这些行动起作用了吗？是不是没有起作用？"我们需要考虑两个关键的数据点：当下的状态和我们希望看到的结果。评估实际局面的能力必须要耐心谨慎地发展，因为当我们看到不喜欢的东西，很容易就会歪曲事实。要想形成这个技能，年轻人一定要能够宽容失望和沮丧，但不要让这些经验阻碍自己。他们并不需要克服这些情感，要学会从容应对，因为当他们学习一个新东西的时候，往往不具备一蹴而就的能力——这时，有可能会感到受伤，并进而将其曲解为一个关乎自我尊严的问题。他们必须能够把自己是谁与自己做的事区分开来。

自尊的陷阱

过去 20 多年以来逐步流行的一个概念，是这样的一种观点：要想在人生中获得成功，一个人必须要具有高度的自信。事实绝非如此。如果我们去读那些历史上很有成就的人的传记，就会发现，其中大多数人都对自己深怀疑虑，然而他们却依然能够实现自己的梦想，影响整个世界。自信这个问题取决于你创造自己生命中最重要的东西的能力。有以下两个原因可以解释：

- 从哪里着手？在我们创造某个东西的时候，我们通常可以从两个地方着手：从我们自己或者从我们要创造的那个事物着手。这两个不同的着手点所引发出来的可能性，是截然不同的。如果我们把注意力放在自己身上，那么我们努力的成效就变成了我们自身身份的反映，而我们的自身价值也就与我们做得如何联系在了一起。任何一个行动的目的都变成"这代表了我"，而不是"这是否很好地支持我实现目标"。但是在现实世界中，学习往往会导致的情况是，在获得胜任能力之前，把事情做得相当糟糕。如果年轻人把注意力都放在自己的身上，他们如何能够对掌握新技能的笨手笨脚的过程保持宽容呢？如果在此过程中，他们还要同时努力保持自己的自尊和自信，他们又如何能够对于现实状况保持客观与诚实呢？大多数有所成就的人都通过学习而明白，自尊和己见，对于创造他们生命中重要的东西来说，完全无关紧要。"认真对待你做的事，不是你自己"，这是人们经常引用的话。

有些人可能会争辩说，成就任何一件事的意义，就在于完成它之后所获得的满足感。对于闲暇的喜好或者娱乐，当然如此。但是人类努力的事业还有很多其他种类，其意义是比满足感重要得多的某种东西。如果我们是家长，我们可能会带我们的孩子去上舞蹈课、滑冰课、足球课，或者是音乐课，这不是因为我们追求荣耀感，或者是让社区中的其他人觉得，我们是优秀的家长，抑或是希望我们的孩子感谢我们。我们这样做，是因为有一个更好的理由：我们这样做，是因为我们爱他们。其意义是让他们获得成长和幸福，而不是我们自己的成长和幸福，这就是创造过程中共同的方向。采取行动的原因是为了支持我们所关心的结果。

- 产生爱：多数人以为，爱是人类做出的反应。"他们相遇，然后他们坠入爱河。"先有外在环境，然后才有爱。然而，在创造过程中，情况恰恰相反。创造者在被创造的事物存在之前，就产生了对它们的热爱。在影片开始拍摄之前，电影制片人就喜爱上了这部电影；当画布上还是一片空白的时候，画家就爱上了这幅画作；工程尚未破土之时，建筑师就热爱那个建筑。

现在，对于年轻人最常见的抱怨是他们既不在乎，又不投入。从某种程度上来说，的确如此。而这恰恰又是因为，对这些年轻人而言，并没有让他们可以投入足够热爱的东西，让他们为了实现自己的目标，不顾一切地去奋斗，去学习一切需要学习的东西，并且去改变一切需要做出的改变。

但是，如果我们把自己的工作看作是教年轻人产生爱，那么教育可能就承担了一种新的意义。是什么让一个人能够产生足够的爱心，把它创造出来，即便要这样做，总是会大大超越这个人当下的能力？当这个问题得到回答之后，无动于衷、漠不关心和反叛不羁就会转变为投入、关心与合作。产生爱引发出的是高层次的、真正的修炼。它有助于我们学习，即便初看起来要学习的东西既艰巨无比又令人沮丧。它是朝着有利于我们的志向实现的方向去行动的最好理由。

行动的经验

一旦我们明确了想要看到的结果，并且看清现状，下一步自然就是采取行动了。当我们在结构性张力的空间中行动的时候，一个反馈系统就开始起作用。行动中产生的结果，就会得到评估（"这些行动对于我们向目标迈进，起了多大作用？"），这又引起对于未来行动的调整。这个反馈系统会持续工作，直到我们实现自己的目标。让我们一生受益的那些最美妙的学习行动，就是在这样的情况下发生的，因为这种经验是具体的——既是针对我们正在追求的实际目标，又是针对这样一种基本认识：这个人是可以学会他需要学习的东西的。

行动是选择。存在着三种主要的选择类型：根本选择、首要选择和次要选择。根本选择是关乎我们人生中的基本价值观和决心的选择。比如，如果你没有做出成为一个不吸烟的人的根本选择，那么选择采用的任何戒烟措施，恐怕都起不了多大作用。而一旦你做出了这个根本选择，你所选择的几乎所有方法都可以获得成效。年轻人可以做出的一个最根本性的选择，就是在自己的一生中，成为创造的主要力量。做出这种选择，并不意味着他们突然就能创造出自己想创造的任何事物来了，也不意味着世界马上就围绕着他们转了，但是，做出这种选择的确意味着，他们已经准备好为自己的生活承担责任了。

年轻人可以做出选择的另一种类型，是首要选择。首要选择与他们人生中的主要成果有关，包括对于目标、梦想和志向的选择。这往往就是在形成结构性张力过程中生成的那些目标。

一旦完成了首要选择，就必须要做出其他选择，来支撑这个首要选择。往往这类次要选择都是我们不喜欢做的事情，而为了支撑我们的首要选择又需要去做。做出那些次要选择，来支持我们去实现首要选择，年轻人就学会了如何通过管理自己的近期活动，为自己的长期最大利益采取行动。他们也许并不喜欢花大量时间去做功课，但是如果他们做出了自己的首要选择；比如，要成为一个生物物理学家（或者任何一件需要从高中毕业，并进入大学学习的事业），他们就会这样去做了。

发展做出选择的能力需要修习。一个年轻人做出的选择越多，也就越有可能看到自己选择的后果。然而，成年人通常不敢让年轻人去选择自己的道路。

在我自己家里，我们采用了一种称为"约定"的做法，来处理这种情况。这个"约定"是这样的：我们家长的责任是照顾我们的孩子，而孩子的责任是学会照顾自己。随着他们逐渐长大，他们可以自己做出的决定就越来越多。我们大家都知道，如果他们自己可以根据最大利益做出选择，我们家长就会把这些选择逐渐交给他们自己去做。我们的孩子们很快就开始做出自己的选择了——穿什么衣服、什么时候上床睡觉、听什么音乐、如何分配自己的时间，以及他们生活中其他许多方面的选择。我们作为裁判，帮他们判断最大利益是什么，采用的标准也相当明确。有人持续熬夜到很晚，影响自己的长期健康和工作能力，很明显，他还没有具备决定何时上床睡觉的能力。这个"约定"的最后一部分是这样的：在他们还不具备做出自己的决定的能力的领域，我们的责任是教会他们如何做出好的选择，这样他们就可以尽早地自主做出选择了。这个"约定"在我们家里运转良好，因为它相当公平合理。

这个"约定"的基本道理，是理解成年人和孩子的角色。一个孩子开始自己生活的时候，是由成年人照顾的。这个年轻人的责任，则是随着时间的推移，逐步学会如何照顾自己。谁将更有可能在生活中做出好的选择：是一位已经做出过成千上万个选择的年轻人，还是另一位在做出选择上没有多少经验的年轻人呢？当要做出关于性、毒品以及安全问题的决定的时候，我们最好是帮助年轻人做出各式各样的选择，这样他们才会对自己做出的选择的后果有亲身体会。

2. 在课堂上共享愿景

蒂莫西·卢卡斯

开学第一天，老师以提出问题的方式开启了讨论："你们想让这个课堂成为什么样子？你们希望别人如何对待你们——包括我以及你们彼此之间？当你们在学期末回头看的时候，是什么会让你们说：'这个班级是最棒的？'"

这位老师这样做，是在引导这些孩子们，让他们主动说出自己想从这个班级中得到什么，以及大致希望从学校中得到什么。可能从没有人问过孩子们这些问题。但如果他们能年复一年地参与到这样的过程中来，随着时间的推移，就可以学会为自己去思考——他们希望学校为他们做什么。他们也就不会把决定学校究竟应该是什么的负担，交给自己周围的成年人了——老师、管理人员、辅导员以及家长。

在开学后第一次课堂上的这个讨论中，孩子会说些什么呢？有些人可能会谈到过去经历的种种烦恼，这是他们从未有机会表达的。"在我们做功课的时候，我不希望有任何其他人走过来，从我的桌子上拿走东西。"或者说："我希望老师对我要客气一些，我不希望老师们取笑我。"还可能说："如果我的作业做错了，我不希望老师在班里宣布这件事。我不希望每一个人都知道我的分数。"或许就是说："我不介意靠近其他人坐，但是我不希望一整年都跟同一个孩子坐在一起，一直都不变。"

以个人修炼的术语来说，这些大都是"负面愿景"（negative vision）——是我们希望避免的那些事的景象。所以，老师或许就该决定，让其中的一些学生再多做一些表达，让他们把他们的态度背后的"正向愿景"（positive vision）展示出来。老师可以这样说："当你说，你最恨被人取笑的时候，你的意思是说你不希望要什么。但是你能否想到什么事情是你希望发生的。在你最喜欢的班级，或者是你可以想象出来的最好的班级，发生过哪些事情？"如果还需要更多引导，老师则可以说："你认为，你们需要举手才可以发言吗？我们做数学功课的时候，应该如何呢？那个时候，你希望别人如何对待你？"

不同的学生说出来的东西是不同的，还有些孩子根本不知道说什么。但是，至少有一个信息传递出去了，也被大家接收到了："当我说话的时候，我希望有人倾听。"从此，一个有关课堂的规则和程序的愿景出现了，其内容是所有学生希望如何被人对待，以及他们觉得一个班级应该如何管理。

通过不断提及他们共同创造出来的基本规则，这个愿景就可以在这个学年中持续保持活力。从这里开始，掌控课堂纪律就不再仅仅是老师的事了。如果出现了违反这些规则的情况，每一个人都了解情况是否严重以及如何应对。当一位代课老师报告说，这个班的孩子在课堂上闹个不停时。班级老师就可以用这个愿景去做对比了："好吧，你们所有的人都为这个愿景做出过贡献。那么，昨天这里发生了什么？应该发生的是什么？下一次你们希望如何应对？"自我约束就开始起作用了。

3. 作业这个魔兽

贝蒂·宽茨（Betty Quantz）

在这本书的发展演变过程中，贝蒂·宽茨承担了多重角色。她承担沟通协调的责任，在我们的一些会议中，她则扮演"吹毛求疵的朋友"的角色，她还是其中一位作者的项目合作伙伴。在这期间，她还多次参与了我们的探讨，内容涉及五项修炼，尤其是共同愿景会如何以各种方式影响学生、家长以及教师的沟通互动。她从一位家长和教师的角度，对作业进行了反思——这篇文章写于1999年，在新版中进行了修订。她提出的问题是，承诺与顺从是否不仅对学生，而且对每一个人都是一个值得思考的问题。当她的女儿把这篇文章分享给自己的朋友时，这些孩子的反应是："我们以前不知道，对这件事，有人还注意过——还在乎过！"

作业真是一件让人头疼的事。在我看来，说这句话的人可以是老师，也可以是学生，还可以是家长。想想看，在学校教育中作业占了多大的比重，但每一个人都如此憎恶作业，这实在令人惊奇。除课堂项目之外，我自己的孩子们基本上认为作业枯燥乏味，纯粹是在浪费他们的时间。他们的老师也总在抱怨，自己花了多少时间检查作业，给作业判分。而作为监督完成作业的家长，我不是怒不可遏，就是眼泪汪汪。

如果学生忍受不了作业的折磨，老师也不喜欢作业要求的"记账"工作，而家长们更不喜欢站在自己的孩子背后监督，那么为什么我们还在与这个魔兽斗来斗去呢？

有一年，在一起开会的时候，我问一位教师："为什么你要给所有的作业判分？"

"这是让他们做作业的唯一办法。"

一幅画面由此在我的脑海中逐渐展开。在学校里，教师要惩罚孩子们，才能让他们完成要做的功课，比如，评一个低分，放学后留下来，不许课间休息。作业给学生带来的打击是双重的：在学校，要面对成绩单的威胁；在家里，要面对被剥夺各种课外活动权利的威胁。

"所以，那些还没有搞懂的孩子，作业成绩就不好？"

"是这样。"她说，"但是，他们有更多的卷子和附加作业可以帮助他们。"

从这位教师的观点来看，更多的功课就会让这些孩子掌握知识。但是我连想都不敢想，在做功课的时候，那些孩子和他们的家长必须要忍受的所有痛苦和困扰。孩子们的学习速度各不相同，而那些要多花些时间才能掌握新概念的学生，就要在作业进行等级评分的时候，因此而受到惩罚。实际上，这些练习和重复作业会强化孩子的种种错误理解，并造成进一步的困扰。对于已经了解那些内容的孩子来说，这些练习开始会具有强化作用，但随之而来的，则是枯燥乏味的感受。

不幸的是，有些人认为，如果一个学生每天晚上要是没有作业，而且是一大堆作业的话，这个学生就没有在学习，而老师也没有尽责。此外，重视标准测试，将其作为评价学校的一种方式，也使作业成为推行模拟测试的一种方式——以便学生们为即将进行的考试做好准备。

作为一名英语教师，我也要面对作业这个魔兽。给重复练习打分，这对于我是一个噩梦。如果我在判分的时候感到枯燥无味，我就会知道，那些学生在做作业的时候，用的是"自动巡航模式"（只是读了，但没有思考）。许多毕业之后上了大学的学生在返校时告诉我，他们在高中里要做的作业，比起大学一年级的时候要多得多。

作为一名教师，我喜欢"少即是多"的观点。我认为，通过减少作业数量、提高作业质量，我们或许可以为学生以及他们如何在学校获得成功，找到关键因素。质量较高的作业，具有以下这些特点：解读、综合，以及对观点与材料进行分析（也就是说，是处于布鲁姆学习目标分类中的较高层级）。完成这个作业需要的思考水平，决定了作业的质量。作业可以帮助学生发展高级思维技能，而不是让他们停止思考，进入呆头呆脑的驾驶状态。[①]

在我现在任教的都市学校里，有大约 65% 的学生得到了免费午餐；

[①] 布鲁姆分类是一种有关学习目标的美国分类方法，其初始确立时间可以追溯到 1956 年。当时，由教育工作者组成的一个委员会提出了最初的建议，这个委员会的主席是教育心理学家本杰明·布鲁姆（Benjamin Bloom）。

大约三分之一的学生，获得了社会保障残疾补助。我教的"慢班"上的孩子会直截了当地承认，他们被放到这个班上的主要原因之一，就是完不成作业。

我给我的学生们一个选择，去完成一个需要两到三周时间的作业。这类作业一般分成两个类别，一类是口头表达，另一类是写作。对于每一个类别，还有两到三个选择，单独完成或者是合作完成，吸引着各种不同学习风格和学习水平的学生。鼓励创造性。比如，我的高年级学生要读约翰·斯坦倍克的《愤怒的葡萄》，这是国家艺术基金会的一个叫作"大型阅读"的项目的一部分。我如何才能让这些在城市高中里的学生认同斯坦倍克笔下的 1939 年的人物呢？我将作业（请参见脚注）[1]针对多个方向的兴趣和能力，安排为不同选择，延展了课堂上的讨论，并且大都要借助互联网。幸运的是，我们学校的图书馆在放学之后还会开放（由志愿老师们支持工作，因为图书馆经费减少，图书馆的开放时间也缩短了）。这样，家中没有互联网或者没有计算机的学生（大约占到我们学生总人数的 70%），就可以在放学之后，在学校的图书馆里用电脑上网了。在这段时间，他们的家庭作业是阅读原著，并且准备课堂讨论用的材料。

---

[1] 《愤怒的葡萄》的作业分组

写作类：1. 观看公共电视台播放的《在沙尘暴区生存》系列节目，并说出你的感想。2. 在网上阅读本地新闻，找到我们这个地区有关"没收抵押房产"的文章，并且记录受困家庭的故事。3. 调研 20 世纪 30 年代妇女的角色。

口头表达类：1. 关注 66 号公路，这是移民到加利福尼亚的主要通道。2. 假设你们是调查记者，被指派去报道移民村。给我们讲讲他们的故事。

艺术类：1. 调研某些艺术家的作品，比如，伍迪·格思里（Woody Guthrie）的作品，阐述一下他们现在对于音乐的影响。2. 选择三张由多罗西娅·兰格（Dorothea Lange）拍摄的照片，或者是同时代的其他人拍摄的照片，就照片中的人物或地点介绍你们的研究发现。

在我们讨论的过程中，学生们有时候会发现一些感兴趣的题目，就会建议为他们特别设计作业。我把这些作业看作是与作业这个魔兽斗争的真正胜利。现在，这些孩子正在为积累知识、增进兴趣而寻找方法——这真了不起。做这样的作业，难道不是在改善我们的课堂讨论和课堂学习吗！

更好的作业来源

我常常在网上浏览各种课程计划，看看在作业的选择上有哪些想法，有两个网站是必定要看的。webenglishteacher.org 在课程设计的想法上内容相当丰富。如果你还没访问过那个叫作 thinkfinity.org 的有关课堂的门户网站，那你就错过了世界上最好的头脑风暴的发源地。我不仅看高中的资料，也去看看小学和中学的资料。由于我班上的学生的能力五花八门、各式各样，我常常从小学老师的课程计划中获得不少灵感，并对这些想法进行修改，以满足我的高中学生的需要。

——贝蒂·宽茨

让作业变得有意义

贝蒂·宽茨

目的

分析驱动你布置作业的心智模式，并评估你可以从哪里入手做出改变，提升学生的学习。

拿出一份你的作业安排。用"是"或"否"回答以下问题。一定要诚实！

a. 在学生拿回家的这页纸上，是否清楚地表明了这个作业的目的？要在你发下去的作业的背面，与学生沟通作业的目的。如果每一位教师都做到了这一点，家长们在帮助孩子的时候，就不需要再去猜想："这个老师在想什么？"

b. 在学生拿回家的这页纸上，是否清楚地表明了以学生为中心的目标？你希望强化学生哪些技能？

c. 这个作业是延展了课堂上的功课，还是重复了课堂上的功课？

d. 在作业安排中，是否体现了多种学习风格和学习兴趣？

e. 在你给这个作业打分的时候，是必须要思考，还是只需要浏览一下，或者可以照搬答案？对于学生的回答，你是感到兴趣盎然，还是沉闷枯燥？

f. 你是只涉及了一种标准，还是让这个作业可以起到双重（或者更多）作用？比如，在有关《愤怒的葡萄》的作业中，覆盖了以知识为基础的目标、口头表达的目标以及写作标准等。

g. 为什么这个作业有意义？这个作业在学生自己、他们过去的经验以及现在的生活之间，提供了什么样的联系？

h. 思考每一次作业安排的质量，并与学生和家长开展有关学习目的的开放式探讨。你是否会倾听你的学生（以及他们的家长）对于这些作业的看法？他们是不是在说："这种作业我做了（或者是没做）成千上万次了？"或者他们在说："在我做这份作业的时候，我想起……；我想到……"或者是，"我有一个关于……的问题要问。"这些作业应该，也会引出来比他们的答案更多的问题。

作业之谜[1]

为什么我们的孩子一直在做一件糟糕的事情？

马尔科姆·格拉德韦尔（Malcolm Gladwell）的著名观点是，要想做到精通，就需要10 000个小时的练习。阿尔菲·科恩（Alfie Kohn）对此可能会反驳说，让学生对学习的精神感到麻木，只需要几个小时的强迫练习就够了。这部书详尽论述了这个观点，其中包括大量的研究成果，表明作业并没有帮助学生学习，而是培养了反抗、争论、不情愿的服从，以及基于外部因素的动机。替代方案是：课堂上的练习，并且有同伴的帮助，应该是一个全面参与的环境。

——阿特·克莱纳

4. 把评估作为学习的手段
我们是在评估我们需要学习的东西吗？

贝娜·卡利克（Bena Kallick）

课堂上的评估本身并没有错。精心设计的评估，可以成为学习和认知的手段之一，如果没有评估，学习和认知都要困难得多。贝娜·卡利克住在康涅狄格州，她是耶鲁大学和费尔菲尔德大学的教师，也是一位社区活动者，她还是一家儿童博物馆的创始人之一，一所教师中

---

[1] 阿尔菲·科恩著（Da Capo Press 出版，2007年）

心的创始人之一,同时还是以创新为宗旨的"三州联盟"(在康涅狄格州、新泽西州和纽约州南部地区促进教育改革)的一名咨询师。她参与了几次公司创业,包括"技术路径公司"(Technology Pathways)和"超越成绩公司"(Performance Plus),这两家公司都致力于在学生学习方面,创建与管理教师的相关知识。目前她任职于"教育星球公司"(Eduplanet),这家公司设计了在线学习课程,将专家与教师通过社会化学习融合到一起。在所有这些工作中,她一再发现,自己是在与学习评估这个问题打交道:我们怎样才能知道,一名学生的能力(或是一家学校的能力、某个学校中的一个创新小组的能力)在发展上是否真正获得了支持?我们请她针对那些意识到评估的价值的人,解读这个问题——如果评估以一种培养学习方式,而不是培养技能的方式进行,应该如何展开?

设想一下:你有一个十几岁的孩子,年龄已经到了申请驾驶执照的时候,对此,你有点儿紧张。你开车把他送到了驾照申请处,参加本州驾驶法规的多选笔试。当他咧嘴笑着走出考场告诉你,考得不错时,你很高兴,也放心了。至少,他认识了"停车等候"标志的形状,知道了学校周边地区的速度限制,也了解了需要让行人先行。他证明自己已经掌握了"正式知识"(formal knowledge);他了解了(或者知道从哪里可以找到)这些学术性的、明确表述的,也是有条理的事实——这是任何一个专家都需要信手拈来的。

但是,你是否已经准备好放手让他驾车呢?恐怕还没有。只是通过笔试还远远不够,你要知道他是否可以运用自己的驾驶知识。他会"侧位停车"吗?在他驶入一个路口的时候,会环视左右吗?他会使用后视镜吗?他是小心驾驶吗?又经过了相当长时间的手握方向盘的训练,他通过了全面的驾驶考试。他自豪地把自己的实习驾驶执照拿回家。他展示了自己的"应用知识"(applied knowledge):把知识转化为行动的能力——即便是在非正常的情况下。他具备了在各种不同的条件下,达成结果的能力。

你向他表示祝贺,而他马上就想要车钥匙。你现在如何做呢?那些考试本身都还不够——无论是笔试还是路考。两类考试全加起来,不过是表明他知道如何通过考试。在把车钥匙交给他之前,你不可避免地要去想想自己与这个孩子相处的经历。他有责任心吗?他的自我控制能力如何?你是不是还需要设定一些限制——晚上驾驶的限制,车上青少年人数的限制,以及距离家或者是距离学校远近的限制?最终的问题是,你是否对他有足够的了解,知道他的能力如何?比如,对于他处理意外情况的能力——任何一个测试都不能预测的那些事件,你有多少了解?

正式的测试,即便是不错的测试,也不足以真正对学习进行评估。在你的儿子可以单独驾驶你的车之前(至少对我是如此),他必须显示出他具备了"纵向知识"的基本能力:随着时间的推移,能够以引发持续的改善、成效和创新的方式,有效地开展行动。一位学习某个科目的学生,是否能够从学生的状态,演化成为在这个能力上让人信赖、谨慎周到、能干胜任的优秀实践者呢?如果可以的话,在你做出这样的评估之后,或许就可以对其赋予信任。如果你做错了,相信某人具备"纵向知识"能力,而他实际上却不具备,那么你就要面对糟糕的结局:乱七八糟的作业、遗漏的工作、不完整的结果、被破坏的关系,以及可以想见的——一辆撞坏了的汽车。

以学生的学习为目标的评估

在许多学校以及教育机构中,我们都已经采用了依赖单一措施评估学生进步的方法，也就是常规性、标准化、用纸笔完成的测试评估。这些测试，包括大多数州级测试，就像是驾驶执照的笔试：只衡量"正式知识"。更糟糕的是，考试的结果要推迟数月之后才会发布，常常是学生已经升到高一年级之后，想要为进一步学习提供有意义的指导，这实在是太迟了。这些测试结果只显示出一到两个总体综合分数，学生由此获得的自己能力表现的信息非常有限。由于只提供了每一个学生的错题的百分比，这些测试间接地让学生感到，自己的能力不足，而这实际上与我们了解的学习恰恰背道而驰（应该从一个人的工作优势出发，然后转向这个人需要提升的领域）。

以2011年而论，目前在评估上的趋势是，我们做出的各种决策大都建立在成本效益好、过程效率高的测试的基础上，而这些测试衡量的，则是学生们对于所学知识的复制水平。但是大多数测试并没有提供足够的信息，让我们了解，一个学生是否确实能够在一个更真实的环境中应用自己的所学知识。因此，当教育工作者的关注焦点，放在帮助学生学会如何提高考试成绩的时候，我们在帮助他们面对"人生的考试"方面，可能会是失败的。我们和学生谈大学教育、做好职业发展准备，但并不真正了解在高等教育和职业发展中，究竟需要什么才会成功。

由美国各州政府在2010年启动的"通用核心标准行动"（Common Core Standard Initiative）正在鼓励这方面的作为。这个标准明确表示，学生在学习中需要更高程度的参与投入，需要更大的个人驱动力，并且在成为更加高效的问题解决者的同时，学会如何把各个不同学科的功课融会贯通起来。对于那些已经采用了"通用核心标准"的各州，其挑战在于如何开发出相应的评估方式，为学生提供一个机会，让他们得知自己的学习状态。已经有一些机构联手针对这个问题展开工作，看看是否能够发现通用的评估方式，以便让所有采用"通用核心标准"的州都可以使用。[1]

然而，教育工作者不需要等待这些评估方式的出台。类似的评估方式可以在本地进行设计。他们需要考虑三个不同角度的学生发展数据：学习的评估、以学习为目的的评估以及将评估本身作为学习。[2]

- 学习的评估是总结性评估。这种评估提供的数据，与一个学生在某个特定时点的学习表现有关。课程结束前的考试、期中考试、标准州测试，都是总结性评估的例子。

- 以学习为目的的评估是发展性评估。这种评估为教师、家长和学生，提供过程中的信息，其内容是一个学生的表现处于何种状态，其目的是提供更好的指导。在大多数情况下，形成性评估不采用评级的形式，而是采用打分的形式。这是一个关键区别。当你对一篇作文或者一项作业做出评级判断的时候，你为学生提供的反馈，是他们在这个时点做得如何。然而，当你给学生的功课打分的时候，你提供的是反馈、发展建议；是提供一种机会，让学生在向着总结性评估逐渐进步的同时，继续展示自己的学习。

---

[1] "通用核心标准行动"的网址是 www.corestandards.org。这是由多个机构组成的有关学习评估问题的联盟，其中包括"大学与职业准备评估合作联盟"（Partnership for Assessment of Readiness for College of Careers, 网址：www.parcconline.org）和"智慧均衡评估联盟"（Smarter Balanced Assessment Consortium, 网址：www.k12.wa.us/smarter）。

[2] 有关学习的评估与以学习为目的的评估之间的区别，参考里克·斯蒂金斯（Rick Stiggins）所著《从形成性评估到以学习为目的的评估》（*From Formative Assessment to Assessment for Learning*, Phi Delta Appan 出版，2005 年 12 月），以及由斯蒂金斯创办的"评估培训研究所"（Assessment Training Institute, 网址：www.assessmentinst.com）。

325

- 把评估作为学习。这种评估的设计，是让评估本身成为教学。在老师提供反馈的同时，学生也参与如何持续改进。比如，当一个教师采用一种评分标准，显示高质量作文和低质量作文之间的区别时，那些没有写出最高质量作文的学生，获得了重做作业的机会——将从中学到的内容考虑进去，对于原来的作文的细节进行适当但似乎又不太费事的调整。

在评估被当作一个学习事件的系统中，学生可以获得自己的数据。他们十分了解自己的状况，也非常清楚自己需要做出哪些改善，并由此对自己的学习承担起更大的责任。他们以这些数据为根据，确定目标并监控自己的改进。在这样的系统中，他们学会让自己指导，也开始形成更高的自我评价的能力。

以学习为目标的评估质量

目的

帮助教育工作者从以学习为目的的评估角度，重新思考自己的评分、反馈和评价方法。

我们需要以学习为目的而设计的评估，而不是用来进行指责、排名和发证的评估。这反过来要求家长们、教育工作者们和学生们自己，都在对测试与学习的态度上，做出深层转变。有些地方，这样的态度转变已经发生——在那里，我们看到了令人振奋的根本性转变和新能力的成长。下面是让这样的转变成为可能的一些原则和修习。

在进行之前，先反思一下：在你过去的生活中，评估（分数、反馈，或者是评价）确实对你的学习产生作用的一次经历。这样的经历具有什么共同特征？

我在不同的修习营中，多次问过这个问题（事实上，这是一个非常好的问题，可以启发一组教师和管理人员展开深入讨论）。最好的评估，很可能并非发生在学校里。我个人最喜欢的经历发生在一个剧团里。一位大导演特别给我和其他一些演员安排辅导，对我们表演中的一些细微之处给予深入、持续的反馈。

在这些修习营中我们发现，有一些相同的特征多次出现，是大家记住的这些评估的特点。

及时

在当下这个沉溺于即时满足的时代里，及时反馈的重要性尤其显著。如果学生们在测试过去相当长时间之后，才收到对自己功课的反馈，他们恐怕已经在做新的功课了，不会再关注已经完成的功课。无论是标准测试，还是根据课堂表现进行的评估、反馈，时间越近，也就越有意义。当老师们不得不在某一门高中课程中教120名学生的时候，及时反馈非常困难。学校的时间安排，需要进行相应的设计，使得老师们可以有固定的时间，与学生们坐下来面对面讨论，对学生进行评估，并对他们的功课给出反馈。

坦诚

评价对于学习者的挑战是，他们要根据自己提供的数据，做出改变。面对这些数据信息，有时相当困难，说到底，如果大家不认真对待这些数据，他们也就不需要做出改变。然而，一次坦诚的评估，往往可以创造出一种认知上的差异状态，或者是非平衡状态，这就会让人们去面对变革的要求。

我知道加利福尼亚的一个学校系统，在推行"更高的学术标准"

的过程中遇到了障碍。他们提高了学习达标的门槛，要求学生迎接这个挑战。考试成绩总体上提高了，但是也有一组学生总是不达标。为了解决这个"最后的遗留问题"，一个小组的老师申请了"改进授课"的项目资助。出资机构问这些老师，为什么需要这笔钱——"大多数学生不是都做得不错吗？哪些学生做得不够好呢？"

最初，这些老师无法回答这个问题。这个问题的答案让他们感到极不舒服，他们也就从来不去讨论，即便到了现在，他们也还是不愿意正视这个问题。这些评估把男性非洲裔美国学生筛选了出来，成为成绩表现最糟糕的单一群体。由于这些教师不得不面对这些数据，于是他们决定，要做一点儿以前从未考虑过的事情——对这些学生进行访谈，了解他们的建议。

结果出乎这些老师的意料，因为这些学生也非常懊恼。他们明白学校希望有更高的标准，而且他们也热切期望达到这些标准，但他们不知道怎样做。这所学校安排功课，一直是将"任务教学"作为基本的假设：如果你把一项挑战性的任务分配给学生，他们自然就会去面对挑战。这些孩子明白自己需要什么，他们希望从较容易的材料读起，他们希望在阅读的过程中有成年人陪伴，他们希望有自己的"阅读讨论"时间。在这段时间里，他们可以讨论自己正在阅读的内容，而且没有那些学习成绩更好的同学给他们带来压力。他们觉得，自己的家长并不理解学校的新要求，而他们又希望家长参与进来，更紧密地与老师配合。他们还希望看到更多成年人的榜样，让他们看到如何在要求高、压力大的工作负担下，找到出路、获得成功。从本质上说，他们希望有人指点迷津，帮他们指出其他学生似乎已经了解的学习途径。

这些学生和老师坐下来，一起重新思考他们要采用的方法。他们首先为那个资助项目撰写建议书，但是这一次他们建议对教育中的长期做法进行变革——如果他们不是出于那些"令人不快"的数据信息而相互学习的话,无论如何也想不到这些变革。

反思

教育工作者往往把"反馈"看作一个循环过程,如下图所示。

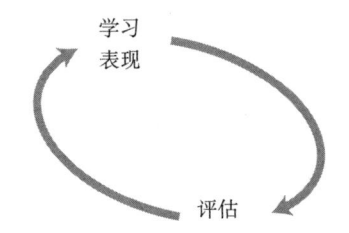

```
        学习
        表现
      ↗      ↘
              ↓
      ↖      ↙
        评估
```

但是,如果把这个过程画成是螺旋上升的进程则更为准确,因为这个过程不会把学习者持续带回到同一个起点。

当我把这样一个螺旋上升的图在一个研习营中展示出来的时候,一位教师说:"我们喜欢这个图,因为它支撑了我们相信的一个道理:'任何值得去做的事,即便出师不利,也值得去做。'"

我回答说:"这的确不错——但是,什么时候你们会拿出时间,了解自己从出师不利中学到了什么呢?"老师们大都没有安排时间,让自己的学生(或者自己)反思自己的评价。这就意味着,他们都没有机会进行元认知的工作——大家一起退后一步说:"好了,在过去两周里,我们从这门课程里学到了什么?"

每一位教师都可以建立一个系统,让学生们评估自己——同时仍旧满足在教育系统中获得进步的社会要求。但是,每一门课程都需要一个全然不同的设计。教师们可以从思考以下三个主要问题开始:

329

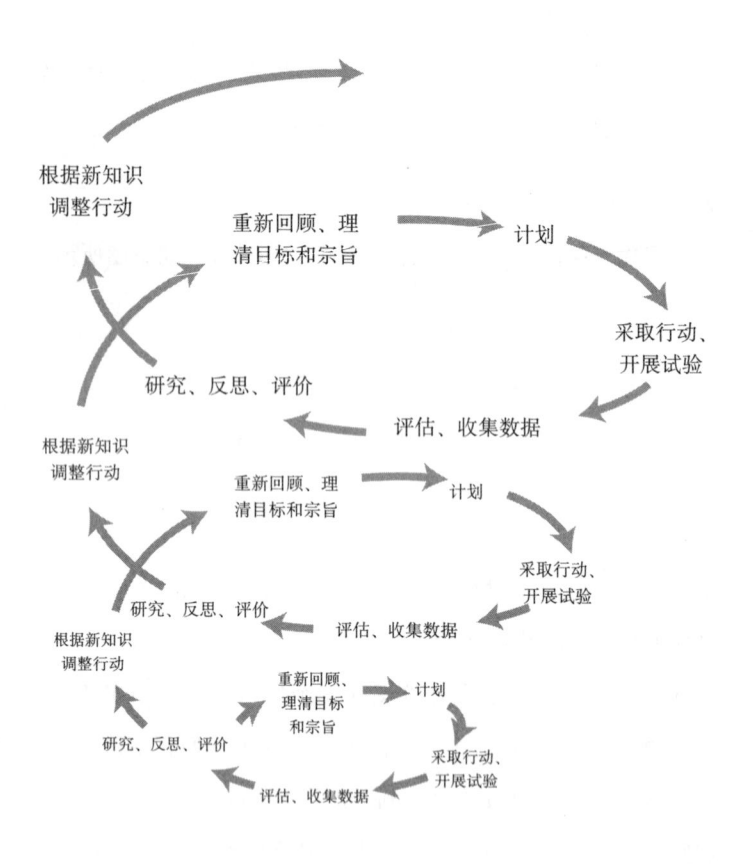

[图示：三个嵌套的学习循环，每个循环包含"重新回顾、理清目标和宗旨"→"计划"→"采取行动、开展试验"→"评估、收集数据"→"研究、反思、评价"→"根据新知识调整行动"]

- 自我管理（Self-management）：学生们怎样计划和组织自己的学习？他们如何设定自己的目标，如何确定在学习过程中他们期望达到的阶段目标？

- 自我评价（Self-evaluation）：学生们怎样评价和评判自己的功课？他们如何评判同学的功课，并对视角的差异进行反思？

- 自我适应（Self-adaptation）：学生怎样根据自己获得的反馈调整做功课的方法？他们如何才能为学习做最好的准备？

这样的反思大多是在教师们组织的会议上进行的——与学生一对

一进行，与学生小组共同进行，以及和家长一起进行。确定时间相对容易，比较困难的是要认真关注学生们要说什么，并且在教师设计教案的过程中加以思考。

在此之前，分数是一种以教师的权威为依据的判决。学生们也学会了如何通过取悦教师，获得高分。实际上，教师已经用分数告诉了学生，他们是否在学习。

但是，当学生自己评估自己的时候，分数成了一种评价过程。学生们对于自己的进步，做出自己的判断。最终，这种状态会大幅减轻教师的压力，但是这也需要很大的努力，才能适应。

一个孩子到了17岁的时候，就可以承担起责任，并且具备了相关技能，向家长展示自己获得的评价：成绩单、作业以及各种目标。这向每一个人——教师、家长和学生，传递了一个信息：这所学校认为，评估的过程是为了开展学习，而不仅仅是为了问责。

发展了这些技能的学生，也不需要因为一个教师没有公开对他们进行评估而不知所措。比如，你是一位16岁的高一学生，在写一篇有关浪漫派诗歌的文章时，大胆表达了一些独创性观点。在发回的作业上只得到了两个评语：一个 B+ 的成绩，以及在页边上标注的"减12分"，没有任何其他解释。由于你已经对自己进行评估多年，你可以去问你的老师："您能告诉我，这12分扣在哪里了吗？"如果教师也说不清楚，你仍然有能力自己对这篇文章进行分析，找到扣12分的原因——就像你是自己的老师一样。与此同时，你的老师恐怕也会意识到，你不是为了得"A"来找麻烦——你是真心想了解减分的原因。[1]

类似的过程，也可以帮助教师反思自己的教学。在与教师一起工作的时候，我会在三个问题上花很多时间，其中的每一个都是为了展示教师对自己领域不同类型知识的掌握，以及他们对于教学的把握。这个过程也可以被看作一个螺旋上升的过程。首先，教师对自己的授课过程进行计划，其中包括评估学生表现的方式。其次，在实际教学过程完成之后，教师对评估进行研究和反思。比如，教师可能使用了一种评分规则（或者其他的多维度方法），对学生的具体问题进行分析。某个具体分析表明，有一位学生的数学测验答案不准确，是由于推理的一个问题。这种情况就可以引发出教学上的一个新计划，比如，教授某些学生如何"简化问题"，以帮助他们应对自己在推理方面的困难。教师越能够准确地分析出每一个学生的问题，下一次在教学上进行调整的时候，也就越有效。这也就是为什么，在这个"螺旋上升"的过程中，不仅要评估教学，也要对评估本身进行评估——重新考虑正在使用的评分规则和其他评分方法，以及这些方法是否揭示了教师

---

[1] 有关评估的资料来源包括：琳达·达林－哈蒙德（Linda Darling-Hammond）、雷·贝凯欧尼（Ray Pecheone）等人（斯坦福大学）所著：《开发一个可进行国际比对，并支持高品质学习的平衡评估系统》（*Developing an Internationally Comparable Balanced Assessment System that Supports High-Quality Learning*，2010年）；马克·塔克（Marc Tucker）及国家教育及经济中心（National Center on Education and Economy）出版的《一个用于美国的评估系统：为什么不以最优为基础》（*An Assessment System for the United States: Why not Build on the Best？* 2010年）；史蒂芬·拉泽（Stephen Lazer）及教育测试中心（Educational Testing Service)出版的《通用标准测试的高阶模型》（*High-Level Model for an Assessment of Common Standards*，2010年）；以及"无线一代"（Wireless Generation）的拉里·博格（Larry Berger）和匹兹堡大学的林恩·雷斯尼克（Lynn Resnick）所著《美国的一个考试系统》（*An American Examination System*，2010年）。上述资料都可以从"教育考试服务中心"（Educational Testing Service）的12年学制测试与成绩管理中心（Center for K–12 Assessment & Performance Management）的网站获得（网址：www.k12center.org.）。

需要了解的信息。

建设性指导

有时候，我会把各年级的老师召集到一起——从托儿所一直到12年级的老师，请他们看一看一大摞小学生的作文：书写潦草、拼法错误、没有区分大小写、忘记用标点符号等问题，比比皆是。许多高中教师立刻就会说："我读不了这种东西。"我请他们不要去注意"缺了什么"（比如，逗号或者空格），而只是去读一读有什么。一般要用三到四轮，他们才能把自己重新训练到可以读懂这些孩子的作文。突然间，他们看到（或者听到）孩子的声音，从这些纸张中流淌出来。他们意识到了这些作文背后的作者。

这对于任何一位教师都是很有价值的练习，它显示了，如何从寻找缺陷的思维框架，转向寻找优势的思维框架。了解了这个道理的教师，在给学生的作文判分的时候，往往会有很大的不同。他们不再用红圈圈一个一个地标出"你没有做'对'的地方"，而是清楚地说明"你做到了什么"，并且把他们评语的重点放到"下一步你要发展的方面"。孩子们会明白其中的信息，因为他们总是不断地在寻求对一个问题的回答："下一步我要做什么？"

此外，接受了这种评分方式的学生，学会了如何谈论他们能做什么，而不是他们不能做什么。在他们老师的帮助之下，他们形成了一系列的"我能"的表达，例如：

"我能轻松地大声阅读。"

"在回答与我正在读的一个故事有关的问题时，我能够做出答复，也能说出细节。"

需要注意的是，每一个"我能做什么"的表述，都涉及相关的标准。因此，学生们不仅是在留心自己能力的发展进程，也是在学习如何达到他们的课堂标准的要求。

聚焦

几年前，在马里兰州的一所高中里，学校的管理人员建议，要求所有学生都穿校服。老师们纷纷表示拥护："那些帽子和吊到腰下面的裤子，实在让人受不了。"而后，他们说出了最关键的理由："有许多证据表明，校服对于校风和考试成绩有很大的影响。"

由于有人要求他们拿出事实根据来，他们就找到了其他学校的评估结果。毫无疑问，凡是校服成为规定的地方，行为表现分数（比如，旷课率）都有所改善。不幸的是，在这其中并没有定性分析信息，因此不清楚这些改善究竟只是来自校服，还是另一个原因：更高的一致性和统一性——校服只是其中的一个现象。

为了证实这一点，我们请他们考虑另一组学校类似的测评——这些学校采用的是阿特·科斯塔（Art Costa）和我在心智习惯方面的研究工作。在这些学校里，行为表现分数的特征是公布于众的，在教师们、孩子们甚至家长的小组中，都可以进行讨论，而且整个学校都一起努力做到这些要求。在这种情况下，行为表现分数有了更大的飞跃，另外学科测验成绩在全州最高。

那些规定必须穿校服的学校，重视的是更好的纪律。而那些关注16个行为特征的学校，则注重于改善学习。他们都获得了自己所衡量的结果。在选择你的评估方式上，要小心谨慎：种瓜得瓜，种豆得豆。

家长的角色

饶有讽刺意味的是，改变评估孩子功课的方式，家长们极力反对。我相信，大多数家长都明白，成绩与考试分数并不直接反映孩子的学习表现。但是，家长们从自己的学校经历出发，已经完全习惯了现有的评分系统，也就因此对分数尤为重视。他们对于自己的孩子与邻居的孩子之间的比较，感到忧心忡忡，也担心如何向上一辈的老人汇报，以及自己的孩子是否能进入一所有竞争力的大学。他们还担心自己的孩子的感受，并且往往试图以分数为中心进行干预。

这样的干预可能会导致相反的结果。如果家长进行干预，老师就会认为，家长只对改善评估结果感兴趣。老师在心里抱怨（"沃尔克太太又来了。我可没时间应付她"），却又要安抚家长（"是的，我理解您的意思"），于是就主要去关注如何对付"问题"家长。在这个过程中，教师对于学生无从了解。学生的功课（以及评估）也毫无起色。而家长在回家的路上会想："又是如此，什么都没改变。"

在这个过程中，教师可以起到很大的作用——只要先让家长说，而自己做一个真正的倾听者，然后再说明自己的道理。但最有效的方式是让学生主导这场会面。学生不仅要参加，还要主持讨论，并且提出关键问题。当一个学生直接请老师解释，为什么会在一篇作文上扣分，或者是如何在下次作业中改善提升时，这显示出，这个学生真的对学习感兴趣。

最终，家长作为自己孩子的支持者，其所拥有的最强大的工具，是教育孩子向老师提出必要的问题。教师会听得更为耐心谨慎，而学生也学会了长大成人之后最有价值的技能：管理自己的学习。孩子们早已了解，成年人的世界对于他们的学习并不比他们自己了解得更多。教会他们自我管理，使他们能够以此学会更严格地评价自己的功课，能够根据反馈进行调整，并且能够对他们的所作所为负责任，孩子们就创设了一种关心自己努力的质量的环境条件。

对学校进行评估

在学校层面，一个真正有用的评估系统，应该是相当综合与完备的，能够使学校的领导人与家长、教师以及社区成员之间展开坦诚对话："这是根据各种评估数据分析的我们学校的现状，这是这些数据分析的含义，而这是我们的项目现状。"教育委员会也会变得更成熟，他们会鼓励各个学校确保所进行的评估内容，一定是真正有价值的。

目前，具有这种品质的评估寥寥无几。在大多数学校系统中，在学区层面上，考试成绩不足以产生有效分析，让学校的领导者获得持续改进所需的信息。

此外，学校的成绩会公布在报纸上。这就让家长、地产开发商，以及政治家们得到了一个大致印象（无论是否准确）：这些学校的工作成效如何，以及它们与其附近其他学校的差异。如果学校的分数低，人们很自然地就会认为学校的工作有问题；而当学校的分数高的时候，大家则会认为学校的工作做得不错。根据分数，人们对学校予以指责，或者给予赞赏。教育工作者试图为自己辩解，要求采用"判定性"不那么强的评估形式，或者干脆质疑评估这种想法本身。但是，从定义上看，评估的目的就是判定——"评估"这个词的意思是"确定结果的价值"。我们不需要"更少的"判定，而是需要更多明智的判定。我们需要更及时的判定，以一种可以引领更有效的变化的方式，同时又不会让人们对自己的能力产生反感。

《学习型组织中的评估：转变思维》[1]

　　希望应对改善评估挑战的教育工作者——无论涉及的是对自己学生的评估，对教学实践的评估，还是对学校变革行动的评估，恐怕都不会让这本书躺在书架上，落满灰尘。来自不同专业、各个年级的老师，提供了基于自己个人经历的案例，也提供了重新思考传统评估形式的策略方法。不同学校管理人员则分享了他们得到的感悟，以及实用的技术实例。这本书的章节以实践总结的方式呈现，涉及具体的技巧和工具——技能组合、反馈螺旋曲线、学生的自我评估、成绩单的新形式、共同愿景的练习等。有关戴明和圣吉所主张的理论和实践如何用到学校与评估领域中的透彻讨论，则与这些内容交织在一起。虽然这本书在写作时并没有考虑将家长作为读者，但编者为基于五项学习修炼的每一个单元所撰写的导言，内容翔实，也相当有说服力，任何对学校如何成为学习型组织感兴趣的人，都值得一读。

——贾尼斯·达顿

---

[1] （Assessment in the Learning Organization: Shifting the Paradigm）阿瑟·L.科斯塔（Arthur L. Costa）、贝娜·卡利克著（Association for Supervision and Curriculum Development 出版，1995年）。

《奖励的惩罚：金牌明星、绩效激励方案、A类、奖励以及其他贿赂的困扰》[1]

我们作为家长和教育工作者所持的、与学习中的激励和评分作用有关的每一个常见假设，本书都以十足的耐心——做了剖析。科恩的观点十分明确，指出以分数作为真正的激励不仅是糟糕的替代品，而且分数对于真正的学习会起反作用。这似乎与我们的直觉完全相反，这本身就表明了，我们在重新构建自己的思考方式上，要深化到何种程度。在我所在的机构中，不同小组也在质疑，问题究竟是在于"分数膨胀"（grade inflation），还是在于分数本身。科恩明确地区分了评分与评估的不同，同时指出，虽然所有的学习者都需要反馈方能成长，但评分的效果是破坏性的。本书是以一种平易近人的非学术风格写就的。科恩整合了大量的研究成果，用来支持自己的观点，对此我感到十分惊奇。

——托马斯·达顿

5. 教育质量评估与问责
一位学监的视角

史蒂夫·普赖斯（Steve Price）

美国公立学校中持续增加的问责压力，高度重视学生测验成绩，

---

[1] （*Punished Rewards: The Trouble With Gold Stars, Incentive Plans, A's, Praise, and Other Bribes*）埃尔菲·科恩著（Houghton Mifflin 出版，1999年）。

显而易见，绩效较差的学校要面临惩罚性措施，还要面对公众的指责。在所有这些喧嚣与关注之中，我们却看不到有什么结果可以表明，各个学校正在缩小不同学生群体之间的学习成绩差距，或者是学生的学习在总体上获得了提升。普赖斯博士是密苏里州黑兹尔伍德学区的学监，在此之前，他做过俄亥俄州米德尔镇市的学监。对于目前以惩罚性测试为基础的问责措施所带来的意料之外的后果，普赖斯提出了质疑，他也分享了自己在米德尔镇和在黑兹尔伍德学区的时候，在学习评估方面的工作。

2007年1月一个寒冷的早晨，在华盛顿的地铁站里，一位男子在大约45分钟的时间里，用一把小提琴演奏了6段巴赫的作品。在这段时间里，大约有2 000人通过这个地铁站，大多数都是在上班的路上。只有6位成年人停下了脚步，但也只是短短的几分钟，他们很快意识到，自己需要赶路。有几个孩子放慢脚步来听音乐，但是无一例外都被他们的家长催着去学校了。到这个短短的音乐会结束的时候，这位男子收到了32美元，共有20个人在他脚边的帽子里留下了捐款。没有人注意到，演奏是什么时候停下来的，随后音乐声被地铁中嘈杂的人声淹没。没有人鼓掌欢呼，也没有哪个人认出来演奏者。

这一天路过这个地铁站的上班族并不知道，《华盛顿邮报》正在做一个社会实验。演奏小提琴的人是乔舒亚·贝尔（Joshua Bell），全球最伟大的音乐家之一。他演奏的琴，价值350万美元。他演奏的音乐是史上创作的最经典的作品。就在两天之前，乔舒亚·贝尔在波士顿的一个剧场里演出时，门票售罄，平均票价是 100 美元。[1]

《华盛顿邮报》就这些地铁中的旁观者，提出了一系列问题。在教室的日常环境之中，在一个并非恰当的时刻，我们是否会感知到美，也就是学生们的特殊天赋与才干？在意料之外的环境条件之下，我们是否还能将人们的才能识别出来？当我们对学校的教学效果进行评估的时候，这些都是可以提出来的问题。过度倚重定义范围狭窄、以标准为基础的课程体制以及与其相配套的测试，现在已经成为人们"期望的环境"，让教育工作者很难超越这种环境条件识别出人才。对于这个国家各地的成绩表现不佳的那些学校来说，尤其如此。

总之，当我们在内容有限的评估中寻求特殊表现的时候，课堂——这个我们本应期待培养和发现学生才能的地方，反而变成了这种体验发生的"预期之外的环境"或者"不恰当时刻"了。

对于成功的狭义定义

我们来想一想，成绩最糟糕的那些学校中众多教师们的工作环境——这些学校都位于市区之中，周边社区的社会经济条件都不太好，想一想他们如何看待课堂这个世界。为了让他们的学生在标准问责测试中取得好成绩，这些教师承受着巨大压力。课程规划中所包括的，基本上都是要进行测试的标准内容（都来自核心课程的内容，学生在自己的学校生活中可能体验其他丰富机会的重要性递减）。为了保证教学可以覆盖所有内容，讲义往往是逐字逐句准备好的，基本上没有

---

[1] 吉恩·温加滕（Gene Weingarten）所作"早餐前的珍珠：国内最伟大的音乐家之一是否能够穿透首都上班高峰时的重重迷雾？让我们一试便知"。("Pearls Before Breakfast: Can one of the nation's great musicians cut through the fog of a D.C. rush hour? Let's find out."《华盛顿邮报》，2007 年 4 月 8 日。）见网址 http://www.washingtonpost.com/wp-dyn/content/article/2007/04/04/AR2007040401721.html.。

自由发挥的空间，也没有什么激励人心的余地。如果这还不够糟糕的话，学生们还把涉及种族、社会阶层以及语言的种种问题带到了课堂上，让教师们感受到挫败。如此一来，教师便把这些学生们看作是需要"解决"和"治理"的问题，而不是一个个独特的个体——把自己的天赋和才能带到了课堂上。在这种情形下，学生们由于其学习达不到可接受的水平而备受指责，学校系统则形成了"指责受害者"的心智模式。

如果天赋与才能在我们"期望的环境"中既无法显露出来，也得不到开发的话，那么继续采用一个旨在"治疗"和"修理"学生的缺陷模型，就是死路一条。在我们做出承诺要提供帮助的学生社区之中，则要失去丰富多彩的机会与可能。目前学校的教育模式鼓励教师和管理人员界定问题、寻找快速处理方案，并分配责任。我所担心的是，许多课堂上"期望的环境"，使得那些表现最差的学生们的天赋和才干，被埋没了。

如果你相信学校教育的作用，即学生获得考试的高分、在学校里成绩出众，那么这个国家里大多数成绩表现优秀的学校，都是为达到这样的结果而设计的，也会在当下的问责系统中被认为是成功的。然而不幸的是，对于越来越多的学生来说，这个系统并不起作用。就像系统基本模式"强者愈强"中的那样，那些在强制性测验中表现成功的学校，会获得奖励，得到资源，而那些未能成功的学校，则会在资源逐渐减少的局面下不断挣扎。

我在米德尔镇市担任学区学监7年，这是一个规模不大的市内学区。我面对的挑战，是俄亥俄州的"高风险评估系统"——一个用来判定我们的学生及我们的学校是否成功的系统。对于我们的学校要对社区负责的必要性，我十分理解，也很赞同。但是与此同时，我也时时

341

看到，学校管理人员和教师经受着极大压力，他们总在担心自己的学校会被归到失败的一类中去。这种压力不可避免地就会导致课程计划内容狭窄，注重强化和教授测试中的内容。课堂测试越来越变成总结性的，而不是生成性的。我感到过于偏重这个方向，我们的教职人员，距离评估学生的真实学习需求越来越远。

每一年，我和我的同事都要按不同的教学内容，把州测试的数据进行拆解、分析，以便确定在我们的课程计划中，哪些领域成效良好，哪些领域还需要更多的关注。我们往往就会设计出快速、方便的解决方案，其形式包括新的数学和阅读项目、短期测试，以及确保让一些学校脱离困境的其他测试。然而，这些快速、简单的解决方案，阻止了我们对自己的组织进行深层的审视——这样一种探究，或许会将我们这些糟糕的结果背后的那些思维方式暴露出来。但与此相反的是，当测试成绩持续让人失望的时候，受到指责的却是那些新的项目，以及负责实施这些项目变革的人员。

同样，为了确定哪些学生需要接受矫正性的支持，我们采用了按照不同学生的背景类别（种族、性别、社会经济条件）分析数据的方法，这又将问题的焦点从学校系统本身转移开来，恰恰落在了我们学校系统中的那些具体学生群体的身上。课堂上采用的那些总结性评估（"小测试版"州测试），进一步强化了这种"指责转移"。教师和学生们基本上不会经历里克·斯蒂金斯所倡导的"以学习为目的的评估"——不以评价为目的的评估，用来提供及时的、为学生的学习创造有价值的支持的信息。

以狭窄的内容定义学生的成功，让许多社区中的课堂失去了生机。教育工作者、社区、家长以及学生们都不得不相信，通过"高风险标准测试"是头等重要的事情，而这样的测试衡量的却只是内容局限的核心标准内容。为了满足在一次年度考试取得好成绩的需要，我们的学生被简单地分门别类，令他们完全不可能相互分享并发现自己的真正天赋和能力。我们的课堂评估系统，反映的是在州测验中取得高分的需求，而我们的教师唾手可得的种类繁多、内容丰富的所有其他评估方式，却无法得以使用。

简而言之，目前我们在问责上主要依赖测试的种种做法，在不经意中逐步强化了一个限制所有学生学习的系统。我并非主张要取消标准测试，而是认为需要通过更加重视那些强化教与学的高品质课堂评估，并做出更大投入，以平衡各种不同要求。正如艾略特·艾斯纳（Elliott Eisner）所阐述的："学校教育的作用，是为了能让学生在生活中表现得更好。学生在学校中所学的东西，在其意义上应当超越学校项目本身的局限。"[①]

以学习为目的的评估

在当前的高风险测试系统与有效的课堂评估之间寻求平衡，需要投入相当大的资源。帮助教育工作者评价素养（assessment literate）是第一步。对于州政府的高风险问责测试所衡量的狭窄内容之外更广泛的学习目标，我们需要提供开展教学以及衡量的方法。推行一种在课堂上将教学、学习和评估紧密结合到一起的系统十分重要。

在米德尔镇市的学校系统中，我们以里克·斯蒂金斯"以学习为目的的评估"的理念，指导我们的工作。里克帮助我们认识到：

> 以学习为目的的评估，将课堂评估过程及结果转变为一种教学干预方式，其目的是增强学生的学习——而非简单地对学习进

---

① 参见艾略特·艾斯纳所著《说一个学校做得不错，意味着什么？》（*What Does it Mean to Say that a School is Doing Well*，Phil Delta Lappan 出版，2001 年）。

行监控。这种方法承认，由学生和他们的老师以团队工作方式做出的教学决定至关重要。以学习为目的的评估的激励，来源于帮助学生们看到自己逐渐取得成功的过程——这种方式是让他们相信：如果不断进行尝试，成功触手可及。①

斯蒂金斯表示，我们目前的评估系统，是一个基于奖励和惩罚的系统。在学生们的学校生活中，他们自始至终都在被告知，要努力学习，在考试中获得好成绩。如果你考试考得好，就会得到好分数，如果你得到了好分数，就可以进入好大学，而当你找工作的时候，好事情就会在你身上发生。反之亦然。如果你不努力学习，考试就会有问题，分数就会差。那么你就无法进入好大学，糟糕的事情就会在你身上发生。当我们大多数人闭上自己的眼睛，回想自己上学时候的情景，体会一下我们正面临一次"大考"的感受，在我们心中呈现的一定不是温暖、自信的感觉。我们总会记起自己心中的恐惧，也总会想起如果成绩不佳，那些等待着我们的负面后果。这个奖励、惩罚和恐惧的系统对某些学生有效，但他们中越来越多的人感到十分无助，放弃了尝试。他们不相信成功就在自己眼前。

以学习为目的的评估首先形成"以终为始"的心态：在开始教学之前，要有一个清晰的愿景——在一门课结束的时候，一个年级结束的时候，以及在最终毕业的时候，我们希望自己的学生是什么样子。这幅我们希望看到的学生的画面，应该包括以州政府标准衡量的技能和知识，但也应该考虑到其他许多丰富多彩的目标，我们都认为这些

---

① 参见里克·斯蒂金斯、朱迪思·阿特（Judith Arter）、简·沙皮伊（Jan Chappuis）和史蒂夫·沙皮伊（Steve Chappuis）所著《以学生的学习为目的的课堂评估：把它做对，并运用它》（*Classroom Assessment for Student Learning: Doing It Right—Using It Well*，Pearson Books 出版，2006 年）。

目标在我们成为社会中一个成熟、全面的公民过程中相当重要。要着手进行一个由社区、家长、教职员工和学生参与的协同合作过程，去发现和确定我们希望学生在知识、技能、个性和成绩等方面实现的各种目标。[①]

在这个过程中，让学生成为合作伙伴尤为重要。当学习目标同时以成年人的语言和学生友好的语言共同表述，转变成为学习课程安排地图的时候，学生们就能够清楚地理解，他们要为之承担责任的学习是什么，以及接下来要学习什么？目前，学生们在接受教育的时候，对于自己要学习什么知之甚少、懵懵懂懂，其内容与他们的生活也没有太多关联。

是否有可能采用可以激励学生的评估方式呢——那种让我们的学生对于达成目标信心满满，并且迫不及待地想要参加的评估？是否有可能采用可以为学生澄清学习意义的评估呢？对于这些问题的回答是肯定的，但是这要求我们投入专门的精力和时间，改变当前评估系统背后的思考方式和行为方式。

评价素养的专业人员，首先会确定他们正在开展的评估目的。决定评估目的的是评估结果的使用者及其使用方式。在米德尔镇的学校系统中，我们有三个层面的定义：教学层面、教学领导与支持层面以及政策层面。

在教学层面，评估的使用者包括学生、教师和家长。以学习为目的的评估是与这个层面的使用者紧密联系在一起的。在这个层面上的

[①] 参见里克·斯蒂金斯和简·沙皮伊所著《学生参与的学习评估指南》(*An Introduction to Student-Involved Assessment for Learning*，第六版，Addison Wesley 出版，2011年)。斯蒂金斯创建了"评估培训研究所"(Assessment Training Institute)，网址是：ati.pearson.com。

评估信息，需要持续获取，并且要衡量个人在指定内容方面的掌握程度。这些评估试图回答的问题，是与下一步的学习有关的，也涉及学生需要帮助的方面。这样的评估用来跟踪个人的成功与个人需求，并且用来评估教学，以及评定成绩。

极为关键的是，这类评估要为学生的学习提供支持——是一张下一步学习进程的地图。一位教师可能会让她的学生对较差、一般和优秀作文的不同案例进行分析，帮助他们了解高水平的作文是什么样的，并形成共同愿景。教师运用这样的练习帮助指导学生的成长，并为学生在不断提高中产生的写作案例，提供非评价（不以分数形式体现的）反馈。随着学生们逐步掌握造成较差与优秀写作之间差别的原因，他们就会将他们对有品质的写作的领悟内化于心。他们把这种领悟应用到自己的写作之中，当他们自己的作文水平较高的时候，就不会再需要别人去告诉他们了。我们发现，学生们很快就成了学习与评估过程的合作伙伴。

在教学领导与支持层面，我们的评估使用者包括学校管理人员、心理学家和课程主任。这个层面的评估信息用来评价项目、评价教师、识别有特殊需要的学生，以及分配各种资源。这些评估数据使我们可以回答有关教学质量与预期结果的问题，也可以回答职业生涯发展的问题，以及有谁需要改进和帮助的问题。我们通过定期的小组评估，获得这类信息。

政策层面的使用者包括学校的学监、学校董事会、教育局、立法部门以及公众。要得到这个层面的信息，需要定期对小组目标达成情况进行评估，评估对象包括学校、校区和州政府的课程计划。这类评估提供公众问责的功能，并试图回答项目与课程计划有效性的问题。

我们致力于发展评价素养专业人员，这些人员清楚地了解他们试图衡量的目标是什么。对于学生在知识、推理、技能、成果和性格等方面需要实现的、不同形式的目标，他们需要知道。只有在这种情况下，这些专业人员才会知道，选择哪一种评估最适合衡量需要达到的目标。这些专业人员明白，需要衡量的目标决定了评估形式的选择：究竟是选择题，还是写作文；是表现性评估，还是个人沟通评估。他们了解如何选择这项评估适合的样本大小，也了解如何将某一项评估中存在的偏差降到最小。

当我离开米德尔镇市学区，去密苏里州的黑兹尔伍德学区就职的时候，我自己在评价素养方面的工作仍在继续。在米德尔镇获得的有关组织变革的经验教训，帮助我在黑兹尔伍德进一步开展这方面的工作。"冰山"和"推断之梯"等系统工具的应用，能帮助教职员工发现并更好地了解我们目前的评估做法背后的心智模式和观念。

去年，一个评价素养指导委员会在我们整个学区多次召开会议，分享了一个不同于以往的有关学生评估的愿景。对于我们学区中现存的、有关评估的种种心智模式（指责受害者、缺陷思维方式以及对于学习的狭窄定义）提出了挑战。会议面向所有愿意更多地了解如何通过评估学生而推进学习的人发出了邀请。超过250名教师自愿参加了有关评价素养的各种职业发展活动。随着第一批志愿者在自己的校园中成为这项工作的传播者和支持者，人数有望继续增加。随着评估实践范围的进一步扩大，我们的课堂所反映的就不再仅仅是目前对成功的狭义定义，而是再一次成为一个个"发现的场所"——学生们每天走进课堂带来的，是数不尽的才华与能力。

所有这些可能最初听起来过于庞杂，但是世界各地的教育工作者们每天都在经历这场转变。这为我们的学生提供了希望，提供了一次丰富的、与他们的生命息息相关的教育经历。这个旅程对于从事这项职业的人大有益处，而且往往会重新点燃他们教书育人的激情——这种激情，曾被定义狭窄的课程规划和强制性测试的压力消磨殆尽。我们把这样的努力归功于我们的学生和我们的职业。

评估"评估的目的"

目的

无论是作为教师个人，还是一组教育工作者，这些反思问题可以帮助大家检查自己的课堂上和学校中的评估方式。

- 列出你在学校中和课堂上采用的各种不同的评估方式。说明每一项评估的目的。
- 说明你列出的各项评估中产生的数据的主要应用以及使用者。
- 这项评估结构是如何架构成年人和学生的期望的？
- 哪些评估是以学习为目的的——那些在课堂上为学生的学习提供有效支撑的评估？
- 你对学生的学习有怎样的志向？学生们对于自己的学习有哪些志向？
- 你们现有的评估如何帮助学生实现他们的志向？这些现有的评估是如何阻碍这些志向实现的？
- 为了实现你对学生学习的志向，你需要在课堂上增加哪些评估？要把这些评估与你的教学整合到一起，需要做什么？

- 你的思维方式中必须要做出哪些方面的改变，才能推进现有做法的转变？

6. 智能行为[1]

阿特·科斯塔

在众所周知的、有关智能行为和心智习惯的工作中，阿特·科斯塔将本书中的许多指导思想——多元智能、系统认知的价值，以及学习社区的重要性，融合成一种教师和家长的亲身实践。他提出的"16种行为"，为传统评估提供了一种直接、有效并且意义深远的替代模式。这些行为与学习风格的截然不同之处在于其应用方式——用作判断我们的学生、孩子以及我们的智能发展的标准。在系统思考、团队学习和共同愿景得以修习的情况下，这些行为就会发生作用。科斯塔是加利福尼亚州立大学萨克拉门托分校（California State University in Sacramento）的教育学荣誉教授，也是位于康涅狄格州西港市（Westpoint，Connecticut）的心智习惯研究所（the Institute for Habits of Mind）的主任之一。

当我们教人思考的时候，我们感兴趣的，并非仅仅是他们知道那些答案。当他们不知道答案的时候，我们要密切地观察他们。解决一

---

[1] 有关智能行为更为深入和详尽的内容，请见阿特·科斯塔和贝娜·卡利克所著《学习与引导心智习惯》（*Learning and Leading with Habits of Mind*，Association for Supervision and Curriculum Development 出版，2009年），以及《开发心智：一本教你思考的参考书》（*Developing Minds: A Resource Book for Teaching Thinking*，阿特·科斯塔编著，Association for Supervision and Curriculum Development 出版，1991年）中的《追寻智能生命》（"The Search for Intelligent Life"）。

个未知的、富有挑战性的问题，要求我们投入我们称为"智能"的所有各种能力：战略推理能力、深刻的洞察力、思维上的韧性、创造力以及精湛的技能。

因此，参与到"观察孩子"（Kid-watching）的过程中，是收集学生成长证据的最佳方式。当学生们与真实生活互动的时候、与日常问题打交道的时候——无论是在学校、在家里、在游乐场、独自一人或是和朋友在一起，他们表现出来的就是智能的发展成长。如果你真的想对一个孩子有所了解，不要寄希望于标准测试，而是把这个孩子自然状态中的行动记录下来，把他（她）的趣事以及文字和图画的表达收集起来。

但是，你应该观察什么呢？根据多位研究者对于创造力和智能所做的研究，老师和家长们似乎至少可以观察和记录 16 种智能成长的关键特征。在那些发展形成自己的思考能力的人们当中——成功的机械师、教师、企业家、销售人员、家长以及各行各业的人们，下列这些特征似乎一再出现。[①]

① 坚持不懈的毅力

当一个问题的答案并非显而易见的时候，学生们常常会在绝望中放弃。他们把试卷团成一团，远远地扔掉。他们说："我做不出来。这太难了。"或者，他们会随便写下一个答案，只是为了要以最快的速度完成任务。他们缺乏分析这个难题的能力，也不具备形成应对这个问题的策略能力。

[①] 在我所在的大学的系里回顾评分上的做法时，我用 3 个问题引出这 16 种行为模式："这些行为是不是我们希望学生们发展形成的能力呢？我们正在实现这样的能力发展吗？我们的评分系统是在帮助还是在妨碍我们？"——托马斯·达顿，迈阿密大学建筑系教授。

当学生在毅力方面有所成长的时候，他们就会在解决问题中，开始采用不同的策略选择。如果他们发现某个策略不起作用，他们知道如何后退一步、再试试另一个策略，如果需要的话，就从头开始。随着时间的推移，他们形成了系统分析不同问题的种种方法。他们了解如何开始，知道哪些步骤必须要完成，明白哪些数据需要生成或者是收集，以及如何持续推进，又不会失去信心，直到他们对于那个问题有了更多了解。[①]

② **驾驭冲动**

通常，学生们会脱口而出最先出现在头脑中的答案。有时候，他们会大声地把答案说出来，或者在对方尚没有充分理解的情况下，就匆匆忙忙说出来。他们可能会一下子就接受别人提出的第一个建议，或者是从自己的第一个想法开始，就着手工作了。但是，随着他们的智能逐步发展成形，他们就学会了如何考虑其他选择，如何权衡几个可能决策的种种后果。也就是在这个时候，我们看到，他们在卷子上的涂改变少了；在开始一项任务之前，要收集许多信息；在说出自己的答案之前，要仔细想想；在开始一项工作之前，一定要自己了解各种不同的方向；为解决一个问题要制定一个策略；也会倾听不同的观点和意见。[②]

[①] 她相当肯定，只要她在威尔伯的问题上思考了足够长的时间，心中总会产生一个想法的——E.B. 怀特（E.B.White）所著《夏洛特的网络》(*Charlotte's Web*, Harper and Row 出版，1952 年）。

[②] 过了一阵，她的沉默压倒了我的侃侃而谈，就像是纸遮盖住了岩石。于是，我闭上了嘴，虽然那一堆问题还在我的头脑里盘旋。——摘自杰克·甘托斯（Jack Gantos）所著《乔伊·皮哥撒失去控制》(*Joey Pigza Loses Contrl*, Farrar, Straus and Giroux 出版，2000 年）。

③ 带着理解和同情去倾听

某些心理学家认为,倾听他人、同情并理解另一个人的观点,是最高级形式的智能行为之一。倾听行为的标志包括:能够转述另一个人的观点,能够产生同情与共鸣(从他们的口头和身体语言之中,能够觉察出他们的感受或情感状态的点点滴滴),以及能够准确地表达另一个人的概念、情感和问题。让·皮亚杰将这种能力称为"自我超越中心主义"(overcoming egocentrism)。[①]

这种智能发展不够完善的孩子,会以讥讽、嘲笑和奚落的态度应对其他学生的观点。当他们通过转述,对其他人的想法或感受表示理解的时候,我们就知道,他们的倾听能力正在改善。我们就可以期待学生们说,"让我们来试试谢莉的想法,看看是不是有效果",或者说,"我们先看看吉娜是如何解决这个问题的,然后我会说说我是怎么解决这个问题的"。

④ 灵活思考

一些学生在思考不同观点方面有些困难。他们对一个问题的解决方案,似乎只有一个。他们的答案似乎也只有一个正确。对于发现答案过程中的质询、挑战,他们不感兴趣,他们更加在意的是,自己的答案是否"正确"。由于他们无法在一段时间内维持一个解决问题的进程,于是就对模糊不清的局面采取逃避的态度。对于确定性的需求,胜过表示怀疑的倾向。他们决心已定,对于与自己的想法相矛盾的任

[①] "哎呀,爷爷!"波尔大叫了起来,"我喜欢你谈历史的方式。"——摘自玛格丽特·亨利(Marguerite Henry)所著《钦科迪格之雾》(*Misty of Chincoteague*,1947年)。

何数据或者推理的影响,他们都会采取抗拒的态度。①

随着学生们在思想方法上逐渐变得更灵活,我们就会听到,他们对于其他人的观点或者道理,在加以考虑、进行表达或者转述。他们会提出几种方法来解决问题,并且评价其中的利弊与后果。他们会使用诸如"然而""从另一个方面看"以及"如果你从另一个角度看的话"等词句。在他们逐渐形成支配自己行为的一套道德原则的同时,也会由于对令人信服的数据、论据以及道理的权衡,改变他们自己的想法。这种能力使得他们更容易通过妥协解决冲突,更容易对他人的观点保持开放态度,也更容易努力达成共识。

⑤ 元认知(思考我们的思维本身)

有些人对自己的思维过程无所察觉。当有人问他们,"你要如何解决这个问题呢?"他们或许会回答说,"我不知道,我还在做"。对于引导他们解决问题的心智步骤,他们无法描述,也不能描述自己下一步要做什么。他们无法把保持在自己头脑中的图像转化成语言。对他们来说,要对自己的思维技能与方法的品质进行计划、反思和评估,相当困难。②

当学生对自己的思维慢慢形成意识的时候,他们就可以描述自己大脑里正在进行的活动;描述自己已经知道了什么、还需要知道什么;

---

① "你看,卡尔文。难道你没有看到,如果你这样(做作业),有多容易。"——摘自马德琳·拉恩格尔(Madeleine L'Engle)所著《时间的皱纹》(*A Wrinkle in Time*, 1962 年)。

② "但是,在我散步的时候,我有机会仔细想了想。我平时并不喜欢这样做,因为这让我感到有点儿紧张。我在想,如果我不再仇恨,我父亲会不会在意……"——摘自克里斯·克拉彻(Chris Crutcher)所著《运动短裤》(*Athletic Shortstop*, Greenwillow Books 出版,2002 年)。

说明哪些数据不足，以及他们收集这些数据的计划。在开始解决一个问题之前，他们能够描述他们的行动计划，列出相关步骤，并且说明自己在一系列行动中所处的位置。当回顾过去的时候，他们能够回溯自己在解决一个问题的过程中，曾经走过了哪些路径，走进了哪些死胡同。

我们会听到他们使用类似这样的语言，"我有一个假设……"、"我的理论是……"、"当我对这些不同观点进行比较时"、"从总结的角度看……"和"我的想法背后的假设是……"

⑥力求准确和精确

当学生们上交自己完成的作业时，往往会粗心大意。当有人问他们是否检查了自己的卷子的时候，他们也许会说："没检查，我已经做完了。"对于反思自己功课的准确及精确程度，或者感受一下取得成就的自豪，他们似乎都毫无兴趣。完成作业的欲望，压倒了追求精湛技艺的兴趣。当他们对于准确性的要求提高的时候，他们就会多花些时间检查自己的试卷和作业。对于精确与清晰，他们也逐渐形成了更高的意识和判断。为了确认自己完成工作的质量，他们会回过头去看看自己所遵循的那些基本规则、采用的那些判别标准——它们是否既实现了这个题目的本意，也满足了其字面要求。①

⑦ 质询与提出问题

区别人类与其他生命体的特征之一，就是我们有意愿和能力去发

---

① "但是不管索林的烟圈飘到哪里，都还是不够快，逃脱不了甘道夫。'噗'的一声，他从自己短小的陶制烟斗中送出一个小一点儿的烟圈，正好从索林的烟圈中穿过"——摘自 J.R.R. 托尔金（J.R.R.Tolkien）所著《霍比特人》(*The Hobbit*, 1937 年)。

现要解决的问题。然而，学生们往往会依赖他人为他们提出问题。有时候，他们压制自己提出问题的意愿，是因为害怕暴露自己的无知。随着学生们智能的逐渐发展，就可以观察到一种转变：从老师提出问题转变为学生提出问题。此外，学生提出的问题也会产生变化，变得更具体、更深入。比如，对于其他人的结论和假设，他们会要求提供数据支持："你有哪些证据？"或者"你如何知道这是正确的？"他们也会提出一些更假设性的问题："你认为会发生什么，如果……"，或者是"如果这是对的，那么……"①

我们想让学生识别出他们周围环境的差异与现象，并探询其缘由。"为什么猫会发出咕噜声""鸟可以飞多高？""为什么我的头发长得那么快，但手臂上和腿上的汗毛长得那么慢？""如果我们把咸水鱼放到淡水鱼的鱼缸里，会发生什么？""除了战争，对于国际冲突，还有什么其他的解决办法？"

⑧ 从过去的知识和经历中吸取经验

学生们在开始一项新工作的时候，往往是完全从头做起。当老师带领学生回顾他们如何解决类似问题的时候，学生们往往完全想不起来，就像他们以前从未听说过这个问题似的，这常常让老师们十分郁闷。相反，有思考能力的学生会从过去的经历中学习。他们能够从一次经历之中抽象、提炼出其中的含义，牢牢记在心中，然后应用到下一次的经历之中。当学生们说到"这让我想起……"，或者"这一次的经历就像是我在……"的时候，就可以看到他们在这

---

① "如何才能走下去，到达那个闪闪发光的宫殿呢？就在她说出这个问题的时候，她也有了答案。她把盒子放下，爬了上去——摘自威廉·斯泰格（William Steig）所著《勇敢的艾琳》（Brave Irene，Farrar, Straus and Giroux 出版，1988 年）。

方面能力的成长。类比以及对过去的经验的参照，是他们解释中的一部分。

教学的终极目标，或许就是要让学生们把在学校中学习到的知识，运用到实际生活的各个方面。然而，我们发现，学生或许确实通过了数学能力测试，但是他们在超市里决定应该用 2.39 美元买 6 件东西，还是应该花 2.86 美元买 7 件东西的时候，往往拿不定主意。

当家长和老师们报告说，他们看到学生在家里或者是在其他课堂上运用了他们在学校学到的知识的时候，我们就知道他们在发生转变。比如，一位家长报告说，在一次暑期聚会上，他的女儿邀请自己的朋友就他们喜欢的活动和游戏进行"头脑风暴"（这是她在学校里学习"头脑风暴"之后）。其他类似的情况还有，一位木工课的老师说，一名学生自愿制订了一个计划，在切割木头之前进行准确的测量。这名学生引述了数学课上学到的一句格言："量两次，裁一次。"①

⑨ 创造、创新、原创

所有人都有能力创造出新颖、原创、聪明或有独创性的产品、解决方案与技术——如果这种能力得到了开发。有创造性的人在尝试得到问题解决方案的时候，做法就会与众不同，他们总会从多种角度去考查各个不同的可能选择方案。他们往往会采用类比的方法，把自己放到不同的角色之中；同时从愿景出发，逆向思考，把自己想象成需

---

① 从做饭、喝水，以及舒适性上来说，我其实不需要住在水边。我悲哀地望着那棵高大的铁杉，对自己说了点儿什么之后，就准备离开它了。那一定是（从前我读过的）哪本书里说的："铁杉通常生长在山间的溪流或泉水周围。"——摘自琼·克雷格黑德·乔治（Jean Craighead George）所著《我这边的山》（*My Side of the Mountain*，Puffin 出版，2000 年）。

要斟酌的对象。有创造性的人愿意承担风险，经常努力去突破自己在认识上的局限。他们具有内在的动力，而不是依靠外部激励。完成一项任务是出于审美意识的挑战，而不是出于物质上的奖励。有创造力的人对于批评持开放态度。他们会把自己的产品展示出来，让其他人品头论足，并从中获得反馈，并努力改善自己的技术。对于保持现状，他们感到无所适从。他们持续奋斗，力求更上一层楼——期望更流畅、更精致、更新奇、更节俭、更简约、更精湛、更完美、更美妙和平衡。[1]

⑩ 清晰、准确地思考与沟通

有些学生的语言表达自相矛盾、含糊不清，或者是不够准确。他们在谈论物体或者事件的时候，说的是"奇怪"，"挺好"，或者"可以"；他们在称呼物体或者事件的时候，说的是"东西""垃圾"以及"玩意儿"。他们使用的主语和代词的对象都很模糊（"他们要我做"，"每个人都有一个"），进行比较时缺乏限定条件（"这个汽水好点儿"，"我更喜欢这个"）。

随着学生们的语言表达能力发展得更准确，我们就会听到他们更多地使用描述性表达，去区分不同的特征。他们在描述物体和事件的时候，会用类别来参照："新月形的"，"像一个蝴蝶领结"。他们会为自己的价值判断，提供标准依据，清楚地说明他们为什么会认为一个产品要比另一个好。他们在谈话中使用完整的句子；他们自发地为支撑自己的观点提供证据；他们会做详细说明，并对于自己使用的说法进行定

---

[1] "我们甚至编造了他的经历——他在哪里出生，以及他如何成了一个余兴节目的老板"——摘自金伯莉·威利斯·霍尔特（Kimberly Willis Holt）所著《当镇上来了圣札迦利·比弗》（*When Zachary Beaver Came to Town*，Henry Holt 出版，1999 年）。

义。他们的口头和书面表达,都逐渐变得简洁生动、条理分明。①

⑪ 通过所有感官获取数据

信息是通过我们的感官通道进入我们的大脑的。要了解一款红酒,就要品尝;要理解一个角色,就要去扮演;要掌握一款游戏,就要参与其中;要通晓一种舞蹈,就要亲身实践;要明确一个目标,就要去设想。感官通道处于开放、机警、敏锐状态的那些人,要比那些感官状态处于衰落、迟钝和失忆状态的人,会从环境中吸收到更多的信息。②

当小孩子们接触、感受、抚摸周围环境中的物体时,我们所看到的,就是他们正在使用这些感官通道。他们把各种各样的东西用自己的嘴表达出来。"给我讲个故事吧",他们一遍又一遍地要求。他们以同样的热情扮演角色,让自己"成为"他们扮演的物体:一条鱼,或者是一辆平板车,或者是一位父亲。他们请求说:"让我看看。""我想摸一摸它,让我试一试它,让我拿着它吧。"

随着他们长大逐渐成熟,他们在解决问题中通过运用感官,表现出自己的智能。他们进行观察、收集数据、做实验、操纵控制、追问细节、盘问、预想、角色扮演、举例说明,以及建立模型。他们会使用一系列感官性的词语:"我感觉……""这让我感受到触动……""我

---

① "他把鼻子缩成团,总让我想起一只羊羔的鼻子和嘴"——摘自卡罗琳·麦克勒(Carolyn Mackler)所著《地球、我的屁股,及其他又大又圆的东西》(*The Earth, My Butt, and Other Big Round Things*,Candlewick 出版,1999 年)。

② "那些看似锋利、齐腰高的玻璃刀身,触摸起来却很柔软,随着她的走过,在她身后又轻轻弹了回去……河岸很温暖,在高高的青草遮蔽下,几乎是有点儿太温暖了,而沙地闻起来却是干干的"——摘自玛丽·诺顿(Mary Norton)所著《借东西的小人》(*The Borrowers*,Sandpiper 出版,1952 年)。

听到了你的观点……""这东西让我嘴里有股怪味……""你看到大概情况了吗……"

⑫ **表现幽默感**

微笑与大笑都是人类的独有反应。从生理学角度说，都会造成脉搏速度的降低，引发内啡肽的分泌，并且增加血液中的氧含量，研究表明还能激发高层次思维、释放创造力。有些学生的幽默感不强。他们或许对于闹剧式的视觉幽默开怀大笑，或者以别人为代价而大笑。但是他们却不能欣赏一个故事中的或者对于人类状况的一句评价中的幽默。①

有智能行为的人，具有从原始的、往往是幽默的视角看待局面的能力。他们更加看重幽默感，更会欣赏他人的幽默；也会在不同的情形之中，看到幽默可笑之处。他们努力在周边发现不合情理的可笑之处，也拥有创造性解决问题的人那种异想天开的思维框架特征。

⑬ **带着惊奇和敬畏之心去感应**

有些孩子和成年人会回避问题。他们会说，"我从来就做不好猜谜游戏"。在完成必修课之余，他们不去报名参加数学课或参与"有难度的"学术项目。他们觉得思考是一种费力气的事情，在遇到他们视为"要求过高"的局面时，就会退缩。

学生在智能行为方面的发展，不仅表现在他们应用自己的思维技能方面，也表现在他们解决问题的乐趣方面。他们会去寻找需要解决

---

① "我不知道该怎么跟你们说，"罗恩说，"但我觉得他们可能已经注意到，我们闯到古灵阁里去了。"他们三个人一起大笑起来，笑声一旦开始，就停不下来了。——摘自 J.K. 罗琳（J.K. Rowling）所著《哈利·波特与死亡圣器》（*Harry Potter and the Deathly Hallows*，Arthur A.Levine Books 出版，2007 年）。

的问题。他们制造出问题，请求别人给他们提出问题，并且以逐渐增强的自主能力去解决问题，不需要成年人的帮助或者干预。诸如："别告诉我答案，我自己能想出来"等说法，表现出来的就是独立能力的增强。这样的学生会成为终身学习者。

这里的关键行为所在，是以一种惊叹和开放的意识，去接触这个世界。我们是否注意到了，孩子们对于一片云的形状变化的反思？他们对于一朵花绽放的着迷？他们对数学规律的简单逻辑的感受？他们对于一个蜘蛛网的几何形状的好奇，对于一只蜂鸟五彩缤纷的翅膀的兴奋？以及他们对于一个化学变化的有序和巧妙的认知，或者是面对一个遥远的星座的沉思？①

随着他们升入更高的年级，显示出这种智能行为的孩子们，会从思考中发掘出更大的乐趣。他们遇到的问题会变得越来越复杂，他们的感官会捕捉到更多的节奏、模式、形状、色彩，以及这个宇宙的和谐，他们的好奇心也会随之越来越强烈。他们对于其他人的价值和作用，表现出更大的尊重；他们对于其他的生命形式也显示出更多同情的行为；他们意识到了自己遇到的每个人、每样东西的价值与独特性。惊奇、敬畏心和热情——这些都是高阶思维的基本前提。

⑭ 以相互依存的方式思考

我们都是具有社会性的个体存在。我们聚集成一个个不同的群体，由于发现自己被人倾听，而感到欣慰；我们相互汲取能量，也寻求互

---

① 春天的阳光照亮了这所房子，它是如此美丽，于是谁都想不起来，它还需要刷一层油漆、贴一层新的壁纸。恰恰相反，他们所有人都发现自己在想，这是樱桃树街上最好的房子——摘自 P.L. 特拉弗斯（P.L. Travers）所著《玛丽·波平斯》（*Mary Poppins*，Harcourt Brace 出版，1934 年）。

惠。21 世纪乃至其后的公民最重要的智能行为，恐怕就是在与他人协同思考方面的能力获得进一步提升。解决问题已经变得如此复杂，没有任何人可以独立完成。没有人能够获得需要做出关键决策的所有数据，也没有任何一个人能够像几个人一起那样，仔细考虑多种选择方案。在群体中工作需要具备对观点做出详尽解释的能力，以及检测他人的方案策略的可行性的能力。①

学生们来到学校的时候，不一定了解如何在群体中有效工作。他们或许会表现出竞争力，但也会表现出观点狭隘、以自我为中心、种族优越感，以及对于他人价值情感和态度的指责。合作技能需要教师直接教授，也需要反复练习。倾听，寻求共识，放弃自己的观点去思考他人的想法，同理心，同情心，领导力，了解如何支持团队努力，利他心——所有这些都是聪明的人类行为的标志。

⑮ **承担风险责任**

具有智能行为的人似乎有一股无法抑制的冲动，去突破已有的限制。他们待在舒适区感到不自在，他们"生活在自己胜任力的边缘"。他们似乎强迫自己进入那些他们并不知道结局的局面之中。困惑、不确定和失败的更高风险，他们都当作生命中的正常过程接受下来，他们学会了将挫折当作乐趣和挑战，以及对成长的促进。

---

① "就像你在说话那样，把一切都写下来就行了。要包含我们在一起的所有快乐，要有我们做的那些特酷的事。还有我们的探险。"

"但是，凯文，你知道的，我不会写作。"

"那些东西都在你脑子里，麦克斯，每一件事你都能记起来。就讲讲'无敌小怪物'吧，没什么了不起的。"

——摘自罗德曼·菲尔布里克（Rodman Philbrick）所著《无敌小怪物》（*Freak the Mighty*, Scholastic 出版，1993 年）。

然而，他们也不是任性、冲动地作为。他们所冒的风险是经过修习的。他们从以往的知识中汲取营养，对各种后果反复权衡，在对时机的把控上训练有素。他们了解，并非所有的风险都值得去承担。他们发展形成了一种承担风险的智力能力——一种介于直觉、以往的知识，以及面对新挑战的意识之间的能力。①

风险可以分为两种：一种是风险投资的风险，一种是探险。多数风险投资家在承担风险、受邀投资进入一个新的企业时，总是谨慎从事。他们要看市场前景，要分析最初的想法是否组织阐述得当，也要研究经济上的预测。一旦他们最终决定要冒风险，这是一个经过反复权衡的风险。这就是风险投资方式的风险承担。

探险则带有自发的特征，也需要在此刻承担冒险、抓住机会的意愿。探险者如果基于过去的历史，或者基于他们当下获得的团队支持，知道采取这个行动不会危及生命，或者是自己面对危害有很好的保护，才会冒这个险。以这种方式经历过高风险的人，会形成一种能力：他们会采取更多的行动——往往比他们自己事前以为自己可能要采取的行动要多。

有些学生不愿意承担任何风险。面对游戏、新的学习，以及新的朋友关系，他们都会退缩，这是因为他们对失败的恐惧，远远高

---

① "如果那头熊刚才想要吃你，"他的大脑说，"它早就把你吃了。"这是一件需要掌握的事，而不是一件见到就跑的事。那头熊还在吃浆果。
一个人都没有。
然而，那头熊却似乎是在表示，它不在意与人分享——它刚刚从他身边走开了。那些浆果味道可真棒啊。
他慢慢走回到那片覆盆子地里，整整一上午都在采摘，虽然他也非常小心。
——摘自加里·保尔森（Gary Paulsen）所著《斧头》（*Hatchet*，Bradbury Press 出版，1987 年）。

于他们对冒险或者探险的体验。他们心中有一个声音在说："如果你尝试了，而你又错了，那就会显得很蠢。"而另一个声音可能也在说："要是你不去尝试，你就永远也不会知道，"于是他们就陷入恐惧与疑惑之中。

如果一个人在风险面前总是退缩，他们就要失去机会。但是，当学生们越来越敢于承担风险，他们就会具备"与众不同"的能力，敢于打破常规，敢于与自己的同伴和老师一起思考新想法，并进行测试。在一个充满创新与不确定性的年代，他们就更有可能成功，因为他们通过反复的体验，学会了如何有效承担风险。

⑯ **持续学习**

有智能行为的人处于持续学习的状态。他们的自信与求知欲结合到了一起，使他们得以持续寻找新的、更好的方法。他们总在努力追求完美，总在成长，总在学习，总在自我调整与自我改善。他们把各种问题、不同的局面、各式各样的紧张状况、大大小小的矛盾冲突，以及千差万别的环境条件，都当作学习的重要机会紧紧抓住。

人类的一个不可思议之谜，是当我们面对各种学习机会的时候，往往感到的是恐惧，而不是神秘和惊奇。当我们处在"知道"的状态的时候，要比我们处在学习之中的感觉更好。我们捍卫自己的偏见、信念和知识仓库，而不是欢迎未知、创造和灵感。确定性和封闭状态让我们感到舒适，而怀疑与开放则让我们感到恐惧。[①]

---

① 但是我设想，如果这个世界确实是正确的话，那么人们应该"从尾到头"反过来度过一生，从最后一部分开始做起。大家在开始的时候，无所不知；而到了最后，则是天真无知。

——摘自安吉拉·约翰逊（Angela Johnson）所著《从尾到头》（*First Part Last*，Simon &Schuster 出版，2003 年）。

或许，这就是传统教育所带来的后果之一——在家里和学校里都是如此。从很小的时候开始，学生们就在一个个碎片化、竞争性和反应性的课程计划中忙忙碌碌，他们被反复训练后最终相信，深入学习意味着找到真理，而不是形成卓有成效、深思熟虑的行动的能力。他们所接收的教育，是重视正确答案，而非探询；是知道哪一个选择是正确的，但不是探索不同的选择。

渴望学习、有创造性的学生和成年人，是我们的期望所在。其中也包括了人类对于我们的"无知"的认识，这是我们需要学会的最高级别的思想。其矛盾之处在于，除非你带着谦卑的心态开始，否则你永远在原地踏步；因此，作为第一步，你必须拥有的，是所有学习的终极境界：谦卑求知并且承认，你自身无知，也就不惧怕发现。[1]

鲁文·福伊尔施泰因与工具强化[2]

"二战"爆发的时候，认知心理学家鲁文·福伊尔施泰因（Reuven Feuerstein）博士在布加勒斯特开始了他的教育失调儿童的职业生涯。其后，他逃到了巴勒斯坦，他在那里的工作对象是成千上万名纳粹大屠杀的幸存者。在这些孩子的认知形成的过程中，由于受到创伤而严重受阻。福伊尔施泰因开发了一系列的材料与技术，用于帮助和恢复这些孩

---

[1] 针对每一种"智能行为"的相应摘录，是由儿童图书馆馆长詹妮·达顿、儿童文学爱好者玛莎·派珀（Martha Piper）以及本书作者之一阿特·克莱纳共同完成的。其中的一些著作，也列入心智习惯研究所出版的儿童图书推荐清单中，这些书都标明了与每一种智能行为的联系。要了解这个清单，请访问心智习惯研究所网站，instituteforhabitsofmind.com，点击"参考资料"后选择"学生用书参考书目"。

[2] 网站 http://www.icelp.org 上提供了相关书籍和视频。

子的学习过程，也有助于揭示这些孩子的优势，并培养他们欠缺的技能。

福伊尔施泰因"工具强化"（Instrumental Enrichment，IE）项目着眼于元认知——思考你自己的思想，这个项目也为组织和处理知识开发出了策略方法。

工具强化项目的基石之一，是减少冲动。福伊尔施泰因的口号是："等一等，让我想一想。"等一等——停下来反思，无论你是一名教师，还是一名患有注意缺陷障碍的孩子，或者是某一个被诊断为患有学习障碍的人。IE的中介式学习在于提高人们对自己的认知模式与认知风格的认知，采用的方法是教授33种不同的描述人类思维差异的方法。我个人最喜欢的一个描述是："我正在经历的是对于现实的偶然把握。"

他的获奖电视纪录片《孩子的心智》讲述了一个饱受贫困、种族主义和战争困扰的孩子们的悲惨故事，以及成年人是如何运用福伊尔施泰因的各种方法帮助这些孩子们的。福伊尔施泰因创立了"学习潜力强化国际中心"（the International Center for the Enhancement of Learning Potential）和位于以色列的哈达萨-WIZO-加拿大研究中心（Hadassah-WIZO Canada Research Institute）。

——蒂莫西·卢卡斯　贾尼斯·达顿

7. 知识与权力：为了社会公平的教育
贾尼斯·达顿　内尔达·康布－麦凯布

一位高中经济学老师站在黑板前面。他语调单一、表情冷漠、毫无激情，以"填空"的方式正在对教室里的学生做演讲。他缓缓地吟诵道,"在20世纪30年代,共和党控制的众议院,试图减轻……"他停顿了一秒钟。"减轻什么,有谁知道?"因为没有人回答,他就自己填上了这个"空"——"大萧条的影响"。然后他又继续说下去:"通过了……'什么,有谁知道'——关税法案"。学生们坐在自己的座位上,目光迟钝、百无聊赖、毫无兴趣、昏昏欲睡,或者干脆在打盹。电影《春天不是读书天》(*Ferris Bueller's Day Off*)[①]中的这一幕对于课堂的嘲讽,虽然似乎夸张得有点儿卡通,但它确实触及大家的共同体验,或者共同看法。所有青少年在观看这部电影的时候,都报以开怀大笑,还会说:"这就是真的!"——我们还没有见过例外情况。

可悲的是,我们很多人都很熟悉这种传输模式的教学——无论是在高中还是在大学,是工作中的培训还是社区演讲,或者是会议上的主旨发言;在这些场合,专家"告诉我们"他们以为我们应该知道什么。就像在《春天不是读书天》中的教室里一样,讲者和听者似乎都被麻醉了,感受不到这种体验的痛苦,仿佛教学与学习就像是在牙齿上钻孔那样乐趣无穷。不管你是坐在牙科医院的椅子上还是坐在演讲厅里,这样的经历都把你放到了一个被动角色之中,让某个事件"在你身上完成"——你既无能为力,也毫无参与感。上述电影场景中的幽默,并不仅仅在于引发了一种共同体验,更在于其讽刺意味——与民主有关的一堂课竟然如此让人垂头丧气。

在课堂上和在职业发展培训中,有许多教学实践和教学方法正在远离这种模式,其方式是通过一个对于课题的探询、探索和发现过程,为学习者提供训练辅导。这类实践包含了来自建构主义、协同学习、共同学习、参与式学习以及其他方面的理论与方法,基于这样一种观

---

① 《春天不是读书天》由约翰·休斯(John Hughes)导演(Paramount 制作发行,1986年)。由本·斯泰因(Ben Stein)扮演经济学教师。

念：学生们通过与课题的互动，以及通过与包括同伴、教师、推进者和社区成员等其他人的互动，就会对于内容有更深入的理解，掌握得更牢固。

但是，当拥有了这样的知识的时候，你用它来做什么呢？人们接受教育究竟是为了什么呢？为什么是这个内容呢？这个内容与更大的环境条件是什么样的关系呢？这个内容及其分配与权力问题有什么关联？对于某个具体知识内容的最初合理化过程，这样的知识是否有助于提出问题呢？

这就是为什么我们会关注"国民教育"（popular education）和批判教学法（critical pedagogy）的缘由，也是为什么我们会因它们为我们的五项修炼实践带来了力量而深受鼓舞。我们相信，通过彻底转变对学校教育本质的态度与信念，通过彻底转变学习的社会建构，以及通过彻底转变知识形成社会行动的基础一贯方式，这些理论和实践可以帮助人们在自己的组织中，尤其是在学校中，创造出意义深远、经久不衰的变化。

力　量

"power"这个词，有正面也有负面的含义。你可以"启动"（power up）一个发电机的运转，可以拥有实现成就的"力量"（power），或者拥有支配他人的"权力"（power）。某些形式的力量可以准确地加以衡量和控制，诸如放大率、马力、瓦特以及尔格。驱动人类行为的内在力量就不那么容易衡量了，但是具备或缺乏这样的内在力量，却不难察觉。

"power"这个词源于拉丁语中的posse，意思是"有能力"（to be able）；在法语中，它演化出了一个名词pouvoir，意思是"做事情的能力"（ability to do things）。这个词根也带来了"possible"（可能的）和"potent"（潜在的）等字词。"power"并非仅仅与控制或者权威有关，我们可以凭借自己的"力量"（power）去提升我们的能力。

　　然而，在许多情况下，这个词（及其变体，比如"empower"）已经形成了单向行动的含义。比如，当大多数人提到"我们要赋予员工力量"的时候，其中包含的微妙暗示是：除了他人给予力量之外，接受赋能的人并不具备任何其他力量。而且只有在拥有知识、权威或者控制力的外部代理人赋予其合理性的时候，人类拥有的内在力量才会被认可。在本书中，当我们描述力量的时候，我们试图保持这样的认识：来自外部（个人、团队或者组织）的力量，尤其当其不可察觉、不被认可的时候，往往会阻断人们与来自其内部的潜能之间的联系。

——贾尼斯·达顿

　　"国民教育"的提法源于20世纪六七十年代拉丁美洲的国民教育运动，其传入北美，得力于这个运动的国际知名的倡导者，已故巴西教育家保罗·弗莱雷的工作。在20世纪后半叶，弗莱雷在全球各地都被尊为最有影响的教育思想家之一，但在北美却鲜为人知。"国民教育"这个提法的本意是"国民的教育"——不是有些人可能会想到的，是大家都"喜爱的"，或者是"公认的"教育。在英国和世界其他地方，国民教育以非正式教育而为人所知，其明确的宗旨是，为受压迫、受迫害的群体创造环境和机会，去提升政治意识、建立社区，并采取行动

去改变自己的社会条件。为了所有人的幸福而努力，尊重每一个人的独特价值与尊严、对话、公平和正义，以及民众对于影响自己生活的问题的积极参与，这些都是这个运动的指导原则。[1]

国民教育将其实践定位于正式的制度化教学与培训之外，也就提供了一种鲜明的对照——正式的制度化教学与培训，通常要求人们在现状面前被同化，或者是调整自我，从而强化了人们无能为力的状态。已故国民教育家，今天的"高地人教育与研究中心"（Highlander Education and Research Center）的创始人之一迈尔斯·霍顿指出："应该成为什么样的人，而不是现在是什么样的人——这才是高地人的使命。从'应该'和'现在'这两个词中，就产生了激励人们去学习和行动的张力。"从很多方面看，这很像大家共同开展五项修炼，分析当下的现实，进行富有成效的谈话以创造理想的未来，但还是有一个关键的不同。教育和教育工作者本质上是政治化的——这一点在国民教育中是不言自明的。霍尔顿的说法是："不偏不倚的'中立'根本就不存在，那只是代表了现实系统的一个规范化术语。"[2]

---

[1] 当军方在1964年接管巴西政府时，弗莱雷被迫流亡。在其后的专制统治者的眼中，获得权利的国民，即便只是具备读写能力的国民，都是颠覆性的。在1979年颁布大赦之后，弗莱雷才回到巴西。到了1989年，他被任命为圣保罗市的教育部长。1993年，弗莱雷因其成就获诺贝尔和平奖提名。参见玛丽亚·德尔·皮拉尔·欧加迪斯（Maria del Pilar O'Cadiz）、皮亚·林德奎斯特·王（Pia Lindquist Wong）和卡洛斯·阿尔贝托·托里斯（Carlos Alberto Torres）所著《教育与民主：保罗·弗莱雷、社会运动，以及圣保罗的教育改革》（*Education and Democracy: Paulo Freire, Social Movements, and Education Reform in Sao Paulo*，Westview Press 出版，1998年）。

[2] 有关高地人与国民教育的更多内容，请参见迈尔斯·霍顿、朱迪思·科尔（Judith Kohl）和赫伯特·科尔所著（Herbert Kohl）《自传：长路漫漫》（*The Long Haul:An Autobiography*，Teachers College Press 出版，1997年），本节中介绍的资料，可访问 www.highlandercenter.org，还可以访问 www.infed.org，参考《非正式教育百科全书》（*The Encyclopedia of Informal Education*）。

教学法与"批判教学法"

"pedagogy"这个词源于希腊语中的paideutike,意思是"教育年轻人的艺术"。(英语中"道德"一词——Ethics,也是由同一个希腊语词根演变而来的,其源头是更古老的希腊语中的paido,意思是"孩子们")。今天,"pedagogy(教学法)"这个词一般让人想到的,是一个比较狭隘的含义——"老师们做的事",或者甚至是"教学技能"。然而,教育是一种贯彻一生的体验,教师们不仅出现在教育机构之中,而且以多种形式随处可见。许多成年人,其实承担了教学的角色,即便人们没有把他们称作"教师"。从这个观点看,教学法的定义,包括了塑造人们的认知以及他们的认知方式的实践和过程。这些过程和实践,并非仅存在于学校之中,而是任何一个组织和社会互动中的固有特征。

批判教学法的实践与理论将各种各样的隐藏动机暴露了出来,就是隐藏在知识的社会建构背后的一个课程体系。知识产生并传播出去,总是出于某些具体的目标,在一个组织、社区或学校中,来自权力关系的各种声音是知识产生的主体。学校尤其如此,从来都不是不偏不倚的中立场所,也不是完全自由的空间。学校或许可以自以为超脱内外部的政治冲突而存在,但实际上却从来是由其周边的政治结构塑造成形的。像所有的其他组织一样,学校在不断的挣扎之中努力探求自身的意义、价值、假设,探索知识的建构与传播("谁来决定教授什么内容?")、课堂上的做法实践("谁来决定如何教授?"),以及教职员工、学生和外部社区的人们之间的人际关系("谁来决定这件事，由谁来做出决定？"）。批判教学法的放大镜，有助于我们聚焦观察，为什么有些学生和学校获得了成功，而为什么另外一些学生和学校则必须要战胜几乎无法抗拒的各种不利因素，才能奋力获得成功。[1]

批判教学法涉及的领域，有时候也被称为"变革教育法"（transformative pedagogy），同样是从保罗·弗莱雷的工作中发展出来的，注重的是课堂和学校运营国民教育的那些原则。弗莱雷对于正式教育中的传输式教育法（transmission pedagogy）提出了批评，他称之为"银行存款式概念"（banking concept），即由各种专家将知识存入处于被动状态的学生的头脑里。学生接受的教育是将这个世界照本接受下来，不要指望能够将其改变。弗莱雷相信，读写能力对于民主至关重要，他认为，孩子与成年学习者"阅读字词"的能力，都是与他们"阅读世界"的能力紧密联系在一起的。

在他的早期工作中，弗莱雷和他的团队成员见到了一些身处贫困、又不识字的村民，并与他们一起展开了有关他们的生活和希望的文化探讨。在这样的对话过程中，一些共同的词汇出现了，变成他们学习

---

[1] "批判教学法"这个术语的发展形成，得益于一项受到保罗·弗莱雷的文章和教学影响的教育家网络的工作。这个领域中有重要影响力的人物包括彼得·麦克拉伦（Peter McLaren）、亨利·吉鲁（Henry Giroux）、理查德·宽茨（Richard Quantz）、珍妮·布雷迪（Jeanne Brady）、丹尼斯·卡尔森（Dennis Carlson）、艾拉·肖尔、唐纳德·马赛多（Donaldo Macedo）、托马斯·达顿、贝尔·胡克斯（Bell Hooks）以及迈克尔·艾坡（Michael Apple）。有关批判教学法的更多内容，请参考埃勒·肖尔所著《课堂上的弗莱雷》（*Freire for the Classroom*，Boynton/Cook 出版，1987 年）、亨利·吉鲁所著《作为知识分子的教师》（*Teachers as Intellectuals*，Bergin&Garvey 出版，1988 年）、迈克尔·艾坡所著《文化政治与教育》（*Cultural Politics and Education*，Teachers College Press 出版，1996 年）、贝尔·胡克斯所著《教学越界》（*Teaching to Transgress*，Routledge 出版，1994 年），以及网站：http://www.paulofreire.org（葡萄牙文及英文），也请参考本篇之后的材料评论。

阅读的起点；更重要的是，这些村民开始了解到，他们的生活和生存状态是社会建构的产物，而并非绝对的；他们也开始意识到，他们的沉默不语造成了他们自己无助的社会地位。一旦这些村民认识到自己具有改变他们的世界的力量，他们只用了 30 个小时，就具备了实用的阅读能力。

20 世纪 60 年代，弗莱雷在巴西全国成人识字运动中获得的成功，影响了全球的扫盲运动。不幸的是，尤其是在北美地区，人们往往在"进口"弗莱雷的方法之后，对其进行"非政治化"的处理，将这些方法降低到仅仅是"技术层面"，而把弗莱雷的理论和原则抛到了脑后。结果不出所料，这些人的努力没有达到他们期望的成果。

读写能力 (literacy)

"literacy"这个词来源于拉丁语的 littera，意思是"字母"（letter）。由这个词根，衍生出了 literatus——拥有有关字母的知识，这也是"有教养的"（educated）、"有学问的"（learned）等词汇目前的含义。然而，"literacy"这个词今天已被用来描述超越读写能力的一系列技能。阅读与书写毫无疑问是重要的技能，但其他那些技能也同等重要。

正如霍华德·加德纳描述了多种智能，现在越来越多的人谈论多种基础能力（literacy）。讨论与情感、计算机、文化、环境、视觉、财务、功能、音乐、社区和系统有关的基础能力（literacy）是有道理的。每一种基础能力都代表了一种力量：列举以及确定事物和观点，并且有效地进行沟通的力量。从我们的观点来看，这其中的每一种基础能力，都包含了对于符号意义的反思能力，包含了我们对这些符号的情感和行动的反思能力，以及这些符号对于其他人的作用的反思能力。基础能力（literacy）是一种杠杆作用。①②

为五项修炼带来的种种可能

那么，国民教育与批判教学法为五项学习修炼的实践者提供了什么样的价值呢？至少，它们提供了一种认识，即学校无可避免地是一个政治化场所——所有的内容、授课与学习过程，或者决定性的政策，在政治上都不是中立的。更重要的是，它们提供了这样一种认识：五项修炼在政治上也不是中立的。

学校以及其他组织中的人们，常常会创立各种小组，开展深度谈话，探讨他们的宗旨、组织的状态、共享愿景以及目标。然而，他们常常意识不到自己塑造了周边系统的政治与社会力量；也意识不到，自己在许多问题上的沉默无语，导致了与之抗争的各种情况。这就使得他们很难看到自己的行动与不作为之间的相互依存关系，很难看到在哪里才能产生杠杆作用，很难看到自己也是系统创建的一部分。

---

① 罗伯特·摩西（Robert Moses）是一位民权运动的组织者，与高地人有密切联系，他也是"代数项目"（Algebra Project）的创办人。罗伯特·摩西认为，数学基础能力（math literacy）与阅读能力一样，对于行为具有关键的影响作用。更多内容，请见小查尔斯·E. 科布（Charles E. Cobb, Jr.）所著《无理方程：民权运动从密西西比州到代数项目》（*Radical Equations: Civil Rights from Mississippi to the Algebra Project*，Beacon Press 出版，2002 年），并可参见 www.algebra.org。

② "理解基础能力（literacy）的最好方式，是将其看作无数种（沟通）方式和文化胜任力，它们构建、形成了存在于学习者与世界之间的各种各样的关系和体验。"——摘自保罗·弗莱雷与唐纳德·P. 马赛多所著《基础能力：阅读世界以及世界本身》（*Literacy: Reading the Word and the World*，Bergin and Garvey 出版，1987 年），第 10 页。

依据霍尔顿的看法，存在着两种教育。一种教育奴役人们，为现存制度服务；而另一种教育则是解放人们，并且使他们获得决定自己生活的力量，从而使他们因此获得相关知识来改造社会。因此，一些团队经常使用系统思考和愿景的语言，但却疏于认真尝试去确定，并且批评性地质询自己关于塑造他们的制度的政治与社会力量的心智模式——他们自己的心智模式和那些处于权力地位的人们的心智模式，他们最终会强化无知的循环。

国民教育和批判教学法的倡导者们持续地提出问题，激发人们关注课堂上、学校里、社区中以及民主制度本身的力量和目的。虽然这类问题及其讨论可能让人感觉不自在，但真正的学习往往就是如此。

保罗·弗莱雷和迈尔斯·霍顿往往被人贴上革命性人物的标签（就像托马斯·杰弗逊和本杰明·富兰克林所处的那个时代一样）。对于他们来讲，教育本身并非目的，也不仅仅是一种就业的手段。他们把学校看作政治性的场所，要么就是引导人们为了更强大的民主和更美好的未来，进行明智的政治参与；要么就是阻止他们参与进来。弗莱雷和霍尔顿都笃信民主与公平，对于解读民主与公平是如何被权力和政治强化或者削弱的，也从不回避。

弗莱雷曾经说："人性化的教育是这样一条道路，男人和女人由此可以从无到有，自觉意识到他们在这个世界上的存在。在考虑到他们自己的需要，也考虑了他人的需要和梦想的情况下，自觉意识到自己在形成所有这些能力时的行为方式和思想方式。"从我们的角度看，要想为我们的孩子、学习和社区，创造出更加美好的、可持续的未来，首先要为了民主、公平和社会正义，让人们将知识和学习的心智模式带出水面。如果这种做法被人看作制造混乱，甚至是鼓吹革命，那就顺其自然吧。

保罗·弗莱雷与迈尔斯·霍顿[①]

每当有人问,保罗·弗莱雷或者迈尔斯·霍顿的书,我应当从哪一本开始读呢?我就会说,从两个"读本"开始吧,而后再去读一读他们两位的对话。比如,佛莱雷的作品丰富多产,因此他可以对于自己的学习与沟通展开反思-行动循环,而他的这个读本则提供了关于他的转变的速写。这个读本是弗莱雷最犀利的作品的集合,其中包括:"教育的银行存款概念"(他在其中讨论了传输模型的盛行及其专制主义影响)、与累西腓村民的深度会谈、城市教育的挑战,以及他对于"阅读世界"的探索。如果我在书上所做的笔记可以为读者提供一些指点的话,我最喜欢自己标注的一条:"希望教学法"。

霍尔顿的读本是他的作品集,有他的文章、演讲,对于他创办"高地人民间学校"(Highlander Folk School)产生过影响的那些人和观念的有关访谈,与高地人在劳工与民权运动过程中的成功与挑战有关的访谈,以及与霍尔顿的教育哲学有关的一个很有吸引力的章节。尤其吸引我的,是他在1972年所做的一次题为"为什么不对改革进行改革?"的演讲——内容与五项学习修炼极为相似,以及真正的改革为何需要重新审视这样的观点:"只要做好人,做有善心的人,做处处试图变革的人,我们就会推动进步。"

[①] 《保罗·弗莱雷读本》(The Paulo Freire Reader),由安娜·阿罗乔(Ana Maria Araújo Freire)和唐纳多·P. 马赛多(Donaldo P. Macedo)编辑(The Continuum Publishing Company 出版,1998年),《迈尔斯·霍顿读本:社会变革的教育》(The Myles Horton Reader: Education for Social Change),由戴尔·雅各布斯(Dale Jacobs)编辑(The University of Tennessee Press 出版,2003年),《我们要走出一条路:教育与社会变革对话集》(We Make the Road by Walking: Conversations on Education and Social Change),保罗·弗莱雷与迈尔斯·霍顿著(Temple University Press 出版,1990年)。

虽然在相当长的一段时间里，弗莱雷与霍尔顿对彼此都有所耳闻，在不同的场合也曾有过短暂会面，但他们直到1987年才有机会在一起度过一周时间，"把一本书聊出来"，两年后，他们又再次相聚，反思他们之间的会谈。《我们会走出一条路》记录下了这次非凡的对话，引导读者体悟他们在哲学与历史背景上的类似与不同，以及拉丁美洲与美国南部的环境之间的类似与不同。弗莱雷选择在体制内开展工作，而霍尔顿则是在体制外工作。我认为这本书揭示出，他们两人都是不可或缺的。我在那本书的空白处，在他们讨论教育与组织之间的不同的地方，用各种不同颜色的笔做了标注，每次我读到这一段的时候，都会提出更多问题。

——贾尼斯·达顿

《批判教学法：来自真实世界的笔记》[①]

这本书让人呼吸到了新鲜空气，令人振奋。温克从自己身为教师时，去教那些被贴上"危险""少数族裔""英语能力受限"或者"有问题"等标签的孩子的经验和探索出发，进行了反思，提供了批判教学法理论与实践的入门指南。她很快开始讨厌这些标签，因为它们把孩子和他们的家庭藏到了背后，限制了他们成长的可能性。

一些关于批判教学法的著作的部分内容相当艰涩难懂。温克写道，

[①] （*Critical Pedagogy: Notes from the Real World*）琼·温克（Joan Wink）著（Longman 出版，1997年）。

她对批判教学法的语言头痛不已，然而在与读者交流这种语言在理解和描述她作为教师的工作方面的重要性时，她向读者介绍了这种语言。她用一种让所有内容都易于理解、饶有乐趣的写作方式，讲故事、提供练习与工具、教授理论，并揭示这个理论的历史。

| 第 6 章 |
富有成效的谈话

1. 破冰发言

卡罗尔·凯纳森（Carol Kenerson）

迈卡·菲尔斯坦（Micah Fierstein） 贾尼斯·达顿

目的

在上课开始之前，用一段时间，让学生们有机会共同体悟当下。

参与人

任何一组两个人以上的团队。除了在工作会议和课堂上应用之外，有些人在家里吃晚餐的时候，围着餐桌进行。

时间

每人几分钟（或者更少），在 50 分钟的课堂上，破冰发言在一周的开始和结束的时候进行，会很有益处。

破冰发言有诸多做法，并无一定之规。有些学生会沉默一会儿，关注自己的内心，而后简单地说，"我在这里"。其他人则会说说他们当下的问题或者取得的成功，而另一些人则会对自己的观点做一个简单陈述。这个工作不需要每天都做，但是在周一和周五都进行破冰发言的活动，则会为这一周提供一个稳定的框架。每个人都有机会开口说话。每个人都面对集体发言。胆怯害羞的学生或者不大想说的孩子，不必强迫自己发言，可以说"过"，但他们需要大声表达出来，这样其他人就可以听到他们的声音。

倾听者只要关注其他人所说的话，不必担心要做出任何回答，这样他们就会对每一个人形成一种发自内心的深层认识。如果上课时间有点儿紧张，那么进行一个词的破冰发言只需要几分钟。让大家按照次序，每一个人说一个词："紫色""跑步""篮球"。有些学生希望围坐一圈，按次序说，这样他们就可以知道什么时候会轮到自己。另一些学生则希望破冰发言是每个人受到触动的时候进行——直到大家一一说完。这两种做法都会给房间里的一些人造成压力，但这是个体学习者不同需求和风格的重要标志。

作为教师，你可以用自己的破冰发言启动整个进程——说一说你读过的一本书，或者谈谈你所想到的，为大家提供一个体悟当下的样板。要保证破冰发言绝对安全。课堂上的学生应当了解，比如，他们可以承认说，"我今天起晚了，所以就有点儿匆匆忙忙，现在还有点儿昏沉沉的，所以前五分钟可能会有点儿语无伦次"，而大家应以就事论事的心态去倾听这样的发言。

破冰发言会改变一个集体的状态。一位高中教师通常每堂课都会以破冰发言开始，有一周因为时间太紧张，所以就说："今天不做破冰发言了。"所有学生都强烈抗议。"我已经等了整整一天了，"一位学生说，"就想说说我正在想的事儿。"

结语发言

如果说"破冰发言"会帮助学生们体悟当下的话,另一种称为"结语发言"的技能,则可以提供一种收尾的感觉。在一个单元结束的时候,让每一个人有机会说一说(如果学生愿意的话):

- 有哪些地方你觉得特别有意思?
- 哪些内容你希望有更多了解?
- 如果其中有些内容最初让你感到困惑,但最终又想通了,你如何向其他人解释这个过程?
- 有哪些内容,你仍然觉得困惑?

2. 开课第一天[①]

内尔达·康布—麦凯布

在一门课程的第一堂课介绍心智模式,可以为整个课程开启一种信任和探询的气氛。甚至在我教授的大学研讨会中,我也有过这样的亲身感受。我的学生把这个内容带回到自己的高中或者中小学课堂上,反馈也取得了同样的效果。我一般在一个学期的第一堂课上开始。首先,我会鼓励学生们探讨一下心智模式的概念、推断之梯、系统思考的冰山模型,以及平衡探询与宣扬的要求。我会解释说,这个课程的结构和阅读材料,是为大家在这个学期的共同讨论提供一个基本范围。我会引用帕克·J. 帕尔默的话说:"(课堂)的空间,应该既有边界,也

---

① 参照帕克·J. 帕尔默所著《教书的勇气:探索一个教师生活的内在境况》(*The Courage to Teach: Exploring the Inner Landscape of a Teacher's Life*,第二版,Jossey-Bass 出版,2007 年),第 76 页。

充分开放。"

我会强调，如果我们想要共同学习，这个课堂就必须是一个安全的场合，在此可以提出在其他场合难以讨论的问题。在我所在的大学里，就像在大多数教育机构中一样，在表象之下往往存在着诸多对于文化、种族、阶层以及性别等问题的担心。在这个课堂上，这些问题都可以放到桌面上讨论。我会说，学生的角色不是跟教授讨论——就像他们通常做的那样，而是相互讨论。而我的作用，不是为他们提供信息，而是建立一种结构，让我们在其中共同学习。所有的声音在这个课堂上都有价值，而且我也期待从他们身上学到东西。

这样的课堂环境，要求学生选择与以往不同的方向。即便是在研究生院里，学生们还是期望教师讲授知识和信息。如果到课程结束的时候，他们没有学到什么，他们会假定是因为这门课的老师没有很好地把知识输出给他们。因此，在第一堂课的时候，我们就讨论这个问题。这时候，我大致会这样讲：

我们将要建立起我们谈话的某种结构。我期望自己依照这种结构行事，也期望你们如此。我们每一个人都必须要对整个课堂承担责任，去推动和支持一种深层的谈话。

第一，在其他人说的时候，我们要全神贯注地去听。我们并不是仅仅执着于自己的想法，等着轮到我们发言。我们要做的是，倾听其他人试图分享的含义。我们可以在另一个人的点评基础上，形成自己的观点，也可以就点评背后的思考，提出问题。

第二，我们认识到沉默的重要性。对于已经说出来的内容做出反思，需要空间。

第三，任何人都不可以打断别人。我们要让别人把话说完。

第四，我们对于其他人的发言，不做"对"与"错"、"聪明"或

"愚蠢"的评判。

第五，我们禁止使用"对，但是……"这种表达方式——这种表达方式自动地推翻了前一位的发言。相形之下，我们提倡大家采用"对，而且……"这种表达方式——这个说法，肯定了他人的价值，并且做出了进一步的贡献。①

当我第一次用这种方式作为一门课开场的时候，直到期末论文——学生们要评论自己在这门课上的学习心得的时候，才体会到这样做的影响力有多大。一位学生写道："这是第一次有一位教授，设计安排了这样的谈话、讨论的结构。而且，你不只是说一说这个结构本身，而是以身作则地践行。"她接着写道："你不仅允许我们在讨论中跑题，而且实际上鼓励我们把谈话引到与当天的议题毫无关系的方向上去，对此我非常惊讶。然而，久而久之，我意识到了这种做法的重要性。因为正是通过这样的谈话、讨论，这门课的内容对于我们每一个人才变得丰富起来，变得更有意义。"她总结道："以我以前的经历，我永远也不可能在自己的教学中允许这种活动发生，因为我不会相信这种学习过程。但是，所有这些都是有意义的，而且这个课程也因此非常有力量。"

学生们尤其要说一说"对，而且……"的技能：大家依旧相互批评各自的观念，但是从他们之间的相互应答可以看到，他们在评论另一个人的观点之前，确实真正倾听了，并认真思考过了。

---

① 在进行这类重新设计之前，教师们做一做"设计一个知行课堂"的练习，会大有帮助。对于他们想要创造的这种互动、多元化的课堂展开想象之后，就会更多地意识到那些有关学生的有用信息。考虑到这种课堂可以发挥自己孩子的长处，家长们也会发现这个练习十分有用。

3. 重建家长会的框架

内尔达·康布-麦凯布　贾尼斯·达顿
蒂莫西·卢卡斯　贝蒂·宽茨　阿特·克莱纳

如果课堂是一个涉及教师、学生和家长的系统，那么教师与家长之间的联系就是系统中的一种弱联系。从上午到下午，沟通都是在教师与学生之间发生的。而到了晚上和周末，则是在学生和家长之间持续进行。但在教师与家长之间，只有每学期一次的沟通交流：成绩单上的一堆字母和数字，或许在页边有一两句书写潦草的评价。这个系统中的重要知识，并没有获得有效分享。

家长会的产生，就是为了改善这种联系，但这种会议也鲜有学习的体验。老师手里拿着一个文件夹，里面的内容是这个孩子的优势和弱点。老师在规定的15分钟内，按部就班地读完所有内容，家长只是听着。有时候，家长发泄自己的怒气，这时听着的人就是教师了。到结束的时候，双方对这种会议的心智模式都毫无改变——本应对双方都是一次引人入胜的体验，结果却似乎是一个毫无生气、令人沮丧的仪式。一两年之后，许多家长再也不去参加家长会了，而一些老师也希望不再举办这种会议。

这篇文章不是一个练习，因为任何一个单一的练习都不会解决问题。每一个学生的情况，每一个教师的情况，都全然不同。有些教师每个学期可以为每一个孩子安排半小时或者更长的时间，而另外一些教师只有几分钟的时间（还必须按这个时间限制进行设计）。这个可能的"菜单"，建立在五项学习修炼的基础上。

a. 自我超越——对于孩子目前的优势和弱点要实事求是，要培养孩子自己的梦想；

　　b. 心智模式——把各种假设都表达出来：有关课堂上正在进行的过程的假设、有关孩子的发展阶段的假设，以及有关家庭环境的假设；

　　c. 共同愿景——谈一谈教师、家长和学生的各种目标；

　　d. 系统思考——根据一个学生一生的整体复杂性，理解学生的学业表现；

　　e. 团队学习——教师、家长和学生有着共同的目的：让每一个学生在这一年中都能达到最好的学习体验。这个团队中的每一个成员都具备其他人所欠缺的、独特的知识和认识。每一个人都具备在自己的环境中行动的能力：教师是在课堂上，家长是在家里，而学生则是在各种环境之中，而且他们之中谁都没有控制全局的能力。

　　每一个人都应该对家长会产生影响，而且每一位参与者的观点，包括学生的观点，都应该被看作平等、有效。说到底，团队学习是一个观察每一位团队成员知道什么的过程，这个团队作为一个整体，也因此可以开展更有效的行动——其效力大于每一个成员行动的简单加和。

家长和教育工作者可以提出的问题

　　即便是在时间极其有限的情况之下，家长或者教育工作者还是可以通过提出问题，对现状达成共识，以便有效地重新建构家长会（或者是家长－管理人员会议）的新框架。教育工作者可以提出下面这样的问题：

- 你在自己的孩子身上看到了哪些优势？
- 你的孩子对于学校有什么评论？

- 有哪些活动——无论是在校内还是在其他地方，最让你的孩子烦恼？
- 有哪些活动会让你的孩子感到兴奋？他平时都玩些什么？
- 给我讲讲你的孩子的朋友和社会关系？在校外你的孩子和谁交往？
- 你的孩子在家里承担哪些责任？
- 你对自己的孩子有哪些目标？
- 你的孩子有哪些目标？
- 你的孩子最喜欢的话题或者活动是什么？
- 你希望我对你的孩子在哪些方面有所了解？

家长可以提出以下这些问题：

- 我的孩子与你和其他成年人有什么样的互动关系？
- 我的孩子与他的同学有什么样的互动关系？
- 在课堂上，有哪些活动吸引我的孩子，哪些活动让我的孩子感到沮丧？
- 我的孩子在自由时间做些什么？
- 有哪些活动会让我的孩子保持较长时间的注意力？
- 我的孩子在团队中表现如何？
- 你让我的孩子和谁组成团队，原因是什么？
- 以你对我的孩子的经验，下一年你会建议哪种课堂结构和教学风格？
- 我的孩子有哪些优势？
- 有哪些方面需要改善？

绘制孩子的现状图

如果时间允许，绘制现状图对于教育工作者、学生和家长，都是一个非常有效的工具——用来确定目标、进行跟踪观察，并记录团队学习的情况，教育工作者、学生和家长都可以作为发起人。家里和学校里可以各保留一份。现状图也可以帮助一组教师，或者是一组教师与管理人员，思考一个有困难的学生未来一生的生活状况。如果问题出现了，或者你们想要为这个学生扩展更多的机会，你们就可以退后一步问问自己："对于这个孩子我们有多少了解？"如果你们能安排出时间，绘制现状图就有助于让家长会变成建立共同愿景的过程。

在一张白纸上，写下这个学生的名字。然后以此为中心，用逐渐展开的圆环的方式，写下你可以想到的、可以代表这个孩子的生活的所有事物。你可以使用上一部分中的"家长的问题"和"教育工作者的问题"，帮助自己生成图上的元素。由于每一个人的思考都在同一个图上展开，他们就可以共同形成自己单独无法形成的深入认识。家长也许会说："过去五年中我们搬了四次家，我的孩子不大善于交朋友。"而教育工作者则可以回应说："你知道，我见过你的孩子坐在座位上，看着身边的活动，就是不参与进去。现在我有点儿明白要去寻找什么了，我觉得我有办法应对这个情况。"

如果家长跳到了"推断之梯"上——对于孩子或者是学校做大而化之的评论，教育工作者则可以说："我们再多聊一聊这个问题，说一说你看到了什么，因为我想准确地在图上记录下来。"家长同样也可以这样做。如果教育工作者说，"她是一个挺棒的孩子，"家长就可以问，"是吗，从哪个方面看呢？在这张图上有哪些方面可以显示她是个'挺棒的孩子'？"

一张现状图显示出，一位四年级的孩子与比她年级低的孩子相当合得来，于是教师就安排她去一个一年级的班级，并且不时教一教那些学生，她在这个过程中，对于自己和自己的能力有了许多了解。

如果现状图是在九月或者十月画出来的，则家长和教育工作者都可以保存一份。随着各种问题在这一年中出现，他们就可以回到这张现状图，重新思考他们对于这个孩子的了解，并添加新的内容。看着现状图随着孩子升入更高年级逐步发展变化，总是一种精彩的体验。

4."别吃那块比萨……"[①]
评估课堂体验的练习

布赖恩·史密斯　内尔达·康布—麦凯布
蒂莫西·卢卡斯　阿特·克莱纳　贾尼斯·达顿

有时候，许多学校会将已经升入更高一级学校的校友邀请回校，做演讲嘉宾。"让我们来告诉你们，高中生活是怎么回事吧。"九年级学生对八年级的学生说——后者将会随着前者从初中进入高中。"要是我在几何方面的学习更加完整就好了，因为到了高中的时候特别需要。"一位名叫帕特里克的三年级学生，在和四、五年级的学生会面后回到教室，我们中的一人问他学到了什么。"他们告诉我们说，无论做什么，就是不要吃食堂的比萨。"他说，"因为里面有虫子。"

在学生展开反思并将自己的反思传递给他人方面，评估在学校的体验是最有价值的方法之一，这个过程可以从较低年级就开始。在很

[①]　目的是以各种方式，让孩子们和学生们评价自己课堂学习的体验，并为其他人进行反思讨论。

多学校里，从托儿所升入小学一年级的最重要的里程碑活动之一，是让托儿所的孩子与一年级的孩子在一起度过一整天——包括午餐时间。一年级的孩子有许多注意事项要告诉自己的"接班人"："你一定要在自己的午饭袋上弄上带有自己名字的标签。另外，天冷的时候一定不要忘了戴手套，因为他们会让你到户外活动。"

时间胶囊

在每一个学年或者学期结束的时候，学生们可以设计一个"时间胶囊"，里面是为下一届学生提供的建议与观点。这个时间胶囊可以是一封致下一届学弟学妹的信，也可以是一段相互访谈的录像或录音。各种网页可以成为其自然的传播媒体。比较好的执行节奏可以是这样的：在放寒假之前，制作一段录音（录像）；到春天的时候看一看，适当添加些内容；然后提供给秋天入学的学生。

制作这种时间胶囊的学生，不管年龄多么小，都是在表达一种姿态——他们代表的是那些在系统中会跟在他们后面、逐级升到高年级的人。鉴于这个原因，如果你是一名教师，你的参与应该尽可能地少。不赞成人身攻击（包括对你的评论），并且在编辑过程中去掉。要提供建设性评论，但是要控制住自己想要改变其中内容的冲动。这是由孩子们自己做、为了孩子们的练习。

可以提出的问题有：

- 在你开始上课的时候，你有哪些期望？
- 有哪些事情出乎你的意料之外？
- 如果有人在开始的时候对你做了哪些方面的指点，情况就会不同了？
- 哪些方面的学习让你觉得高兴，为什么？

- 有哪些方面你不希望学得那么多，为什么？
- 你在思考事情的时候，与一年之前相比有哪些不同？
- 有哪些东西让你觉得很艰难，你希望当时得到更多的帮助？
- 你下一年想要做什么？

回顾反思

在学期的最后一周的课堂上提出这些问题，可以帮助一个团队反思他们自己的学习能力。

- 我们对其他人的想法是开放的吗？
- 对于那些通常没有表达出来，但又可能会起到改善作用的想法，我们有能力说出来吗？
- 每个人都有机会表达吗？
- 我们朝着共同目标前进了吗？
- 对于不同的学习风格、个人风格以及不同水平的表达能力，我们都采取开放包容的态度了吗？我们努力让那些习惯沉默的人表达自己的想法了吗？
- 对于我们希望的那种行为，我们身体力行了吗？
- 我们是处于"流动"状态吗？我们是否感到谈话随着我们的创造势头，在向前延伸呢？
- 我们是否感到了我们之间的动态协同？对于各自的态度，对于其他人坚持自己态度的原因，以及这些态度对于下一步的影响，我们有所认识吗？即便我们知道我们无法形成一致意见，我们还能一起工作吗？
- 我们的行为是有助于这个团队共同工作，还是在阻碍这个团队共同工作？

- 我们对待他人时，是否尊重他们的人格尊严？
- 我们在反思性学习方面，身体力行了吗？

课堂反思日志

内尔达·康布－麦凯布

在一个课堂上，在帮助老师们认识自己的学习方面，定期开展任何形式的反思评估都是有益的。我在迈阿密大学教育学院主讲的研究生讲座中，我要求学生们持续写反思日志。他们每周上交约1 000字，深度思考他们的课堂讨论、写作的论文，以及他们对于这个课程的各种不同反应。这个工作给我带来了很大的阅读量，但我坚持了这个要求，因为它明显改善了学生们的学习质量，也改善了我的学习质量。

起初，每个人都不喜欢这个作业——这是附加在所有其他作业以外的，他们每周要写给我3~5页的东西！但到了课程结束的时候，他们都会说，如果没有这个作业，他们就不会学到那么多的东西。到了第三或第四周的时候，他们中的大多数人已经养成了习惯，上课一结束就安排时间写日志——这时候，他们的想法最新鲜；然后，他们会在几天之后，再修改他们写下的内容——这时候，他们有时间让自己的想法成形。这个日志代表了对这个课程的一种承诺：是让他们得以把一次讲座的各种复杂观点，与他们自己的生活再联系起来的一种方式。

作为回报，我保证不会对他们的日志进行批评或是评价，而只是把我的想法加上之后，再退还给他们——同时，我保证这些日志完全是私密的。学生们可以自由地写下一件非常私人的、痛苦的事情，因为他们知道，我是唯一一读到这些内容的人。一位年轻非洲裔美国博士表示，组织学习的课程让他非常痛苦。他写道："我想知道，为什么在高中和大学的课程里，都没有鼓励我对学校中的权力与不平等提出问题。为什么所有的学习，不能像这门课一样呢？"

对于即将走上教师工作岗位的学生来说，反思日志是对缺失内容的补充。体验某种对于自己的学习的"元反思"（metareflection），可以让你成为一个对他人更有爱心、更有担当的教师——不仅是在意愿的层面，也是在实践的层面。到了学期结束的时候，这些博士生有时候会告诉我，他们已经做出了一个一生的承诺，要经常写反思日志，因为他们发现，这对于他们了解自己在学习方面的成长，太有帮助了。

布鲁克菲尔德丛书：批评性反思[①]

当我还是系主任的时候，在多位同事极力说服我把自己唯一的一本《成为批评性反思的老师》转让给他们之后，我最终一共为教职工团队买了 15 本。布鲁克菲尔德写作的背景，是他在大学里的经历，也结合了他在成人教育方面的专长。这本书不是以学术语言写就

[①]《成为批评性反思的老师》（*Becoming a Critically Reflective Teacher*，Jossey-Bass 出版，1995 年），《批评性理论的力量：解放成年人的学习和教学》（*The Power of Critical Theory: Liberating Adult Learning and Teaching*，Jossey-Bass 出版，2004 年，《优秀教师：论课堂上的技术、信任及反应》（*The Skillful Teacher: On Technique, Trust, and Responsiveness in the Classroom*，Jossey-Bass 出版，2006 年），《批评性思考的教学：帮助学生质询自己假设的工具和方法》（*Teaching for Critical Thinking: Tools and Techniques to Help Students Question Their Assumptions*，Jossey-Bass 出版，2011 年），均由斯蒂芬·D. 布鲁克菲尔德（Stephen D. Brookfield）著。

的——书中充满了幽默的故事。任何一个年级的教师/学习者，不管是哪个领域，都可以通过开展他描述的反思实践，从中学习如何提升自己的教学水平。布鲁克菲尔德认为，教师可以从四个不同的视角看待自己的教学实践：自己的视角、学生的视角、同事的视角以及理论文献的视角。在社会科学方面阅历较浅的人，对于教育理论在帮助他们改善自己的教学上所提供的价值，可能会感到出乎意料。对于批判性反思的教学方式，各个层面的教育机构基本上都不大支持——这一点早就恶名昭著，布鲁克菲尔德则在创造一个更具支撑性的文化方面，提供了一些建议。《批判性理论的力量》在成人教育中应用了同样的原则。《优秀教师》一书，对于大学教育尤其有价值，而《批判性思考的教育》则注重课堂上的质询技巧。

——内尔达·康布-麦凯布

第 7 章
课堂上的系统思考

如果不是一批教育工作者在过去几十年专心探索，努力将系统思考的多种技能融入小学和初中教育之中，就不会有这本书。这些年来，"课堂上的系统思考"社区（system thinking in the classroom community）已经形成了令人叹为观止的一套理论和方法，将复杂问题解析得清晰透彻，同时也形成了一系列强大的工具。系统思考的工作方法之所以强大，恰恰因为它并非自成一体：这项修炼强化了本书这部分中呈现的所有与学习与教学有关的深刻洞察，而其自身也由于这些洞察得到进一步强化。

有些人起初或许会发现，有关系统思考的这些工具令人望而生畏，但我们在本书中试图以一种可以帮助任何一位教师（以及家长或者学生）开展富有成效的实验的方法，来介绍系统思考的各种工具。同时，我们也避免"只有一种声音"——你可以看到有些作者认为，计算机模拟在提高系统认识上至关重要，但是其他一些人也会像贾尼斯·达顿那样提出质疑："美洲原住民们在哪里给自己的手提电脑接上电源呢？"

"系统思考很久之前一直存在，"曾在亚利桑那州橘园中学做过校长，也是这个领域的著名开拓者玛丽·希茨（Mary Scheetz）如是说。"这个世界说到底是由各种动态系统构成的。有许许多多不同的方式可以建立系统思考的能力，可以提出那些引发更深入的认知的问题。系统动态计算机模型是我们发现的方法之一，也被证明是一种非常强有力的方式，但我不认为这是唯一的办法。"在本书的这一部分，我们希望这一系列工具明白易懂、引人尝试，让大家不会感到困难重重，而是可以想走多远就走多远。

1. 为了长远目标的系统思考[①]

杰伊·W. 福里斯特（Jay W. Forrester）

麻省理工学院斯隆管理学院的名誉教授杰伊·W. 福里斯特，是系统动力学领域的奠基人，也是系统动力学大部分概念理论、各种映射与建模方法，以及各种基于软件的仿真工具的开发者。20世纪50年代中期，在发明了今天几乎所有的计算机都仍在使用的磁芯存储器之后，他离开计算机设计领域，转向研究一个更为有趣的问题：试图理解复杂系统的行为。自那时起，他一直就是这个领域中几代研究者（包括彼得·圣吉在内）的顾问和导师。他在工业动力学、城市动力学以及全球动力学等领域开展的关键性研究工作，分别在企业战略、城市改造，以及全球人口、资源与环境的相互依存等方面，引发了主导话语权的

[①] 教育系统动力学项目的更多信息，请参见网站 web.mit.edu/sysdyn/sdep.html。该项目行政主任南·勒克斯（Nan Lux）在这篇文章的写作过程中鼎力相助，我们对她深表谢意。这个项目的许多工作内容可以通过"创造性学习交流项目"（Creative Learning Exchang）获得。

显著变化。20 世纪 80 年代，杰伊开始将自己的注意力转到将系统研究带入教育领域。他目前是麻省理工学院的教育系统动力学项目（System Dynamic in Education）的主任，这是由一个学生组成的小组，致力于应用系统动力学的工具和概念，培育"以学生者为中心"的学习。

人们看待自己的生活往往短视——这是一个司空见惯的论断，但并非完全真实。事实上，大多数人都拥有长期个人目标——他们希望自己的子孙未来幸福。然而，他们并不完全了解自己生存于其中的这个系统，因此就会做出各式各样危害那些长期目标的短期决策。比如，他们目前已经把未来许多代人的经济与环境利益置于危险之中了。

在过去的数十年里，我产生了这样的看法：人们可以通过学习打破这种模式。但对大多数人来说，需要在年纪尚幼的时候，就开始接触系统思考的研习。而且，不仅仅需要在概念上谈论各种系统，还需要有时间动手操作工具，也就是他们自己参与开发计算机模拟软件，这些模拟软件使他们得以开展实验，并从实际生活的各种复杂系统中创造出自己的不同模型。

目前在全球范围内，已经有几百家 12 年制学校的学生们，正在运用各种计算机模型研究各式各样的系统。其中至少有十几家学校，正在开展开创性的卓越工作。他们将系统动力学建模应用到了数学、物理、社会研究、历史、经济、生物以及文学领域。在那些比较成功的学校里，系统动力学与基于项目工作的方法结合起来，这就是以学习者为中心的学习。在这样的过程中，教师不再被看作掌管着智慧流动的讲师，甚至是权力人物。教师成为学生们的顾问和教练，而学生们创造出的项目很可能超越了某位教师。由此，一个初中课堂就会变得更像是大学里的一个研究实验室。学生们开展的项目具有现实世界的重要意义，同时他们也要面对为完成这个项目必需的知识挑战。

我们并没有期望大多数学生会坐在一台电脑面前、在建立系统动力学模型中度过自己的一生。那么，系统理论教育的成果究竟应该是什么呢？系统动力学教育的各种目的或许可以归结为三个题目。

（1）了解系统的性质

系统动力学给学生们提供了一种更有效地解释他们周围世界复杂性的方式。它帮助我们抛弃有关这个世界的种种直觉上"显而易见"的心智模式，这些心智模式妨碍多数人开展有效的行动。我们从孩提时代起，逐渐习得这些心智模式——往往来自那些我们最容易理解的经历。一个孩子碰了一下炙热的烤箱，于是在此时此地，那只手就被烫伤了。在几番类似的不幸之后，这个孩子就学会了假设因果与时空是紧密联系在一起的，假设一个问题的缘由一定就在周围，而且一定会发生在征兆出现之前不久。然而，当这个孩子长大成人，面对成年人生活的各种复杂系统的时候，这些过去的教训就会一再让他误入歧途。在大多数系统中，一个可观察到的征兆背后的原因，可能来自于这个系统中完全不同的部分，并且可以追溯到很久之前。由于就在手边，似乎"显而易见"的种种补救措施，可能实际上与那个真正的问题没有什么关联，或者可能会使局面进一步恶化。

我自己亲身经历过这种情况，是在20世纪60年代后期，当时我正在为城市发展进行一项系统模拟。这个模型显示，大多数"显而易见"的（也是受到多数人欢迎的）市政府政策，不是没有起任何作用，就是非常有害——对整个城市和城市中失业的低收入居民都是如此。建设低收入住房，对于多数城市官员来说，似乎是针对住房问题的一个自然而然的解决方案，这会让穷人更容易找到舒适的居所。然而，低收入住房项目却加速了城市的衰落。这些住房占据的土地，原本可以用于那些创造就业的商业项目。这些住房吸引了相对缺乏技能的人群，在低收入工作中相互竞争，所处的地区恰恰又是很难找到这类工作的地方。这项明显出于人道主义建设更多住房的政策，实际上却由于吸引人们进入经济机会持续减少的地区，制造了贫困。[1]

像这类有关一个复杂系统的因与果的论断，当你在一篇文章中读到的时候，其实没有多少分量。说到底，任何一个人都可以断言一种因果关系的存在。但是，当一个学生与显示出这类行为的各种模型反复打交道之后，当他将现实生活中的各种观察带入这个模型设计对其进行测试之后，当他有机会在实际生活的其他各种系统中观察到同一类行为之后，这种观念就会内化，并成为日常思考的一部分。这个学生就会在处理复杂问题与局面的技能上，变得与众不同。

这些模型本身往往还会揭示出有关实际生活的出人意料的新洞察。在一个周末，我把一个就业培训项目放入一个城市动力学模型中。这是一个"完美的"就业培训项目——它把受训人从"缺乏技能"类别转化为"技术工人"，而且没有增加投入，也就是没有成本。然而，这个完美的模型却造成了失业人数的增加。这个事实出乎我的意料，直到我花了整整一天研究之后，才发现这个模型做了什么：它减少了其他培训项目（因为不再需要这些项目了），增加了技术工人的数量（因此提高了技术工人的失业率），并从其他城市吸引来更多"缺乏技能"的失业工人。我把这次计算机的运行结果拿回去给波士顿的一群政治

---

[1] 参见杰伊·福里斯特所著《城市动力学》(Urban Dynamics, Pegasus Communications 出版, 1969 年) 以及劳伦斯·M. 费歇尔所著《非预期后果的先知》(The Prophet of Unintended Consequences, strategy+business 出版, 2005 年秋, http://www.strategy-business.com/article/05308)。

家和企业管理人员看。他们看着不断增长的失业数据，几分钟默不作声，直到其中的一位打破了沉默："哦！底特律有这个国家最好的就业培训项目，但失业率也增长最快。"我对这个模型不大肯定，于是向一些从事就业培训的专业人员讨教，问他们是否了解，他们的工作可能会增加失业。我原本期望他们会对这个想法嗤之以鼻，然而，他们却回答说："一旦出现这种情况，我们就转到其他城市去了。"

在大学和 12 年制学校里，都会产生新的知识——往往还是由那些在自己专长的领域以外开展研究的人创造出来的。一位麻省理工学院的学生对糖尿病各个方面的胰岛素和葡萄糖的行为表现进行了模拟。他从自己的计算机"病人"那里，获得了一个从未在医学文献中报告过的结果。这个模型是不是出了问题？他把这个结果拿给那些做糖尿病研究的医生们看。他们回答说："我们曾经有过一个这样的病人，但我们一直认为检测结果存在错误。"在这样的一个过程中，一个新的医学症状得到确认。

（2）发展个人技能

建立系统模型对于清晰度和一致性有着严格的要求，这在一般口头或书面语言的表达中是不需要的。在日常谈话中，人们往往将自己躲藏在模糊不清、有所欠缺，甚至是不合逻辑的叙述背后，比如："人们的反应取决于其处境。"然而，一位从事系统建模工作的人要想描述这个现象，则必须要具体：是哪些人、是哪些种类的反应，以及不同的外部条件究竟如何引发了哪些具体行动？否则，这个过程就无法翻译转化成为模拟模型中的一个个明确的叙述。

同样重要的是要具备反向翻译转化的能力：即能够把模型建立和

使用过程中产生的各种准确的认知，以清晰的叙述用书面或口头语言表达出来。达到不模棱两可，又表述清晰，需要勇气，也需要技能。但是，通过发展这种能力，学生们就学会提出自己的各种假设，让其他人评判，也学会如何持续改善这些假设。他们逐渐形成了进一步深入思考的判断力，形成了超越眼前局面看得更远的判断力，形成了挑战缺乏根据、没有远见的多数人观念的判断力。在解决问题的过程中，他们在更大的范围里寻找各种不同的可能方案，而非依赖于最初的、直觉上"显而易见"的答案。他们还会敏感地意识到各种相互联系的重要性，这样的相互联系给那些似乎相互孤立又变化无常的事件赋予了意义。

不久之前，我问一位刚从大学毕业的学生，系统动力学研究给他带来了什么。他回答说："它让我用全然不同的视角去读报纸。"他的这句话的含义是，他看到了不同事件之间的各种关系，他理解了今天的新闻与上周以及去年发生的事件之间的各种关系，他可以从字里行间体会到，有哪些东西一定是这个故事的组成部分，但还没有被报道出来。

（3）塑造符合 21 世纪的未来

有关系统的教育应该让学生们获得自信，相信自己能够塑造自己的未来。贯穿 12 年制教育的系统动力学教学，尤其在认知几代人感到实在无从下手的那些社会问题上，应该让人们感到乐观。通货膨胀、战争、贸易不平衡以及环境破坏，已经持续几个世纪了，对于这些现象的缘由人们所知寥寥。这些问题过于重大，不能交给那些自以为是的专家，公众必须要获得参与到如此重要的讨论中去所必需的洞察力。

即便学生个人在以后的生活中不会去建立各种模型，他们也应该期望，提出经济与社会政策变革建议的那些人，会建立各种系统动态模型，并且这些模型会公布出来，供公众检验。公众要参与其中，就需要了解这样的模型的性质，需要评估系统中的假设，并且游刃有余地要求这些变革的鼓吹者明确自己的假设、为自己的结论做出辩护。

这样的领悟力是逐步形成的。一次，正在拍摄一个有关系统思考教育的电视节目的一位制片人问身边的一位初中的男孩："这些系统思考学习，对于你有什么意义？"那个孩子立刻回答说："我能更好地与妈妈打交道。"当这些学习过系统思考的孩子们开始自己的第一份工作的时候，他们就会获得超乎寻常的预见能力。我们的一位麻省理工学院的毕业生，到能源部去工作，他用一个简单的两级演示模型说明了一个观点。他吃惊地发现，这个模型让他对自己周围的人的思想产生了很大的影响。即便是如此简单的系统思考，往往也会远远超越那些处于重要的政策制定地位的人们的现存思维方式。

最后一点是，系统思考的教学应该影响学生们的个性，强化他们的创新倾向，并纠正社会中将创新人格（innovative personality）转化为权威人格（authoritarian personality）的各种力量。纯粹的权威人格，也就是认为自己处于"不要问为什么，要么去做，要么去死"的那些人，不关心事情发生的理由，也不愿意找出原因。相形之下，创新人格假设事情发生是有原因的，即便这些原因目前还不为人知。此外，寻找这些理由是有价值的，因为如果一个人对此有所了解，那么他很有可能能够对于当下发生的事件,做出变革和改善。①

我相信,婴儿生下来就具备创新人格。他们想要探索、想要认识,想要看到事情是如何运转的,也想要看到自己如何掌控周围的环境。但是我们社会中的运作流程,却是阻碍探索、阻碍提出问题。"照我们告诉你的去做",或者"别提问题了,听我的就行了",以及"好好学这个东西,对你有好处"——孩子们总是不断地在遭遇这类说法。反复限制创造性倾向的发展,渐渐就迫使人格转向了权威模式。

系统动力学建模的课程安排,通过让学生们对于需要研究的行为形成不同结构与政策的行为,有助于保护和重塑创造性的人生观。一个人要具备创造性,在探询原因、寻求改善的过程中,就要敢于犯错误。计算机模拟的建模是一个反复的试错过程。一个人从中可以学到,进步来自探索、来自从错误中学习。一个具有权威人格的人,惧怕犯错误,也不愿意去尝试未知的事物。而一个具有创造人格的人则认为,错误是通向更深入领悟的一个个阶梯。

从系统思考教学中获益

一个系统思考与系统建模的课程计划本身,并不会自动产生学生需要汲取的更深层的知识。即便是一个运行可靠、精心设计的模型,也不能对建构于其中的假设进行测试。对于这些假设的判断,只能来自其相对的可用性,也就是这个模型所建议的那些行动的最终价值。如果模型的假设与实际效果存在差异,那么学生们应该检查、分析这

---

① 埃弗里特·哈根(Everett Hagen)在其所著《论社会变革理论:经济增长如何开始》(*On The Theory of Social Change: How Economic Growth Begins*,Dorsey Press 出版,1962 年)中描述了创新个性和专制个性,我以其原意在此使用这两个概念。上述引语来自艾尔弗雷德·洛德·坦尼森(Alfred Lord Tennyson)所著史诗《轻骑兵之战歌》(*The Charge of the Light Brigade*,第二节)。

些差异,并将其用于改善心智模式和计算机模型。他们应该将正在学习的内容与家庭、社区和学校中他们已经有所了解的系统联系起来。此外,学校应该尽早脱离那些供学生使用的、事先准备的、千篇一律的模型。相反,学生应该设计自己的模型,检查其中的缺陷,并从模型的改善过程中获得学习。[①]

其他的"系统思考"方法,诸如介绍各种系统的特征、讨论由系统基本模型产生出来的认知,以及让大家去发现已有的与系统有关的经验,都是有价值的"入门工具",也是开展进一步学习的动机。但是,这些"系统思考"的内容最多只占到有实用意义的系统思考教育的5%。它们基本上不会改变学生在未来决策中的心智模式。只有专心沉浸在活生生的系统动力模拟的建模过程之中,才会改变心智模式。

最后要说的一点是,未来几十年的最大挑战是如何推进对各种社会系统的认识——就像20世纪对于物理世界的认识所经历的过程一样。这就意味着要学会接受这样一个事实:一个社会系统中的各种相互关系对于人的个体行为有很大影响。更直截了当的说法是,如果人类系统的确是系统的话,那么人类至少部分上是社会与经济机器上的一个齿轮,对于系统的其他部分所带来的、作用于他们身上的种种力量,他们在很大程度上以一种可预见的方式做出反应。虽然这一观点与我们崇尚的"人人可以自由做出个人决定"的幻想大相径庭,但我还是

---

① 我们的课堂已经经历了惊人的转变。我们不仅是在教授内容上超越了必修课程,而且教学速度也加快了(我们在本周就会完成今年的教学计划,在剩下的五周时间里,我们将会增加教学内容)。学生们正在学习的内容也比以往任何时候都更加实用。在我们的课堂上,学生们从被动的接受者转变为主动的学习者。我们的工作也从信息的分发人,转变到为学生尽可能多的学习创设环境的人。我们现在看到的场景是,学生会提前来到班级(甚至是早早就来到学校),在下课铃响了之后也还不走。

认为，系统存在隐含的对自由的限制约束条件，在实际生活中是真实的。重新设计社会和政治系统，可能看似机械、专制。但是，今天所有的政府法律及规章制度系统、企业政策系统及其他社会系统，都是已经被设计过的，通常是被"默认的"，没有人质疑这些设计背后的假设。这些系统是"实验性"地在活生生的人身上、在真实的社区之中，测试出来的，并没有事先对其长期影响做过模拟，也没有进行过小规模实验。在 21 世纪，我期望无论何地，更好的系统教育都会产生出更好的系统设计。

2. 教学者的系统思考指南[①]

利斯·斯顿茨和尼娜·克鲁施维茨编纂

本书对于上一版的指南做了更新，其内容代表了这个领域中的一批实践者的集体智慧。利斯·斯顿茨是"创造性学习交流"项目的主任，这个项目是这个领域研究和开发的主要资源之一。尼娜·克鲁施维茨是《第五项修炼·实践篇》项目的主编，也是麻省理工学院的《斯隆管理评论》的主编。她先前在麻省理工学院的组织学习中心的研究工作中，学习掌握了系统思考的工具与技能。

从 20 世纪 80 年代起至今，系统思考与系统动力学的应用，在 12 年制学校的课堂上一直在持续进行。如果你是一名教师，或许对此会感兴趣，但你从哪里入手呢？你需要对这个领域的知识有多少了解，才能在自己的课堂上引入系统思考呢？你到哪里可以寻求帮助呢？对

[①] 对于德布·莱尼斯（Deb Lyneis）、谢里·马林（Sheri Marlin）、特雷西·本森（Tracy Benson）和安妮·拉维妮（Anne LaVigne）的帮助和指导，我们深表谢意。

于你的学生、对于他们的反应，你应该有什么样的期望呢？

推进这件事，并不存在唯一的正确方法。进入这个领域的人们，具有各种各样的背景，有着方方面面的经验。你和你的学生运用系统思考，对现有教学内容获得了新的认识，可能就已经满意了；或许你想学会建立你们自己的计算机模型。然而，无论你从哪里开始，也不管你们在这个方向上要走多远，有些你们将遇到的情况，会在你们预料之中。有些活动我们鼓励你们去尝试，有些弯路我们希望你们避免走，而有些资源我们认为你们会觉得有价值。

课堂上为什么要有系统思考？

系统思考是理解（有时候是预测）各种各样复杂、动态的系统相互作用和相互关系的能力——这类系统就在我们周围，而我们自己也置身于其中。有些系统已经存在于课堂学习之中了（人口增长、土地使用、气候和农业生产、革命的起因以及交通流量的不同模式等），也就很容易成为运用系统思考及其工具的对象。

系统地进行思考的能力，既不是全新的，也并不神秘。一位教师在学完一次入门课程之后嘟囔着说："这不过就是常识嘛！"——这说出了许多人的内心反应。从许多方面来看，这的确是真的。系统思考让我们能够看到全局，也看到构成全局的各个微小细节，以及这些部分随着时间的推移相互影响的方式，同时也会将那些人们总能看到但又往往无法解释的行为的各种模式清晰地展示出来。

系统动力学的工具——行为—时间图、因果图、因果循环、计算机模型、计算机模拟以及基本模式，都是有助于我们更有效地理解这些模式和驱动这些模式的系统动力的方法。

有这些工具强化现有课程，学生们可以学到，如何具体描述和量化造成系统成长、稳定的各种影响因素，并进而通过模拟这些影响因素，观察这个系统在不同假设条件下随时间变化的行为。经过反复研习，学生们可以学会如何识别一个系统的各个组成部分，学会分析和了解一个系统的不同部分之间的相互依存关系，这些关系产生的种种条件，以及它们在时间和空间上的作用。不同的工具适用于不同任务，而且像任何事情一样，老师和学生都会倾向于使用某些具体工具。然而，随着我们在课堂上运用这些工具的经验越来越多，我们认识到，这些工具的共同使用，会显著增进学习和理解。

来自新加坡的一个小组访问了俄勒冈州波特兰市塔布曼中学的一个七年级班级。班上的一个女孩在解释自己搭建的模型的一些细节时随口说道："这些工具我时时处处都会用到，比如我在所有课程上都会用到行为—时间图，但说起来，我个人最喜欢的工具还是因果循环图。"对于站在一旁的老师来说，这个女孩的话代表了某种胜利。这种精通的状态，这种自信和拥有感，对于知识工具来说，都是极为罕见的。如果理想的话，对于在学校中获得的所有技能，学生都应该有这种感受，即便是学习代数和造句。然而，学生们这样的拥有感往往被标准教学方法夺走了。运用系统思考教育方法，教师就有机会为学生们提供一系列的工具，这些工具会给他们未来的生活带来优势——无论是在学校里，还是在学校外。

当数学教师黛安娜·费希尔发现了系统思考和计算机建模的时候，她感到自己找到了一生都在寻找的工具。她看到了一种学生可以理解"真实世界的事情"是如何运转的方式。她说："大多数人会被公式搞得头痛。即便是以我具备的培训和数学教学经验，在我看到一个不熟悉的公式时也会对自己说：'天哪，我得坐下来，仔仔细细地分析这个东西里的每个部分。'但是，图形却是展示一个故事的自然方式，就因为它的视觉特点。有些学生具备极为出众的分析能力，我们却还远远没有挖掘。如果我们给他们看STELLA（系统建模软件）这类工具，我们就会让这些学生飞起来。我们可以对以前从未影响到的学生群体产生影响。"

小学中的系统思考[①]

石头汤、锅与存量—流量图

一口锅通常用来做汤，但也可以作为一个非常实用的工具，用来教幼儿园的孩子们：造成一个系统里的变化的原因是什么，以及变化是如何用一条倾斜的线来衡量的。在与年幼的孩子们一起使用行为—时间图几年之后，在观察到这些工具的视觉特征是如何帮助孩子们能够清楚地表达自己的思想之后，教师们对于使用存量—流量图的可能性，也感到兴奋不已。

幼儿园老师芭芭拉·卡萨诺瓦（Barbara Casanova）利用一个常见的秋季学期课程，创造出了一个学习机会，向她的学生清楚地展示了存量—流量模式是如何运行的。孩子都熟知的"石头汤"故事讲述了一个聪明的年轻人的民间传说——他通过说服一位老妇人相信他能够用一块石头做出美味的汤来，诱骗这位老妇人为他做了一锅汤。他的确用那块石头做了一锅汤，但那是在老妇人的锅里加上了洋葱、胡萝卜、牛骨、盐、胡椒、麦芽和黄油之后。在芭芭拉的课堂上，学生们要做他们自己的"石头汤"——他们到附近的市场上买了些可口的蔬菜，回到学校之后把这些蔬菜洗净、切好，然后就准备开始做汤了。

[①] 谢里·马林著，教材由博尔顿初级精英学校的芭芭拉·卡萨诺瓦提供。

这也就是系统思考教学开始的时刻。[1]

学生要根据自己的喜好做出决定，在锅里是放四分之一杯、三分之一杯，还是半杯蔬菜。同时，学生们用图表表示出锅里装的蔬菜的比例。学生们也要做一个纸质的锅，以各种各样的纸片代表汤里加入的蔬菜。对于在这一年中制作"存量和流量图"的学生来说，这个纸质的锅起到的是持续的提醒作用：用图中的长方形代表一种积累。

到锅装满之后，就要开始煮汤了。在一个课堂上，在满满一锅汤正在煮的时候，一位学生敏锐地观察到，有蒸汽从锅里冒了出来，并且蒸汽要作为存量水平的一种变化记录下来。

最后就到了喝汤的时候了，学生们邀请自己的朋友和家长一起来分享他们做的汤。在喝汤的过程中，孩子记录下了汤从锅中盛到杯子里和碗里的次数。他们发现，对于大一点儿的碗，在从锅里向外倒汤的时候，需要倒得急一点儿。由于他们对行为—时间图已经比较熟悉了，学生们就可以在图上画出这个线条的时候，预测它的倾斜度了。他们根据准备汤、烧汤、分汤以及喝汤的整个过程中发生的事情，得出了各种结论。

汤本身并非一个高度复杂的系统。但是，5岁的孩子能够解释积累，能够使用比例和倾斜度这些术语，并且能够将这些信息用到其他有积累现象的系统中，这就很重要了。更强大的是，在这门课结束相当长一段时间之后，这些托儿所的孩子再次回到这个模型，他们仍然可以准确、清晰地解释这些概念。年幼的孩子们可以并且能够做到深度思考甚至抽象思考。为他们提供视觉工具，保证错误认识可以得到澄清，以便他们也能准确地进行思考。这个锅作为真实案例创造出了一个类

---

[1] 安·麦戈文（Ann McGovern）所著《石头汤》（*Stone Soup*，Scholastic Books 出版，1968年），插图制作温斯洛·平尼·佩尔斯（Winslow Pinney Pels）。

407

比，其含义是如何帮助学生产生他们最好的思想。①

在参观动物园中澄清积累的概念

如果以一个具体的例子精心、细致地说明抽象思维，年幼的孩子就有能力进行抽象思维。于是，幼儿园老师芭芭拉·卡萨诺瓦又进一步强化了孩子们的成功——通过参观动物园的例子，她把存量—流量模型是如何运转的概念教给了他们。

参观动物园是幼儿园孩子们在春天里常做的户外活动。在芭芭拉的课上，学生不仅要学习各种动物的知识，还要研究动物园人流进出的速度如何影响到动物园来的人们的体验。他们仔细观察影响人们进出动物园的各种因素。比如，如果人们感到饿了或者看完了所有的动物感到累了，都会离开动物园，例如，"娃娃需要睡一会儿了。"学生们也发现，诸如有一个新出生的动物等特殊事件，也会影响到动物园来参观的人数。

为了表示人数在动物园中的积累，芭芭拉在她的教室里用胶带做了一个大长方形。学生们则制作了一个讲故事的大笔记本。笔记本上的每一页代表了一天中的一个小时，每一个学生都可以选择某个时间，进入和离开动物园。芭芭拉再用一个大时钟，标出了动物园的开放时间。上午9点，4个人进了动物园。10点的时候，6个人进了动物园。11点，5个人进了动物园，但是有3个人离开。在存量和流量图上，这个记录一直持续到下午4点，那时候动物园里就没有游客了。

---

① 在本节以下内容中，书籍的使用，如"石头汤"的案例中所示，以及游戏的使用，都是为学习复杂系统建立基本环境。如果学生有类似的经验或者可以参考的观念，他们能够在体验这个系统的过程中，探究系统的复杂性与相互依赖关系。

通过这堂课建立起来的观点,就是存量是一种积累——在这个案例中,是进入动物园的游客人数的积累。学生们亲身走进、走出那个大长方形,就是在模拟存量的变化速度和存量的累积。在这个动态体验之后,学生们就有能力分析影响进出动物园人流的各种因素了。

在这个动物园游戏中,采取了用身体的动作表达存量的方法,这与幼儿园的课程计划中的一个数学游戏相互印证。这个数学游戏要求学生掷一种特别设计的正方体骰子,各面的数字是 +1, +2, +3, -1, -2, -3。学生们开始的时候,有三个筹码,根据掷出骰子上的数字,他们在一个盒子里添加或者拿走筹码。这个游戏的目的是帮助孩子学习数数,并建立加减法的基础。芭芭拉用人代替筹码,要求她的学生们模拟动物园中发生的故事,同时还写下了相应的公式。由此,她就强化了与一个简单的存量—流量图相关的数学概念。

当这个数学游戏与动物园存量—流量动态游戏搭配到一起应用的时候,学生们就有更大的机会建立其中的各种联系,也因此从两种不同的活动中,获取了更多的意义。这个动物园存量—流量游戏是一个极好的例子——通过运用系统思考工具,学生们在某个活动中需要进行更多的思考,从而强化了现有标准内容的教学。

猛犸象游戏

在有关冰河时代的社会学学习中,作为课程计划的一部分,马萨诸塞州卡莱尔的三年级学生初次接触到了"猛犸象游戏"。学生们掷出骰子,代表猛犸象的出生和死亡。每一轮游戏结束的时候,这个小组的猛犸象群的规模就会下降,他们依此制作出了行为—时间图。随着游戏的进行,猛犸象群中的猛犸象的数量按年度变化被标在图上,一幅图就呈现出来了。帮助学生看到他们的图表中的模式至关重要，类似"有什么在变化？变化正在怎样发生？为什么会发生变化"等问题的提出，有助于引导对话讨论的过程。一条陡直的曲线的含义是猛犸象数量的迅速减少；而一条较为平坦的曲线，则表明猛犸象数量下降的速度比较缓慢。①

随后，学生和老师又采用了两种不同的系统思考工具，探讨猛犸象的数量与猛犸象出生和死亡之间的关系。他们运用的第一个工具是"因果循环图"，整个班级在一起讨论不同反馈循环的各种特征。在马萨诸塞州的卡莱尔，也就是开发并详细记录这个猛犸象课程的学校，当教师们看到八九岁的学生对于指数衰减的理解程度之后，都感到大为震惊。这个课程的内容是猛犸象的灭绝——当猛犸象的死亡数量高于出生数量时，猛犸象就会濒临灭绝，一位学生提出了一个问题：如果开始时猛犸象的数目不是100只，而是1 000只，情况是否会有所不同。大家都不大确定，包括老师在内。有些人认为，如果在开始的时候猛犸象的数量大10倍的话，猛犸象的存活时间也会延长10倍。而另外一位学生却说：不会是这样的，如果每年在3只猛犸象中有1只死亡，那么这个猛犸象群还是会在相同的时间内减少一半，也会在相同的时间内灭绝。这个班级用一个简单的STELLA模型模拟了这个游戏，结果这个孩子的想法是对的。学生们对于这个游戏，进行了更多的讨论，到了这一段教程结束的时候，大多数学生都理解了"指数衰

---

① 这个猛犸象游戏以及10个其他适用于学生的游戏，请见罗布·奎登（Rob Quaden）、艾伦·托洛茨基（Alan Ticotsky）和德布拉·莱尼斯（Debra Lyneis）所著，内森·沃克（Nathan Walker）做插图的《变化的形状：存量和流量》（*The Shape of Change: Stock and Flow*，Creative Learning Exchange 出版，2009年）。参见 http://www.clexchange.org/cleproducts/shapeofchange.asp。

减"和半衰期的概念——虽然他们并没有使用这些术语。当老师引入这些术语的时候,班上的学生马上就明白了。

对于老师和学生来说,类似的因果循环图提供的是一个示意图,显示出系统中的不同因素是如何相互影响的。最重要的是,大家认识了循环反馈的过程:当一个系统中的不同因素相互影响的时候,因变成了果,果又变成了因。行为—时间图描述的是系统中"发生了什么",而因果循环图则说的是"为什么会发生"。许多老师被因果循环图所吸引,并逐渐形成了一种描述因果关系的直觉能力。在为一个复杂影响模式提供一种快速图像方面,这些循环图相当实用。然而,虽然在画因果循环图的时候,可以有许多相互联系、缠绕的循环,但用来描述相当复杂而综合的系统,一般还是画得简单些为好。

接下来一步,卡莱尔中学的老师在这个课堂上应用了一个猛犸象游戏的存量—流量图。与因果循环图相比,存量—流量图的用途要丰富、广泛得多,而又由于其非常具体,对于年轻人群体就尤其有价值。当学生(就此而言,也包括成年人)开始以"流入"和"流出"的角度思考问题的时候,他们的思想就会产生一种深层的变化。学生们可以讨论他们在游戏中提到的实际数量,再把它们与随时间变化的积累和流量等概念联系起来。

画存量—流量图,只需要用纸、铅笔或者黑板。随着问题和对话逐渐演进,老师们可以在图的旁边列表标出可能的输入、输出和影响流速的种种因素。随着存量—流量图逐步形成并且变得复杂起来,把这些内容再拿回来讨论,都会有用。

然而,存量—流量图并不总是单独制作出来的。各种存量—流量图往往是在模拟或者建立一个模型的发展过程中画出来的。实际上,如果你画出了一幅定义清晰的存量—流量图,你就已经完成了计算机建模工作的一半了。在许多课堂上，最终的一步是编程开发一个简单的计算机模型，并且通过运行这个模型，观察图表中的变化的模式——就像是在猛犸象游戏中所做的那样。

——罗布·奎登、艾伦·托洛茨基、德布拉·莱内斯

中学课堂上的系统思考

系统思考在课堂上的重要应用之一，是形成对于我们时代的各种重要议题的认识，以及对于如何应对这些问题的认识。其中有两个议题，一个是我们这个星球的可持续问题，一个则是毁灭性流行病大规模爆发的可能性。以下的两个中学，对这两个问题做出了清楚的回应。

豆子游戏

对于各种限制因素、人与自然系统相互作用产生的各种影响、生物承载能力、短缺与选择之间的关系以及自然资源的分配等问题，大多数社会学、科学和环境教育的课程中都安排了通用的标准单元。参与"华特尔斯基金学校中的系统思考项目"（Waters Foundation's Systems Thinking in Schools）的谢里尔·道（Cheryl Dow）和特蕾西·本森，设计了一个角色扮演的模拟游戏，帮助学生们体验这些重要的概念。"豆子游戏"所探索的，是随着多代家庭中的每一代人（高祖父母、曾祖父母、祖父母、父母以及孩子们）决定他们需要多少资源才能健康、富裕地生活，经过一段时间后随之产生的各种影响。[①]

这个游戏的结构是，每一代家庭都有一种不同的消费用具（勺子、小杯子或镘子），可以从一个装有全球资源（由花斑豆来代表）的大桶

[①] 有关"豆子游戏"的更多内容，请见 www.watersfoundation.org。

里，获取和消费资源。由于学生们知道这个游戏中不包括可再生能源，他们也就迅速发现，资源经过一段时间很快就会消耗殆尽。他们也看到心智模式、贪婪以及用具对自然资源的迅速耗尽会产生什么样的影响。通常，不同的家庭成员一开始就会进入竞争状态，试图努力去获得尽可能多的豆子（资源）。在那些拥有可以收集到更多豆子的工具（小杯子）的家庭和明显在工具上受限（镊子）的家庭之间，就产生了一种滑稽的相互憎恨。到这个模拟游戏快结束的时候，年纪最轻的那一代人，就会面对一种可用自然资源耗尽的惊人局面，由此产生出一种强烈的情绪反应，为一场生动活跃的汇报研讨提供了素材。

在这个游戏的汇报研讨阶段，画一幅存量—流量图会有帮助。学生们首先画出他们体验到的那个系统——这是一个没有可再生资源的系统（在图中以黑色表示），然后，他们可以在图上加上一些有助于系统可持续的、可以产生杠杆作用的行动。当这部分结束的时候，学生们了解到自己对于流出（资源的消费）和流入（可再生资源）都会产生影响，并由此产生一种承担责任的感受。这个游戏及其汇报研讨的体验，总会提高学生们的认识，也希望对于他们未来的行动会有所影响。

——特蕾西·本森，华特尔斯基金

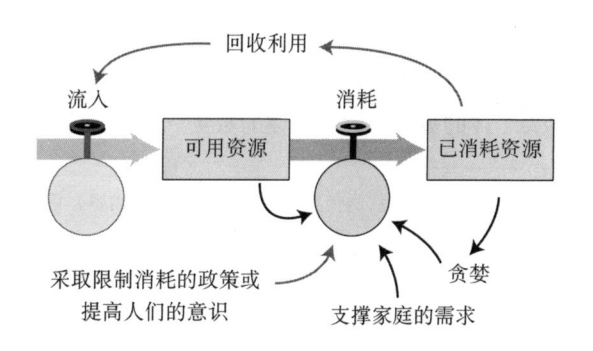

帮助中学生探究流行病是如何传播的

有时候，中学生更关注自己同辈人之间的最新社会新闻，而不是有关疾病传播的最近一节科学课。但是这两个系统的相似程度，实际上却比许多学生所意识到的要大得多。

对于一个谣言是如何迅速传播的，学生们一般相当熟悉。在很短一段时间里，每一个人似乎都听到了那个流言。谢伊·范·罗兹和我一起，帮助她的八年级科学课的学生看到各种疾病，比如，人类免疫缺陷病毒（HIV）是如何以类似的方式传播的。（这个游戏，在健康课上也用过）学生们玩的是一个动觉游戏，在这个游戏中①，他们与课堂上的其他学生做几轮握手的动作。在学生们的相互接触中，有些会传播一种想象中的"流行病"，有些则不会。每一轮结束的时候，学生们都会记下他们的感染状态："健康"或者是"受感染"。起初，只有一个学生有这种假想的疾病，但是经过十几轮之后，所有学生都被感染了。在这之后，学生们把他们的数据整理出来，绘制出随时间变化的总体感染图。这个通常是 S 形的发展模式，显示出流行病是如何从最初缓慢传播，而后随着越来越多的学生患病逐渐加速。最终，所有人都受到感染，曲线也就变得扁平了。②

学生们使用这个图表，在课堂上探讨产生这种增长模式的底层结构。然后，他们搭建一个计算机模型，其中包括这个系统的其他元素（比如，受感染个体的数量、健康个体的数量以及他们之间接触的

---

① 有关如何构建和使用"疾病传染游戏"的更详尽的内容，可以参考《变革的形状》(*The Shape of Change*，参见"猛犸象游戏"）。

② "疾病传染游戏"的基础是霍莉·克拉夫（Holly Cluff）、山姆·德沃尔（Sam DeVore）、威尔·格拉斯 – 侯赛因（Will Glass-Husain）、安妮·拉维妮（Anne LaVigne）、约翰·斯特曼（John Sterman）、谢伊·范·罗兹（Shea Van Rhoads）以及其他 12 年制的教育工作者和实践者的工作。

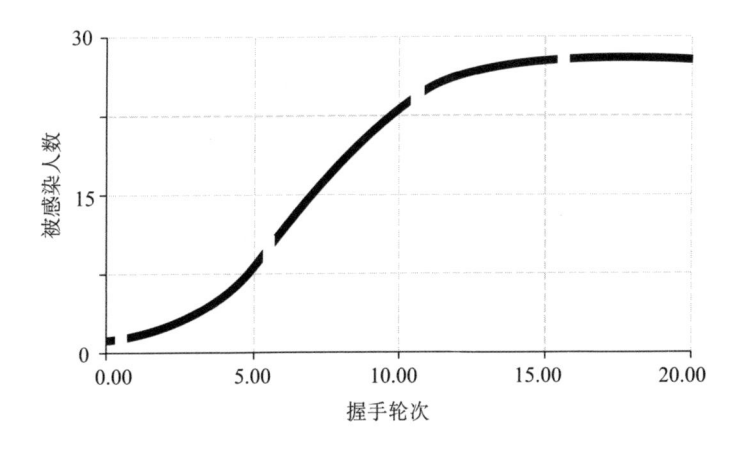

频度）。运行这个简单的模型，就会出现类似他们在游戏中所经历的 S 形模式。在此之后，学生们应用这个模型，对于造成疾病传播以及如何防止传染的各种理论，进行测试。

在对疾病的传染方式有了基本了解之后，学生们就转而探讨一种具体的疾病：人类免疫缺陷病毒，这也是他们的科学课的规定内容。他们运行了一个模拟程序，探讨 HIV 的动态变化，他们采用的是一组国家受到这种疾病的侵袭的数据，比如赞比亚、美国，以及博茨瓦纳。每一个国家都有不同的流行模式，相关因素包括，开始模拟时受感染人群所占的百分比，是否可以接受医学治疗，以及接触这种病毒人数所占的百分比，等等。由于那个最初的假想疾病传染游戏没有包括治愈与死亡的可能性，HIV 传播的模式就与握手游戏中的模式有些不同，随着时间的推移，这种疾病患病人数下降是有可能的。

基于不同国家的模拟条件，对于一段时间内这个疾病对各国的人群可能产生的影响，学生们做出了预测。在运行了模拟程序之后，大家讨论了其对经济、政治和文化方面的种种影响。对于推进人们期望变化的可能杠杆作用点以及政策所产生的潜在长期影响等等方面的难题，他们也开始提出问题并进行探讨。比如:"如果所有新的感染都可以通过各种预防方式消除,结果会怎么样呢?"以及"如果没有同时采取预防措施,医学治疗对于延长患者生命和疾病传播速度会产生哪些影响呢?"[①]

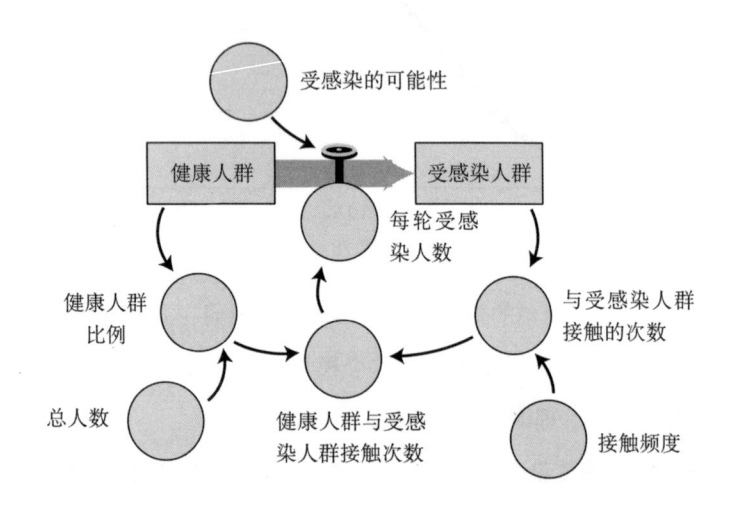

通过发现谣言的传播与 HIV 的传播之间联系的类似方法,学生们在课堂上还讨论了这种增长模式在各种不同的背景下的情况,其中包括黑死病、新观念与创新的传播,以及时装与流行产品的演化。学生们建立了自己的模型,体验了动觉模拟过程,形成了以存量—流量进行描述的方法,并且探讨了不同的模拟环境。通过这些不同的体验,学生们就能够理解这一类增长模式,并且在各种实际生活的环境中,将其识别出来。对于世界各地及历史上面对(或者面对过)这类难题的那些活生生的人们所受到的一些影响,他们形成了认识。

——安妮·拉维妮,华特尔斯基金会

---

① 有关"流行病传播游戏"的更多内容,参见威尔·格拉斯-侯赛因所著《系统动力学教学:观察流行病》(*Teaching System Dynamics: Looking at Epidemics*, Creative Learning Exchange 出版,1991 年)。这个模型基于约翰·斯特曼创建的双重存量感染模型。参见网站 http://clexchange.org/ftp/documents/Roadmaps/RM5/D-4243-3.pdf。

高中阶段的系统思考

系统思考工具的应用，并不限于数学课和科学课。在十年级的英语课上，阅读威廉·戈尔丁（William Golding）的著作《蝇王》（*Lord of the Files*）的学生们分成小组，绘制出了书中不同人物的权力水平如何随着每一章中事件的展开而发生变化。他们互相比较各自的成果，投入深层问题的讨论之中。由于每一个小组绘制的图表是不同的，因此他们的起点一定是对"现实"特征的一组不同假设。

"我读了一些有关'行为—时间图'的资料，"学生们的老师蒂姆·乔伊（Tim Joy）说，"但是否能在课堂上运用，我完全没有概念。学生们的任务，是要跟着整本书追踪各个人物的脉络。他们在家里完成作业，等到他们第二天来到课堂的时候，我几乎没有办法完成课前点名。他们互相展示自己的图表，他们之间的辩论也就此展开。即便是在优等班上最好的情况下，我们也从未见过这样的热烈讨论。我要求他们集中到一起，绘制出代表他们共同观点的图表。结果让人喜出望外，因为在由此而额外增加的作业中，他们选择了一个没有达成一致意见的图表，并用一篇短文陈述了各自的观点。当我看到了学生的反应——他们的参与程度、思考和讨论的程度，我就知道这是一个我一直会运用下去的工具。"

随着蒂姆的课继续进行，他就延展到了存量—流量图，最终发展到他自己建立了一个计算机模拟模型，其中包括定义每一种相互关系的各种公式。学生们可以改变模型中的变量，快速了解一个系统中各种因素如何相互作用。

采用现有的模拟模型，去了解一个具体系统的动态关系，很有益处。模拟程序可以让学生们进行"如果……怎样……"的操作——尝试各种不同的可能情境，对比不同结果，从而形成对系统整体的更强认识。有许多模拟程序小学生就可以掌握。猛犸象游戏的模型显示出当出生率和死亡率发生变化时，将会发生什么；或者可以显示出当猎人加入这个场景的时候，会产生什么结果。而掷骰子的"棋子游戏"要花许多天时间才能够展示出来的"几轮"结果，用一台计算机几分钟就可以完成了。

在课堂上应用计算机模拟，需要进行大量的课堂讨论。在每一"轮"模拟运行之前，要求学生预测出在他们改变自己的输入变量时，图表会如何变化，这非常关键。否则，他们就只是在玩一个计算机游戏，没有综合分析，也没有理解和认识。以图表的形式将实际结果与他们的预期进行对比，可以引发出各种有关系统运行为什么与大家先前的预测不同的问题，还可以引发一些更深入的问题。每一个图表都可以讲一个故事。为什么猛犸象不能生存下去？当时是否有足够的食物？是不是猎人的数量增长得过快？

年轻人很快就会喜欢上操作计算机模拟程序，其速度可能会让成年人感到吃惊。由于老师可能还没有习惯在课堂上使用计算机，他们可能会犯花太多时间进行解释的错误。做一个简短的说明，接下来花15~20分钟让学生们自己进行实验，通常情况下就足够了。孩子们已经习惯于视频与计算机游戏，他们恐怕想马上上手试一试这个模型的极限——想要"战胜"或者"摆平"这台计算机。基本上不会有人对运行或者操作模拟程序感到胆怯，其中许多学生还可能想直接从模拟进入到建立自己的模型的阶段。

一旦他们了解到模型是如何建立的，运行过蒂姆·乔伊的《蝇王》的模拟程序的那些高中生，就开始对这个程序提出种种质疑。这个程序不允许他们增加他们在小说中看到的一些关系，其中一些人把模型拿回家，自己进行修改。

蒂姆告诉我们："他们增加了一些存量，然后就发现流量有问题，但也就是在这个时候我发现，即便是一个不太好的模型，也比某些传统的教学工具要好。计算机模型要求他们清楚地表达出自己的思维过程，要求他们清楚地表达出他们提出的问题。"

并非所有的教师在自己的课程计划中都会走到建立模型的阶段。了解和熟悉软件，需要时间，一些学区计算机资源也有限。然而，对于那些把建立模型作为课程要求的教师来说，当他们看到孩子们由此做出的成果，并从中获得兴奋和满足，就足以补偿他们学习建立模型的辛苦付出了。

我们有理由相信努力学习模型，并把它教给孩子，将以意想不到的方式回报。玛莎·莱恩斯（Martha Lynes）是马萨诸塞州诺斯汉普顿的一名退休物理教师，几年前，她开发了一门课程，学生们在这门课上用汽水瓶罐做出了各种各样的火箭。学生们首先初步了解了行为—时间图和存量—流量图，其后初步建立模型的内容。当然，最令人激动的部分，还是建造火箭，并且在学校附近的一片空场上发射的时候。学生们用视频记录了火箭飞行过程，其后他们又用塑料膜盖住录像机的屏幕，画出火箭的飞行路线。学生们组成小组开发模型，用于解释各自火箭的飞行路径，并且在全班同学面前做出说明。

一名参加了她的第一次课的学生毕业后从斯坦福大学给玛莎写信说，他正在上一门物理课，班上许多来自名校的学生都已经在基于微积分的物理方面，花了几年时间了。但是他发现，这些人与他不同，他们缺乏对于那些概念的真正理解，所以考试成绩就不如他好。

几年之后，他又给玛莎写了一封信，这一次他是在一家汽车研究机构做实习生的时候写的。这时他正在开发一个气囊用的真正的计算机模型。他说，这让他想起了那些水火箭的模型。他再次对她的物理课表示了感谢——这些课"遥遥领先于其他高中课程许多年"。从他的信中可以清楚地看到,如果有足够的学生参与了类似的训练,我们就可以期望技术不仅可以愈加先进,而且还会在多元化和人性化方面,更为丰富。

在俄勒冈州波特兰举办的一次学生项目展示会上,一个学习过一些司法科学知识的高年级团队,对于法医确定一具尸体死亡时间的过程产生了兴趣。他们找到了一位法医进行访谈,这位法医还把自己一些原创的论文借给了他们。学生们选择了三个可以给出死亡时间线索的变量:环境温度、体重以及衣服的状态,是干的还是湿的,或者是不见了。他们在把前两个变量进行模型化的时候,没有费多少工夫,但是衣服状态的描述却是个问题。他们如何才能在一个公式中表示所有变量呢?学生们在三个牛奶瓶中灌满98℃的水,然后把一块湿毛巾包在一个瓶子周围,另一个不包毛巾,第三个则包上干毛巾。他们用了几个小时的时间,每过15分钟测量一下每个瓶中的水温,了解了那条变化曲线。

以学习者为中心的学习

系统思考工具的益处之一,是老师一般会让学生配对和分组工作。比如,配对建立STELLA模型的两个学生,就会有一个同伴提出相关问题,并检验他们的思考。一堂数学课上的八年级学生,在应用STELLA软件为一些简单的公式做图表,他们上次使用STELLA软件是在一年之前。结果,课堂上争论的都是这类问题:"如果我们把这个变量值变成5,会是什么结果?""你是否还记得怎样确定连续变量的量程?""这与我们在社会研究中的问题是否是同样的问题?""你为什么要把这个公式以这种方式表达出来——我们是否可以用另一种方式做?"

在这样的环境中共同工作的学生,更有可能对一个问题提出新的质询，而非执着于获得正确答案。虽然他们需要一些指导才能不偏离方向，但质询能够让他们的理解更加深入——超越他们自己或老师的预期。多萝西·约翰逊（Dorothy Johnson）课上的学生们在完成有关罗密欧与朱丽叶的课程时，都要写一篇专题论文。其中有一个可选的题目，是要求学生们组成团队工作，对于他们所选择的一个故事，开发出一个存量—流量模型，并建立一个STELLA模型。她建议学生们不要搞得太复杂，要简单点儿。多萝西相当肯定地认为，不会有人做这个选择题，但让她大吃一惊的是，每一对学生都选择了为自己的故事建立模型——从简单的童话到《人与鼠》，其中许多人是在放学之后回到课堂上来做的。

威尔·科斯特洛（Will Costello）是佛蒙特州的一名教师，他与其他人共同在高中教一门模型建立课。他的科学课上的两名学生，对于美国内战是否有可能避免这个问题，逐渐产生了兴趣。他们判断自己需要在棉花生产方面做些研究，了解种植园增长与土地需求随时间变化的情况。由于在自己学习的图书馆里找不到他们需要的资料，他们就逛到了附近一所大学的农学院。在那里，他们偶然发现了一位曾经对南方棉花生产做过12年研究的教授，这位教授帮助他们了解了在建立模型中需要的那些变量。

"你可以想象，这是多么大的自我激励，"科斯特洛说，"高中的孩子一般不会对历史问题着迷，但他们却自己提出了这些他们似乎没有能力提出来的深入观点。他们看到了土壤衰竭（种植棉花的土地在两年中就衰竭了）与南方种植者可以开发的有限耕地供应之间的关系。这些学生通过自己的研究发现，南方发动战争是有经济动因的。在我看来，如果学生们获得了工具和鼓励，他们就可以在我们无法想象的层级上学习和表现"。

搭建学科之间的桥梁

一旦学生们以系统思考的方式理解了一个概念，体验了由参与和好奇心带来的兴致勃勃，就自然而然地会尝试着将系统思考应用到其他情境之中。在一所天主教高中的英文课上阅读了《蝇王》的学生，把他们有关失去纯真的讨论，带到了宗教课上。学生们关于善与恶的热烈讨论，让宗教课老师印象深刻，但他却不熟悉学生们使用的图表和语言，于是，他就去找那位英语老师了解究竟。当他看到孩子们在这之前创作的图表之后，便引导学生们继续开展有关威廉姆·戈尔丁的讨论。"作者相信人的内在本质是恶，这与天主教会的教义不符。"宗教课老师这样说。这个说法本身成了一个跳板，启发了一场有关原罪和救赎的可能含义的深入会谈。

虽然这位宗教课老师之前在各种会议上听说过系统思考和系统动力学工具，但他以前觉得这些都太技术化了，所以一直都在回避。一个学期之后，宗教课部门的老师们，就开始应用这些工具了。现在，几年过去了，低年级的学生在上宗教课的时候，应用了许多系统思考工具。为了响应一位主教将附近的一条河命名为"圣河"的训令，他们也在构建各种计算机模型，评估修建水坝对于鲑鱼群的各种影响。

用无形因素进行系统建模

有时候老师们感到，在为诸如"天真""快乐"以及"自信"等"软变量"进行数学赋值的时候，实在太困难了。这些概念都无法衡量，他们如何建模呢？然而，为任何一个事物建模都是可能的——从一所学校的管理人员的不信任感，到罗密欧的强烈感情。

你要做的是，为这些变量赋予代表相对量的数字（比如，热情）。STELLA 建模软件的创建者巴里·里士满（Barry Richmond）指出，目前尚不能衡量的许多性质，都可以进行量化。进行量化其实就意味着把一个数值赋予某个事物。如果量化一个"软"变量似乎有难度，比如，量化一种情感或是团队的态度，这或许是因为类似的许多量化过程很容易让人疑惑——除非量化过程是透明的，也就是说，在这些数值背后的假设必须是清晰可见的。比如，你可以建立一个公式，在这个公式中，每一次麦克白（或者他的妻子）感到受辱的时候，麦克白的谋杀能量都增加一倍。但是，你能够为这种关系辩护吗？为什么一定是增加一倍？让谋杀能量增加更多的是什么——受辱，还是野心？要对于如何量化"软"变量做出决定，可能要进行大量的讨论，以及对于"软变量"和系统中的其他变量之间的关系进行严格思考。有些人喜欢把这些变量的量化称为"修辞"值。当你选择了一个数值的时候，你实际上是表明了一种立场，你必须要有能力为其辩护，要说出一个能够让大家尊重这个数值的道理。

你能够改变这个世界吗？

要想处理我们持续增长的复杂世界中的各种问题和挑战，就一定要有工具，这些工具帮助我们——尤其我们的学生，理解和应对其中的复杂性。对于这个目的，系统思考的工具有其独特的适用性。诸如可持续发展、我们的社会系统以及国际系统等问题，都迫切需要应用这些有助于建构意义的工具。

在俄勒冈州波特兰的威尔逊高中里，黛安娜·费希尔教授的系统动力学建模课表明，这些工具可以处理数量众多的各种议题。在最近的一次系统动力学国际大会上,她的四名学生介绍的项目,涉及内容丰富的各种不同议题,例如:"汽车制造厂商是否能够应对油—电动混合动力车的持续增长的需求?""在一个稳定的生态系统中引入入侵物种会带来什么样的后果?""我们是如何通过把牛奶从生产商运送给消费者加速全球气候变暖的?"以及"全球气候变暖,我们还有多少时间?"等等。

当学生们有能力对这类问题产生如此富于成效又深入洞察的回应,当这些回应又植根于他们对塑造了现实世界的种种相互关系的理解的时候,这个世界的改变就有了现实的可能性。

创造性学习交流中心 [①]

"创造性学习交流"中心(Creative Learning Exchange,简写为CLE)帮助教师们(以及公民们)在12年制学校系统中初步应用系统动力学习工具、系统思考以及以学习者为中心的学习。中心提供的论文材料林林总总、内容丰富——从系统思考的解读,到教程以及课程安排。中心每年都会有四到五期实时通讯,内容是各种故事和激励人心的体会。还会每两年举行一次全国大会,到会发言的人既有身体力行的教师,也有系统动力学领域中的权威人士。最重要的是,在教育工作者面对一种新技术感到有困难的时候,CLE中心的网络为他们提供了一种社区联系,包括电话和邮件支持。

CLE中心提供的最有价值的服务之一,是由教师们创作的可以免费下载的系统思考教学计划——用作教育目的。CLE中心的教材有一

---

① 在网站 http://www.clexchange.org 上可以直接获得课程。

种"开放式软件"的感受,教师和学生们一起持续开发、持续优化,因此这些教程便处于一种持续进化的状态。其中的课程有:"友谊游戏"——描述你的交友技能与你拥有的朋友数量的正反馈关系;"芭比娃娃万岁"游戏——用于中学生学习图表制作和建模技术(学生们通过带自己的娃娃去蹦极进行学习);"认识萨赫勒的悲剧",则是一个以非洲萨赫勒地区人道主义援助为内容的模拟软件,显示出援助可能起反作用,最终毁灭文化;而"模拟纯真的终结"则是一个基于《蝇王》一书堕入野蛮过程的模拟软件。

——尼娜·克鲁施维茨、吉姆·卢卡斯[1]

黛安娜·费希尔的数学和建模指南[2]

在波特兰的各个公立中学里教授系统动力学建模 5 年的经历之后,黛安娜·费希尔写出了《动态系统的模型建立》一书的第一版。在教授高中生如何一步一步地学习建立模型方面,这本书提供了第一手的实践建议以及详细的课程计划。想要进行尝试的成年人或学生,都可以把这本书当作自己的一门自学课程。它可以帮助已经有系统动力学建模经验的教师,为学生安排一门课程——安排在正常教学计划之中,

---

[1] "创造性学习交流中心"是"滚雪球夏令营"(Camp Snowball)项目的赞助方。"滚雪球夏令营"以系统思考的工具为主题,是每年一次为教育工作者和其他个人(包括学生)举办的参与式大型活动。有关信息请见:http://www.campsnowball.org/。

[2] 《动态系统的模型建立:第一期课程的经验》(*Modeling Dynamic Systems: Lessons for a First Course*, 2005)和《数学课:一种动态方法》(*Lessons in Mathematics: A Dynamic Approach*, 2001),黛安娜·费希尔著(iSee Systems 出版)。

或者是以放学后的俱乐部形式进行安排。

《数学课》介绍了如何将系统动力学的内容融入现有的教学计划。黛安娜常说,她现在如果不涉及系统动力学内容,就教不了数学了,因为系统动力学的内容有助于澄清那些标准数学课程中无法进行教学的概念。

——利斯·斯顿茨(Lees Stuntz)[1]

灵 感[2]

这个概念匹配软件使你能够自由自在地进行头脑风暴,并且把你们形成的所有观点和联系都放到一个计算机屏幕的工作空间里。在大屏幕上投射计算机的能力可以强化课堂讨论。针对一个问题或者议题,每个学生依次描述自己的概念理解,所有相关的图像定义就一点点地建立起来了。

任何一个老师都可以通过半个小时的指导或者几个小时的试验,熟悉掌握灵感软件,而孩子们从二年级以上就可以掌握了。这个软件持续升级,最新版本允许使用者很容易地增加自己的图标,并且将图输出到网络上。

——理查德·朗海姆(Richard Langheim),新泽西拉马波学院教育学副教授

---

[1] 黛安娜·费希尔有一个自己的网站,上面有许多资料和令人深有感触的学生学习的录像。见 http://www.ccmodelingsystems.com。

[2] 灵感软件公司(Inspiration Software)出版。

STELLA[①]

  STELLA 是一个为教育工作者设计的一个优秀改编版软件，它基于由杰伊·福里斯特开发的最初的系统动力学计算机语言。（另一个类似的软件，iThink 是面向商业决策者的。）要创建一个 STELLA 模型，你必须要指定存量和流量，还要确定它们之间的相互关系。要保持所有这些内容的明确清晰，很不容易。比如，你不能使一个存量的输入是水，但其输出却是能量。但是，通过不断克服困难，就可以让学生对手中的材料形成更深入的认识。此外，STELLA 软件允许你设计一个接口，使其他人更加容易地测试你的模型——而不必面对模型的底层结构（当然，如果他们想要看到，还是可以找到）。

  小学生就可以使用 STELLA 模型，理解存量和流量，但是建立模型应该是在初中阶段。教师需要经过几天的培训，才能学好 STELLA，将其引入课堂。以我个人的经历，到了中学或者更早一些，学生们就能够掌握使用 STELLA 公式建立模型时所需要的数学能力了。使用 STELLA 可以教会他们将语言表达翻译成图表，再转换成数学公式，也可以教会学生在历史、生物、文学以及所有其他领域的主要系统之间相互转换。

  要想涉足这些软件，你需要熟悉和掌握，看到某种状况表面下的深层结构的心智训练。这些地图和模拟运行是提出问题的工具，例如："这是怎么回事？这是什么意思？"你可以通过一个答

---

  ① iSee Systems（前"高绩效系统"公司，High Performance Systems）出版，www.iseesystems.com。

案表，解决二加二等于四的问题。一张地图或者一次模拟运行提出的问题是，为什么相加（或者相减）是最合适的计算，相加是如何计算的，以及为什么这个计算重要？

——理查德·朗海姆

3. 环境与参与[①]

彼得·圣吉

1988年，第一轮系统思考课程在亚利桑那州图森市的橘园中学开班了。这是科学课老师弗兰克·德雷珀（Frank Draper）策划、鼓动的成果，也得益于玛丽·希茨的支持——当时，她是橘园中学的校长。1991年，当我和妻子黛安娜一起，首次参观弗兰克的八年级科学课时，我们发现这里明显与众不同。首先，弗兰克并不在课堂上。实际情况是，课堂上根本没有老师。先前有几个学生说在图书馆做的研究有些问题，于是弗兰克就和他们一起去图书馆了（那还是互联网时代之前，是大家要走路去图书馆的时候）。但是，让我们惊诧不已的是，这个课堂并没有陷入混乱状态。恰恰相反，课堂上的30多个学生，每两人一组围坐在一台麦金塔电脑面前，全神贯注于他们的讨论之中。

---

① 这篇短文改编自由乔伊·里士满（Joy Richmond）、利斯·斯顿茨、凯西·里士满（Kathy Richmond）和乔安妮·埃格纳（Joanne Egner）共同编辑的《追踪各种各样的联系：系统思考者的声音》（*Tracing Connections: Voices of Systems Thinkers*, iSee Systems and Creative Learning Exchange 出版，2010年）一书中的《一个相互依赖的世界的教育》（*Education for an Interdependent World*）一文。《跟踪各种各样的联系》一书的编写，是为了纪念巴里·里士满，他是系统思考的先驱，高绩效系统公司的创始人和总经理，也是STELLA软件的设计者和开发人，故于2002年。

| 第7章 | 课堂上的系统思考 |

我们了解到，弗兰克和他的同事马克·斯旺森（Mark Swanson）围绕着一个真正的项目开发出了这个学期的科学课课程：设计一个将要在图森北部开发的州立公园。对于公园和自然保护区管理中出现的各种难以避免的冲突，学生们已经完成了研究，现在他们正在进行的是一项基于 STELLA 软件的模拟。这个模拟可以显示出不同决策带来的各种影响。对于这个公园，他们有一个总体预算。在此之前，他们也以环境质量、经济、娱乐和教育等目标为基础，确定了这家公园的使命。此时，这些学生正在设计的是这家公园的步行系统。在他们设计出某一条道路的建议之后，模拟模型就会计算出相应的环境和经济影响，这又激发了学生们对于权衡不同选择之间利弊的激烈讨论。

我们刚刚在教室的后面站了没几分钟，两个男孩就跑过来一把抓住了我们，"我们需要你们的建议。"乔说道，"比利和我设想的道路不一样。他觉得他想的那条路很棒，因为可以赚好多钱（让登山者可以经过风景最好的地点），但是这条路也会给环境造成很大破坏。我设计的那条路环境破坏要小一些，但是他认为，这条路离印第安人墓地太近，所以会引起抗议。"

这两个男孩用了相当长的一段时间，向我们说明他们那两条不一样的步行道，并让我们看了部分模拟结果。这里没有非此即彼的答案，对此这两个男孩很显然相当了解。这是个有关设计与选择的问题。下课铃响了，表示这堂课结束了。他们相互说再见，在分手前决定放学之后再回到这里，看看他们能不能在某个建议上达成一致，在本周结束的时候与全班同学分享（在这个学期结束的时候，这些学生的建议和分析呈现给了真正的公园规划委员会）。

学生们还学习了各种映射系统的概念工具，以及在与他人交流时怎样表达他们对开发公园计划相互依赖性的理解。今天，诸如行为—时间图、连接环路、因果循环图、存量—流量图，以及系统基本模式这些工具，学校系统都在采用——从幼儿园就开始了。这里的孩子们从很小的时候，就开始受邀观察自己的日常体验，比如：信任是如何建立的、朋友关系又是如何变坏的，或者在改掉一个坏习惯的时候，会发生什么。随着学生们年龄的逐渐增长，他们自然而然地就可以把这些工具运用到更复杂的议题上，并且开始开发自己的模拟模型。这个过程不仅发展了深层内容知识，而且发展了思考技能，让学生们看到全然不同的情景背后，存在着共同的系统动态关系。

"我们的方法是请孩子去思考一种世界观——复杂的、相互依赖的系统的世界观。我们没有采用抽象的学习方式，而是运用了各种模拟模型，直面并深入这个相互依赖的世界——它体现在这个世界的具体生活场景之中，体现在这些系统如何与其他系统联系在一起。"弗兰克·德雷珀如是说。

参与的根基

橘园中学里的州立公园练习中最显而易见的，是学生们的投入和参与。是什么使这些学生如此投入呢？

首先，这里的学生投入全部精力、努力去解决的是现实世界中的问题，而非虚假的课堂练习。他们不仅能够体会到新开发一个州立公园所面临的不同挑战，也可以感受到设计这个公园所来的种种益处。

其次，这些学生是在自主思考。他们明白，面对种种挑战，并不存在单一的正确答案。对于做出不同的决定，将会带来什么样的后果，他们最终需要有更加明了的认识，而且他们还必须要为最后的利弊权衡，提供合理框架。甚至于一个指向正确答案的简单公式，教师也没有提供。恰恰相反，这些学生必须要对一个真实的问题，梳理自己的想法、探索分析不同的建议，最终形成自己的结论。

再次，教师以导师而非讲师的身份开展工作。教师的角色，不是为学生提供一个预定的方法，或者引导学生发现一个预先确定的正确答案。实际上，这些教师也不知道最好的结果是什么——他们与学生一样，是共同的学习者。但是，教师的作用并非就不关键——他们必须要帮助学生，厘清不同情境下各种结果的合理意义。由于先前开展的建立计算机模拟模型的工作，教师们获得了有关这项工作的重要知识，但并没有什么简单答案。随着不同反馈的相互影响逐渐发挥作用，一个复杂的动态模拟模型对于各种变化做出反应的方式，往往出乎开发者的意料。

整个过程，引导教师与学生进入围绕一个复杂问题的相互学习之中。他们必须意识到，自己是在用一个模型进行工作，也正因如此，以其定义而论，他们的观点是不完善的。教师的角色之一，就是要帮助学生描述这个模型基于的所有假设，还要邀请所有学生对这些假设提出批评性评价，并进一步考虑其他替代性假设可能带来的后果——这是科学思考方式的一个关键方面。

巴里·里士满是一位教育家，也是终生致力于学习系统思考的研究者——他设计并开发了模型软件 STELLA。根据他和教育工作者的共同工作，巴里确定了八项系统思考的基本组成部分：

a. 有高度的思考（High-altitude thinking）：获得一种多学科、大视野的视角，而不是拘泥于某一特定研究领域的细枝末节。

b. 系统作为（内在）原因的思考（System-as-cause thinking）：将与所关注的议题或行为最相关的那些因素，区分出来，并且发现这些因素如何相互影响，导致了所观察到的行为。

　　c. 动态思考（Dynamic thinking）：看到随时间变化的具体行为模式，并且认识到所发生的各种事件并非孤立，而是行为模式的不同部分。

　　d. 操作性思考（Operational thinking）：理解一个系统的不同部分如何相互影响，形成了这些行为模式。

　　e. 闭环思考（Closed-loop thinking）：识别出将所有不同的相互影响的部分联系起来的、由多个相互影响的反馈环路（因果关系）组成的网络。

　　f. 科学思考（Scientific thinking）：将数学模型和模拟实验作为假设予以应用，解释反馈和行为之间的联系。

　　g. 同理思考（Empathic thinking）：探询当前的假设，并为个人与组织学习进行有效沟通。

　　h. 类型思考（Generic thinking）：理解某些反馈结构会在各种不同条件和环境下产生出同样的行为。

　　最后，与合作伙伴一起将学生们带入共同探索。这不仅使他们能够相互了解，而且让他们能够持续直面其他人的各种不同观点和假设。这让学生们在一种自然而然的过程中，看到每一个人如何推理——如何运用过去的经验和假设，形成指导行动的各种结论。当他们从其他人那里领会这个过程之后，就会让自己以更开放的状态，检查自己的推理过程。

　　当然，人们一直都用这样的过程进行推理论证，但是，我们更容易从别人那里看到这个过程，因为我们的推理进程，对于自己往往是"透明"的，是无法觉察到的。反思（也就是学习如何检查我们自己的假设与推理的过程）对于发展高级技能的重要性，教育工作者大都了解，但至今依然只是一个模模糊糊的教育目标——在传统学校教育中完全被忽视，讲课式教学彻底绕过了反思过程。在教师的权威和正式权力面前，教师们试图引导学生进行反思的努力，很容易就化为乌有——迫于教师的权威和权力，学生们形成了寻找正确答案的既定程序。正如希茨所说，反思需要安全感，而安全感则得益于一种共同探索的环境。从这个意义上看，学生们在反思上互相帮助，本身就是一种强大的方法，远远超越了以教师为中心的教学策略。

例如，我们来看看乔与比利之间的（稍稍风格化的）对话——他们正在设计公园步行系统。

> 比利："你那个步行道的设想很糟糕，因为这些道路离印第安人墓地太近了。你不应该这样设计。"
>
> 乔："谁说的？没有哪项规定说我们不能这样做。这种做法对环境破坏比起你的方案要小很多。"
>
> 比利："也是，我的方案的确有问题。但是哪一个方案更糟糕呢？"
>
> 乔："我确实没有想到那些墓地。也许，有什么方法可以绕开这些墓地，同时对环境的破坏也小一点？"
>
> 比利："也许是，但我也在考虑，我们会少收入多少钱呀，这个公园必须要有足够的收入，才能维持下去。我们一起来试试设计别的路线吧。"

现在，有许多教育工作者都在疾呼，教育领域中要有"系统观点"，但是这个简单的对话，显示出的却是一个相当关键但往往被人忽视的元素。这两个孩子正在讨论，随着时间的推移，对于不同的行动选择，一个系统中的一些具体特征如何展开互动，比如，步行道的不同路线对于游客的登山模式、环境影响，以及公园收入是如何产生影响的。他们退后一步，看到了各种选择如何产生不同影响。他们看到了他们选择的结果，这个系统的不同部分如何相互影响，而他们也因此相应地调整了自己的选择。这就是已故的教育领域先驱巴里·里士满所说的"操作性思考"，是他认为至关重要的八项系统思考技能中的一项。八项技能中的其他技能，在这里也显而易见：这些学生正在学习的，是把变化看作随时间推移而产生的不同行为模式——这个公园步行道的不同设计所带来的各种后果，这就体现了"动态思考"。他们也学会了如何假设——他们在不同的变化中所期望的结果，以及如何运营这个系统的一个正式模型去测试自己的不同期望。因此，他们也就进行了"科学思考"。①

当学生们能够使用互动模型，对各种行动、对系统整体行为产生的影响，进行模拟和分析的时候，"操作性思考"就真正变得活跃起来了。将"操作性思考"与"科学思考"（模型中的假设需要明确表达，并且经过他人的质询）一起运用，即便是年轻的学习者们，也能够在把握严谨性和关联性的复杂过程之中找到乐趣。

这个对话也让人们看到了"合作探询之舞"——共同思考一个复杂问题。通过他们面对的这个设计问题，这两个孩子相互探询对方的思维方式，在这个过程中，他们自己的想法也变得更清晰了。以这样一种方式，协同与反思成为共同学习中不可分割的元素。他们正在互相帮助——没有谁对谁错，两个人都在学习。乔在先前实际上并没有

---

① 另外可参阅《追踪各种各样的联系：系统思考者的声音》中巴里·里士满所著《系统思考中的思考：八项技能》（*The Thinking in System Thinking*：*Eight Critical Skills*，iSee Systems and Creative Learning Exchange 出版，2010 年）。

想到，那些印第安人的墓地会成为一个限制条件，这不在他设计的假设范围之内。与此类似的是，比利原本也没有注意到，他设计的步行道会破坏环境，因为他关注的是登山者流量和公园收入的最大化。两个人达成的共同结论是，如果他们扩展了各自的假设，或许会产生更好的整体设计。简而言之，在他们对这些想法的共同思考中，这两个孩子对于自己习以为常的假设，都有了更清晰的认识。

当然，这样的互动交流既建立了相互尊重，也基于相互尊重。我们很容易想象出另一种局面，两个男孩只是争论谁对谁错，但从未挑战过自己的推理过程。这也就是为什么像希茨这样的教育工作者认识到，从系统思考工具中获益，与学生们广泛、深入的参与是密不可分的。他们也认识到，这一切又如何进一步依赖于学校的整体环境氛围。正如希茨所说："学习最可能产生的环境，是那种安全、稳定，即便冒险也没什么大不了的地方。"

全球成就鸿沟[①]

"我们的孩子需要的最新生存技能，为什么我们最好的学校也不教——那么我们可以做些什么呢？"

这本书描述了人们在这个大千世界中成长乃至获得成就所必需的七种技能：批判性思维和解决问题的能力、在网络中协同合作并以影

[①]（*The Global Achievement Gap, Why Even Our Best Schools Don't Teach the New Survival Skills Our Children Need—And What We Can Do About It*）托尼·瓦格纳（Tony Wagner）著，Basic Books 出版，2008 年。

响力起领导作用的能力、灵活性和适应性、首创精神和企业家精神、高效的口头和书面沟通能力、获取信息与分析信息的能力，以及好奇心及想象力。瓦格纳随后描述了，为了培养这些技能，学校可以如何演进。特雷西·本森对这本书称赞有加，她注意到，为了让学生们面对21世纪做好准备，许多学校正在开发相关的课程规划和课堂教学模式，在这个过程中都用到了这本书。

——阿特·克莱纳

4. 陷阱与技能

形成一种坚实而富有同情心的系统思考实践须知

迈克尔·古德曼（Michael Goodman）

迈克尔·古德曼是阿瑟·D. 利特尔创新公司（Arthur D. Little/Innovation Associates）中负责系统思考业务的合伙人，他是《第五项修炼·实践篇》项目中最受尊敬的持续贡献者之一。他主持了《第五项修炼·实践篇》的系统思考部分的撰写——至今仍然是组织系统思考修炼的最权威指导材料之一。对于这个领域中的大多数方法工具，从把绘图作为一种沟通工具，到应用复杂的软件模拟，他都了如指掌。他也（在波士顿的莱斯利学院）为从事课堂教学的教师们讲授过系统动力学和系统思考工具，然而，他十分清楚，系统思考的实践也有其陷阱。这一部分的指导原则是为教师们所做的，帮助他们在开发模型和图表过程中避开各种陷阱，并且接触到他们希望接触的学生们（或者同事们）。

识别不同的学习者

就像所有其他事情一样，不同的人在学习系统的时候，有着完全不同的过程。有些人在掌握图表方面要比掌握模型与模拟更顺手，而另一些人对存量和流量有着天然的直觉，但弄不懂因果循环。还有一些人，喜欢用口头方式叙述系统的故事。

然而，往往一个"系统思考"课会要求每个人都以同样的方式接触这个课题，常见的是使用系统动态模型。但是，这要求学生们对数学要有基本的信心。如果对学生们的要求超出了他们的胜任水平，他们就会觉得不知所措，也会因为"听不明白"而觉得自己根本学不会。

有时候，对于教师们来说也是如此。20世纪80代中期，当教育工作者南希·罗伯茨（Nancy Roberts）首次把系统动态模型介绍给从事课堂教学的教师们时，他们只能使用一种类似Fortran[①]的名为DYNAMO[②]的编程语言。我现在还记得，当我发现这个方法对教师们来说实在太难了的时候，感到（天真幼稚地）的震惊和沮丧。今天，STELLA学习起来要容易多了，但它仍然是一种编程和模拟工具，正因为如此，以我的观点来看，把这个软件强推给从事课堂教学的教师，还是没有什么道理。

因果环路图与模型相比，就没有那么复杂，这也是我们在这方面进行开发的原因，但是因果环路图也受到一些限制。比如，有些读者抱怨说，在《第五项修炼·实践篇》和《第五项修炼·变革篇》中，系

[①] Fortran 源自于"公式翻译"（英语：Formula Franslation）的缩写，是一种编程语言。

[②] DYNAMO 是 Dynamic Model（动态模拟）的混合缩写，它计算一组变量随时间推移的变化结果，从而使人们知道这些变量的演变情况。

统思考的部分太多了，他们因此就"跳过"了那部分。我个人发现，对于某些学习者，比如，图像思维能力不强的人，要让因果循环图产生个人联系，十分不容易，他们也因此感到被排除在外了。对于这组强有力的概念和工具，他们令人遗憾地失去兴趣。

你是不是已经为自己设计了各种不同的应用模式，以及围绕着这些模式的探讨内容，可以接触到各种学习风格的人？你在让学生进入探讨过程中的时候，是通过模型，还是通过图表和思考环路，抑或是通过讲故事呢？如果还没有，你就面临着将你的相当一部分听众排除在外的风险——他们或许永远不会告诉你，他们被排除在外，因为害怕自己显得很蠢。

为了正确的目的，使用正确的工具

有时候，教师们实际上是被人告知："除非你有过建立一个计算机模拟模型的经历，否则你就没有完全成为一个系统思考者。"然而，这种强加于人的"学习曲线"，引发出来的是反感和恐惧。在我看来，相对于某些特定的目的来说，所有系统思考的形式都是有用的。有些最强大的系统思考者，一生中从来也没有画过一个循环图，或者打开过计算机。

如果你遇到一个棘手的问题，解决方法又不是很清晰，那么类似计算机模型这样严格、用于分析的工具就能派上用场。正如麻省理工学院的教授约翰·斯特曼（John Sterman）所指出的：与计算机模型相比，因果循环图就像是"培训工具"，此外，因果循环图在使人们易于理解问题的同时，也会造成许多误解。小学和中学的教育工作者也往往喜欢采用各种"存量—流量"模型，因为这些模型可以引发孩子们去思考因果循环图中忽略的那些关键区别。

如果有更多的人愿意花时间学习严格的计算机模拟程序，那么我们这个世界的各种各样的决策就会比现在要好很多。但是，这种情况不大可能发生。因此，因果循环图就还有价值，而且往往还可以让人数众多的听众听明白。许多咨询师和培训师，以及那些参与学校变革行动的人们，往往会使用因果循环图，去说明一个以其他任何方式都不可能说明的观点——他们面对的听众对于存量—流量所涉及的学习要求，不会有什么耐心。如果你的目的是要让心智模式显现出来，是要关注冲突，以及解决人们之间的明显差异，那么因果循环图就非常有效。

最后要提到的是，正如杰伊·福斯特所说，对于系统地图和系统模型的判断，不仅要看它们的合理性，还要看它们的可用性洞察力和相关性。我可以用15分钟画一个恶性循环图，听众可能是一群孩子，也可能是一群企业高管，我会问："这是一个陷阱。有人落在了里面。他们应该做什么？"由此引发的讨论，与我向大家展示一个我用5天时间编程开发的一个模型所引起的讨论相比，同样有价值。你选择的方法，应该取决于你面对的限制条件，取决于你的技术水平，以及你面对的问题的复杂程度和风险程度，取决于你需要引出的解决方案的严格程度，还有你的听众的需求和期望。

注意"任天堂现象"

模拟程序相当诱人，也令人兴奋。输入数据，你会创建一个系统行为随时间变化、看似有条有理的图表。但不幸的是，这个图表并没有告诉你这个模型的假设是否正确，因此，你最终获得的从这个模型中产生出的"解决方案"，可能并没有切中要点，甚至会误导他人。当结果看上去不大对头的时候，每个人都会忍不住要再"运行"一下这个模拟程序——输入其他数据，直到输出正确的行为—时间图。你"成功了"，但你并没有试图去理解或者质疑写到这个模型里的各种假设。如果建立模型、使用模型是在这样的气氛之中进行的，人们就会开始和这个系统"玩电子游戏"，而不是把它用来学习了。

这就是为什么，在学生把手指放到计算机的键盘上之前，最重要的是要有几堂课，让学生们先说说自己的期望，并且用铅笔和纸（或者大家一起在黑板上画出来）描述出这个系统。你创造出来的最重要的事物，不是一个模型，而是一种思考过程，尤其这个过程是集体参与的，大家可以相互挑战其他人的思考过程和假设。

把你的系统工作作为开场白，而不是结束语

系统模型，无论是用计算机还是在纸上制作出来的，往往都会被那些使用或者制作模型的人赋予真相和权威的力量。但是，一个模型只不过代表了一个人（或者一组人）的假设和信念，在某一个时间点编纂成型。如果那些设计模型的人改变了想法，或者有新数据可以输入，这个模型或许就过时了。最优秀的模型制作团队都意识到了这一点，他们知道自己的模型不会永远是完成状态，因为总会有新的信息、新的观点以及新的机会需要学习。这就是为什么在课堂上运用系统思考，需要保持开放，让他人探询和挑战。大多数系统模型的制作者都会告诉你，自己的模型只是探询的第一步——他们欢迎大家对自己模型的结构和公式提出批评。然而，在实际过程中，模型的制作者很容易落入傲慢与执着的陷阱。他们被自己模型中的"真相"冲昏了头脑，而这不过是因为他们经历了这个模型的建立过程。为防止这种现象发

生,模型应该设计成开放的(并且不要用"密码保护"),这样就可以鼓励学生们去看一看模型"下面"是什么,再看一看模型的结构是什么,然后问一问为什么这个模型是以这种方式建立的。

把模型作为测试与实验的起点

从定义上说,所有模型(不论是心智模型,还是计算机模型)都有瑕疵,都是真实世界这个唯一的"完美模型"的各种简化版。因此,当一个模型提出某个方向的行动建议,无论是在组织之中,还是在课堂上,都需要进行测试。这就是科学方法的价值。模型是受到条件限制的、运行之中的假设集合。你可以发现哪些瑕疵呢?关于如何修改那些假设,如何开展未来的测试,以及如何修正这个模型本身,你的测试告诉了你什么呢?

有人担心,那些越来越复杂的模型可以用来为操纵和控制寻找理由。对付这种可能性的手段,是把注意力放到开放学习和实验上。建立模型的学生们会受到挑战,甚至他们自己对于其方式都看不清楚。他们需要时间,才能接受和适应这些挑战,才能找到安全的方式讨论这些挑战,才能学会邀请大家一起探询,并且形成富有成效的谈话。

5. 学会把"不同的点"连起来
在孩子们天然的系统基本能力的基础上,进行培养与发展
琳达·布思·斯威尼(Linda Booth Sweeney)

家长们如何才能通过日常谈话和活动,培养孩子的系统思考能力

呢？教育工作者如何才能创造出一种环境，让孩子们可以看到，带来不同结果的各种模式呢？在这篇文章里，教育工作者兼作家琳达·布思·斯威尼指出，思考不同的系统，就意味着我们把注意力放到我们周围的相互依赖关系上、放到模式和动态互动上，而孩子们对此天然地非常适应。在培养系统的基础能力方面，你依靠的就是这种天然的认知能力，帮助你的孩子推进这种融合思维方式的成长。

镇上的环岛在修路，工程已经进行一年多了，因此造成的结果之一就是整个镇上的人脾气都不大好。一天下午快五点钟的时候，我和我的儿子开车经过这个环岛——周围全是烦躁不安、急着回家的人。大家都很急躁，汽车喇叭声刺耳地响着。那时，我的儿子只有四岁，他指着我们前面乱成一团的车辆说："妈妈，要是每个人都说'我先'，会发生什么呢？"

对于他提出的各种各样的问题，我已经习惯了。一般来说，杰克问的问题要么是与类别有关的（"动物不是人，对吧？"），要么就是与事物运行有关的（"为什么蜜蜂要亲吻花朵？"），也可能会是与事实有关的（"地球中心有多热？"）。但是，这个问题却不同一般：这个问题一定会涉及原因与后果。我斟酌着是否可以和他谈谈个人利益最大化要付出什么成本，在犹豫不决中，反过来问了他一个问题："你认为，如果每个人都说，'我先'，会发生什么呢？"

他把鼻子贴在车窗上，等了一会儿之后说："哦，那就可能会发生好多事故。也许可能还会有大撞车！"

"你能不能想一想，大家都说'我先'的其他情况？"我想到的是加油站的加油枪，Napster（纳普斯特）网站，还有我们社区里人满为患的游泳池。

杰克回答说："你看，你说过，在我们刷牙的时候，不应该让水龙头哗哗流水。因为如果每一个人都这样做，水库的水位就会下降。哦，大概就是这样吧。"

他还是个四岁的孩子，就做出了一项重要观察：那个环岛和水库都是公共资源。就像水、空气、游戏场一样，有些资源是许多人使用的，却没有任何个人对其承担全部责任。不仅如此，提出"要是每个人都说'我先'，会发生什么呢？"这样的一个问题，让我的儿子对个人决定会对整体产生什么影响，表现出了好奇心。不知不觉中，他已经走到了与公地问题相关的最大的困境之中：每个个体行为从自己的角度看都合乎情理，但是这些行动集合起来，却可能在整体上带来毁灭性后果。[①]

许多孩子像杰克那样，凭直觉就可以把握系统特征。比如，他们能够看到共同但有限的资源——诸如水、空气、土地、高速路、渔场、能源以及矿产资源，已经负担过度了，或者使用过度了；他们也可以看到每一个人如何体验利益递减。但是他们并非总有很多的机会，将这样的洞察发展成为让他们终身受益的系统意识。家长、教育工作者以及其他成年人，都可以帮助他们学会"把不同的点连起来"：超越表象看到背后，识别出人与人之间、不同地点之间、各种事件之间以及自然本身的相互联系和动态作用，并且开始思考如何利用这些相互联系，去改善他们的世界。

我们的孩子到哪里去学习以这种方式思考呢？你如何培育一个孩

[①] "能够从各个部分的角度思考整体，反过来又能够从整体的角度思考各个部分，是高阶思考的关键要素之一。"——《科学基本能力的标志：教材改革的一个工具——2061 项目，美国科学发展联合会》(*Benchmarks for Scientific Literacy: A Tool for Curriculum Reform, Project 2061*，*American Association for the Advancement of Science*，Oxford University Press 出版，1993 年) 中的第 11 章"共同主题"(Common Themes)。

子对于系统的与生俱来的智能,如何帮助他掌握系统的基础能力呢?对于你的孩子们已经了解的东西——他们面对的世界是相互联系的、动态的,是一个由相互关联、相互作用的各种元素和过程紧密编织在一起的一个网络,并因此而意义丰富,你又如何帮助他们确认呢?这样的洞察又如何成为一种深层的"学习之美"的感受,孩子们以此构筑他们自己的人生呢?

为什么系统基本能力意义重大

今天,我们的孩子成长的世界,是一个石油泄漏、全球变暖、经济崩溃、食品安全、机构不法行为、生物多样化丧失,以及不断升级的冲突等问题充斥新闻头条的世界。他们要想理解这些灾难的意义,就必须要对一系列相互关联的系统(家庭、区域经济以及环境等)的种种因果形成认知。如果理想的话,我们希望我们的孩子经历作家伊迪思·科布(Edith Cobb)称为"知识和意义形成过程中的'网状路径'(类似于渔网或者网络)"的过程。[1]

掌握基本能力的含义是,在一个具体的领域中具备受过良好教育的认识,比如,外语或者数学的基本能力都是如此。在许多领域中,需要掌握的知识必须是综合的,而且你还要有足够的能力去运用。系统的基本能力所代表的,就是对于各种复杂的相互影响关系的知识水平。这样的基本能力将"概念知识"(有关系统原理和行为的知识)和各种"推理技能"(比如,把各种不同的情境放到更大背景之中的能力、

---

[1] 伊迪思·科布所著《孩提时代想象力的生态》(*The Ecology of Imagination in Childhood*, Columbia University Press 出版,1977 年)。

在一个系统中看到各种不同层面视角的能力、追踪复杂的相互影响关系的能力、寻找内生或者是"系统内"影响因素的能力、认识行为随时间变化的能力，以及识别那些存在于各种不同的系统之中的反复出现的模式的能力）结合为一体。

如果没有掌握系统的基本能力，就会有数不胜数的人类行为像是交叉路口堵在一起的一堆汽车：大家都不了解把他们各自联系在一起的模式，也因此很容易引发各种爆炸性、破坏性的结果。在这个相互联系的世界中，越来越多的人有着自己的梦想，从局部、破碎的视角去看，实现这些梦想似乎是不可能的，而系统基本能力则是实现这些梦想的一个先决条件。就像诗人、小说家和散文家温德尔·贝里（Wendell Berry）所说的："我们似乎在一个假设下已经生活了很久——我们可以安全地与各个部分打交道，同时把整体扔到一边，让它自己照顾自己。但是今天来自世界各地的新闻却表明，我们必须要把四下分散的所有碎片收集到一起，还要琢磨出来它们的归属，然后再把它们放回到一起。这是因为，只有所有这些部分都处于它们在整体中所应归属的地位，它们才可能相互协调一致。"

当孩子们了解了系统，并且逐步表现出掌握了系统基本能力，他们的世界观就会发生变化。在《转变的力量》一书中，斯蒂芬妮·佩斯·马夏尔（Stephanie Pace Marchall）解释说，培养系统基本能力的价值，在于"另一种世界观的力量"。她接着说："当我们看到、体会到整体性的时候，我们就发生了转变。我们看到的不再是互相割裂、相互无关的自然、人、事件、问题,以及我们自己。"①

其中一个自然而然的结果,是对他人和其他事物更富有同情心。人的这个组成部分,在许多地方可能会受到主流文化的压制,但是通过体验和学习就可以重新挖掘,并且表现出来。当孩子们在寻找自己与其他人、其他地方、其他事件以及其他物种的联系时,他们不会再感到自己是看着其他世界的局外者了。他们现在是"内部人"了,体会到了与"其他"的联系——就像农夫与土地联系在一起、鲑鱼与河流联系在一起。

另一个结果是,孩子们开始把自己看作自然的一部分,而不是存在于自然之外。设想一下,一个12岁,住在城市近郊的孩子,看到了两幅有关草地的图画。第一幅画中,草地上野花遍地,看上去有点儿凌乱、随意;而第二幅画中,草地繁茂、郁郁葱葱、工整有序、经过细心打理,显然肥料充足。哪一片草地更美呢?当然,第二幅图景代

---

① 有关孩子与成年人理解复杂系统能力的研究表明,对于复杂系统动态互动的误读会反复出现,对于受过良好教育的成年人也基本如此。动态决策的研究表明,当成年人面对动态的复杂系统(即包含了多重反馈过程、时延、非线性特征和累积效应的系统)时,他们的表现会带有偏见,也差强人意。可参见:

蒂娜·格罗泽(Tina Grotzer)所著《学会理解在科学上被接受的因果关系形式的解释》[*Learning to Understand Forms of Causality in Scientifically Accepted Explanations*, Studies in Science Education, 39 (2003): 1–74]。

约翰·D. 斯特曼(John D. Sterman)所著《动态决策中的反馈误读》[*Misconceptions of Feedback in Dynamic Decision Making*, Organizational Behavior and Human Decision Processes, 43(3), 1989年。第301~335页]。

约翰·D. 斯特曼和琳达·布思·斯威尼(Linda Booth Sweeney)所著《理解公众对于气候变化的置若罔闻:成年人对于气候变化的心智模式违背了物质守恒定律》[*Understanding Public Complacency About Climate Change: Adults' Mental Models of Climate Change Violate Conservation of Matter*, Climatic Change 80(3-4) 2007年,第213~238页]。

表的是许多社区中人们传统上期望的优美草地的样子，所以许多 12 岁的孩子都会选中这片草地。但是，对于具有较高的系统基础能力的学生来说，那个不大规整的草地或许是首选。因为他们知道，这片草地与周边风景的自然过程相互作用，促进着各种各样的植物和动物的生长，它保持了自己的生态平衡，给周边生态系统增加的废物极少，甚至没有。

相比之下，那个规整有序、有条有理、经过精心打理的草地，只有在对抗自然过程的条件下，才能生存下去。它需要持续的管理，而且它的持续成功会导致各式各样意料之外的负面结果：剪草机排出的温室气体、使用化石燃料制造的化学肥料和处理剂、杀虫剂导致的益虫死亡、草地用品和维护草地所带来的经济成本增加及其给家庭预算带来的压力、由于除去了某些植物造成的其他植物在这个生态系统中过度生长（可能还会造成除虫剂的更多使用）、还有化学品流入当地水域带来的各种未知影响。

随着他们的成长，并且学习了经济、气象、教育、能源、贫困、废弃物、疾病、战争、和平、人口，以及可持续发展，具备系统基本能力的孩子们，就会倾向于把这些问题看成是相互关联的。从系统的角度来看，任何现象都不是孤立存在的：我的气候就是你的气候；对你来说是传染性疾病，对于我来说也是；你面临的食品短缺现象，也是我所经历。掌握了系统基本能力，人们就不大会将挑战和问题归于某个单一原因了。相反，他们形成了一种习惯：寻找存在于各种不同系统中反复出现的模式，发现相互关联的原因的种种指示生物（他们了解成因常常会留下让人误入歧途的简单印记），并且开展思维实验——预测当一部分或者过程发生变化的时候，一个生命系统的功能将会如何变化。系统思考者认识到，大的行动可能会带来小的后果——反之亦然。他们寻求多元化，因为他们知道生命系统依赖于多样性、复杂性，以及各种丰富的物种，才会保持系统健康和适应能力。他们会去寻找生产和消费的闭环，在这样的闭环中，一个元素产生的废弃物，可能就是另一个元素的"食物"。他们对于"大的总是会好"的假设，提出质疑。[1]

关注生命系统也会提高人们对于地球（或者生物圈）变化速度的认识，而生物圈变化的速度往往与技术圈的急速、机械的变化速度，形成鲜明的对比。掌握系统基本能力，让人们更容易看到"公地"：我们共享的大自然的馈赠——空气、水、土地、渔场，也包括我们社区的共同努力，这是我们所依赖的，也是我们要对其负责任的。[2]

学习系统，特别是生命系统，可以帮助孩子们在何为美好、何为和平以及何为必要的认识上，变得更加深入、更富同情心、更为准确，并且更可持续。

改变学习的美感

当我们要求学生们超越对于因果的简单、线性解释的时候，我们就是在要求他们掌握系统的基本能力。然而，美国的大多数成年人，包含大多数行业和政府的负责人，在看待由多重原因、各种结果和意料之外的影响组成的不同系统方面，都没有接受过相关技能的学习。

---

[1] 温德尔·贝里所著《无知之道及其他文章》（*The Way of Ignorance and Other Essays*，Shoemaker & Hoard 出版，2005 年，第 77 页）。

[2] 斯蒂芬妮·佩斯·马夏尔所著《变革的力量：给学习与学校教育带来生命的领导力》（*The Power to Transform: Leadership That Brings Learning and Schooling to Life*，Jossey-Bass 出版，2006 年）。

恰恰相反，人们接受的教育，理解一个题目的最好方法就是对其进行分析，或者将其分解成不同的部分。

这里存在着一个非常有趣的机会。当需要开发更强的系统基本能力的时候，大多数成年人都是与他们的孩子一起学习的。这不仅不是孩子学习的障碍，反而会成为这个过程中的主要资产。对于许多学生来说，共同学习（与家长一起，与老师一起，以及与同伴一起）为他们提供了机会，让他们发挥积极作用、形成高阶技能，诸如，批评性思维和发散性思维能力，问题的分析、综合以及解决能力。

当这个世界变得越来越复杂的时候，在许多教室里还在通过划分成各个部分的课程计划，继续分割知识、切分真实世界的问题；科学课是一个课堂，数学是另外一个课堂，英语则是另一个不同的课堂。自然科学方面的课程聚焦于物质世界，社会科学方面的课程关注社会世界，但这两种课程对于这两个世界之间的强烈、持续的相互影响，都没有关注。当我们和孩子们一起讨论像气候变化、恐怖主义以及水的使用这一类问题的时候，我们可以提升他们对于物质和社会世界的认识，把来自历史、生物、文学以及日常报纸的洞察带到一起。最重要的是，通过探讨孩子们已有的体验和观点，我们会形成更丰富的理解。

与菲杰弗·卡普拉（Fritjof Capra）一起开展的探讨，帮助我澄清了有关自然科学和社会科学相互割裂的问题。根据卡普拉的看法，"这种分割要想再持续下去是不可能的，因为对于社会科学家、自然科学家，以及对于每一个人来说，这个新世纪的关键挑战，是如何建立生态上可持续的社区：在设计上，其技术组织和社会组织，也就是其物质结构和社会结构，与自然的可持续生命的内在能力之间，相互毫无冲突"。①

瑞士心理学家让·皮亚杰，在他的最著名的一个实验中，与一位名叫茱莉亚的5岁女孩，进行了这样一场对话。②

> 皮亚杰：风从哪里来？
>
> 茱莉亚：从那个树林来。
>
> 皮亚杰：你怎么知道的？
>
> 茱莉亚：我看到那些树，正在挥舞手臂。
>
> 皮亚杰：这又怎么会带来风呢？
>
> 茱莉亚：就这样（在皮亚杰面前挥动她的手）。但树要大一点儿。而且有好多树呢。
>
> 皮亚杰：那海洋的风从哪里来呢？
>
> 茱莉亚：是从陆地上刮过去的。不是，是从海浪里来的。

关于风是如何形成的，这个孩子有自己的一套理论，皮亚杰对此很感兴趣。受过教育的成年人，大都不会认为茱莉亚的答案是"正确的"。我们会强调空气压力、海洋温度以及太阳的热效应。所有这些都是形成风的原因，然而，说风不是由树木带来的也并非正确。树木在生态温度的调节中起了一定的作用，是形成风这个系统的一部分，海浪也是如此。风在森林中、海洋上和沙漠里并非完全相同，这也是原因之一。作为一个成年人，你可能不想随随便便就赞同孩子的这个观

---

① 参照卡普拉所著《隐藏的连接：可持续生活的科学》(*The Hidden Connections: A Science for Sustainable Living*, Doubleday 出版，2005 年)。

② 西摩·佩珀特 (Saymour Pappert) 所著《佩珀特论皮亚杰》(*Pappert on Piaget*, Time 杂志特刊 "The Century's Greatest Minds", March 29, 1999 年 3 月 29 日，第 105 页)。

点——风的确是由树林产生的；但也不想告诉孩子说树木并没有起到这个作用，于是就中止这场谈话。这两种方式都可能在不经意之中，打击了一个孩子以综合、系统的观点看待自己所处环境的天然倾向。与之相反，你可以谈谈形成风的各种因素，以及这些因素相互关联的方式，或许还可以一起去找找答案，这样你和这个孩子就可以一起解决这个问题了。

各式各样开发系统基本能力的机会，都是"低垂的果实"，等待我们摘取。越来越多的教育工作者，在把系统思考或者其他同类实践（生态基本知识、分散式思考、生态逻辑以及整体思考等）融入自己的学校和社区方面，正在取得重大进步。但是，不需要等待教育改革的到来，再去培养孩子们的系统基础能力，从他们现在开始培养就好了。

培育系统基础能力的日常方法

有时候，人们会表达这样一种看法：由于系统是以各种非线性的、难以模拟的方式运行的，系统思考就需要经过复杂的系统理论、系统动力学以及基于智能体的建模方面的培训。当然，这些领域的研习会帮助人们超越对于系统的自然和直觉的认知，形成更多的专家级的专业素养。然而，越来越多的研究（包括我自己和 10、11 岁的孩子进行的研究）表明，许多学生可以在直观地"思考系统"——包括自然系统和社会系统，在他们做好研究生阶段的学习准备前，并不需要任何正式培训。年龄 3~4 岁的小孩子，就会表现出理解系统行为的能力，这表明系统思考可能是一个孩子与生俱来的智能，而那些受过分类现象教育的成年人则会去"矫正"这种智能。[1]

罗伯特·W. 凯茨（Robert W. Kates）和辛迪·卡兹（Cindi Katz）对3~5岁的孩子和他们对于水循环的理解进行了研究（1977年）。这些研究发现，在4岁的孩子中，存在着"某种循环意识"（比如，本地水循环和云—雨循环等），而5岁孩子组则可以描述"更复杂、范围更大的水系统"。[2]

对于生于奥地利的生物学家路德维希·冯·贝塔郎非（Ludwig von Bertalanffy）的"开放系统"观点，皮亚杰相当熟悉。他注意到了这种天然的系统智能，并且表达了这样的观点："在孩子身上……有一种自发的信念——每一个事物都是与所有其他事物联系在一起的，而且每一个事物都可以用所有其他事物来解释。"[3]

当年轻人在地牢探宝游戏中，或者是动物园大亨和模拟城市这些计算机游戏中展开自己的角色扮演的时候，我们就会看到他们表现出这种天然智能。当游戏进行得正酣的时候，孩子们追踪大量的相互依赖关系、管理大量的数据，并且要预估意料之外的后果。在这样的游戏中，他们体现出了自己强大的系统思考能力。

培养孩子身上的系统思考基本能力的机会无处不在，从教室到操场，再到汽车上、图书馆里、餐桌上、浴室里，以及食品店里，等等。

---

[1] 琳达·布思·斯威尼和约翰·D. 斯特曼所著《思考系统：学生和老师的自然与社会系统概念》（*Thinking About Systems: Student and Teacher Conceptions of Natural and Social Systems*，System Dynamics Review 50周年刊，2007年）。

[2] 参见罗伯特·W. 凯茨和辛迪·卡茨所著《水循环与儿童的智慧》（*The Hydrologic Cycle and the Wisdom of the Child*，Geographical Review, 67（1977）：51-62。参见 http://rwkates.org/pdfs/a1977.01.pdf。

[3] 参见让·皮亚杰所著《孩子的语言和思想》（*The Language and Thoughts of the Child*，Humannities Press 出版，1959年），第19页。另见路德维希·冯·贝塔郎非所著《普通系统理论：基础、发展与应用》（*General System Theory: Foundations, Development, Applications*，Braziller 出版，1968年）。

比如，如果有一个考虑周到的导游，各种户外活动都可以成为了解生态动态系统的相互关系的丰富的课堂活动。对于一个为一只蝴蝶的生命循环而着迷的7岁孩子，为什么不鼓励他去探索其他的"生命循环"呢？对于一个迷上了钓鱼的10岁孩子，为什么不和他一起探询：草地里的一只蚯蚓不仅会在他下次垂钓时候有用，也可以起到一台翻土机的作用，还可以是一只感到饿了的知更鸟的食物来源呢？[1]

以这样的方式，我们就可以为孩子们提供直接的、纯粹自然的体验，而他们则可以像农夫和《一根稻草的革命》一书作者福冈正信（Masanobu Fukuoka）所渴望的那样："可以本能地理解，要与自然进程和谐相处，需要做什么、必须做什么。"[2][3]

以下是一些谈话内容与活动，可以用来帮助年轻人提升系统基础能力：

- 树立榜样——不仅要谈论物体，也要谈论它们之间的关系。不是仅仅说一说"那是一只棕色的母鸡"，而是要说明这只鸡会下

---

[1] 生态（Ecology）这个词源于 okologie，其来源是希腊语 oikos，指"房子、住处、居所"，以及词尾 logia 意思是"的研究"，这个词是德国动物学家厄恩斯特·海克尔（Ernst Haeckel, 1834-1919）创造出来的。

[2] 福冈正信：《一根稻草的革命：自然农业入门》（*The One-Straw Revolution: An introduction to Natural Farming*, Rodale Press 出版，1984年）。

[3] 正如《自然原则：人类的修复与大自然缺失症的终结》（*The Nature Principle: Human Restoration and the End of Nature-Deficit Disorder*）一书作者理查德·卢万（Richard Louv）提醒我们的：亲近自然不仅令人健康，也相当重要——如果我们学会与我们的自然环境可持续共存。美国工程专家、系统理论家、作家、设计师及网格球顶的创始人巴克敏斯特·富勒（Buckminster Fuller）也将自然界看作老师："我相信人类的持续生存取决于我们是否有意愿，充满感情地去体悟自然界的运行。"参见艾米·埃德蒙森（Amy Admondson）所著《一个更全面的解释：巴克敏斯特·富勒的协同作用的几何结构》（*A Fuller Explanation: The Synergetic Geometry of R. Buckminster Fuller*, Birkhäuser Boston, 1986年）。

蛋，还会在农民的田里吃虫子。对于孩子看到的因果关系的自然倾向，要给予肯定和鼓励。请孩子描述，他们在汽车、空气、植物以及人们之间看到的联系。

• 使用系统图——揭示反复出现的问题背后的结构性模式。比如，想一想任何一段持续了一段时间的家庭中的争吵。或许，你的儿子不喜欢打扫自己的房间，你要告诉他去打扫自己的房间这件事，你也不喜欢。整整一个星期，你都在提醒他要做这件家务。你的儿子坚持不干。到了周末的时候，你终于发火了。最后，你威胁他一个星期不许看电视，你的儿子妥协了。他给你展示干净的房间的时候，你很高兴。但是，第二天，随着压力减轻，他又慢慢回到自己从前的习惯了。到了一周中旬的时候，你感到火气又上来了，这一次压力更大了。

解决这个难题的方式之一，是你和你的儿子坐在一起，每一个人都画一张简单的图，显示你们各自看到的局面。当你们把两者联系起来的时候，你和你的儿子都会发现，你们陷入了一个封闭的因果循环——一个负反馈循环过程。你的儿子只会在你施加压力之后，才去打扫房间。

看到这个模式之后，你们就会寻找办法，打破这个循环。比如，你们或许会了解到，负反馈过程是一个寻找目标的过程，而打破这种循环的方式之一，就是重新审视、重新设定目标。或许，作为一个家长，你的标准过高——你想要寻找的或许是在《家园》杂志上才可以看到的孩子的卧房，而你儿子的标准则过低。你们是否可以形成一个家长和孩子都认可的"打扫目标"？由于这还不足以克服这个根深蒂固的系统结构，你们是否能够在这个系统上增加一个链接，以保证实现"打扫房间的目标"，比如，计划每周打扫两次。①

• 帮助孩子们建立联系：在你们将不同的事件联系到一起的时候，把孩子的注意力从个体事件转移到你看到的相互关联的模式上。比如，你的十几岁的女儿或许会说："妈妈，学校里的有些老师认为，作业做得越多，功课就会越好。但是如果我的作业太多，我就会觉得永远也做不完，然后我就会很不开心。"

随着你们讨论的进行，要鼓励你的女儿去思考："作业负担"不仅是一个单一的现象，还是一个更大模式的一部分。比如，你可以问一问她："在你觉得不开心之后，还会发生什么呢？"

她或许会说："哦，那我就会觉得实在受不了了，也就没办法集中注意力了。然后，我就会想要放弃，而那样的话，我的成绩就会更差。"你可以指出，不开心的感受对于她的能力会产生某种影响。试试头脑风暴的办法。你是不是可以去试试，改变作业与不开心的感觉之间的联系？你可以做哪些尝试呢？

下面是一个中学生充满希望的建议："如果老师给我们布置的作业比较少，或者在周末没有作业，我们就不会在作业上落后了，也不会觉得自己不行了。我们在课堂上就会更专心了，也就会做得更好。"作为家长，你能跟老师或学校聊聊吗？如果这样的沟通

---

① 介绍这类系统方法的好书之一是德雷珀·考夫曼（Draper Kaufman）所著《系统1：系统思考入门》(*System 1: An Introduction to System Thinking*, Pegasus Communications 出版，1980年）。这本书帮助许多人理解了，为什么各种平衡力量与强化力量的根本性改变，使得短期变化与长期变化全然不同。"从根本上说，任何变革——无论是多大的变革，如果没有改变那些重要的正反馈和负反馈循环，都会是暂时的。而另一方面——无论多么间接、多么微小的变革，只要影响了那些正向与负向的循环，就会改变这个系统的长期行为。"

不会产生什么效果，有没有其他的方法？你女儿的时间是不是可以和现在安排得不一样？是不是可以有一部分作业在学校里完成，或者在小组里完成——或者其中某些部分可以与你女儿的兴趣联系在一起，这样就会减少她不开心的感觉呢？[1]

• 探讨随时间展开的变化。对于在数日、数月和数年之间发生的短期变化和空间上的变化，进行追踪，并且形成预期。比如，一个孩子可能会注意到，公园或者后院里的一棵倒下的树的缓慢腐朽和状态变化，或者是鸡在放养状态下的一片草地的变化。

你可以和孩子一起，画出简单的曲线图，追踪数周或者数月的变化——任何一件事物都可以，从在学校里的快乐程度到你的储蓄账户里的钱，以及池塘里河狸的数量。一旦你们有了一幅图，就可以看到某个行为的增长、衰落或者循环往复，这时候就可以问一问：哪些相互关联的关系，会造成这些现象呢？

要想让其随时间变化的展示效果更好，就要鼓励孩子们去发现一个"可以坐下来的地方"——他们可以注意观察某个户外现象，定时回去看看有什么变化。树叶颜色发生变化的一棵树、水位上升或者下降的一个水塘以及安装了气压表和温度表的一个地点，都可以作为不错的示例。鼓励他们在这个"可以坐下来的地方"，留下一个小笔记本，这样就可以追踪他们随时间观察的那些变化了。[2]

---

[1] 这个学生在俄勒冈州波特兰的"光明环境中学"读书。

[2] "可以坐下来的地方"这个想法，最初是由动物追踪者、作家乔恩·杨（Jon Young）开发出来的。参见乔恩·杨、埃文·麦高恩（Evan Mcgown）和埃伦·哈斯（Ellen Haas）所著《与自然建立联系的土狼指南，适用于所有年龄的孩子及他们的导师》（*Coyote's Guide to Connecting with Nature for Kids of All Ages and their Mentors*，OWlink Media Corporation 出版，2008 年）。

第7章 | 课堂上的系统思考

- 识别系统中存在的模式。当一个孩子观察到,人们在环形交叉路口的驾车行为,和他们在刷牙的时候让水在口腔中流动的方式很类似;或者是发现学校里的两个孩子之间不断加深的冲突,与两个国家之间逐步升级的冲突很相似,要和孩子一起比较这两种模式。你们可以自己给这些模式起名字。比如,你们可以把逐步升级的冲突叫作"滚雪球",于是,当家里孩子们之间的一场争斗即将升级时,你就可以问一问他们:"你们自己是不是正在滚雪球?"

- 从不同的视角观察相同的"系统"。如果在学校里出现了"恃强凌弱"的现象,从恃强者的角度、受害者的角度、老师的角度以及旁观者的角度,都试着去谈一谈。安排一个角色扮演的游戏,由此学生们就可以从不同的角度,演绎出这个局面或者问题了。改变了其中的某些环境,可以产生出哪些新想法和新认识呢,比如:在他们讲故事的时候,他们之间站得有多近?

- 探讨存量和流量的区别。某个事物的积累,比如,树木、鱼类、人群、货物、商誉、金钱等的积累,就是一种存量。存量变化的速度,就是流量。想一想洗衣房里的一堆衣服,哪些因素会影响这堆衣服的"流入"?这堆衣服堆起来的速度有多快?哪些因素会影响这堆衣服的"流出"?

对于存量和流量的混淆,可能会造成最令人费解的动态变化。比如,对于农药DDT(二氯二苯二氯乙烷)的研究表明,虽然DDT在6个月之内会从植物或建筑的表面挥发,但在鱼的身体组织中的存留时间却可以达到50年。在鱼的体内的DDT的存留量是一个存量,其流量非常缓慢。全球气候变化也可以用同样的特征来解释(大气中的二氧化碳的含量是一个存量),而国家债务也是如此(在这种情况下,债务是一个存量,而赤字则是一种流量)。

457

- 寻找系统中的参与者所带来的影响。比如,对于交通堵塞,可以这样问:"我们自己对于促成这个局面起了什么作用呢?"还要找一找间接影响:"我们开车对于北极熊的生命有什么影响呢?"这类活动最终会将一个人的注意力从指责转向理解系统的结构。

- 向前看,预先考虑到会有意外的结果出现。请孩子们逐渐接受社会学家伊丽丝·博尔丁(Elise Boulding)所说的"延伸当下":也就是从当下的50年延伸到未来的200年以及更远的时间观念。比如:一次性尿布需要100~500年才能完成降解。要讨论这样一个基本事实:实际上,没有人确切知道这要花多少时间,因为没有人可以活那么长时间,看到这个过程发生。延伸了当下的感受,对于生命系统尤其合适,这是因为许多生命系统——无论是自然系统还是社会系统,都不会在短时间内完成一个完整的行为循环。比如,如果你只是观察一两天,是无法理解你自己的花园的季节变化的。[1]

- 谈谈你看到的系统的整体性。这些系统都有其主要组成部分与过程,而这些部分的构成方式很重要。当一个孩子说"妈妈生病的时候,所有事情就乱套了"的时候,或者说"别扔掉那些蜘蛛,它们会吃苍蝇"的时候,你就看到了孩子在这方面的领悟。跟孩子谈谈,如果系统中某个因素不存在了,会发生什么。比如,如果把心脏从身体上拿走,这个部分(也就是心脏)和系统整体(身体)就都不再工作了。一个足球队,或者是一个班级,是否

---

[1] 博尔丁注意到:"……正在创造未来的个人,必须学会在'延伸当下'中生活。以1年、10年甚至25年定义的当下,对于把握重大社会进程来说,都太短了。"引自《替代增长的不同选择:寻找可持续发展的未来》(*Alternatives to Growth: A Search for Sustainable Futures*, Ballingger Publishing 出版,1977年)一书中博尔丁所著《面向创造未来的教育》("Education for Inventing Future"),第304页。

也是如此呢？这些部分的构成方式也很重要。可以问一个4岁的孩子这样一个问题：如果把一头牛切成两半，我们会得到两头牛吗？他们会说："不会！"那么，为什么呢？他们直观地认识到，一头牛同时需要这两个部分才能正常工作。

• 介绍非线性行为的概念。向孩子们说明，结果与行动之间并非总是程度相当的。比如，当一个孩子戏弄另一个孩子的时候，看上去是很小的一件事。但是，一而再，再而三，另外那个孩子可能就会一拳头打过来，有人就会受伤。而在另一种情况下，某一个人可能大声使劲地喊叫，却没有产生什么影响。再找一找其他的案例，其中小变化会带来相当大的影响，或者相当大的变化却根本没有产生影响。交通堵塞、天气变化的模式以及疾病的流行都是非线性现象的例子。

谚语对于思考非线性现象也有用处。请一个年轻人想一想古谚中的那头骆驼，以及把他压倒的那根稻草。这头骆驼的身上，有1 000根稻草。其中的每一根稻草都对骆驼产生了一些影响。如果这个骆驼的系统表现出来的是线性行为的话，那么最后一根稻草产生的影响，就应该会和先前的999根稻草是一样了。

从认知到行动

在成年人的帮助之下，孩子们有关系统的智能可以得到进一步的发展，进入各种解决问题模型的阶段。这会使得他们在合理信息的基础上展开分析和行动，由于他们注意到了反复出现的模式，也就不会采取过激而又无效的行动，而更有可能认识其中的行为模式。他们可以利用这种认识去校正自己的行动，预先考虑意外结果，从而帮助其他人更加有成效地工作。[1]

当孩子们具备了系统的基本能力的时候，他们也会帮助自己的父母学习。比如，他们可以谈一谈"公地悖论"，并让大家都看到由每一个人共同承担责任的共享资源中产生出来的那些冲突。

那年和我一起经过环岛的 4 岁孩子，现在已经 13 岁，并且身材高大。不久前，他刚刚和自己的哥哥发生了一场不大愉快的"雪球"冲突。我把他们每一个人都拉到一边，想要问问发生了什么。他们讲出来的故事很相似：一句挖苦的话引来另外一个人恶语相向，这就使第一个人再说狠话，另一个再反击回来，结果两个人就大打出手了。这是一个称为"升级"的基本模式。无奈之中，我只好让他们坐下来，画了一张这样的图。

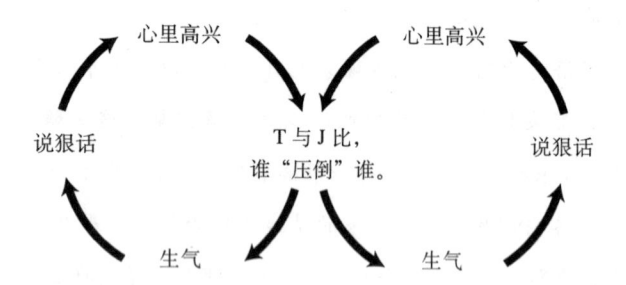

杰克说："看看，这是数字 8 躺下来了，是无穷大的意思。这表示会永远进行下去。"

"而且还会越变越坏。"他哥哥说。

---

[1] 美国工程专家、系统理论家、作家、设计师、发明家及网格球顶的创始人巴克敏斯特·富勒提醒我们："人类无法使其未来的权利，并由此在这个星球上普遍地实现可持续的物质成功的首要原因，是 99% 的人类不了解自然界。"——巴克敏斯特·富勒与 E. J. 阿普尔怀特（E.J.Applewhite）艾米·埃德蒙森（Amy Admondson）所著《协同性：探索思维几何结构》(Synergetics: Exploration in the Geometry of Thinking, Estate of R. Buckminster Fuller, 1997 年)，第 28 页。

随着我们讨论的进行，我们大家一起意识到，两人之间冲突的驱动力，来自每一个人都试图要比另一个人"更酷"，或者是要"压倒"另一个人。一个孩子表现出来的行为越"酷"，另一个人就越想反击。突然间，他们看到自己是这个"系统"的组成部分，而不是置身其外了。他们"明白了"，相互指责并不会解决这个问题。当他们看到自己的行为如何给另一个人的行为火上浇油时（通过一个简单的图），就可以探讨如何打破这个循环了。当我问他们怎样才可以做出不同的行为时，答案变得很简单了。发起的人可以降低强度，反应的人也不要那么强烈。

那个环岛自然早已修好了，路上的车流也恢复正常。在我们家里，我们也以我们自己的方式尝试着解决"公地"问题。虽然我仍然要依赖开车去参加足球训练，但我们会步行去买食品，我们还与邻居分享我们自己的鸡下的蛋。我们谈话的方式，让我们可以更容易把生活中的"点"连接起来。要是每一个人都这样做会怎么样——这是我们家里常说的一句话，用这种方式，我们试着放大我们个人行动的影响，以便想象出更大范围的影响。

每个人生来就具备有关生命系统的天然智慧。只需花一点儿力气，你们可以激励年轻人身上的这种天然智慧，并且提醒他们：他们的世界是相互关联的，是动态的，是一个由相互关联、相互影响的各种元素和过程紧密编织在一起的网络。正是由于这个原因，它既有目的，也有意义。

隐蔽的联系

在一次旅途中，或者是到了任何一个新的地方，请学生们挑选一个目标物体，然后问他们一个问题："我们可以和这个物体建立多少种联系？"鼓励他们用一支铅笔和纸做笔记，或者是画几个简单的概念图——用文字或者图画描述相互关联关系和因果关系。在一个农场里，这个物体可能是一只鸡、一辆拖拉机或者是一桶牛奶。在一个海滩上，这个物体或许是一张渔网、潮水留下的水坑里的一只蟹，或者是一个贝壳。在城市环境中，这个物体可以是一个水管或者是一台建筑工地上的吊车。如果可能，利用一下本地"资料员"，也就是在他们每天的生活中与这个物体打交道的人，请他们帮助学生们构建自己的故事。

一个农民和一组学生之间的对话是这样展开的：

> 学生："哦，你给这只鸡喂食，也会给它水喝。"（学生画了一只鸡、一个农民、食物，以及水）
>
> 农夫—教育工作者："饲料是从哪里来的？"
>
> 学生："你可以去店里买。"
>
> 农夫—教育工作者："我用什么办法去店里。"
>
> 学生："外面的卡车。你的这辆卡车还需要汽油。"
>
> （学生把卡车和汽油加到图上）
>
> 另一个学生："哦，这些鸡下蛋，这个农民会把这些蛋吃了。你们也把这些鸡蛋卖给路边的农场站。"
>
> 第三个学生："而且你们必须要给这些鸡买饲料。"
>
> 第四个学生："还要处理一下鸡粪。"

目的

这个简单的活动，可以培养相互依赖关系的思考。[1]

---

[1] 琳达·布思·斯威尼与卓姆林农场（波士顿附近的一个奥杜邦景点）共同制作了一个"建立联系的玩具箱"（由卡片和彩色蜡笔组成），帮助孩子们仔细思考农场环境中的生命系统。这个玩具箱可以从 Creative Learning Exchange 获得，见网站 www.clexchange.org。

讲给孩子们的系统故事

琳达·布思·斯威尼

越来越多的儿童读物中,都有正反馈和负反馈方面的极好例子;也有一些读物以其他方式包含了系统原理和基本模式。以下是我个人比较喜欢的几本。①

《如果你给一只老鼠一块饼干》②

这个故事说的是,给了一只饥肠辘辘的小老鼠一块饼干,却带来了意想不到的后果。看上去很简单,是不是?但是,接下来,你知道吗,这只精力充沛的老鼠,就会想要一杯牛奶了。然后它就会要一面镜子,看看自己的胡须上是不是沾上了牛奶。再后来,它还会要一把剪子,修饰一下自己的胡须。在这本可爱的书中,这只老鼠的恶作剧如多米诺骨牌滚滚而来。故事结束的时候,又回到了原点:这只老鼠想再要一块饼干。

这个故事正好可以帮助孩子们练习追踪因果关系的技能,看看一个事件(给这只老鼠一块饼干)如何反馈作用到自己身上。他们是

---

① 琳达·布思·斯威尼出版了两本以系统为主要内容的故事集。一本是《连接到一起的智慧:生命系统的生命故事》(Connected Wisdom: Living Stories about Living Systems,SEED 出版,2008 年),另一本是《当一只蝴蝶打喷嚏的时候:通过讲述他们喜爱的故事,帮助孩子探索我们的世界中的相互联系》(When a Butterfly Sneezes: A Guide for Helping Kids Explore Interconnections in Our World Through Favorite Stories,Pegasus Communications,2001 年。参见《联系起来的智慧》的书评,第 316 页)。

② (If You Give A Mouse A Cookie)劳拉·约菲·努梅罗夫(Laura Joffe Numeroff)著,费利西娅·邦德(Felicia Bond)插图(HarperCollins 出版,1985 年)。

不是还可以想出其他种类的连锁反应事件的情形，最终对自身产生影响？对更大一点儿的孩子，还可以提问：哪些日常行为可能会带来意料之外的后果。（比如，假如城市规划人员在一条拥挤的高速路上，增加了一个车道。这会增加车流量，还是会减少车流量？）

蒂莫西·卢卡斯说："在给小孩子们介绍系统方面，这是我发现的最好的书之一。从这本书开始，就可以问孩子：'你还能想到别的像这样连续发生的事情吗？'请他们画几幅连续的卡通画，表达一下自己的想法，然后把每张纸的结尾处粘到一起，形成一个没有结尾的循环。它从哪里开始呢？在哪里结束呢？我曾经观察过一些老师，他们把这个想法进一步延伸，探讨事件如何组合到一起形成模式的各种形态。其中有些是周期循环的模式。在这样的模式中，你的结束点并不完全是你的起始原点，但你总是会再开始一轮循环。"[1]

《史尼奇及其他故事》[2]

在这部瑟斯博士的宝贵读物中，我们看到偏见与排他性驱动力，

---

[1] 努梅罗夫有关循环因果关系的观点的书包括：《如果你给一只老鼠一个麦芬》(*If You Give a Mouse a Muffin*, 1999 年)，《如果你给一只猪办一次聚会》(*If You Give a Pig a Party*, 2005 年)，《如果你带一只老鼠去电影院》(*If You Take a Mouse to the Movies*, 2000 年)，《如果你给一只猫一个纸杯蛋糕》(*If You Give a Cat a Cupcake*, 2008 年，以上均由 Harper Collins 出版)，以及《如果你给一只狗一个甜麦圈》(*If You Give a Dog a Donut*, Balzer and Bray 出版，2011 年)。

[2] (*The Sneetches and Other Stories*) 特奥多尔·盖泽尔 (Theodor Geisel；瑟斯博士—Dr.Seuss) 著 (Random House 出版，1961 年)。

如何最终导致能源浪费和资源枯竭。肚子上有星星的史尼奇,是一群毛茸茸的绿色动物,它们的肚子中间都有像星星一样的绿色霓虹灯。没有星星的史尼奇,肚子上则没有星星。就像水兵裤、迷你裙、伊佐得衬衫以及汤米希尔费格时装(在不同的时代)让学生们感到超人一等一样,肚子上的绿星星也让那些史尼奇们觉得有资格吹一吹了:"我们是海滩上最棒的史尼奇。"终于,有商业头脑的小恶魔,想出了一个赚钱的办法:只要花上一美分,他就可以用自己的特殊机器,为没有星星的史尼奇在肚子上加上星星。突然间,到处都是绿星星了。为了保证自己的独特地位,肚子上有星星的史尼奇又跑到小恶魔那里,用他的"除星机"除去星星。这个循环往复不止,直到所有的人都花光了最后一分钱。最终,史尼奇还是以智慧战胜了小恶魔,也学会了接受他们之间的差异和他们自己。

简而言之,史尼奇们是在"转移负担"。他们没有面对那个更根本,也更困难的解决方法(学会如何接受、拥抱他们之间的差异),而转向了一个简单一些但成本奇高的"快修"方法(给自己身上文上星星)。①

可以向孩子们提出的问题包括:还要发生哪些后果或者是副作用,会让史尼奇更加不容易(或者更加容易)看到自己面临的局面?如果你去访问史尼奇们,你会试着打破这个循环吗?你如何才能做到?

---

① 瑟斯博士有关系统意识的书包括:《老雷斯的故事》(*The Lorax*, Random House 出版, 1971 年)、《黄油大战》(*The Butter Battle Book*, Random House 出版, 1984 年)。

安野的魔法种子[①]

在这个日本民间故事里，一位掌握了魔法的巫师，把两粒神秘的金种子送给了一位名叫杰克的农民。他告诉杰克要吃掉一个，这可以让他整整一年不吃饭，另一颗要种到田里。杰克照他说的做了，一株植物在田里生长起来了，结了两粒种子。第二年，杰克把两粒种子都种到了田里——长出来的那株植物，就结了四粒种子。他吃掉了一粒种子，种下了其余三粒——结果下一年长出了六粒种子。一年一年过去了，他就这样继续下去，吃掉一粒，把其余的都种下去，他收获的种子每年都会翻倍。他结了婚，养育了一个家庭，种了许多年地，经历了一场洪水后，还抢救出了足够的种子，让家里所有人都有的吃，还有种子可以重新种田。

这是一个有关指数增长的故事——在这种增长方式中，翻倍的时间保持不变。但是，没有什么事物可以永远增长，这本书也体现了繁荣与衰败的交替过程。最终，某种限制条件（比如，一场洪水）就会令增长终结，甚至濒于崩溃。如果杰克听了巫师的指示，第二年只种了一粒种子，会怎么样呢？如果洪水从未发生，又会发生什么呢？要花多长时间，整个世界就都会被那些种子覆盖起来了呢？在哪些其他地方，你还看到了这样爆炸式的增长呢？

[①] 安野光雅（Mitsumasa Anno）著（Philomel 出版，1992年）。

《谁替狼说话？》[1]

《谁替狼说话？》这本书里讲述的故事，是一个 8 岁的男孩让他的祖父告诉他，为什么他们一家会和狼生活在一起。我们听到的是，这是当这个部落迁徙到狼群的"中心地带"的时候，出现的进退两难局面和意料之外的后果。你认为这个男孩从这个"狼看着火"的故事中，学到了什么呢？为什么你认为这个社群没有听狼兄弟的话呢？这个男孩和他的社群，应该如何在自己的决定中考虑狼群呢？[2]

《联结到一起的智慧：生命系统的生命故事》[3]

琳达·布思·斯威尼从不同文化中选取了民间故事，从中演绎系统思考的基本原理。这些寓言不仅内容动人，还由盖伊·比劳特（Guy Billout）绘制了精美的插图。教育工作者和家长们都会发现，这本书以一种参与感很强的方式，让孩子和其他成年人学习并实践系统思考。

---

[1] （*Who Speaks for Wolf?*）葆拉·安德伍德（Paula Underwood）著，弗兰克·豪厄尔（Frank Howell）插图（A Tribe of Two 出版，1991 年）。

[2] 在另一部名为《辫子里的三股线：学习必备工具指南》（*Three Strands in the Braid: A Guide for Enablers of Learning*，A Tribe of Two Press 出版，1994 年）的书中，安德伍德描述了她祖父的"六个解释规则"：对于任何一个可察觉的现象，至少要做出六种可能的合理解释。"也许会有 60 种可能的解释呢。"她的祖父说，"但是如果你做出了六种解释，就可以防止你'锁定'在第一个可能的解释上，并且把它当作'真理'。"

[3] （*Connected Wisdom: Living Stories About Living Systems*）琳达·布思·斯威尼著 [SEED（Schlumberger Excellence in Education Development）出版，2008 年]。

在每一个故事的结尾，都有一些评论和问题，引导读者对故事中示范的具体系统议题，展开讨论。我自己最喜欢的故事之一是"壁虎的抱怨"，这是一个有关相互依赖关系的巴厘岛民间故事。我们看到壁虎向村长抱怨，说萤火虫使它睡不好觉。在这个以相互联系为内容的故事里，我们遇见了萤火虫、啄木鸟、青蛙、黑甲壳虫、水牛以及雨水。随着故事的展开，其中的每一位都把自己联系到另一个角色身上；最后发现壁虎要依赖雨水，才能有蚊子吃。至此，村长把壁虎叫了进来，命令它停止抱怨，并且与自己的邻居和平相处。像书中的其他故事一样，这个内涵丰富的故事可以启发出无数问题，并且深化你们的理解。

——内尔达·康布－麦凯布